근대 변혁기 한일관계사 연구

근대 변혁기 한일관계사 연구

현명철 지음

경인문화사

　이 책은 일본의 개국(1858년)에서 조선 개국의 단초가 되는 조일수호조규와 수호조규부록 및 무역규칙의 성립(1876년)에 이르는 시기의 한일관계사를 살펴본 것이다.

　돌이켜 생각해보면, 학부 졸업논문을 쓰면서 다보하시 기요시[田保橋潔]가 저술한 『近代日鮮關係の硏究』를 읽으면서 선조들에 대한 원망에 가득했었다. 우리 근대사를 배울 것이 없는 부끄러운 역사로 인식하였던 것이다. 그 후, 연구자의 생활을 통해 역사관은 권력(정치권력 혹은 여론)에 의해 형성되며, 여론이 만든 시대정신에 따라 기억되고 서술되는 것임을 인정하게 되었다. 메이지 시대의 역사관에 대해 적절한 비판의 눈을 가지게 되었고, 시대가 바뀌면 역사서술도 바뀌어야 한다는 말의 의미를 이해할 수 있었다. 아울러 개항기 당시 우리 선조들도 전통의 관성에서 외부 세계를 이해하려 노력하고, 수백 년간 지속하여온 자신의 정체성과 세계관을 유지하면서, 근대를 향한 자생적 노력을 기울였음을 밝혀낼 수 있었다.

　그런데, 아직도 다보하시 기요시[田保橋潔]가 식민지 지배의 정당성을 위해 연구한 『近代日鮮關係の硏究』가 한일 양국에서 고전으로 찬양받고 있음은 씁쓸하다. 이제는 다보하시의 연구를 넘어서야 하지 않을까. 이러한 문제의식이 이 책에 수록된 논문들을 쓰게 한 원동력이다. 물론 총독부 시절 이래 110여 년간이나 교육되어 온 역사상을 한 번에 바꾸기는 어려운 일이다. 하지만 그만큼 흥미로운 작업이기도 하며, 독자들에게도 흥미있을 것이라 생각한다.

　이 책은 위와 같은 의도로, 기존에 발표된 필자의 논문을 추리고 수정하여 연결하여 『근대 변혁기 한일관계사 연구』라는 제목으로 탈고하였다. 나중에 교양서를 만들고자 하는 첫걸음이다.

제1부는 1858년 막부의 개항에서 1868년 막부의 멸망과 메이지 정부의 성립에 이르기까지의 한일관계사의 변화를 「일본의 개항과 쓰시마」라는 제목으로 살펴보았다. 통신사 외교로 상징되는 조선 후기(일본의 근세= 德川 막부)의 한일 외교 관계 속에서 조선침략론(정한론)이 발생하고 메이지 정부에 의해 한일 외교 관계가 '구폐(舊弊)'로 단정되는 과정을 복원하였다. 모두 5편의 논문으로 구성하여 각 논문을 장으로 편성하였다. 제1장「막말 정치사와 한일관계관의 변화」는 제1부의 요지에 해당한다. 대마주(쓰시마 번) 전공자가 아니라면 제1장만을 읽고 제2부로 넘어가도 무방할 것이다. 제2장에서 제5장까지는 대마주에 관련된 논문이다.

제2부는 「메이지 정부와 왜관」이라는 제목으로 메이지 정부가 성립하고 난 후, 지금까지의 외교가 '구폐'니까 개혁이 필요하다고 주장하는 쓰시마와 '성신지교'는 유지되어야 한다는 동래부의 갈등을 중심으로 여러 외교 교섭, 입출항의 문제, 표류민 송환 문제 등을 살펴보았다. 1868년 메이지 정부가 성립하고 1876년 조일수호조규가 맺어지기 직전까지의 시기가 여기에 해당한다. 이 부분에서 기존 연구와는 다른 결과가 도출되며, 필자는 다보하시[田保橋潔]의 연구가 기본적인 시각이나 사료 해독에서 잘못되었음을 지적하였다. 제2부 역시 5편의 논문으로 구성하였다.

제3부에서는 제1부와 제2부의 논지를 활용하여 「조일수호조규」와 「조일수호조규부록」, 「통상장정(무역규칙)」이 맺어지는 배경과 그 의미를 새롭게 정리해 보고자 하였다. 필자는 조일수호조규의 체결은 일본의 군사적 압력에 의해 맺어진 것이지만 적절한 대응을 하였고 시대적 도움을 받은 행운이었다고 생각한다. 위기는 기회이기도 하였다. 외교적 패배로 기억할 아무런 이유가 없었음을 강조하고자 하였다. 또한 기유약조 체제 하에서의 입항

절차와 표류민 처리, 무역의 문제가 새로운 조약으로 어떻게 달라지는지 살펴보았다. 흔히 역사는 '연속과 단절'의 맥을 파악하는 것이 중요하다고 한다. 기존의 관계가 어떻게 연결되고 어떻게 바뀌는지 이해하기 위한 작업이었다. 이미 발표한 것은 가장 쟁점이 약한 제3장뿐이며, 제1, 제2, 제4장 및 제5장은 논문으로 발표하지 못하고 바로 저서에 포함하였다. 앞으로 일반 독자들이 읽을 수 있는 개설서를 위한 준비과정으로 생각하고자 한다.

끝으로 항상 행복하게 연구에 전념하게 해 준 주위의 모든 분께 이 자리를 빌려 감사의 말씀을 전한다. 특히 이 책의 발간을 독촉해 주신 손승철 선생님과 경인문화사 한정희 사장님과 담당자 박지현님께 감사드린다. 이 조그마한 성과를 내게 된 기쁨을 아내(영숙)와 아들(우현) 부부, 딸(지현) 부부와 함께 나누고 싶다.

2021년 1월
현명철

제2부 메이지 정권과 왜관

제3부 개국을 향한 길

제1부

일본의 개항과 쓰시마

제1장 막말 정치사와 한일관계관의 변화
- 성신지교(誠信之交)에서 구폐(舊弊)로 -

I. 머리말

변혁기 한일관계사를 살펴볼 때, 일본(막부)의 개국이 직접 한일관계의 변화를 초래하지는 않았지만, 개국 이후 일본 내에서 발생한 양이를 둘러싼 논쟁과, 이에 더하여 막부와 반막부 세력 간의 정쟁, 개항에 따른 새로운 외교 정책 수립을 둘러싼 논쟁 등을 통하여 기존 외교에 대한 비판과 반성이 나타나게 되었다. 점차 한일관계관의 변화가 나타나 결국 막부를 타도한 메이지 정부는 도쿠가와 이에야스 이래의 조선과의 우호 관계를 '구폐(과거의 폐단)'라고 표현하게 된다. 이 과정에서 여러 차례의 정한론(조선침략론)이 분출되었다.

메이지 초기의 외교를 둘러싼 한·일 간의 갈등은, 과거의 외교 관계를 '폐단'이라고 규정하고 이를 개혁하려 하였던 메이지 정부의 쓰시마번과, 과거의 외교 관계를 '성신지교'라고 믿어 온 조선 동래부의 충돌이 그 핵심이었다고 판단된다. 그렇다면 통신사 외교로 상징되는 조선후기의 '성신지교(誠信之交)'의 외교 관계가 '구폐(舊弊)'라고 인식하게 되는 일본사의 변화를 살펴보아야 할 것이다.

본 장은 메이지 초기의 갈등을 명확하게 인식하기 위해, 일본 내부에서 그동안의 한일관계를 '구폐'라고 표현하게 되는 역사적 과정과 그 '구폐개혁'의 내용이 무엇이었는지 복원함을 목적으로 한다.

Ⅱ. 막부의 개항과 쓰시마

1. 막부의 개항과 「대외팽창론」의 대두

조선 후기 우호적 한일관계가 성립될 수 있었던 것은 도쿠가와 막부가 임진왜란을 '의롭지 못한 전쟁'이라고 규정하고 대외팽창을 거부하였으며 쇄국을 국법으로 삼았기 때문이었다. 일본에서 개항(쇄국체제의 붕괴)은 한일관계에 어떠한 영향을 끼쳤을까.

1853년 미함대사령관 페리가 우라가[浦賀]에 도착하여 미·일 수호조약을 요청한 이후, 막부는 수호조약을 맺는 것에 대한 찬반 의견을 여러 다이묘(영주)에게 물었다. 이에 따라서 개항에 대한 다양한 의견이 등장할 수 있었고, 도쿠가와[德川] 막부 성립 이래 논의조차 금지되었던 해외로의 진출 - 즉 대외팽창론이 분출되었다.

특히 막부에 억눌려 있었던 도자마(外樣) 서남웅번에서는 막부의 외교정책에 대한 반격을 도모하고 있었으므로 공공연히 막부의 쇄국을 비판하였다.[1] 페리의 내항과 막부의 질의에 대답하여 도자마번에 속한 일부 사상가들은 국가를 지키기 위해서는 쇄국은 타당하지 않으며, 오히려 조선과 만주까지 경략해야 한다는 「대외팽창론」을 주장하였다. 당시 개국은 막부의 구법을 파기하는 일이었으나 막부가 추진하려는 일이었다. 따라서 개국 - 대외팽창론을 주장하는 논리를 막부는 제어하지도 제어할 수도 없었다. 임진왜란을 '의롭지 못한 전쟁'이라고 규정하고 대외 팽창을 거부하였으며 쇄국을 국법으로 삼았던 시대가 점차 종언을 고하고 있음을 알게 한다.

막부 말기 존왕사상가로 「조선침략론」에 가장 영향을 준 사람은 요시다 쇼인이다. 그는 어려서 병학과 포술을 배운 뒤, 에도로 나아가 사쿠마쇼잔

---

1) 막부 내부에서도 국학의 발전과 함께 일본 중심적 황국사관이 성장하고 있었음도 간과할 수 없다.

[佐久間象山]에게서 양학(洋學)을 배웠다. 그는 1854년 쇄국의 국금을 어기고 시모다에 입항하고 있었던 미국 함선을 타고 밀항하려다가 투옥되었다. 그가 옥중에서 쓴 『유수록(幽囚錄)』에는

> 해는 떠오르지 않으면 기울고, 달은 차지 않으면 기울 듯이 국가는 번영하지 않으면 쇠퇴한다. 따라서 국가를 잘 지키는 사람은 지금의 영토를 잃어버리지 않도록 할 뿐만 아니라 없는 영토를 늘려야 한다. 지금 시급히 무비(武備)를 닦아 군함과 대포를 만들어 이 계획이 달성되면 즉각 에조(북해도)를 개척하여 제후에게 봉건하고 틈을 보아 캄차카, 오오츠크를 빼앗고 류큐를 타일러 제후로 만들고, 조선을 다그쳐 인질을 보내게 하고 옛 성사와 같이 조공하게 한다. 북으로는 만주 땅을 할양하고 남으로는 타이완, 필리핀의 여러 섬을 공격하여 점차 진취의 기세를 보여야 한다.[2]

라고 강조하였다.

이때의 논리의 핵심은 강력한 서양에 맞서지 말고 그들을 따르면서 그 사이에 힘을 길러 아시아의 여러 나라를 수중에 넣음으로써 서구열강에 빼앗긴 이익을 회복한다는 논리였다. 이러한 논리는 단지 조선에 대한 침략론이 아니고, 만주, 사할린, 캄차카, 타이완, 조선에 이르기까지 국위를 빛내는 정복국가로 의식 전환을 촉구하는 사상이라고 말할 수 있다. 히데요시[豊臣秀吉]의 정복 전쟁이 재평가된 것은 당연한 일이었다.

그런데 흥미로운 점은 이 논의에서 기존 한·일간의 우호관계나 쓰시마에 대한 배려는 찾을 수 없다. 조선과 막부가 오랫동안 외교 관계를 지속해 온 역사도 관심 밖이다. 그들에게는 조선과의 외교는 막부와 쓰시마의 독점이었기 때문에 자신들과는 관계가 없는 일이었던 것이고, 막부의 대조선 외교는 비판의 대상일 뿐이었다. 그들에게는 임진왜란시의 히데요시[豊臣秀吉]의 대외팽창 기억만이 중시되었던 것이다. 이점이 당시 「대외팽창론」의 중

---

2) 奈良本辰也, 『吉田松蔭著作集』, 講談社, 2013년, 158쪽.

요한 성격이었다. 비록 막부와 쓰시마가 연결된 한일관계의 핵심부의 의견
은 아니었지만, 지방의 여론으로 대외팽창 사상의 대두와 확산은 임진왜란
전후처리 합의(조선후기 우호적 한일관계의 기반)가 붕괴되기 시작하고 있
음을 보여준다고 자리매김할 수 있다. 이러한 사상을 갖는 사람들이 훗날
메이지 정부의 핵심에 자리 잡게 될 것이기 때문에 이러한 역사적 단절은
주목하지 않을 수 없다.

2. 개항의 진전과 쓰시마

막부의 개항과 더불어 「대외팽창론」이 여론으로 발생하였음은 살펴보았
다. 물론 막부 시절에도 대외팽창 사상이 전혀 없었던 것은 아니지만 쇄국의
국법으로 인해 여론화되지는 않았다. 그러나 막부의 개항에 따라 대외팽창론
은 무시할 수 없는 여론으로 성장하고 있었으며, 이 「대외팽창론」에는 그동
안 막부가 유지해 온 한·일간의 우호관계나 쓰시마에 대한 배려가 없었던
것은 주목해야 한다. 이 논리에는 '대외팽창'을 구실로 군비를 갖추어 막부
를 개혁하고 일본 정치 무대에서 자기의 존재를 드러내고자 하였던 서남웅
번의 포부가 담겨 있었다. 그렇다면 이제 우리는 막부의 개항이 한일 양국의
가교(架橋)였던 쓰시마번에 어떠한 영향을 주었을까를 추적해야 하겠다.
에도 막부 시절, 쇄국정책으로 인하여 일본과 관계를 맺은 나라는 청나
라와 네덜란드 그리고 조선과 유구왕국 뿐이었다. 청과 네덜란드는 상인들
을 통한 무역만을 인정하고 있었으므로 이를 '통상지국(通商之國)'이라고
불렀다. 외교적 관계를 맺는 나라는 조선과 유구왕국으로 이를 '통신지국
(通信之國)'이라고 불렀다. 그런데 유구왕국은 사쓰마[薩摩]의 지배하에 있
었으므로 실질적으로 통신을 하는 나라는 조선뿐이었다. 그래서 쓰시마번
[對馬藩-대마주]은 자신만이 유일한 외교 창구이며 외교 전문가라고 자임
해 온 것이다.

개항 후, 서양과의 외교 교섭을 위해 외국봉행(外國奉行)이 임명되어 외교 사무를 관장하게 되면서, 외교 전문가를 자처하던 쓰시마[對馬] 영주의 막부 내에서의 위상은 크게 저하할 수밖에 없었다. 무엇보다 개항장(특히 요코하마)을 통하여 값싼 외국 면제품이 들어오게 되자 조선과의 중계무역을 통해 독점적 판매망을 구축하였던 쓰시마[對馬]의 상업망 역시 큰 타격을 받게 되었으며 이윤이 급감하였다. 조선과의 공무역이 주로 조선의 공목을 수입하고 구리를 수출하는 것이었는데3), 서양의 목면이 개항장을 통해 수입되면서 이윤이 급감할 수밖에 없었던 것이다. 실지 영토는 협소하면서도 10만석 가격(家格)의 영주임을 자부하고 그에 어울리는 무사단을 유지하였던 쓰시마는 실질적으로 파산상태에 몰리게 되었다.4)

일본의 개국은 순탄하지 않았다. 우선 일본 조정이 조약에 대한 칙허를 거부하면서 조정과 막부의 대립이 표면화되고 막부의 권위가 실추하였다. 또한 막부 장군의 후계를 둘러싸고 이에모치[家茂]를 옹립하려는 기이파와 요시노부[慶喜]를 옹립하려는 히도쓰바시파의 대립, 1859년 안정의 대옥, 등을 거치면서 막부 내부의 결속력이 약해졌다. 1860년에는 강경책으로 난국을 극복하려고 하였던 大老 이이나오스케[井伊直弼]가 미토의 무사들에 의해 살해당하였다(櫻田門外の変). 이로 말미암아 막부의 두 축이었던 미토[水戶]와 히코네[彦根] 관계가 악화되었고, 장군 후계문제로 발생하였던 대립에 더 큰 상처를 주어, 막부 주도 정치의 안정성이 크게 훼손되었다. 막부의 분열은 공공연한 일이 되었고, 서국의 영주(다이묘)들의 발언권이 강

---

3) 원래 공무역은 목면 1,121동 44필이었으나, 1651년 400동을 쌀로 달라고 해서 공목 721동 44필과 공작미 16,000석이 되었다. 1801년 새로운 약조로 56동이 줄었고, 공작미도 1필당 10두로 계산하게 되어서 이때부터는 공목 665동 44필, 공작미 13,333석5두가 공무역가로 합의되었다. 한편 이에 대한 대가(진상)로는 구리 34788근이 공무역가이다.

4) 물론 그 이전부터 쓰시마의 재정난은 심화되고 있었다. 이는 목면이 일본에서 생산되기 시작하였고, 조선의 목면이 인기를 잃고 있었던 것, 또한 일본에서 조선인삼이 재배되기 시작한 것에도 크게 기인한다.

해지게 되었다. 조정의 칙허를 받지 않고 통상조약을 맺은 막부를 비판하는 여론은 강해졌으며, 막부는 외롭게 개항 정책을 추진하였다. 점차 막부를 비판하는 것은 바로 애국심의 표출로 인식되던 시절이 도래하고 있었다.[5]

1861년 조슈[長州]는 '항해원략책'을 제안하여 막부의 개항을 지지하고 중앙정치에 개입하였다. 도자마[外樣]번이 막부 정치에 개입하는 것은 금지되어 있었지만, 당시 고립되어 있었던 막부로서는 조슈가 조정에 개국을 권하여 칙허를 요청해 주는 것은 고마운 일이었기에 이를 받아들였다. 물론 조슈가 막부를 돕거나 막부 개혁을 단행하여 일본 전체의 미래를 바라보는 의식은 별로 없었고 오히려 막부와 대립할 수 있을 정도의 군비를 확보하기 위한 수단, 즉 조슈번의 강병을 위한 이기적 정책이었다는 이해가 일반적이다.[6] 이 항해 원략책은 앞에서 살펴본 「대외팽창론」이 발전한 것이었음은 물론이다. 이로 말미암아 조슈[長州]는 요코하마에서 증기선을 구입하고 국내무역을 확대할 수 있었다.

쓰시마는 막부의 개항 정책으로 큰 손해를 보고 있었지만, 약소 번으로 반대를 표명할 수는 없었다. 게다가 조슈[長州] 영주와 친척이기도 하고 거리상으로도 가까웠던 쓰시마는 막부의 개항정책과 조슈의 「항해원략책」, 그리고 조선무역 이윤의 급감이라는 태풍에 직면하여 생존의 방법을 고민하게 된다.

3. 쓰시마번의 이봉(移封)운동과 막부의 외교 일원화 정책

막부의 개항정책과 이에 따른 조선무역 이윤의 급감, 일본 전역에서 일어나는 개항 반대의 양이운동과 이와는 반대되는 조슈의 「항해원략책」에

---

5) 이러한 분위기는 시부사와 에이이치의 자서전 『雨夜譚』을 통해서도 알 수 있다. 박훈 역 『일본의 설계자, 시부사와 에이이치』(21세기 북스, 2019년) pp.46-50
6) 井上勝生、『幕末·維新』岩波新書 1042, 2007년 제9刷 76-78쪽

직면하여, 한일 양국의 가교(架橋)였던 쓰시마번은 어떠한 활동을 전개하였
는가. 가장 먼저 주목되는 것은 1861년 쓰시마번이 쓰시마 개항을 전제로
쓰시마 전토를 막부가 수용하고 쓰시마에는 큐슈 10만석의 땅을 달라는 이
봉운동을 전개하였던 사건이다.[7] 이 사건에 대해서는 제2장에서 따로 설명
하도록 하고, 여기서는 한일관계사의 측면에서 간략히 요약하여 살펴보도
록 하자.

　제2차 아편전쟁 후 연해주를 획득한 러시아는, 1861년 군함 포사드닉호
를 파견하여 브라디보스톡 항구에서 동해를 남하하여 청국의 개항장에 이
르는 해로를 모색하도록 하였다. 포사드닉호는 동해안을 남하하다가 대마
도에 선박 수리를 핑계로 아소만 우자키에 정박하여, 쓰시마의 영주(다이묘
-宗義和)에게 은밀하게 군함 정박지를 요구하였다.

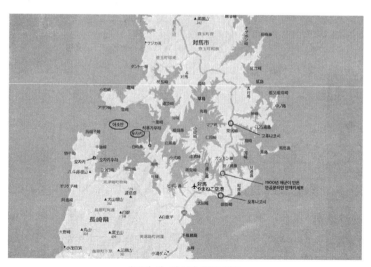

〈그림 1〉 아소만 부근 지도

---

7) 여기에 대해서는 제1부 제2장에서 상술하였다.

포사드닉호가 쓰시마에 있을 때, 쓰시마번청은 막부의 개항정책 하에서 쓰시마에 개항장이 생길 것이라 예상하였다. 치열한 논의 끝에 개항장 일부의 토지 수용에는 끝까지 반대하고 쓰시마 全島를 수용해 주도록 막부에 요청하자는 안이 채택되었다. 대마도 전부를 막부가 수용하는 대가로 큐슈(九州)에 십만 석에 해당하는 영지를 얻자는 것이었다. 이를 '이봉(移封-영지를 바꾸는 것) 운동'이라고 부른다. 조선과의 외교를 담당하고 있었던 쓰시마가 땅을 바꾸어 달라는 것은, 막부에 외교권을 반납하겠다는 의미도 된다. 따라서 쓰시마의 이봉 운동은 일본 열도의 주목을 받게 되었다.

쓰시마의 계산법은 하코다테 개항시 막부가 마쓰마에[松前] 영주로부터 하코다테 9천석의 땅을 수용하는 대신 오우[奧羽]의 땅 3만석과 금 18,000 량을 더 주었던 것을 전례로 삼았다. 즉, 대마도 전부를 막부가 수용하고 대신에 큐슈의 땅 10만석을 달라는 것이었다. 이게 이루어진다면 본토(田代、怡土、松浦)에 가지고 있었던 땅 약 3만석과 대마도의 은광 보상금 매년 4만석, 조선과의 외교 관계를 담당하는 수당 혹은 기존의 세견선 무역의 유지로 3만석 정도 확보할 수 있을 것이라는 희망이었다. 만일 이러한 희망이 이루어진다면 20만석의 다이묘로 성장할 수 있는 기회이기도 하였다.

막부의 개항 정책으로 인한 손실에 만회하기 위해, 포사드닉호 사건을 기회로 적극적으로 쓰시마 전토를 이봉해 달라는 의견으로 나타난 것이다. 번주의 지시를 받고 에도에 입성한 쓰시마 무사들은 활발하게 활동하였다. 특히 각 번의 에도 저택을 순회하면서 주선을 요청하고 만일 막부가 들어주지 않는다면 러시아 함대와 전쟁을 벌이겠다는 엄포도 마다하지 않았다. 막부의 개항정책으로 쓰시마가 손해를 볼 수는 없다는 강력한 표현이었다. 특히 오후나고시[大船越]에서 충돌사건이 일어난 것은 좋은 구실이 되었다. "막부의 개항정책으로 인해 러시아 함대가 쓰시마 영지에 정박한 것이며 충돌로 인명사고가 났으므로, 무사들의 분노가 걷잡을 수 없게 되었다. 이를 해결하는 방법은 대마도 전토를 막부가 수용하는 것뿐"이라는 주장이었다. 막부가 빨리 결단하지 않으면 쓰시마는 승패를 고려하지 않고 전쟁으로 돌입할 수밖에 없다고까지 막부를 압박하였다. 막부의 지시를 받지 않고 일개 영주가 전쟁을 일으켜 전멸당하더라도 명예를 지키겠다고 협박하는 것은 막부의 권위를 심하게 훼손하는 일이었지만, 당시 막부를 비판하는 것이 애국으로 여겨졌던 시절에는 높이 찬양받게 되었던 것 같다. 이들이 나중에 '志士'라고 평가받게 되는 것이 좋은 예이다. 쓰시마가 내세운 전쟁의 각오는 예기치 않은 반향을 불렀다. 일본 내의 많은 무사들이 이에 동조하였으며 막부를 성토하였던 것이다. 많은 번들이 만약 전쟁이 발생하게 된다면 막부의 의향과는 상관없이 쓰시마를 지원하겠다고 언급하였다. 승패를 고려하지 않고 전쟁을 수행하겠다는 쓰시마의 주장은 많은 무사들을 감동시켰던 것이다. 물론 쓰시마의 속뜻이 오후나코시[大船越] 사건에 대한 보복이나 전쟁에 있는 것이 아니라 이봉(移封)에 있었지만, 전쟁의 각오만이 널리 여론화되어 일본 열도를 울렸다.

물론 막부는 쓰시마가 감히 대외 전쟁을 실행할 능력도 없으며, 그들의 주장이 토지에 있다는 것을 분명히 파악하고 있었다. 미토의 무사였던 스즈끼 하지메도,

> 一, 토지만 준다면 어찌되어도 좋다고 말하고 있으며, 이미 쓰시마번 에도 루스이[留守居]등은 오로지 그러한 논리로 말하고 있다.[8]

라고 파악하고 있었지만 말이다. 막부는 여론의 중심에 들어선 쓰시마의 반발과, 이로 파생되는 양이운동의 확산을 차단하여야 했다. 또한 막부의 입장에서도 개항을 단행한 후, 외국봉행이 외국과의 사무를 담당하게 되었으므로, 앞으로는 조선과의 외교도 외국봉행이 담당해야 한다는 의견이 대두되었다. 외교 일원화 필요성이 제기된 것이다.

---

8) 『鈴木大日記』 1861년 5월 28일조.

막부는 쓰시마의 이봉운동을 접하고 이 기회에 조선과의 외교 무역도 막부가 장악하는 방안을 생각하였고 조슈[長州]의 항해원략책에 공감하고 있었던 막부 군함봉행 카츠카이슈[勝海舟]도 비슷한 견해를 제출하였다. 여기에 조정이 악착같이 반대하는 효고[兵庫]항 개항 대신에 쓰시마 개항을 서양에 제안하는 방안도 고려되어 외교적 접촉도 진전시켰다. 이런 논의를 거쳐서 막부노중 안도노부마사[安藤信正]는 7월 13일, 쓰시마의 이봉을 내허[內許]하기에 이른다. 내허를 받고 쓰시마 영주는 8월 1일 이봉원서를 제출하였다.

막부는 대마도 수용을 위한 조사단을 파견하였다. 그들은 9월 20일 쓰시마에 도착하였다. 막부의 조사단이 파견된 후, 쓰시마의 이봉을 막부가 수용한 과정과 이유를 둘러싸고 많은 이야기가 퍼져나갔으며, 아울러 쓰시마를 매개로 하는 조선과의 외교 관계에 대한 관심과 비판 여론이 성장하게 되었음은 당연한 일이었다.

쓰시마 수용을 위한 조사단 활동이 마무리될 무렵인 1862년 1월, 막부노중 안도[安藤]가 피습당하여 실각한다. 이를 사카시타문 밖의 변[坂下門外の変]이라고 한다. 노중 安藤의 공무합체 운동에 대해 격분한 양이파 무사들이 1862년 2월(음력 1월 15일) 그를 습격한 것이었다. 이로 말미암아 安藤은 4월 해임된다. 막부의 권위는 더욱 크게 흔들리게 되었다. 대마도 조사를 마치고 귀환한 막부 관리의 보고에도

> 만일, 쇄항을 단행하게 될 경우도 생각하여야 될 것입니다. 그렇다면 (대마도의) 전토 이봉은 연기하고(중략), 몇 촌락만을 수용하여 각국 군함 정박장으로 허가하여(중략), 대략 시모다[下田]를 개항했을 때에 준하여야 할 것입니다.[9]

---

9) 『開國起源Ⅲ』(『勝海舟全集』3, 勁草書房, 1979년) 360-364쪽

라고 대마도 전토 이봉에 부정적인 의견을 결론적으로 내리고 있다. 이 견해는 쇄항의 가능성을 고려한 '토지 일부수용안'이라고 말할 수 있다. 쓰시마가 피하고자 하였던 최악의 결과였다. 그 배경에는 막부장군 이에모치[家茂]와 천황의 누이 카즈노미야[和宮]의 결혼에 따른 막부의 양이 단행의 약속, 그리고 安藤 피습과 그의 실각에 따른 막부의 동요가 있었다. 조사단의 보고에 대하여 막부의 다른 외국봉행들이 평의를 열어 찬성을 표함[10]으로 결국 쓰시마번의 移封 운동은 좌절되었다.

쓰시마번이 대마도의 땅을 막부가 수용하고 규슈의 땅을 달라고 한 이봉 운동은 조선과의 외교-무역을 포기하겠다는 의도는 없었다. 하지만 이를 기점으로 쓰시마 처리를 통한 외교권의 장악, 즉 조선 후기 한일 간 외교의 특색이었던 쓰시마를 매개로하는 외교를 폐지하고 중앙정권이 외교권을 장악해야 한다는 인식이 일본 중앙정부에서 검토되기 시작하였음은 주목할 필요가 있다.

Ⅲ. 일본의 정쟁과 쓰시마

1. 양이(攘夷)시대의 전개와 원조요구운동의 변화

1862년 초, 막부장군 이에모치[家茂]와 황녀 카즈노미야[和宮]의 결혼이 이루어졌고, 공무합체의 주도권은 막부가 아닌 천황가가 장악하게 되었다. 이 결혼을 위해 막부는 10년 후에는 양이를 단행하겠다고 조정에 약속하였다. 이 약속에 따라 막부는 각 번이 방어를 위해 군함과 무기를 구입하는 것을 허락하거나 묵인하게 되었다. 각 번은 스스로를 지킨다거나 서양의 침략에 대비한다는 명목으로 자립의 길로 나섰고 일본 열도는 전국시대와 같

---

10) 『續通信全覽』(通信全覽編纂委員會 刊行, 1987년) 중 「朝鮮通信事務一件」 933-934쪽.

은 성격을 보이게 된다.

사쓰마[薩摩]의 시마즈 히사미쓰[島津久光]는 1862년 3월 중순, 병사 1,000명을 거느리고 상경하였다. 명분은 막부의 내분을 수습하여 막부를 개혁하는 일이라고 내걸었다. 막부의 히도쓰바시[一ツ橋]파와 기이[紀伊]파의 단합을 주장하고 이를 주선함으로써 사쓰마[薩摩]가 막부 정치에 깊이 관여한다는 계획이었다. 이는 당시 막부-조정-조슈의 연대가 이루어지고 사쓰마가 소외되는 상황을 타개하기 위한 일이었다. 사쓰마는 조슈의 '항해원략책'을 비판하였다. 막부와의 충돌 우려도 있었지만 막부가 막지 않을 것이라는 판단도 있었다. 막부의 핵심부에 아쓰히메[篤姬]11)가 있었다. 막부는 상경을 막지 않았다. 상경한 히사미쓰[島津久光]는 데라다야[寺田屋]에서 존왕양이파 무사들을 토벌하여 막부의 의혹을 풀었으며, 조정을 장악하였다. 그는 조정에 막부의 내분을 수습하고 개혁을 요구하는 칙서를 요청하였다. 조정은 이에 응하였고 칙서를 발급하였다. 히사미쓰[久光]는 조정의 칙을 받든 특사를 대동하고 에도[江戶]에 올라가 막부에 개혁을 요구하였다.12) 황녀와 결혼한 직후여서 막부 쇼군(將軍)은 조정의 칙사를 접대하고 개혁에 부응하였다(文久の改革). 히도쓰바시 요시노부[一橋慶喜]는 장군 후견직, 마쓰다이라 요시나가[松平慶永]는 정사총재직으로 임명되었으며, 막부는 외견상 분열을 극복할 수 있었다. 이러한 정치적 성과는 사쓰마의 지위를 향상시켰으며 이로 말미암아 막부는 사쓰마를 무시할 수 없게 되었

---

11) (1836-1883), 사쓰마 시마즈 본가의 양녀, 막부 쇼군 이에사다의 정실. 1856년 11월 결혼하여 1년 9개월만에 이에사다의 급사(1858년 8월)로 홀로되어 大奧에 들어선다(天璋院). 며느리로 황녀 카즈노미야를 맞아들였다. 和宮 역시 결혼 4년만에 홀로되어 靜寬院宮이 되었다.

12) 히사미츠가 가지고 간 칙서의 내용의 요지는 다음과 같다.
   1. 장군이 다이묘들을 이끌고 교토로 와서 국사를 의논한다. 2.연해 5개 대번의 번주를 다이로에 임명하여 국정에 참가시킨다. 3.一橋慶喜를 將軍後見職으로, 松平春嶽를 政事總裁職에 임명하여 將軍을 보좌하게 한다.

고 재야 정치 세력도 사쓰마로 결집되어, 막부-조정-사쓰마의 연합으로 정치 주도권이 형성되는 모습을 보인다.

반면에 조슈[長州]의 '항해원략책'은 파탄을 맞이하게 되었다. 이에 조슈[長州]번은 1862년 7월, 방침을 일변하여 서양과의 조약을 파기하고 서양세력을 배척한다는 '파약양이(破約攘夷)'를 번론(藩論)으로 내세웠다. '항해원략책'에서 '파약양이(破約攘夷)'로 번론(藩論)이 극단적으로 바뀐 것은 조정을 장악하고 막부를 궁지에 몰기 위한 전략적 선택이었다. 이것이 정치의 속성을 잘 보여준다고 생각한다. 조슈는 번론(藩論)을 바꾸기 전에 천황의 의지를 먼저 확인하였고, 조정은 통상조약은 물론 화친조약도 인정하지 않는 것이 천황의 뜻이라고 대답하였다. 또한 당시 일반 민중의 여론을 파악한 것이었다. 조정과 민중의 지지를 얻을 수 있다고 판단하였기에 조슈는 자신들만이 천황의 뜻을 받드는 충신이라고 선전하면서 '파약양이(破約攘夷) 외길'을 주장할 수 있었다. 조슈는 다시금 정치력을 회복하였다. 존왕양이 과격파가 조슈를 중심으로 결집하여 일본 역사의 무대에 등장하게 된다. 많은 무사들이 '양이'에 동참하여 막부의 개항 정책을 성토하였으며 조슈는 그들에게 논리를 제공하는 두뇌가 되었다. 그들은 텐츄(天誅)라는 테러 행위를 통해 세력을 점차 확대해 나갔으며, 일본 열도는 '양이의 시대'로 접어들었다. 존왕양이 과격파는 조정 내부에도 깊숙이 자리 잡게 되었다.

조슈[長州]가 '파약양이'를 내세우고 존왕양이 과격파가 세력을 확대하자, 개항을 전제로 성립된 쓰시마[對馬]의 이봉운동은 다시금 도마 위에 오르게 되었다. 실제로 막부에서는 쓰시마 전토 이봉에 대해 불가하고 일부이봉이 타당하다는 판단을 내리고 있었음은 이미 살펴본 바와 같다. 하지만 반발과 부작용을 우려하여 막부는 이를 쓰시마에 즉시 통보하지 않았다. 앞서 살펴보았듯이 일부 이봉은 쓰시마가 받아들일 수 없는 것이었기 때문이다. 쓰시마 번주 요시요리[義和]는 막부가 내허를 한 이상 어떠한 형태로든 보상이 따를 것이라고 믿었다. 하지만 쓰시마의 무사들은 '양이의 시대'에 개항을 근거로 한 이봉운동은 성공하지 못할 것이라고 판단하였다. 번주의 지시대로 기다리다간 막부의 의도에 말려 쓰시마는 희생될 것이라 판단하였다. 이미 무사들에게 봉급도 지불하지 못하는 파산직전의 상태여서 다이묘의 권위는 추락하고 있었다. 조슈에 접근한 무사들은 쓰시마의 어려운 상황을 설명하고 해결 방안에 대해 자문을 요청하였다. 그들은 조슈의 무사 카스라고고로(桂小五郞＝木戶孝允)의 책략에 따라 '양이의 전쟁'을 상정한 원조를 얻는 방안을 모색하였다. 양이의 전쟁이 발생하는 경우 쓰시마가 최전선이 될 것이고, 쓰시마의 문제는 일본 전체의 문제이므로 쓰시마 전도를 막부가 수용하고 쓰시마 방비를 막부가 담당해야 한다는 여론을 불러일으키자는 전략이었다. 이 논리는 이봉운동의 연장선상에서 나타나는 논리임을 간과해서는 안 된다. 차이는 개항이냐 양이전쟁이냐의 상황에 따른 문제였고 쓰시마로서는 10만석의 땅을 달라는 요구의 내용이 일치하고 있음은 주목된다. 쓰시마의 무사들은 원조 주선을 대가로 조슈와 운명을 같이할 것을 약속하였다. 쓰시마의 일부 무사들은 쓰시마[對馬] 영주(다이묘) 요시요리(義和)의 명령을 무시하고 에도(江戶)로 나갔으며, 1862년 9월 말일, 그곳에서 당시 반막부 세력의 중심이었던 조슈(長州)와 동맹을 맺는다. 그들은 조슈의 '파약양이' 외길에 참여할 것을 약속하였으며, 조슈의 주선을 얻어 쓰시마번의 경제난국을 타개하고자 하였다. 이를 '쓰시마 양이정권(攘夷政權)'이라고 부른다. 쓰시마 무사들이 조슈와 동맹을 맺고 양이정권을 성립시키는 과정에 대해서는 본서의 제2장에서 상술하기에 여기서는 간략히 요약에 머물도록 하겠다.

조슈가 '파약양이의 외길'을 주장하여 일본열도의 주목을 받게 되면서 쓰시마도 함께 주목을 받게 되었다. 조슈와의 동맹 체결을 담당하였던 쓰시마의 무사들은 조슈에 의해 '양이(攘夷)의 지사(志士)'라고 높이 선전되었다.

조슈[長州]는 쓰시마[對馬]의 원조 주장을 적극 지지하여 '양이단행'을 촉구하며 막부 공격에 나섰고, 여러 번들을 움직여 여론을 형성하는 한편,

조정에도 적극 공작하였다. 조슈[長州]의 주선이 효과를 발하여 1863년 1월, 조정은 쓰시마에 양이단행의 칙서와 조정의 회답서를 내린다. 조정이 일개 약소 번에 '양이단행'의 칙서를 내렸다는 것은 당시 많은 화젯거리가 되었다. 서양 열강이 쓰시마를 공격한다는 소문도 무성하였다. 쓰시마는 한일관계의 변경이 아니라 서양과의 양이전쟁이 벌어질 경우의 최전선으로 자리매김되었다. 따라서 쓰시마의 문제는 일본 전체의 문제로 해결되어야 한다는 조정의 해석은 막부에 대한 압력으로 작용하였으며, 일본 내셔널리즘을 강화하는 효과를 가져왔다. 쓰시마는 당시 일본 열도의 주목을 받았다. 쓰시마 무사들은 조정의 칙을 각 번의 무사들에게 보여주면서 주선을 요청하였고 각 번의 무사들 사이에 쓰시마 원조를 둘러싼 토론이 벌어졌다. 이미 막부는 양이를 실행하겠노라고 조정에 약속을 하였기에 이들을 토벌하거나 제어할 수 없었다. 막부는 쓰시마 방어에 대한 원조계획을 제시하여야 하였다.

2. 쓰시마의 '정한론 원서'와 원조요구 운동(1863-1864년)

조슈를 배경으로 한 쓰시마의 원조요구 운동에 대해서는 제3장에서 상술하고 여기서는 그 개략을 서술하도록 하자.

막번체제하 전통적인 관념으로는 쓰시마 방어는 쓰시마 영주가 담당하고 인근 제번이 협조를 하는 것이 당연한 일이었다. 막부가 멀리 떨어져 있는 쓰시마 방어를 직접 담당하는 것은 논리적으로 그리고 관례적으로 부당한 소리라고 하면서도, 막부 내에서도 막부의 권위를 유지하고 양이세력의 공격을 회피하기 위해서는 이를 받아들여야 한다는 주장이 나타났다. 막부가 직접 원조를 결정하게 된 주요한 요소는 '외교일원화'에 있었다. 언젠가는 쓰시마가 담당하고 있는 조선과의 외교 무역을 중앙정권이 장악해야 한다는 필요성이 결국 1863년 4월, 막부 노중(老中) 이타쿠라카츠키요[板倉勝

靜]가 쓰시마에 대한 원조를 결정하고 「조선국체정 탐색지내명(朝鮮國體情探索之內命)」을 쓰시마에 내리게 되는 배경이었다.13)

이는 1861년 안도[安藤信正]가 쓰시마 이봉을 허락하였던 것과 마찬가지로 훗날 조선과의 외교와 무역을 장악하기 위한 수순이었음은 주목할 가치가 있다. 실제로 막부는 6월 3일, 작년(1862) 영국으로부터 구입한 수송선 昌光丸을 쓰시마에 대여하였으며, 카츠카이슈에게 쓰시마 파견 명령을 내린다. 이는 막부 역시 조선을 복속시킬 웅지를 갖고 있음을 내부에 천명함으로 막부 비판을 선제적으로 봉쇄한 것으로 이해된다.

다음달, 이러한 내허를 받고 쓰시마는 어린 藩主의 이름으로 원조요구원서를 제출한다. 이 원서가 오늘날 「정한론 원서」로 주목받게 된다.

그 내용에서 주목되는 부분은 쓰시마의 위기가 아니라 조선의 위기가 강조되고 있는 부분이다. 즉,

> … 그 중 가장 寢食을 불안하게 하는 것은 조선에 서양 오랑캐들이 도래하여 토지를 빌리고 가옥을 설치하여 오래 머무르고자 도모한다는 말도 있습니다. …… 원래 겁이 많고 게으르며 유약한 韓人들은 제대로 싸워보지도 못하고 몇 년 지나지 않아 그들의 관할 하에 들어갈 것입니다. 일본이 양이를 단행하게 되면 그들(서양세력)의 불만이 조선을 향하게 되어, 조선을 (침략하여) 교두보로 삼고 일본의 각 지역을 약탈할 것이므로 이는 쓰시마만의 문제가 아니라 일본의 큰일입니다. ……그러므로 退守의 책을 버리고 進戰의 책을 세워서 서양 오랑캐가 조선에 침입하기 이전에 책략을 세워두면, 神君(도쿠가와이에야스)이래 200여년의 和交, 여기에서 신의로써 조선을 원조한다는 뜻으로 복종시키고 만일 복종하지 않을 때에는 兵威를 보여야 하는 데 이때 임진 일거와 같이 명분 없다는 말을 듣지 않도록 하여야 합니다.14)

원서의 내용은 '내허'의 내용을 보충하고 확인하는 형태를 취한다. 막부

---

13) 「朝鮮事務一件」四、939쪽. 『續通信全覽』전게서.
14) 『大島家文書』 중 「御願書寫」(『稿本』), 1863년 5월

의 입맛에 맞게 막부가 원조를 하는 것에 대한 정당성을 확인해 주는 절차이다. 조선과의 외교를 담당해 왔으며, 조선의 현실에 대해 유일하게 잘 알고 있는 쓰시마가 공식적으로 조선이 위험하며, 조선이 침략당하면 일본이 위험하게 된다고 선동하는 것은, 막부의 견해와 당시의 여론을 받아들여 원조 요구의 논리로 활용하고 있는 것이며, 객관적 사실 여부와는 상관없었다. 정치적 행동이라고 파악하는 것이 타당하다.

주목되는 것은, 병위를 보이되 임진왜란과 같이 명분이 없는 전쟁이라는 말은 피하여야 한다는 것, 하루속히 막부가 쓰시마를 직할령으로 삼고 조선에 대한 방책을 수립해야 한다는 의견, 나아가 서양 열강이 조선을 침략하기 전에 일본이 조선을 복종시켜야 하며 이것이 도쿠가와 막부의 정신과 일치한다는 논리가 당시의 여론으로 형성되고 있었다는 점이다. 초기 조선과의 외교관계에 대한 아무런 배려가 없었던 대외팽창론(혹은 항해원략책)이 쓰시마의 이봉운동과 원조요구운동을 통해 현실성을 띠고 기존의 외교관계와 접점을 찾아가고 있음을 그리고 동시에 기존 외교관계에 대한 잘못된 인식이 발생하는 계기가 되고 있음을 알 수 있다.

외교는 내부의 분란을 해소하는 수단으로 이용되기도 한다. 막부는 위와 같은 조선에 대한 인식을 공유함으로 내부 분란을 해소하고자 하였고 쓰시마에 10만석의 원조를 결정하였다. 일단은 10만석의 년조에 해당하는 매년 3만석의 수당을 지급한다고 하였다. 3만석은 쓰시마의 일년 수입(예산)에 해당된다. 막부는 쓰시마의 요구를 전부 들어줌으로써 반막부 운동을 사전에 차단하고 동시에 외교 일원화를 도모하려고 하였다고 판단된다.

한편, 이에 앞서서, 1862년 8월, 조슈는 안정의 대옥 이후 처벌을 받은 사람들을 사면할 것을 칙서로 받아내어 이를 막부에 전달하였으며, 9월에도 조정은 칙사 산조사네도미를 파견하여 양이의 칙서를 전달하였고 막부는 11월 이를 받아들였다. 양이의 시대가 전개된 것이다. 뒤이어 12월 영국 공사관 습격이 발생하였으며, 1863년에 들어와 1월에는 앞서 살펴본 바와 같이 쓰시마에도 칙서가 전달되었으며, 3월에는 천황이 쇼군을 대동하여 양이를 기원하는 행사를 가졌다. 5월 10일(음력)을 기해 양이를 단행하라는 칙서에 따라 조슈는 이를 근거로 5월 10일 시모노세키에서 외국선을 포격하였다. 외국선을 포격하면서 막부의 허가를 구하지도 않았으며 의향도 묻지 않았다. 막번체제에서 막부의 지도적 지위를 무시한 행동이었다. 6월에 영국함대가 조슈를 보복공격하였으며, 조슈 정규군의 패배를 기회로 다카스기 신사쿠[高杉晋作]가 기병대를 조직한다. 7월에는 나마무기 사건에 대해 영국함대가 가고시마를 포격하였다.

일련의 서양인 습격 사건은 서양과의 싸움에 막부가 누구 편을 드는지 세상에 내보여 막부를 곤혹스럽게 하고 반막부 운동의 정당성을 확보하려는 의도였다. 서양과의 결전을 각오할 수 없었던 막부는 곤란에 처하게 되었으며, 점차 양이운동은 반막부 운동으로 걷잡을 수 없이 확대되었다. 동시에 양이파의 폭주는 많은 사람들의 우려를 불러 일으켰다.

교토에서는 천황이 사쓰마[薩摩]번에게 존왕양이 과격파 추방을 요청하기에 이르렀다. 조정에서 과격파들이 실권을 장악하고 천황의 권위를 무시하였기 때문이었다. 1863년 8월 18일, 아이즈[會津]와 사쓰마[薩摩]의 병사가 궁궐 문을 장악하고 출입을 통제하였다. 궁정쿠데타였다. 조정은 양이불가를 결정하고 조슈 무사들의 입경(入京)을 금지하였으며, 존왕양이 과격파 공가들을 추방하였다. 이를 8·18정변이라고 부른다. 조슈 무사들과 양이파 공경들은 조정에서 쫓겨나 조슈로 향하였다. 조슈가 중심이 된 과격파는 세력을 만회하기 위해서 암약하였다. 온건파와 양이파의 대립이 지속되었다.

1864년 6월, 교토에 있는 여관 이케다야[池田屋]에 모인 약 30명의 존왕양이파를 치안유지조직인 신센구미[新選組]가 발각하여 기습하였다. 이를 이케다야 사건이라고 부른다. 조슈는 이 사건에 반발하여 기병대와 유격대 등을 이끌고 상경, 7월 궁궐 외곽 하마구리[蛤]문에서 이를 지키는 아이즈[會津]·사쓰마[薩摩] 병사들과 충돌하여 전쟁이 벌어졌다. 교토에서 28,000

호가 소실되는 치열한 전투였다. 이를 금문의 변(禁門の変)이라고 한다. 막부는 양이파의 선봉을 자임하는 조슈[長州]를 정벌하겠다고 조정에 칙을 요구하였다. 막부의 허가 없이 마음대로 외국선을 포격하여 국가를 위기에 빠뜨렸으며, 이를 힐문하러 내려 보낸 막부의 관리들이 의문의 죽음을 당한 것, 금문의 변을 일으켜 교토를 불바다로 만든 것 등 막부가 열거한 조슈[長州]의 죄상은 명백하였다. 조정은 조슈를 토벌하라는 칙을 내렸다.

조정이 양이불가를 선언하고 조슈가 정벌의 대상이 됨에 따라서, 조슈와 동맹을 맺고 양이 전쟁을 근거로 원조를 받기로 한 쓰시마에 대한 원조는 흔들리기 시작하였다.

3. 원조의 중단과 쓰시마의 내홍

1864년 9월, 조슈 정벌군이 조슈를 향해 내려오고 있을 때, 4개국 연합함대가 시모노세키를 포격하였고 패배한 조슈는 4개국 연합함대와 강화조약을 맺었다. 뒤이어 조슈에서는 탄압을 받고 있었던 반대파가 세력을 회복하여 과격파를 처벌하고 막부에 항복 공순을 약속하였다. 양이파의 지도자 수후[周布政之助]는 자결하였으며, 세 명의 가로(家老)가 참수되었다. 이로 제1차 조슈 정벌은 막부의 승리로 종결되었다. 그러나 정벌군이 회군하자 12월 다카스기[高杉晉作]는 기병대를 비롯한 제대를 수합하여 조슈의 정규군을 격파하고 무력으로 번의 무력을 장악하였다. 다지마에 피신하였던 기도[木戸孝允]가 돌아와 용담역(用談役)에 취임하여 번의 권력을 장악하여 다시금 막부와의 군사 대결에 대비하였다. 다시금 일본 열도는 내란의 불씨가 피어오르고 있었다.

조슈 정벌을 성공리에 수행한 막부는 1864년 12월 쓰시마번에게 다음과 같이 원조 중지를 전달하였다.

宗對馬守

작년(1863) 양이가 결정됨에 따라 대마도 경비를 위한 (원조 요구) 원서가 있었고, 또 모리(毛利- 조슈번주) 대선대부로 부터도 여러 가지 건백이 있었으므로 양미 수당으로 쌀 삼만석을 매년 지급하여 쓰시마 치안에 이르기까지 막부가 다 보살펴 주었으며, 또한 대선대부(조슈의 다이묘)에게도 (쓰시마를 원조하라고) 명령을 내렸는데, 그 후 대선 부자가 역모를 일으켜 이미 주벌(誅伐) 명령이 내려진 바, 쓰시마 치안 문제에 대해서는 (막부가 삼만석의 원조를 중단하고) 다시금 대책을 강구할 것이다. 그 뜻을 명심하기 바란다.[15]

막부는 쓰시마에 대한 원조를 완전히 중지하기로 결정하였다. 하지만, 조선과의 외교 무역을 장악해야 할 필요성은 인식하고 있었기에 다시금 대책을 강구하겠다고 여운을 남긴 것이었다.

제1차 막부와 조슈 전쟁에서 막부의 승리는 불완전한 일시적인 승리였다. 앞서 살펴 본 바와 같이 항복한 長州에서 기도[木戸孝允]와 다카스기[高杉晉作]가 권력을 장악하면서 막부와 무력대결이 준비되었고, 큐슈(九州)에서는 다이묘의 연합을 도모하여 막부와 대항하여야 한다는 여론이 조성되었기 때문이다.

쓰시마번의 정세는 그대로 막부에 보고되었다. 막부의 감찰(大監察, 小監察) 들은 "쓰시마의 국론은 격도(激徒)들이 장악하고 있으므로 쓰시마에 양미를 원조하는 것은 적에게 양미를 건네주는 것과 같다"라고 강경하게 쓰시마 원조를 반대하였다.

쓰시마는 원조가 없이는 존립할 수 없는 구조를 갖고 있었기 때문에 다시금 어려움에 처하게 되었다. 그리하여 막부에 대한 충성이 변함이 없음을 강조하고 경제적 어려움을 하소연하면서 계속하여 원조를 해 줄 것을 탄원한다. 1865년 9월 오시마[大島友之允]가 원조를 계속해 달라고 하는 탄원서를 보면, 그 실정을 알 수 있다.

---

15) 「朝鮮通信事務一件」943쪽

口上書

(전략)2년전 봄(1863년)에 에도에서 원서를 올려 탄원한 바, 쓰시마의 흥폐는 일본의 영욕과 관계되는 바이므로, 이 기회에 쓰시마의 군비(軍備)를 갖추는 것을 일본의 공론(公論)으로 해 주셔서, 조선과의 상업의 이익을 기대하지 않고도 병식을 갖출 수 있도록 함으로써 국위를 더럽히지 않도록 영단을 내려주십사고 탄원서를 올린 바가 있었습니다. 그후 장군께서 상락(上洛-京都에 올라옴)하셨을 때 그토록 원하였던 삼만석의 원조를 고맙게도 받게 되어 이 특은에 힘입어 쓰시마의 경영에서 병비 수당에 이르기까지 여러 모로 마음을 쓰고 있었습니다.

올 봄 이후 대마도에서는 여러 가지로 어려움이 있었고, 대마 영주를 비롯하여 통심하는 바가 큽니다. 지금에 이르러서는 여러 번의 사자들도 돌아갔고, 표면상으로는 진정을 되찾은 듯이 보입니다. 그러나 언젠가 그 뿌리를 뽑지 않으면 후환이 계속되리라 봅니다. 영내에 위급함이 닥치어서 영민의 생명에도 관계되는 곤란함은 내부의 수당을 제대로 확립하지 못하는 바에서 시작되어 치안유지를 제대로 못하는 바에 기인합니다. 그런데 지금처럼 원조가 미루어지면 망도(妄徒)들이 선제공격으로 나서게 될 것이며, 어떠한 분란이 발생하게 될 지 두렵습니다(중략)

거듭 10만석의 석대인 삼만석을 신속히 지급해 주실 것을 부탁드립니다. 그리하면 급히 병식과 수당을 해결하고, 신속히 그 분란의 뿌리를 뽑아서 후환이 없도록 하여서 일본의 國辱이 되지 않도록 엄중히 조치하겠습니다(하략)[16]

위의 내용을 검토해 보면, 쓰시마가 원조를 받게 된 이유는 조선 무역에 의존하지 않고도 병식(兵食)을 해결하여 일본의 국위를 손상하지 않기 위함이라는 인식과, 쓰시마의 내분이 원조의 중단(지연)에 따른 것이므로 신속히 원조가 재개되지 않으면 분란이 심각하게 될 것이며 원조를 재개해 준다면 분란을 단절하고 국위를 손상하지 않도록 하겠다는 인식을 보여주고 있음을 알 수 있다. 원래 원조를 받게 된 이유가 양이의 전쟁을 상정하고 경비를

16) 「御周旋方日記」(『大島家文書』, 『稿本』전게 사료)

위한 것이었는데 점차 일본의 국위의 문제로 변화되고 있음이 주목된다. 일본의 국위를 빛내는 것이 당시 여론의 화두였음을 알게 해 준다.

대마도의 탄원에 대해 동 11월 막부는 다시금 쌀 5,000석을 지급할 것을 결정하였고, 쓰시마는 이를 받아들여 다시금 히라다[平田]를 비롯한 양이파 무사들을 숙청하여 막부에 충성을 보였다.

이에 앞서 1865년 8월 사쓰마[薩摩]의 명의로 구입한 미니에 소총 4,000자루가 조슈에 도착하였고 사쓰마와 조슈의 관계가 급격하게 가까워졌다.[17] 동 9월 제2차 조슈 정벌의 칙이 내렸을 때, 사쓰마는 조칙(詔勅)을 무시하였다. 사쓰마의 오쿠보[大久保利通]는 "의롭지 못한 칙은 칙이 아니다."라고 단언하였으며 오히려 1866년 1월에는 조슈와 동맹(薩長同盟)을 맺었다. 1866년 6월 제2차 드디어 막부와 조슈 사이의 전쟁이 발발하였다(제2차 幕-長 전쟁). 막부군 15만 명은 4,000명의 조슈군에게 처음부터 패주하기 시작하였다. 전쟁에 임하는 자세와 훈련, 그리고 무엇보다 화력의 차이였다. 패전의 소식이 전해지는 와중에 7월 쇼군 이에모치[家茂]가 병으로 사망하였고, 가독을 이어받은 요시노부[慶喜]는 철병을 명하였다. 그는 쇼군직을 고사하고 사태 수습에 전념하는 태도를 보이다가 고메이[孝明]천황의 신임을 충분히 확인한 후, 12월 장군직에 취임하였다.

Ⅳ. 「구폐」로 간주된 조선후기 한일관계

1. 왕정복구의 과정과 쓰시마

1866년 12월 요시노부[德川慶喜] 정권이 성립되자, 노중(老中) 이타쿠라[板倉]는 다음과 같은 명령을 쓰시마에 하달하였다.

---

17) 여기에는 토사번의 사카모토 료마[坂本龍馬]의 주선이 주목되며 많은 연구가 있다.

조선국 취급에 대해서는 일찍이 규칙이 있었겠으나 지금부터는 변혁을 할 터이므로 그 뜻을 잘 받아들여주기 바란다. 지금의 시세를 잘 살피어 모든 격식은 옛날의 격식에 따르지 않고 다른 외국과의 교제에 준하여 더욱 신의를 세울 수 있도록 하라. 나아가서는 이정암 윤번제를 폐지하며 별단의 역인을 파견할 터이니 명심하라[18]

이는 조선과의 외교를 막부가 직접 장악하겠다는 선언이라고 말할 수 있다. 1861년 쓰시마의 이봉운동에서 촉발된 직접외교 구상이 좀 더 현실감을 갖게 된 것으로 판단된다. 막부가 조선과의 외교 관계에서 옛날의 격식을 따르지 않겠다고 선언한 것은 기존의 조선과의 관계에 대한 비판을 해소하기 위한 수순으로 장기 계획이었고, 조선의 동의가 필요한 사항이었다. 막부의 사절 파견도 이러한 계획을 달성하기 위한 방법이었다고 판단된다. 쓰시마로서는 원조는 획득하되 조선과의 직접 외교는 어려울 것이라고 은근히 방해하였다. 막부의 붕괴 과정에서 이정암 윤번제를 폐지하고 외국봉행을 파견하지 못한 것은, 결과적으로 이후 조선과의 관계에서 쓰시마의 재량권이 더욱 확대되는 결과를 가져와 변혁기 양국의 소통을 방해하고 갈등을 확대시킨다는 점에서 주목할 필요가 있다.

막부는 사절파견을 계획한다. 1867년 2월, 막부는 외국봉행 히라야마(平山敬忠)에게 쓰시마 파견을 명령하였다. 쓰시마번과 협의한 후 상황에 따라서는 조선에 도항할 수도 있다는 내용이었다. 히라야마[平山]의 쓰시마 파견은 막부가 조선과의 외교를 접수하기 위한 수순(手順)이며 여태까지 쓰시마번이 담당해 온 조선관계 사무를 인수하기 위한 정보 획득에 목표가 있었다. 아울러 병인양요 이후, 프랑스와 조선 관계에 주선을 함으로 외교적 지위를 끌어 올리려는 의도도 있었다. 그러나 사절 파견은 순조롭게 이루어지지 못하였다. 막부는 국정을 효과적으로 집행할 힘을 상실하고 있었

---

18) 「工儀被仰上」(『御家記編輯材料』)

다. 게다가 쇼군 요시노부[德川慶喜]를 지지하였던 고메이[孝明]천황의 급사는 요시노부 정권에는 큰 타격이었다.

1867년 8월 토막파는 무력으로 막부를 타도할 준비를 갖추게 된다. 사절이 출발하기 전인 1867년 10월 14일, 요시노부[慶喜]는 대정봉환(大政奉還)을 신청하였다. 요시노부[慶喜]는 다이묘 연합정부를 만들어, 도쿠가와[德川]家가 필두가 되어 국정의 실권을 장악할 수 있다는 계산이었다. 그러나 대정봉환이 상신된 이날, 「적신(賊臣) 요시노부[慶喜]를 진륙(殄戮)하라」는 막부를 토벌하라는 밀칙이 사쓰마 번주와 조슈 번주 앞으로 내려진다. 이것이 위조된 밀칙이었음이 최근 밝혀졌지만, 당시로는 큰 충격이었을 것이다. 정치에서는 권모술수가 중요한 요인임을 알게 한다.

67년 12월 9일, 궁궐을 장악한 토막파는 왕정복고를 선언하고 쇼군직을 폐지시키는 왕정복고의 비밀 쿠데타를 성공시킨다. 도쿠가와 요시노부의 장군직 사퇴를 인정하고, 막부와 섭관을 단절하고, 임시로 총재, 의정, 참여의 3직을 둔다고 선언한다. 참여로는 위의 5개 번에서 3명씩 무사가 임명되고, 사이고[西鄕隆盛], 오쿠보[大久保利通], 이와쿠라[岩倉具視], 고토[後藤像次郞] 등이 들어가 실권을 장악하였다. 임시로 3직을 둔다고 기록되었으니, 신정부는 그야말로 일종의 「임시혁명정부」였다. 이로써 막부는 폐지되었고, 히라야마의 사절 파견 명령도 소멸되었다.[19]

신정부는, 전장군 도쿠가와 요시노부에 대하여 「사관납지(辭官納地)」, 즉 내대신의 사직과 영지(領地)·영민(領民)의 반환을 요구하였다. 말하자면 무조건 항복을 요구한 것이었다. 이는 도발이었다. 1868년 원단, 드디어 오

---

19) 기존 연구는 이 사절 파견이 조선의 거절로 말미암아 이루어지지 못하였다고 하고, 나아가서는 막부사절 파견을 알리는 강신대차사의 서계가 입항과 동시에 거절당하였다고 설명하지만, 이는 사료와 합치하지 않는다. 강신대차사는 5월 9일 왜관에 도착하여 훈도와 대면하였고, 6월 훈도와 동래부사의 교체로 다시금 새로이 회담을 하였으며, 서울에서 경접위관이 파견되어 9월 봉진연, 11월 3일 회답서계를 수령하고 있기 때문이다. 물론 회답서계가 막부에 전달되기 전에 막부는 멸망하였다.

사카에서 막부가 무력 반격을 결정하였다. 「사쓰마 토벌의 표(討薩之表)」를 작성하여, 사쓰마[薩摩]번의 음모에 주륙을 가한다고 선언하고, 막부의 병사들 15,000명이 교토 후시미[伏見]와 도바[鳥羽]로 진격하였던 것이다. 토막파가 바라는 무력대결의 국면은 이렇게 막부가 시작하였다. 이를 무진전쟁이라고 부른다.

여기에 대항하는 사쓰마와 조슈[薩長]의 군대는 4,500명, 그러나 정예군이었다. 전투는 처음부터 삿초[薩長]군이 일방적으로 우세하였다. 막부군은 허망하게 패배하였다. 요시노부는 오사카성을 몰래 탈출하여, 군함 카이요마루[開陽丸]로 에도로 도주한다. 버려진 막부군은 사방으로 흩어져 버렸다. 주도권을 확보한 토막파는, 천황의 칙을 얻어 요시노부 추토령을 받아내었다. 그들은 관군이라고 칭하였다. 1월 중에 서국과 중부의 여러 번들이 무저항의 상태로 제압되었다. 구 막부령이나 조적(朝敵)으로 지목된 다이묘의 영지는 신정부의 직할지가 되었다.

2월 초순, 사쓰마·조슈·토사[薩長土]의 세 번을 중심으로 하는 東征軍 1만 여명이 에도를 목표로 출진한다. 대총독부 참모로 사이고가 취임하였다. 저항은 거의 없었고, 3월 중순에는 에도성 총공격의 준비도 정비되었다.

요시노부는 항복 방침을 정하였다. 사이고다카모리와 막신 카츠카이슈의 회담을 거쳐서, 신정부는 요시노부의 사죄(死罪) 방침을 철회하고 에도성 총공격을 중지하며, 도쿠가와 종가의 존속을 인정하는 선에서 항복을 받아들였다. 요시노부는 은거하여 미토[水戸]에 근신한다는 관대한 처벌을 받았다. 4월 東征軍이 무혈 입성한다. 이렇게 에도 막부는 멸망하였다.

무진전쟁이 발발하였을 때, 쓰시마번은 관군에 포함되려고 노력하였으나 도움이 되는 병사들이 아니었기에 무시당하였다. 하지만 조슈의 기도다카요시[木戸孝允]의 주선으로 무진전쟁에서 관군에 일부 병사를 내보낼 수 있었으며, 덕분에 막부가 항복하였을 때에는 승리자의 입장에 설 수 있었다. 하지만 쓰시마의 재정난은 심각하여 무기의 근대화를 도모하여 수입하는 것은 꿈도 꿀 수 없었고, 무사들의 봉급을 지불하기에도 어려운 상황이었다.

2. 메이지 정부 수립과 쓰시마[對馬]

1867년 12월 9일, 왕정복고의 대호령으로 메이지 신정부는 성립되었다. 양이(攘夷)를 표방하고 막부를 타도하는 가장 큰 이유를 막부가 조약을 맺었기 때문이라고 주장하였던 신정부는 외국 열강의 지지를 획득하기 위하여 한 달 만인 1868년 1월 17일 외국과의 화친을 국내에 포고하였고, 서양 열강들은 이에 화답하여 1월 25일 서양6개국 국외 중립을 선언하였다. 양이에서 개국으로의 전환은 이렇게 간단하게 정리되었다.

신정부는 외교권을 장악하는 데에 힘을 기울였고, 3월 11일에는 쓰시마 번에게 모든 외국과의 교제를 조정에서 담당한다는 뜻을 명령하였다. 하지만 쓰시마에 대한 지원책이 확립되지 않은 상태였기에 쓰시마의 외교권은 애매한 상태로 남겨둘 수 밖에 없었다. 즉,

> 이번에 왕정으로 일신되어 모든 외국과의 교제는 조정이 담당할 것이다. 조선은 옛날부터 왕래하던 나라이므로 더욱 위신을 세우고자 하는 뜻으로 지금까지와 마찬가지로 宗家에 양국 통교를 가역으로 명하며, 조선국과의 교제는 외국 사무보의 마음가짐으로 국위를 더욱 세울 수 있도록 진력하라. 특히 왕정일신의 시기이므로 해외에 대해서는 더욱 특별히 마음을 기울여 구폐를 척결하고 奉公하라.[20]

이는 일본 국가 기구의 면에서 볼 때 1861년 이래 막부가 추진하였던 조선과의 직접 외교를 장악하려는 의도의 연장이라 볼 수 있다. 또한, 쓰시마

---

20) 『朝鮮外交事務書』1(한국일본문제연구회, 성진문화사, 1971년) 69-70쪽, 이하『事務書』로 약칭함

번의 입장에서 보면 가역의 유지가 보장되었고 국위진작을 위한 원조 요구의 근거가 아직 남아있는 것이었다.

여기서 처음으로 조선과의 외교관계를 '구폐'라고 표현하고 '구폐'를 척결하라는 언급이 나온다. '구폐'의 내용이 과연 무엇이었을까.

윤 4월 6일, 쓰시마[對馬] 다이묘 요시아키라[宗義達]는 위 명령에 대한 봉답서를 제출함과 동시에 별지 부속서를 첨부하여 쓰시마 처리 문제가 먼저 해결되어야 한다고 주장하였다. 이를 소개해 보자.

> 一, ① 쓰시마가 조선국과 교제를 맺고 사신을 보내고 세견선을 보내고 조약을 맺게 된 것은 1440년대 초, 남북조 시대 서국(西國) 병난(兵亂)으로 선조들이 큐슈의 영토를 잃고 대마도에 들어와 숨어있었던 어려운 시기였습니다. … 원래 세견을 약속한 것은 실로 차래지식(嗟來之食-업신여기며 주는 음식)을 받아먹는 것과 같은 것으로 전적으로 일시의 구급지책(救急之策)에 불과합니다. 그때부터 다년간에 걸쳐 영지의 회복을 꾀하였지만 불행하게도 성공하지 못하여 드디어 조선을 기대하지 않고는 국력이 지탱되기 어렵게 되었습니다. 그리하여 잘못된 관례(謬例)가 생기어, 외국에 대하여 번신(藩臣)의 예(禮)를 취하여 수백 년간 굴욕을 조선으로부터 받았으니, 분개절치(憤慨切齒)합니다<중략>
> ② 그리하여 금번 조선국과의 구폐를 일신하라는 엄명을 받았으니, 사력을 다하여 속히 그 실효를 세워 년래의 소망을 달성하도록 분발할 것입니다만, (중략) (對馬藩 경제 자립이) 조선에 손을 쓰는 제일의 순서라고 생각하오니, 비상한 파격적인 성단을 내려주셔서 선제의 예려(叡慮)를 세우고 금후 외국에게 경멸을 받지 않기를 원합니다. 그러한 후에는 쓰시마번은 사교(私交)의 폐해를 비롯하여 기타 유폐를 모두 개혁하여 (국가의) 위신을 빛나게 하도록 하겠습니다.[21]

'구폐'란 조선에 번신의 예를 취한 것을 말한다. 그리고 조선의 멸시를

---

21) 『事務書1』(전게서) 73-95쪽

받는 외교관계를 개혁하기 위해서는 쓰시마 원조가 제1의 순서라고 주장하고 있는 것도 주목된다. 전통적 교린의 의미를 무시하는 논지가 전개되고 있었다. 막부 장군과 조선 국왕이 대등하였기에 쓰시마 영주가 막부 장군을 대하는 마음으로 조선 국왕을 대한다는 전통적 '예'에 대한 이해는 어디에도 언급되지 않았다. 오로지 조선의 술책에 넘어가 번신의 예를 취하였다는 억울함이 팽배하다. 그것도 궁핍한 경제적 상황 때문에 그리되었다는 것이다. 이러한 해석이 당시 메이지 지도자들이 갖고 있었던 일반적 대조선 인식으로 확대되었고, 당시의 여론이기도 하였음을 이해할 수 있다.

쓰시마로서는 구폐를 해결하는 길은 쓰시마가 안정된 지행으로 큐슈 10만석의 땅을 얻는 일이었고, 조선의 신하로 취급되고 있다는 일본 내에서의 여론은 원조를 위한 핑계로 매우 유효한 것이었다. 사실 쓰시마는 세견선 무역을 포기할 생각은 전혀 없었다. 조선과 아무런 외교적 마찰이 없었던 상황에서 일본에서의 정권 교체를 기회로 기존 외교 관계를 '구폐'라고 비판하면서 10만석의 토지에 해당하는 원조를 주장하고 있는 것은 흥미롭다. 자립할 수 없었던 쓰시마의 외교적 능력과 발 빠른 대처를 잘 알 수 있으며, 동시에 정치가 무엇인지 이해할 수 있는 좋은 사례라고 생각된다.

'구폐의 해결'이라는 것은 상식적으로 그리고 논리적으로 생각하면 세견선의 폐지가 그 첫 열쇠가 될 것이었다. 그러나 쓰시마는 그렇게 생각하지 않았다. 세견선은 이득이 남는 일이기 때문이었다. 그렇다면, 쓰시마번이 외교 무역을 독점, 혹은 세견선을 유지하면서 '구폐'를 해결하는 방법은 무엇이었을까.

이 부분이 대수대차사 서계를 둘러싼 문제로 나타난다. 쓰시마는 조선이 준 감합인(도서)을 폐지하고 메이지 정부가 인정한 신인을 사용하며, 쓰시마번 태수의 지위를 높여 '좌근위소장 평조신 종의달'로 올리고 예조참판과 등대하려고 하였다. 쓰시마번 태수가 예조참판과 등대하게 되면 번신의 예를 취한다는 비판에서 벗어날 수 있다고 생각하였던 것이다. 메이지 정부의 무력을 배경으로 자신의 격을 높이고 교섭 상대의 격을 높이는 것, 조선을 일본의 하위 국가로 자리매김하는 것이 '구폐의 개혁'에 다름 아니었다. 차사들이 임관을 무시하고 동래부와 직접 교섭을 주장하였던 것이 대표적 예이다. 메이지 정부 쓰시마의 '구폐 개혁' 요구에 대한 동래부의 대응에 대해서는 제2부에서 상술하도록 한다.

(한일관계사연구 제65집, 2019년 8월)

제2장 1861년 쓰시마번의 이봉(移封)운동

I. 머리말

1861년, 러시아 군함 포사드니크호가 선체(船體) 수리를 명목으로 쓰시마(對馬島)에 정박하여 머무르면서, 실은 개항장을 요구한 일이 있었다. 이때, 쓰시마 영주(藩主, 大名-다이묘, 이하 영주로 통일함) 소 요시요리[宗義和]는 대마도에 개항장이 생길 것을 예상하고, 대마도 영지를 막부가 다 수용하여 개항장으로 삼고 자신들에게는 규슈[九州]의 땅을 대신 달라는 청원 운동을 막부에 전개하였다. 영주의 봉토를 바꾸어 달라는 청원 운동을 '이봉운동'이라 부른다.

쓰시마 영주가 어떠한 상황에서 어떠한 논리와 방법으로 이봉을 요구하였는가 하는 것을 검토하는 것은 다음과 같은 점에서 매우 중요한 문제라 생각한다. 첫째, 막번체제[1] 붕괴기의 막부권력과 영주권력의 이해 대립과 그 해결 모습을 검토할 수 있는 좋은 재료이다. 둘째, 한일 양국의 변경으로 한일간 외교 관계를 장악해 온 쓰시마번이 대마도를 떠나겠다는 것은 한일 관계사에 있어서도 중요한 쟁점이며, 또한 그 후 전개되는 대마도 처리문제를 추구하는 데에 필수적인 작업이다. 셋째로 러시아 함대의 정박에 대한 막부와 양이파(攘夷派) 제 영주들의 대응, 그리고 서양 열강의 입장과 관련한 일본의 식민지(혹은 반식민지) 위기 논쟁을 재검토하는 데에 중요한 열

---

1) 막번체제란 에도(江戶)막부 시대의 정치적 특성을 나타내는 말로 중앙집권적 봉건 체제를 말한다. 이러한 중앙 집권적인 봉건제의 특질을 평가하여 에도 막부를 일본 학계에서는 '근세'라고 표현하기도 한다.

쇠가 된다는 점이다.

그러므로, 막부말기 쓰시마번의 이봉 운동에 대해 언급한 연구는 적지 않다[2]. 그러나 기존의 연구는 쓰시마번의 입장과 선택을 고려하지 않고 연구자의 거시적 논리 전개를 위해 이봉 운동을 평가해 온 경향이 있기 때문에, 기존 연구가 당시의 이봉 청원 운동의 실상을 밝혀주고 있다고는 말하기 어렵다. 오히려 많은 오해를 초래하고 있다고 필자는 생각한다.

이해를 위해 과감하게 크게 두 가지로 정리하여 소개하도록 하겠다.

첫째, 이봉 청원 운동을 지배층(특히 막부관리와 쓰시마 영주)의 '비겁함'을 표현하는 전형으로 파악하여 설명하는 견해이다. 즉, 서양의 침략(즉 러시아 함대의 도래)에 입각하여 소위 지배층이라는 사람들이 투쟁을 통해 외적을 무찌르지 않고 오히려 땅을 버리고 도망치려고 하였으며, 오로지 인민만이 투쟁의 선봉에 서서 침략을 무찔렀다는 반제국주의 민중투쟁 사관에 입각한 연구이다. 이 설명은 이노우에키요시[井上淸]가 주장[3]한 이래 시바하라타쿠지[芝原拓自]에 의해 계승되고[4] 일본 역사 교육 현장에서도 강조되어 왔다.[5] 그리하여 일본에서 뿐만이 아니고 한국·중국의 일본사 연구자들에게도 거의 통설처럼 알려진 견해이다. 이 견해는 포사드니크호가 대마

---

2) 참고로 주목할 만한 연구를 소개하면 다음과 같다.

高田利吉, 「幕末露艦の對馬占據」(『歷史地理』43-1, 1926년)

禰津正志, 「文久元年露艦の對馬占據に就いて」(『法と經濟』, 2-2, 3, 4, 1934년)

大塚武松, 「幕末の外交」(『岩波講座日本歷史』, 戰前版, 1934년)

井上淸, 「ふたつの愛國主義と國際主義- 幕末明治外交の基本問題- 」(『歷史學硏究』 137, 1949年)

日野精三郞, 『幕末における對馬と英露』(東京大學出版會, 1968年)

『長崎縣史』(吉川弘文館, 1973)

3) 井上淸, 전게 주1의 논문

4) 芝原拓自,「明治維新とアジアの變革」(『中央公論』1962년 4월호) 및 『日本近代化の世界史的位置』(岩波書店, 1981년)

5) 예를들어, 石井郁男,「對馬にロシア軍艦がきた」(『新版歷史敎育入門』, 1982년, あゆみ出版, 143-156쪽)을 참고 바란다.

도에 정박하여 정박지를 요구한 사건('대마사건'이라 통칭된다)을 서양 열
강의 침략 즉, 반식민지 위기의 전형적 사건으로 자리매김하고, 강경하게
대응하지 않은 쓰시마 영주와 막부 관리들을 비판하는 한편, 오로지 대마도
의 인민만이 조국의 방어를 위해 용감히 싸웠다는 역사상을 만들어 내었다.
여기에는 조슈의 사료가 근거가 된다. 조슈는 '파약양이의 외길'을 주장하
면서 쓰시마의 이봉운동을 비판하고 양이의 전쟁을 주장하였던 것이다. 그
러나 이를 반식민지 위기의 전형적 사건으로 파악해도 되는 것인지는 의문
이며, 또한 상부층의 의도를 넘어 민중들이 투쟁하였다고 볼 수 있는지도
의문이다. 또한 이봉운동에 대한 사료의 오독(誤讀)이 발견된다.

둘째로는 쓰시마번 내부에 양이파와 보수파가 있었다고 설정하고 보수파
가 이봉운동을 추진하였다는 설명이다[6]. 이 견해 역시 양이파를 찬양하기
위한 조슈의 사료를 근거로 한다. 쓰시마번의 1차 사료를 보면 무척 재미있
는 사실을 알 수 있다. 이봉(移封)운동은 가로들의 회의에서 결정된 것으로
번주(다이묘)의 명령 하에 쓰사마번 전체가 총력을 기울여 이루어진 것이
며, 일부 보수파의 정책이 아니었다. 또 뒷날 소위 '양이파의 지사'로 활약
하는 사람들이 실은 이 이봉(移封) 운동에 적극적으로 나서 활약하였음도
밝힐 수 있다. 이 실증을 통하여 훗날 조슈의 카쓰라고고로[桂小五郎- 뒷날
의 木戸孝允]의 보고[7]를 비롯한 조슈의 사료가 사실을 기록하였다기 보다
는 그 시대 정치적 의도를 가진 것이었음을 이해할 수 있다.

그렇다면, 쓰시마번의 이봉 운동은 어떠한 상황 속에서 어떤 논리와 방
법으로 진행되었는가를 복원해 보자. 이를 위해서는 1861년 당시의 국제정

---

6) 대표적인 것으로는, 『長崎縣史』가 있으며, 이 논리를 정리한 것으로는 上野隆生「幕
末·維新期の朝鮮政策と對馬藩」(『年報近代日本研究』, 근대일본연구회, 1985년)44쪽
을 참조바람.

7) 『木戸孝允文書』卷1, 216-223쪽 참고. 이 보고에서 木戸는 移封운동을 佐須党의 논
리로 몰아 쓰시마번 江戸家老인 佐須伊織과 막부의 老中 安藤信正이 합작한 奸計라
고 하였다.

세와 막부의 개항정책, 그리고 개항을 반대하는 여러 영주(藩主, 다이묘)들을 염두에 두고, 쓰시마번의 정세 판단과 계산을 분석하는 배려가 무엇보다 필요하다고 생각한다. 그리고, 이봉 조건을 둘러싼 막부 관료와 쓰시마번과의 대립을 살펴볼 필요가 있다. 이를 통하여 막번체제(幕藩體制) 붕괴기의 막부와 번이 서로 다른 이해관계를 표출하고 있음을 살펴볼 수 있음은 물론, 러시아 함대의 정박사건에 대해 객관적인 판단을 내림으로 일본 반식민지화 위기 논쟁[8])을 재검토 할 수 있는 단서를 얻을 수 있을 것이다.

Ⅱ. 이봉론(移封論)의 대두

1. 이봉 청원 운동의 배경

이봉 운동의 배경이 되는 당시 쓰시마번의 경제상황과 일본의 정치 정세를 이하 개략적으로 언급해 두고자 한다. 우선, 쓰시마번의 자립할 수 없는 경제 구조에 대해서 개략적으로 살펴보면 다음과 같다.

막부 말기의 쓰시마번의 경제 상황은 많은 부채를 짊어지고 있었다. 이는 막번체제 하에서 10만석의 영주로 칭하고 그에 어울리는 가신단을 유지하며 타 영주들과의 관계를 맺으면서도 실지로 토지 생산량은 5,000石도 안되는 대마도의 근본적인 문제 때문에 발생하는 것이었다.

쓰시마번은 일본과 조선에 양속됨으로써 이 문제를 해결해 왔다. 쓰시마번의 존립 기반은 조선과 일본과의 외교를 담당하는 역(役)에서 파생하는 무역의 이윤(利潤)이며, 대조선 무역 이윤은 쓰시마번의 지행(知行)으로 파악되었다. 쓰시마번은 조선과의 외교라는 책임을 최대한으로 활용하여 10

---

8) 여기에 대해서는 졸고「1861년의 對馬를 둘러싼 情勢와 半植民地化 危機 論爭」 1995년 5월(『일본역사연구』창간호, 일본역사연구회)를 참고 바란다.

만 석의 영주(다이묘)로서의 지위를 막부로부터 획득하였고, 수입이 10만 석에 미치지 못할 때에는 지행(知行)의 감소로 파악하여 막부로부터 원조를 얻곤 하였다. 이는 대마 영주가 막부로 부터 10만석의 가격(家格)을 인정받았기 때문이며, 막번체제에서 이러한 요구는 통하였다. 그리하여 사무역 금지가 이루어 진 후에는 이를 지행의 감소로 인정받아 은광 댓가 명목으로 매년 12,000냥의 수당을 받게 되었으며, 그 후에도 조선과의 외교를 담당하는 중요한 임무를 앞세워 다시로[田代]에 13,400석, 히치쿠[肥筑]에 15,877석, 그리고 에도 번저 관리의 명목으로 시모노[下野]의 영지 4,202석을 획득하는 데에 성공하고 있다.9) 물론 그럼에도 불구하고 영지수입은 4만석 정도, 조선무역 3만석 정도, 은광 댓가로 15,000석 정도의 수입이 전부였으니, 매년 15,000석 정도가 항상 적자였다고 한다. 쓰시마번은 조선과의 외교관계의 중요성을 이용하여 막부로부터 여러 가지 명목으로 원조를 얻고 있으며, 또 이렇게 원조를 얻어내는 데에 성공한 가신들을 큰 업적을 올린 공신으로 대접하곤 하였다.

그러나 일본의 개국이후, 개항장이 설치되고, 외국 공사들이 부임하여 왔다. 따라서 조선과의 외교의 중요성은 상대화되고, 막부에서는 외국봉행(外國奉行)이 임명되어 이들이 외교사무를 관장하게 되었다. 따라서 일본의 외교사무를 독점해온 쓰시마 영주의 위상은 크게 저하할 수밖에 없었다. 또한 개항장을 통하여 값싼 외국 면제품이 들어오게 되자 조선과의 중계무역을 통해 독점적 판매망을 구축하였던 쓰시마번의 상업망 역시 큰 타격을 받게 되었다. 조선과의 공무역이 주로 조선의 공목을 수입하고 구리를 수출하는 것이었는데10), 서양의 목면이 개항장을 통해 수입되면서 이윤이 급감할 수

---

9) 이렇게 쓰시마번이 소유한 대마도 이외의 영토를 飛地라고 한다

10) 원래 공무역은 목면 1,121동 44필이었으나, 1651년 400동을 쌀로 달라고 해서 공목 721동 44필과 공작미 16,000석이 되었다. 1801년 새로운 약조로 56동이 줄었고, 공작미도 1필당 10두로 계산하게 되어서 어서 이때에는 공목 665동 44필, 공작미 13,333석5두가 공무역가였다. 한편 진상으로는 구리 34,788근이 공무역가이다.

밖에 없었던 것이다. 실지 영토는 협소하면서도 10만석 가격(家格)의 영주임을 자부하고 그에 어울리는 무사단을 유지하였던 쓰시마는 실질적으로 파산상태에 몰리게 되었다.[11]

결국 안정된 知行으로서의 토지가 부족하였던 쓰시마번은 일본의 개국과 개항장의 발달이라는 상황에서 자기 존립의 근거를 상실해 가고 있었다. 이런 상황 하에서 러시아 함대가 대마도에 정박하여 정박지를 요청하는 사건이 일어났던 것이다.

다음으로 일본의 정치 정세에 대해 살펴보도록 하자. 일본의 개국도 순탄하지 않았음은 주지의 사실이다. 우선 일본 조정이 조약에 대한 칙허를 거부하면서 조정과 막부의 대립이 표면화되고 막부의 권위가 실추하였다. 또한 막부 장군의 후계를 둘러싸고 이에모치[家茂]를 옹립하려는 기이파와 요시노부[慶喜]를 옹립하려는 히도쓰바시파의 대립, 1859년 안정의 대옥, 등을 거치면서 막부 내부의 결속력이 약해졌다. 1860년에는 강경책으로 난국을 극복하려고 하였던 大老 이이나오스케[井伊直弼]가 미토의 무사들에 의해 살해당하였다(櫻田門外の変). 이로 말미암아 막부의 두 축이었던 미토[水戸]와 히코네[彦根] 관계가 악화되었고, 이전 장군 후계문제로 발생하였던 대립에 더 큰 상처를 주어, 막부 주도 정치의 안정성이 크게 훼손되었다. 막부의 분열은 공공연한 일이 되었고, 이에 따라서 서국의 영주(다이묘)들의 발언권이 강해지게 되었다. 조정의 칙허를 받지 않고 통상조약을 맺은 막부를 비판하는 여론은 강해졌으며, 막부는 외롭게 개항 정책을 추진하였다. 점차 막부를 비판하는 것은 바로 애국심의 표출로 인식되던 시절이 도래하고 있었다.[12]

---

11) 물론 그 이전부터 쓰시마의 재정난은 심화되고 있었다. 이는 목면이 일본에서 생산되기 시작하였고, 조선의 목면이 인기를 잃고 있었던 것, 또한 일본에서 조선인삼이 재배되기 시작한 것에도 크게 기인한다.

12) 이러한 분위기는 시부사와 에이이치의 자서전 『雨夜譚』을 통해서도 알 수 있다. 박훈 역 『일본의 설계자, 시부사와 에이이치』(21세기 북스, 2019년)

1861년 조슈[長州]는 '항해원략책'을 제안하여 막부의 개항을 지지하고 중앙정치에 개입하였다. 도자마[外樣]번이 막부 정치에 개입하는 것은 금지되어 있었지만, 당시 고립되어 있었던 막부로서는 조슈가 조정에 개국을 권하여 칙허를 요청해 주는 것은 고마운 일이었기에 이를 받아들였다. 물론 조슈가 막부를 돕거나 막부 개혁을 단행하여 일본 전체의 미래를 바라보는 의식은 별로 없었고 오히려 막부와 대립할 수 있을 정도의 군비를 확보하기 위한 수단이었다는 이해가 일반적이다.13) 이 항해 원략책은 앞에서 살펴본 「대외팽창론」이 발전한 것이었음은 물론이다. 이로 말미암아 조슈[長州]는 요코하마에서 증기선을 구입하고 국내무역을 확대할 수 있었다.

쓰시마는 막부의 개항 정책으로 큰 손해를 보고 있었지만, 약소 번으로 반대를 표명할 수는 없었다. 게다가 조슈[長州] 영주와 친척이기도 하고 거리상으로도 가까웠던 쓰시마는 막부의 개항정책과 조슈의 「항해원략책」에 의해 개항 반대를 주장하지도 못하고 있었던 것이다.

반면에 일본 열도 전체적으로는 막부의 독점적 개항정책에 반대하는 여론이 비등하였으며, 서남 웅번들의 발언권은 강화되고 있었다. 이러한 시기에 대마도에 러시아 함대가 정박한 것이다. 그러면, 이러한 상황에서 쓰시마번(쓰시마번)이 러시아 함대의 정박에 대하여 어떻게 대처해 나가는 것일까. 이를 검토하여 보자.

2. 러시아 함대 포사드니크호의 정박과 이봉론의 대두

1861(文久2)년 2월 3일 배가 파손되었기에 어쩔 수 없다는 구실로 대마도 오자키[尾崎]에 정박하였던 러시아 군함 포사드니크호의 함장 비릴레프는 3월 13일, 당시 문정사(問情使)로 내려온 미츠야마도시조(滿山俊藏)에게 자신에게 주어진 사명을 언급하고 영주와의 회담을 요청하였다. 오메츠케

---

13) 井上勝生, 『幕末・維新』 岩波新書 1042, 2007년 제9刷 76-78쪽

(大目付-무사들을 감독하는 감찰관) 미츠야마는 급히 부중(府中-각 영주의 중심도시를 말한다. 쓰시마는 지금의 이즈하라)으로 돌아가 번청에 다음과 같이 보고하였다. 그 내용은,

　一, 영국이 막부에 대하여 대마도를 조차(租借)하려고 요구하였으나, 그 뜻이 받아들여지지 않자 2년 후에 군함을 다수 파견하여 쓰시마번을 공격하여 兵威로 약탈하려고 하므로, 러시아 황제는 이 뜻을 국서에 담아 (비릴레프로 하여금) 대마도 영주를 알현하고 바치도록 명하였으므로 부디 알현을 허락해 주도록 원한다고 합니다.(하략)[14]

라는 것이었다.

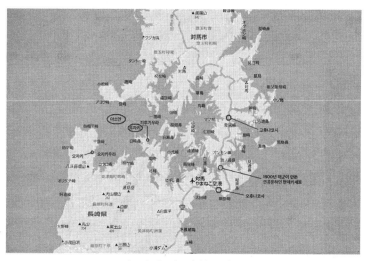

〈그림 1〉 아소만 부근 지도

14) 『對州藩文書』3월 13일 조,
　英吉利國ヨリ公儀ヘ對州ヲ拜借ノ儀願立候得共, 其儀不相叶候付, 二ケ年後軍艦多數
　差向, 當國ヲ攻擊兵威ヲ而テ掠奪ノ仕格ニ付, 魯西亞帝ヨリ其段國書ヲ以君上ヘ御
　目見ノ上國書奉捧候付, 是非御目見上願候段申聞(하략)

이를 들은 쓰시마번은 크게 놀라, 바로 가로(家老) 니이마고이치로[仁位孫一郞]를 불러 지금까지 오메츠케[大目付]급의 문정사(問情使)에 대신하여 번주의 대리로 러시아 함대를 접대하도록 하였다. 동시에 쓰시마번은 동월 17일에는 무사들을 모두 집합하도록 하여 다음과 같이 그 내용을 포고(布告)하여 대처를 촉구하고 있다.

> 일찍이 영국인들이 대마도를 조차하고자 하여 막부에 원하였다는 소문이 있었던 중, 이번에 러시아 함장으로부터 비밀리에 들은 바에 의하면 2년후에 영국이 대마도를 공격할 예정이라고 한다. 아마도 대마도 조차요구가 막부에 의해 거절당하였기 때문에 무력을 동원하여 협박할 계획인 듯하다. 그리하여 러시아의 함장은 러시아 국왕의 국서를 가지고 와서 영주에게 올려 이 사실을 알리고자 한다고 한다. 국서의 진위는 아직 정확히는 알 수 없으나, 국서가 도착하게 되면 등한하게 취급할 수 없는 일이며, 매우 큰 사건이다. 잘 조사하고 살펴본 후에 대처 방안을 막부에 요구하도록 하겠다. 이 일은 쓰시마번의 존망에 관한 한없이 중요한 큰일이므로, 의견이 분열되어서는 막부로부터 좋은 대답을 얻기 어려우니, 극히 비밀을 명심하라. 어쨌든 우리의 운명이 열리도록 기원할 따름이다. 이 뜻을 모든 가신들에게 알리고자 각각 (지침서를) 나누어 준다. 이상
> 3월 17일 도시요리[年寄]中(주 : 家老들로 구성된 번의 최고 의결기관)[15]

요컨데, 이번의 사건을 계기로 쓰시마번의 '운명이 열리도록(開運)' 지시하고 있는 것이다. 이 밑줄 부분의 쓰시마번의 자세에는 주목할 필요가 있다.

아무튼, 러시아 함대를 응접하러 떠난 가로(家老) 니이[仁位]는 20일, 21일, 23일 연이어 러시아 함장 비릴레프와 회담하고, 24일 다음과 같이 회담의 내용을 번청에 보고하였다.

> (전략), 국서는 리카쵸프(주 : 러시아 영사, 당시 하코다테에 재류하고 있

---

15) 『對州藩文書』3월 17일 조

었다)가 가지고 있다고 하는 등, 믿을 만하지 못하고, 그의 속뜻은 영주를 알현하여 영주와 담판을 하기 위한 방편에 불과합니다. 비릴레프는 대마도의 토지를 조차(租借)하고자 하며, 이러한 러시아의 뜻을 막부에 요청할 터이니, 저(仁位)에게도 에도(江戶: 지금의 동경)로 나아가 러시아의 교섭에 협력해 달라고 요청하는 등, 아소만[淺茅灣-대마도의 윗섬과 아랫섬 사이의 만)을 개항시키려는 의도는 강하고, 명령을 받아 어떻게든 완수하려는 깊은 뜻이 엿보입니다. 러시아 함대가 물러갈 의도는 전혀 없어 보입니다[16].

이 보고를 받은 쓰시마번은, 이들의 요구는 당시 막부의 개항 정책 하에서 가능성이 있다고 판단하였다. 이 경우 아소만[淺茅灣] 근처 16개 촌이 막부에 의해 수용되고 이 지역이 서양 열강의 군함 정박장으로 개항될 우려가 있다고 판단했다. 개항이 된다면 바로 막부가 토지를 수용하는 것은 하코다테의 경우를 봐서도 당연한 흐름이었다[17]. 그러나, 아소만[淺茅灣] 근처 16개 촌만이 막부에 의해 수용되어 개항장이 되는 것은 쓰시마번으로서는 도저히 용인할 성질이 아니었다. 왜냐하면 그와 같은 개항이 이루어지면, 그 지역을 경비할 인력과 비용이 증가할 것이며, 쓰시마번의 비밀이 새어나가기 쉽고, 조선과의 무역에도 악영향을 미칠 터이므로 손해가 심각하다는 판단이었다. 그렇다고 그냥 반대만 해서는 현상 유지에 불과하게 된다. 따라서 쓰시마번으로서는 오히려 적극적으로 대마도 천체를 막부가 수용해야 한다는 주장을 하게 된다. 물론 전체를 이봉하지 않는 경우에는 개항에 결사반대한다는 각오를 막부에 보여야 한다고 결정하게 된다. 이를 살펴보자.

---

16) 『對州藩文書』3월 24일 조
17) 막부는 개항장을 직할지로 한정하였다. 이는 외교를 독점하려는 전통적인 정책이었고, 따라서 하코다테를 개항하였을 때에 막부는 하코다테를 직할령으로 삼고 그 대가를 松前藩에 지불하였던 전례가 있다. 한편 箱館 개항을 막부의 외교 관계나 제 영주들과의 관계속에서 검토한 논문으로는 羽賀祥二「和親條約期の幕府外交について」(『歷史學研究』482호, 1980년 7월)가 주목할 만하다.

3. 이봉론(移封論)의 내용

니이[仁位]의 보고를 받은 다음날인 25일, 쓰시마 번청은 그를 에도[江戶]에 파견할 것을 결정하고, 출발에 임박한 28일, 다음과 같은 지시서를 내렸다. 이 지시서는 이봉론(移封論)에 관한 쓰시마번의 생각이 잘 나타나 있고, 논점이 되므로 긴 문서이기는 하지만 전문을 실어 분석하도록 하자.

3월 28일 仁位孫一郎
위 사람은 에도[江戶]로 파견 명령을 받아 오늘 승선하므로 다음과 같은 뜻의 지침서를 준다. 그 과정의 상세는 일기에 기록한다.
一, 일찍이 영국인이 대마도를 조차하고자 하는 뜻을 막부에 알리어 이미 막부 노중(老中)들 사이에는 그들의 뜻에 따르고자 한다는 소문이 있었는데, 이번에 러시아 함장으로부터 비밀리에 들은 바에 의하면, 영국군이 군함을 다수 보내어 쓰시마번을 뺏을 계획이라고 한다. 그렇다면, 그들의 뜻이 막부에 의하여 거절당하였기 때문에 병력으로 뺏으려고 하는 것이라고 생각된다. 그들이 (군함을 거느리고) 오게 되면, 아마도 (개항정책을 추구하고 있는 막부로서는) 그들의 바램대로 아소만[淺茅灣]을 빌려 주겠다는 대답을 하게 될 것이다. 그렇다면, 아소만의 16개 마을을 막부가 수용하고 규슈[九州]등지의 땅을 우리에게 보상으로 주게 될 것이다. 이리되면 대마도에는 외국인이 들어와 여러 가지 사건이 발생하게 되고, 우리로서는 결코 감당할 수 없다. 그러므로 대마도 아소만이 개항되는 경우에는 대마도 전체를 막부가 직할로 수용하도록 하고, 보상으로는 규슈에 막부 영지가 20만석이나 있으니까 그중 10만석의 땅에 옮겨 달라고 할 수 밖에 없다. 위 보상의 크기는 과다하게 보일지 몰라도, 최근 (하코다테를 개항하기 위해) 마츠마에[松前] 영주가 북해도의 9천석의 땅을 막부에 수용당하는 대신에 오우[奧羽]의 땅 3만석 외에 18,000량을 더 받은 것을 보면, 우리들에게 십만석을 준다고 해서 결코 과다하다고는 할 수 없다. 그렇다면, 부젠[豊前]의 오쿠라[小倉]·나카쯔[中津]중에서 받을 것인가. 아니면 다른 영주들이 이동하지 않도록 분고[豊後]의 히타[日田] 땅을 받게 될 것이다. 어쨌든 위처럼 10만석의 영지를 받게 되면, 다시로[田代]·이토[怡土]·마쓰라[松浦]의 땅 약3만석, 금장(金藏)

을 명목으로 막부로 부터 받는 금액 4만석 정도, 또 조선과의 관계도 다른 영주들이 담당할 수는 없으므로 여기서 나오는 액수로 삼만석, 그외 시모츠케[下野]의 영토등 전부 합하면 20만석 내외의 신분이 되니, 오히려 행복이라고 말해야 할 것이 아닌가. 대마도 경비는 나가사키, 하코다테, 가나가와 등의 개항장의 예처럼 규슈[九州] 여러 영주들이 공동으로 경비하게 하도록 막부에 상신하자. 그러면 우리도 (10만석 이상의 영주로서) 그 경비에 가담하게 될 터이고 또 선조들의 무덤도 있으므로, 대마 8향(鄕) 중 1향은 우리에게 남게 될 것이다. 그리고 부내(府內-대마도의 중심도시, 府中, 지금의 嚴原:이즈하라)는 여러 대에 걸쳐서 경영해 온 곳이므로 우리의 소유가 되도록 노력할 방법이 있을 것이다. 또 조선과의 통신의 임무를 (계속하여) 갖게 되면, 양 관소(關所-사스나, 와니우라에 있었다)도 우리에게 내려올 지도 모른다. 이야말로 수백 년 동안의 소망이 이루어 질 기회라고 말할 수 있지 않은가.

만일 그렇게 되지 못하고, 개항 요구가 거절당하였을 때에는 열강의 침략이 개시되고, 그때에는 대마도의 모든 무사들이 목숨을 걸고 싸우겠지만 대해(大海) 중의 고도(孤島)이고, 병량도 모자라는 상태라 오래 지탱하지 못할 것이어서 그들에게 빼앗길 것은 물론이다. 우리 가문은 깨끗이 전사하면 그만이지만 촌지라도 빼앗겨서는 황국의 치욕이므로 결코 (대마도의 경비를) 우리 가문에만 맡겨서는 안 된다. 부디 이러한 뜻을 잘 상신하여 어떻게든 대마도의 토지를 막부가 수용하도록 하고, 규슈내의 땅으로 이봉(移封)해 주도록 하며, 대마도는 (九州 영주들의) 공동 경비장으로 하도록 상신하는 외에는 방법이 없다. 여기에 이르러서는 상신(上申)을 하는 책임자들의 역할이 매우 중요한 것이니, 쓰시마번 일치의 정신으로 막부를 관통시켜, 우리가 이리 저리 바랍니다 하고 말하지 않아도 자연스럽게 계획대로 이루어지도록 조치하여 그 지반을 단단히 굳히도록 하여야 한다.[18]

---

18) 『對州藩文書』3월 28일 조

　　仁位孫一郎

　　右出府今日乘船有之, 左之趣及示談被仰上案相渡手數向, 委細日帳二有之.

　　一, 兼テ英吉利人ヨリ對州ヲ致拜借度趣公辺ヘ願立, 旣御老中樣內被任願候御心組モ爲有之也之風評モ有之居候處, 此節魯西亞船長ヨリ極密申聞候趣ニテハ, 英國軍艦多數差向, 御國ヲ打取候仕格卜相聞, 然者, 渠之願公辺御許容無之處ヨリ兵威ヲ以

위 사료를 읽어 보면 1861년 쓰시마번이 행하였던 이봉 운동이 갖는 내용, 즉 쓰시마번의 현실 인식, 개항에 대한 대응, 계산 등이 이해된다. 이를 간단히 정리해 보자.

첫째, 막부가 개항정책을 추구하고 조슈[長州]가 이를 지지하는 현실에서 대마도의 개항은 피할 수 없으리라는 판단을 대마 영주와 지배층이 하게 됨에 따라 대마도의 이봉 운동이 검토되었다. 둘째, 대마도의 일부만이 막부에 수용되고 개항되면 경비는 종씨가 고스란히 떠맡게 되며, 수용의 대가도 미미하기 때문에 일부 수용은 결코 받아들여서는 안 된다. 셋째 대마도가 개항되는 경우에는 대마도 전부를 막부가 수용해야 하며, 그 대가로 九州의 10만석의 땅을 요구한다. 넷째, 대마도의 방비책으로 규슈지역 영주들이 공동 경비를 한다(이는 당시 개항장이었던 하코다테나 가나가와, 나가사키등에서 시행되고 있었던 일반적인 방법이었다). 다섯째 그들의 계산대로 이루어진다면 대마도의 개항과 이봉은 막부의 개항 정책을 이용하여 오랜 숙원을 해결할 수 있는 종씨에게는 오랫동안 소망해 온 안정된 지행(토지)을 확보하는 "행운"이라는 점 등이 부각될 수 있다.

한편, 이 지시서와 함께 대마 영주 宗義和는 막부에 다음과 같은 原書를 제출하고 있다. 이 원서의 내용을 보게 되면 막부로 하여금 어쩔 수 없이 대마도를 전부 수용하도록 하려는 종씨의 능란한 외교 솜씨가 나타난다. 이를 살펴보자.

저의 영토인 대마도 아소만[淺茅灣]에 정박해 있는 러시아 함대는 파손 수리를 명목으로 수개월 동안 체류하고 있습니다. 그러나 그들의 속뜻은 (대

テ攻取木論見卜被下墨, 乍然, 弥其機會無相違二於テハ, 多分渠之望二被應淺海內を御借渡之御沙汰二可相成, 左候得ハ淺海十六村を上地被仰出, 九州筋に於テ, 代地扨と可被仰出哉, 左候得ハ御國內二異人入込往往變事相生, 決て御持堪可相成樣無之候付, 其節ハ御國愁皆被差上, 代地ハ九州內御料貳拾萬石も可有之候付, 其內現十萬石之地へ御所替可蒙仰外有之間敷,(이하 사료 생략)

마도를) 개항시키고자 하는 데에 있음이 틀림이 없습니다. 그리하여 무엇보
다 그들이 오랫동안 정박하고 있기에 병비를 위한 인원이 많이 필요하고 이
에 따른 곤궁함이 심합니다. 농민들이 농사를 버리고 밤낮으로 분주히 돌아
다녀야 하니, 원래 불모와 같은 지역인데 생활에 지장이 많아 계속 구조를
하고 있지만 뜻대로 되지 않고 있습니다. 이 이상으로 오래 러시아인들이 체
류를 하게 되면 백성들을 통치하기도 어려워 질듯하여 유감 천만입니다.

게다가 가문 내에서는 외국인들이 이처럼 제멋대로 정박하는 것을 깊이
분하게 여기어 나라에 대하여는 부끄러운 일이요, 이웃 영주에 대해서는 치
욕이라고 믿어버려서 즉시 토벌하자고 주장하고 있으니, 내부가 소란스럽습
니다. 여기에 만일 러시아인들이 법을 어겨서 참기 어려운 상황이 벌어지게
되면, 전쟁 외에는 길이 없습니다. 심히 근심스러운 일입니다.

그러나 통상을 허락받은 (특별한 지위에 있는) 쓰시마번으로서 또 이전부
터 (막부로 부터 받아 온) 지시도 있기 때문에 우리가 먼저 전쟁을 벌일 수
는 없습니다. 그러나 그들 때문에 우리가 기아에 빠지고 백성들의 분노가 하
늘을 찌르니, 어떠한 변고가 갑자기 발생할 지, 나라의 큰 일이 되지 않을까
심히 두려워 침식을 잊고 통곡하는 바입니다. 그리하여 가로(家老)를 올려
보내어 자세한 사정을 아뢰도록 하였사오니 국위를 더럽히지 않고 쓰시마번
이 행할 길을 지도하여 주시기 바랍니다[19].

이 원서에는 땅을 바꾸어 달라는 말은 전혀 없다. 말은 부드럽지만 이 내
용은 '러시아 군함이 물러가지 않는 것은 막부의 개항 정책과 러시아의 대
마도 개항 의욕이 맞물려 있는 것이기 때문이다. 그 때문에 자기들만 애꿏

---

19) 『對州藩文書』3월 28일 조

(사료 앞부분 생략), 然上家中之者共二ハ, 異人右樣自儘之振合を深相愼, 本朝之瑕瑾
隣國江之恥辱と存込, 一圖に打拂方之儀申立, 動は騷擾不一形, 此上不法難忍之圖に
至候時は,可及戰鬪外無之, 種種奉恐入候次第御座候. 乍然, 通商御免之國柄, 追追被仰
出之御旨も有之, 容易此方より兵端を爲開可申樣は無之候得共, 實ハ彼ノ爲ニ一國飢
餓ニ迫り, 憤怒頂上之人氣如何成變事倉卒に相生, 本朝一般之御大事ニ可及哉と寢食
を忘痛哭罷在候. 依之右家老共爲差登委情奉添御內請候條, 御威光を以御國威を不奉
汚, 一州立行至候道, 厚御指揮被下置候樣之偏奉願候, 以上(구두점 필자)

은 피해를 보고 있으며, 이를 분하게 여기는 종씨 가문 내에서는 전쟁을 주장하는 사람들도 많기 때문에 어떠한 일이 발생할 지 책임질 수 없다. 빨리 해결 방법을 내달라.'는 자세임을 알 수 있다. 이 원서에서 가문내의 분노를 강조하고 있는 배경에는 러시아와의 전쟁이 일어나는 것을 막부가 가장 경계하고 있다고 판단하였기 때문임은 말할 나위도 없다. 이러한 위기를 이용하여 이봉(移封)을 촉진시키려고 하려는 의도를 알 수 있다.

그런데, 이 가상의 위기는 4월 12일에 들어서 현실화된다. 바로 오후나코시[大船越]에서의 발포사건, 바로 민중 투쟁으로 유명한 소위 '야스고로[安五郎] 순국 사건'이 그것이다. 러시아인이 발포하여 인명사고가 일어나게 되었다는 것은 종씨로서는 좋은 구실이 된다. 즉, 영주권이 침해를 받았기 때문에 종씨는 막부의 명령 없이도 전단(戰端)을 열 명분을 가지게 되었다는 것이며, 그럼에도 불구하고 막부의 지시에 따라 이를 억제하고 있는 만큼 막부도 응분의 보상을 해야 한다는 논리로 강하게 압박하는 모습을 보이게 된다. 이를 장을 바꾸어 살펴보자.

Ⅲ. 오후나코시[大船越] 사건과 이봉(移封)운동의 전개

1. 오후나코시[大船越] 사건

1861년 4월 12일, 영국 군함 레벤호가 대마의 중심도시인 부내(府內-지금의 이즈하라)에 투묘(投錨)하였다. 쓰시마번에서는 러시아 함장 비릴레프가 준 정보도 있고 해서 매우 민감하게 반응하였다. 가로(家老) 히라타다메노죠[平田爲之允], 스기무라다이죠[杉村大藏], 니이마고이치로우[仁位孫一郎]를 비롯 최고위직의 사람들 모두가 모여서 영국 함대에 대한 문정사(問情使) 오메츠키[大目付] 나카하라카리노스케[中原狩野介] 일행의 문정 결과를 초조하게 기다리고 있는 모습이 매일기에 나타난다. 다른 무사들도 모두 무장을 하고 비상 대기상태[20]여서 마치 영국군함과 전쟁이 발생할 것 같은 심각한 분위기였다. 그러나 문제는 아소[淺茅]灣에 정박하고 있었던 러시아 함대에서 발생하였다. 바로 그 유명한 오후나코시[大船越] 사건이다.

여기서 오후나코시[大船越] 사건이 무엇이었는지 검토해 보자. 이 사건은 통설을 보면, 일면에서는 러시아의 명확한 침략 의도를 드러낸 사건, 그리고 또 다른 면에서는 외국의 침략에 대한 지배층의 비겁함과 대마 민중의 민족적 저항, 이 두 가지를 나타내는 것으로 이해되고 있다. 과연 그렇게 볼 수 있을까. 여기에 대해 검토해 보자.

이 사건에 대해 당시 문정사(問情使) 히라타모사에몬[平田茂左衛門] 일행의 보고를 보면,

> 러시아인 18인이 단선으로 오후나코시[大船越]에 이르러 (밧줄로 된)간막이가 있는 곳을 통과하고자 하여 이 간막이를 제거하려고 하였습니다. 그리하여, 그 곳 경비원과 마을 백성들은 이를 막고자 하여, 서로 돌과 땔감 등을 던지게 되었습니다. 종국에는 서로 총을 쏘게 되었고, 백성 야스고로[安五郎]가 가슴에 총을 맞아 죽었습니다. (중략) 우리도 총을 쏘면서 달려들자 그들이 배를 돌려 도망하였습니다. 또 앞서 돌과 땔감을 던지며 싸웠기에 그들(러시아 수병) 가운데에도 부상당한 사람이 있다고 합니다(하략)[21].

또 뒷날 러시아 함장 비릴레프가 나가사키 奉行이나 막부의 외국봉행에게 해명한 바는

> 對馬人들이 먼저 돌을 던지고 총을 쏘고 활을 쏘았기에 할 수 없이 겁을 주기 위해서 우리측도 하늘을 향해 총을 발사하였다.[22]

---

20) 『對州藩文書』4월 12일 조, 『在國每日記』동일 조
21) 『對州藩文書』4월 12일 조, 『在國每日記』동월 동일 조

라고 사료에 기술되어 있다. 이 두 가지 주장을 종합해 보면 다음과 같이 이해될 것이다.

즉, 러시아의 18인승 단선이 對馬 영주의 허락 없이 오후나코시[大船越]를 지나고자 하였다. 이를 경비하던 경비원들이 통과하지 못하도록 제지하였으나 말이 통하지 않으므로 돌과 땔감을 던졌다. 그러나 러시아 수병들이 물러서지 않고 노를 가지고 저항하여 다툼이 발생하였다. 지리적으로 불리한 러시아 측에 부상자가 발생하여 러시아 측은 총을 쏘면서 도망하였고 이때 일본인 한명이 사망하였다. 일본측도 총을 쏘면서 쫓아갔으나 맞지 않았다.

이 정도의 사건으로 이해된다. 일본측의 주장에는 서로 돌과 땔감을 던졌다고 하나, 단선(보우트)에 돌과 땔감이 있었다고는 생각할 수 없다. 또 러시아 측의 주장에는 일본인이 먼저 돌과 총과 화살을 쏘았다고 하지만, 일본측 사료에 화살을 쏘았다는 기록이 없고, 당시 상황에서 일본인이 먼저 총을 쏠 이유도 없었다고 본다. 그들은 자신들이 지키고 있는 지역을 러시아인들이 못 지나가게만 하면 되었기 때문에, 먼저 발포하여 문제를 일으킬 이유가 없었다고 판단된다. 따라서 먼저 총을 쏜 것은 불리하였던 러시아측일 것이다.

어쨋든 이 사건은 계획적 침략 행위라고는 생각할 수 없고 돌발사고라고 보인다. 이는 훗날 막부 외국봉행 오구리[小栗忠順]가 도착하여 쓰시마 가로(家老)에게 질의하기를

여기 오기 전에 나가사키 부교[奉行]와 만나 이야기를 들었는데, 먼저 쓰시마에서 총을 쏘았다고 하는 데 이 사정을 철저히 조사하였습니까.[23]

---

22) 「小栗忠順・ビリレフ對話書」(『維新史料稿本』5월 10일 조) 및 『續通信全覽』29, 船艦門, 45쪽
   當國人より石を投付, 或は鐵砲を放ち,弓を射候ニ付, 無據おどしの爲め, 此方よりも空へ向い鐵砲撃ち候

하니 쓰시마은,

> 러시아인들이 오후나코시[大船越] 경계에서 간막이가 있는 것을 무리하
> 게 지나가려고 하였기에 우리는 간막이를 지키고자 이를 막았습니다. 그러
> 자 러시아인들이 노를 가지고 휘두르며 덤벼들기에 우리도 어쩔 수 없이 땔
> 나무를 가지고 맞서 (중략)[24]

라고 대답한 것에서도 확인된다. 사소한 트러블 끝에 발생한 돌발사고라 보
는 것이 타당할 것이다. 만약에 러시아측에게 계획적 침략의 의도가 있었다
면 당연히 자기들의 피해를 과장하여 보복하겠다고 협박하면서 뭔가의 양
보를 요구하는 것이 자연스러운 흐름일 것이다. 그러나, 그들은 그 사건을
전혀 중대시 하지 않았고 일본인 사망자가 생긴 것에 대해서는 철저히 부
정하고 믿지 않았다. 자신들의 부상자가 발생한 것에 대해서도 대단치 않은
부상이라고 사건을 축소하려고 노력한 흔적이 인정된다. 사건을 과장하여
선전한 것은 쓰시마이었던 것은 주목할 필요가 있다.

지금까지의 연구는 쓰시마가 막부에 보낸 상신서에서 "이를 핑계로 사건
을 시작하여 종국은 대마를 침략하고 이를 발판으로 일본 전체를 공격할
계획" 운운한 주장을 순진하게 사실로 받아들였던 것이리라. 당시 막부가
이 사건을 전혀 문제시 삼지 않았던 것이나, 2-3 마을을 수용하고 개항장을
허용하려고 하였던 것(여기에 대해서는 후술한다)을 아울러 생각할 필요가
있다. 당시의 동북아 정세에서 일본과 조약을 맺고, 하코다테, 가나가와, 나
가사키의 항구를 자유롭게 이용하고 있었던 러시아가, 대마 개항을 위해 일
본과의 전쟁을 도발하여 다른 열강으로부터 비난을 받고 또 일본을 경쟁국
인 영국측에 넘겨주는 결과를 초래할 행동을 감행할 아무 이유가 없었다고

---

23) 「對馬藩答申」(『續通信全覽』전게서, 8항)
24) 「對馬藩答申」전게사료

생각하여 틀리지 않을 것이다. 이 사건은 많은 풍문을 남겨두었으나, 막부에 의한 책임 추궁 없이 끝났던 것이다.

이 사건에 대하여 일본의 역사학자 이노우에기요시[井上淸]와 시바하라 타쿠지[芝原拓自]는 일본 반식민지화의 위기의 전형적인 사건으로 보고 이를 격퇴한 것을 인민의 투쟁으로 이해하고 있음은 앞에서 언급하였다. 그리고 이 때 전사한 야스고로[安五郎]를 인민의 대표적 인물로 높이 추앙하고 있다[25]. 과연 그러한 이해가 적절한 것일까. 여기에 대해 검토해 보자.

사건 조사에 나선 막부 외국봉행 오구리[小栗忠順]는 쓰시마에 대하여,

러시아인의 총에 맞아 죽었다고 하는 사람이 백성 야스고로[安五郎]이라고 하는데 나가사키 봉행에게는 향사(鄕士-무사)라고 한 이유는 무엇인가[26]

라고 질문한 것에 대해서 쓰시마은,

원래 야스고로[安五郎]라는 자는 백성입니다만, 오후나코시[大船越] 경비소는 경비원이 백성들이 돌아가면서 경비를 서기 때문에 그자는 당시 경비를 담당하는 무사라고 보고하였습니다[27].

라고 답하고 있다. 즉, 백성 야스고로[安五郎]는 당시 경비를 담당하고 있었던 경비원 이었던 것이다. 일반 민중이 조직적으로 반외세 투쟁에 참가한 것이 아님을 확인할 수 있다.

이노우에·시바하라 양씨의 학설로 말미암아 '외세의 침략에 맞선 민중의

---

25) 井上淸, 전게논문, 1-3쪽
26) 「對馬藩答申」전게사료, 9쪽
27) 「對馬藩答申」전게사료
　　元來安五郎と申者百姓ニテ御座候得共, 大船越番所之小者, 百姓より移り代り相勤居候付, 卽右之者其刻小者相勤居候付, 小者と申上候儀

투쟁'설이 부동의 자리를 차지하게 되었지만, 사실과는 상당히 거리가 있음을 알 수 있다. 사족이지만 쓰시마의 인민이 러시아 함대에 보여준 태도는 과연 어떠하였을까. 사료를 보면 일부의 인민이 장사 속으로 혹은 호기심에서 러시아 함대에 접근하려고 하였음을 확인할 수 있다. 그들은 번청(藩廳)의 눈을 피하여 야채, 소, 닭, 계란 등을 러시아 함대에 팔기도 하고, 구경하기도 하였다. 이는 쓰시마 번청(藩廳)이 거듭 일반 인민들의 러시아 함대에의 접근을 금지하는 명령을 내리고 있는 명령서의 내용에서 확인되며, 실제로 처벌하고 있는 사실에서 확인할 수 있다. 즉, 예를 들어 4월 5일자 명령문에는,

> 一, 소(牛)에 대한 문제인데 (중략), 만일 몰래 팔아넘기는 일이 있다면, 절대로 그냥 둘 수 없으므로 즉시 엄히 처벌할 것이다.
> 一, 異人들이 마을 가까이를 배회하는데, 있어서는 안되는 일이지만 만일 부인들이 그들과 친근하게 지내는 일이 있을 경우에는 나라의 치욕이므로, 異人들이 배회하는 장소에는 가지 않도록 명심하고, 만일 어기는 사람이 있을 경우에는 용서 없이 엄히 처벌할 것이다.[28]

라고 되어있다. 조직되지 않은 일반 민중의 자연스러운 모습과 이를 엄금하려고 하는 정치권력의 모습이 잘 나타나고 있다고 할 수 있다. 역사를 이념의 틀로 바라보지 않고 자연스러운 인간의 모습으로 바라볼 필요가 있다. 이 사건을 가지고 외세의 침략에 대한 지배층의 비겁함과 일반 민중의 민족적 저항이라의 대표적인 사건으로 설명하기에는 상당한 무리가 있다.

---

28) 『在國每日記』4월 5일 조
  一, 牛之儀, (중략)萬一も忍而賣渡候樣之儀於有之者, 甚以不相濟次第二付, 早速可被所嚴科候.
  一, 異人共追追近村令徘徊候付而者, 有間敷儀ながら, 婦人彼等に馴合候儀とも有之時は, 御國辱無限大切之譯二付, 異人徘徊之場所江者不立交樣可相心得, 萬一相背候族於有之者, 無容捨可被所嚴科候.

그러면, 다음에는 논지로 돌아와서 이 사건을 계기로 쓰시마의 지배층이 어떠한 대응을 하고 있는 지를 검토해 보자.

2. 이봉(移封) 운동의 전개

오후나코시[大船越]에서 인명사고가 발생하였다는 보고는 유시(酉時-저녁6시 전후)에 번청에 도달하였다. 그때까지 레벤호에만 신경을 쓰고 있었던 쓰시마 번청(藩廳)에서는, 황급히 러시아에 대한 대책을 둘러싸고 논쟁이 벌어졌다. 그날 밤은 퇴청하지 않고 무사들이 모두 모여서 대책을 논의하였다고 한다[29].

다음날, 대마 영주인 종씨는 직달(直達-영주의 직접 명령서)을 내려 전쟁의 각오를 촉구하였다. 즉,

> 직달
> 이번 정박하고 있었던 오랑캐들이 종종 우리를 경멸하는 행동을 취하였기에, 매우 심하게 분노를 느끼고 있었으나, 우리가 먼저 전쟁을 도발하면 사태가 너무 심각하게 될 것이므로 지금까지 참아왔다. 그러나, 오후나코시[大船越]에서 경비병이 살해된 이 사건은 그들이 먼저 도발한 것이기 때문에 토벌하지 않을 수 없다. 즉, 전투를 결심하였다. 그러나 일단은 막부에 알리지 않으면 국가 전체에 깊이 관련된 사항이기에 급보로 그 사실을 아뢰고자 한다. 그렇다면 종씨의 존망이 여기에 달려있으므로, 비록 병량이 부족하지만 주중(州中) 일치의 정신으로 신명을 바쳐라. 가문의 명예를 더럽히지 않도록 충성을 다하라.[30]

한편으로, 번청은 오우라사쿠헤[大浦作兵衛], 가와모토구사에몬[川本九左衛門]을 파견하여 이 사건을 이용하여 막부에 이봉(移封)을 압박하도록

---

29) 『在國每日記』4월 12일 조
30) 『在國每日記』4월 13일 조

에도 거주 가로(家老)들에게 전하도록 명령하고 있다. 이 내용을 살펴보자.

　　(전략) 오랑캐들의 하는 행위를 보아서는 오늘 내일이라도 이변(異變)이 일어날 지도 모른다. 그러나 지금은 막부가 외국인 접대에 대해서 상당히 신경을 쓰고 있는 중인데, 우리가 먼저 전단(戰端)을 열게 된다는 것은 국가의 불행임은 말할 나위가 없다. 그러나 어쩔 수 없는 상황이다. 그런데, 만일 위와 같이 우리가 그들을 토벌하게 되면 그들은 더 많은 군함을 파견하여 올 것임은 필연이고, 실은 이것이 그들이 노리는 바로 이로 말미암아 일을 시작하여 대마를 빼앗아, 나라를 공격할 근거지를 만들려는 깊은 음모이다. 그렇다면, 대마도 경비는 우리만이 담당할 수 없고, 대마가 전쟁터가 된다면 원래 불모와 같은 토지에서 백성들이 생활을 영위할 수도 없으므로, 대마는 막부가 수용하도록 하고, 가까운 九州 영주들의 공동경비로 삼도록 해야 한다. 우리 宗氏는 九州의 땅 중에서 상응하는 대지를 보상 받을 수 밖에 없다. (중략) 또, 위처럼 규슈(九州)의 땅으로 이봉(移封)되는 경우, 조선과의 통교는 어떻게 될 것인지. 비록 우리가 대마를 떠난다고 해도, 이 업무는 다른 가문이 맡을 수 없는 것이니, 그 면에 있어서도 막부에 대해 우리에게 유리하게 잘 말하여 주기를 염원하는 바, 이 뜻을 에도(江戶)에 있는 우리와 같은 계급(동열중) 쇼칸[將監]에게 잘 말하여 두라.

　　　　　　　　　　　　　　　　　　　4월 13일 도시요리쥬[年寄中][31]

　대마도가 일본을 공격하는 근거지가 될 수 있는지 당시의 상황에서는 의심의 여지가 있지만, 아무튼 이러한 인식과 논리로 이봉(移封)을 주장하는 것은 그로부터 2년 후 원조요구 운동의 때의 논리와도 일치하기 때문에 흥미깊다[32]. 이봉은 원조요구 운동의 성격을 지니고 있음을 알 수 있다. 동시에 종씨는 이 지시서와는 전혀 내용이 다른 상신서를 막부에 올리고 있다. 이를 소개 검토해 보자.

---

31) 『對州藩文書』4월 13일 조
32) 여기에 대해서는 졸고「일본 막부 말기의 대마도와 소위 '정한론'에 대하여」전게논문,19-23쪽 참고

(전략) 지금까지는 막부의 통신(주:외교)을 담당하는 영주로써, 치욕을 참
으면서 전쟁이 일어나지 않도록 자제해 왔습니다. 그러나 이제 그들이 먼저
도발해 왔으니, (중략) 승산은 비록 없으나, 눈앞에 있는 오랑캐를 그대로 둘
수는 없게 되었습니다. 뒷날을 살피지 않고 토벌에 나서겠사오니, 나라의 오
점이 되지 않도록 위광(威光)이 있는 지휘를 바랍니다.[33]

이는 전쟁을 기정사실로 하겠다는 것이며, 뒷 책임은 막부에 있다는 인
식이다. 쓰시마는 같은 내용의 서한을 나가사키 관청(주-奉行所)에, 그리고
이정암(以酊庵)에도 알려 전쟁의 위기를 고조시켰다.

위의 지시서와 상신서를 함께 살펴보면, 전쟁의 위기와 이봉운동이 결부
되어 있음을 알 수 있다. 즉, 겉으로는 막부에게 전쟁의 허가와 지휘를 바란
다고 압박을 가하여, 속으로는 이를 막부가 두려워 할 것이라 판단하고 막
부가 어쩔 수 없이 쓰시마의 요구를 들어주어 대마도 전토를 수용하게 하
는 의도가 읽혀진다.

결국 쓰시마측은 일본 열도에 팽배한 개항반대-양이의 분위기속에서 오
후나코시 충돌 사건을 전쟁을 일으킬 구실이 충분히 된다고 하면서도, 개항
을 추진하고 있는 막부의 입장을 이해하므로 합당한 이봉이 이루어진다면
양이의 전쟁을 피하고자 한다는 의도를 명확히 막부에 전달하고 있는 것이
었다. 전쟁의 위기를 이용하여 무사들에게는 충성과 전사의 각오를 촉구하
고, 다른 영주들에게도 이 사실을 알려 공개적으로 막부로 하여금 쓰시마를
이봉하여 개항할 것인가, 아니면 전쟁을 허락할 것인가 양자택일하라고 압
력을 가하였던 것이다. 이 상황은 막부가 레임덕에 빠졌을 때 막번체제하의

---

33) 「對州藩上申書」(『續通信全覽』전게사료, 24쪽)
   (전략) 是迄ハ公儀御通信之國柄に付, 恥辱をも爲忍, 兵端を不開樣にと折角相制罷
   有候處, 最早右之通渠より事を破候付而者, (중략)本朝之御瑕瑾共相成候事故, 兵食不
   足之身代, 四方大洋之國柄援助之賴も無之, 始終之勝算千萬無覺束奉存候得共, 眼前足
   長に罷有候夷敵其儘難御擱御座候付, 不顧後患討取可申候間, 跡跡本朝之御瑕瑾に不相
   成樣御威光之御指揮偏奉仰候.

번의 모습을 잘 보여준다. 명예도 실리도 있는 이봉(移封)을 관철하고자 하였던 종씨의 의도가 잘 나타나 있다.

위 지시서에서 또하나 에도에서 이봉(移封) 운동을 주도할 책임자로 후루카와쇼간[古川將監]을 지목하고 있는 것을 주목하고 싶다. 왜냐하면, 지금까지의 통설이 사스 이오리[佐須伊織]를 이봉(移封)운동의 주동자로 지목하고 있고, 때로는 그를 당시 쓰시마번 에도 가로(家老) 전권으로 파악하고 있기 때문이다. 이는 잘못된 파악임이 틀림없다. 왜냐하면 당시 에도[江戸]와 쓰시마와의 가로(家老)들 사이의 왕복 서한을 보면, 그 순서가 후루카와쇼간[古川將監], 사스이오리[佐須伊織], 후루카와치에몬[古川治右衛門]의 순으로 이름이 기록되어있고, 예외는 한 번도 없으므로, 일반적인 관례와 마찬가지로 쓰시마에서도 家老들 사이에는 명확한 서열이 있다고 보는 것이 옳다. 당시 에도 가로 수석은 후루카와쇼간[古川將監]이었다. 앞서의 니이마고이치로[仁位孫一郎]에게 준 지시서에서 쇼간[古川將監]에게 연락을 하도록 명령한 것은 그가 최고 책임자였기 때문이다. 후루카와쇼간[古川將監]은 오사카[大阪]의 번저에서 활동하고 있었으나, 포사드니크호 사건이 발생하자 에도로 올라가 수석 가로로 활약하였던 것이다.

Ⅳ. 이봉(移封)운동의 성숙과 그 결말

명분도 실리도 있는 이봉(移封)을 도모하였던 쓰시마의 의도는 당시 에도 번저(藩邸)의 활동과 막부 관리가 대마에 도착하였을 때 행하였던 공작을 아울러 살펴보면 더욱 뚜렷해진다. 먼저 에도 번저(藩邸)의 활동을 살펴보도록 하자.

1. 江戶에서의 대막부 활동

앞에서 살펴본 지시서와 상신서는 5월 8일에 에도에 도착하였고, 5월 11일 루스이[留守居][34] 야마사키 도스케[山崎東介]는 전쟁의 허가를 구하는 위의 상신서를 막부에 제출함과 동시에 에도에 있는 여러 영주들의 저택을 방문하여 상황을 설명하여 마치 당장이라도 전쟁이 일어날 것 같은 분위기를 조성하였다[35].

이러한 쓰시마의 활동에 대하여 막부도 처음에는 상당히 곤혹스러워 하였던 모습이 『鈴木大日記』에 나온다. 즉,

一, 조슈[長州]·삿슈[薩州]등은, 쓰시마번과 연결되어 막부에 불만을 토로하고 있으며, 이 때문인지 막부의 말을 듣지 않고, 계속 자신들의 주장을 내세우고 있음

一, 쓰시마는 친족 및 동석(주 : 10만석 급의 영주를 말함) 등 모두 18개 영주들에게 이 사실을 통보하여 알렸다고 함.[36]

이는 앞서 언급한 것처럼 전쟁의 분위기를 조성하고 자연스럽게 양이파로 하여금 막부를 압박하게 하여, 막부가 알아서 쓰시마의 이봉을 요청하도록 유도하는 전략이기도 하였다. 그런데 막부의 판단과 결정은 쓰시마가 생각한 것처럼 빠르지는 않았다. 막부는 오후나코시[大船越] 충돌 사건이 발생하자 급히 막부의 외국봉행(外國奉行)[37] 오구리타다요시[小栗忠順]를 대마도에 내려 보내어 이 문제를 해결하도록 하였다. 오구리[小栗]는 당시 매

---

34) 留守居는 大目付급으로 가로 밑의 실무 책임자였다. 藩主가 에도에 없을 때 실무를 담당하는 직책이다.

35) 『對馬府中藩江戶每日記』(이하 『江戶每日記』로 약칭함) 5월 11일조, 「留守居日記」동일조(『維新史料稿本』5월 15일조)

36) 『鈴木大日記』(內閣文庫所藏史籍叢刊, 제11권, 1981년) 5월 18일조, 348-349쪽

37) 개항후 생겨난 막부의 직책, 외국과의 접촉을 담당하는 관리, 여기에 대해서는

우 유능하고 신망이 있는 막부 관리였고, 그래서 막부는 에도에서 벌어지는 쓰시마의 운동에 대하여 오구리[小栗]가 쓰시마에 내려가 있으니까 그의 보고를 듣고 나서 대책회의를 소집한다는 방침이라고 대답을 미루었다. 따라서 초조해진 쪽은 쓰시마이었다. 여기에서 쓰시마 루스이 야마사키[山崎東介]는 숨겨둔 카드를 꺼내놓고 노골적으로 이봉(移封)을 요청하였던 것 같다. 여기에 대하여 5월 28일자『鈴木大日記』에는,

　　一, 토지만이라도 준다면 어찌되어도 좋다고 말하고 있으며, 이미 江戶 루스이[留守居] 등은 오로지 그러한 논리에 의하고 있다.[38)

라고 기록하고 있다. 이를 보게 되면, 쓰시마의 본 뜻이 러시아에 대한 보복이나, 전쟁에 있는 것이 아니라, 이봉(移封)에 있었음을 명확히 알 수 있는 것이며, 막부도 이를 파악하고 있었음을 알 수 있다.

　이상에서 우리는 쓰시마가 보낸 지시서와 상신서가 江戶에 도착한 뒤에 그곳의 분위기를 검토하여 보았다. 그 결과, 그들이 추구한 것이 전쟁의 위기를 앞세워 대마도 전체의 영지를 바꾸어 달라는 移封 운동에 있었음을 확인할 수 있었다고 생각한다.

　여기서 또하나, 江戶에서 이봉운동의 중심인물이 留守居였음을 주의해야하겠다. 막부에 대하여 어떠한 일을 요청할 때, 에도 수석 가로가 책임을 지고 留守居가 실무를 담당하여 활동하는 것은 상식적이고 일반적인 관례였다. 특히, 寬政개혁 초기에 마쓰다이라사다노부[松平定信]가 쓰시마에 부여되어 있었던 특별대우를 삭감하면서 특별대우가 생기게 된 일이 대마 고위 家老들의 정치공작에 있다고 하여 이를 금지시킨 일이 있었음은 선학이

---

38)『鈴木大日記』전게사료, 5월 28일조
　　(전략)土地さえ被下候得ハ, 如何様にても宣敷など申居り, 既に江戶留守居など専ら其論の由に御座候

연구한 바가 있다39). 따라서 1861년의 이봉(移封) 운동도 에도에서는 루스이[留守居]를 중심으로 행하여져야 하였던 것이다. 家老 사스이오리[佐須]가 독단적으로 행하였다는 조슈번의 주장은 정치적 의도를 갖고 있었던 것임을 알 수 있다.

한편, 같은 내용의 운동이 쓰시마에서도 행하여졌다. 이는 막부에서 파견된 외국봉행 오구리[小栗忠順]와 쓰시마 번청 사이의 신경전이었다. 왜 오구리[小栗]는 러시아함대의 퇴거를 이루지 못하고 서둘러 에도로 돌아왔을까. 여기에 대해 아직 일본 역사학계는 충분히 설명하지 못하고 있다.40) 그의 돌연한 에도 귀환과 대마도의 이봉운동은 어떠한 관계가 있었을까. 여기에 대하여 살펴보자.

2. 오구리타다요시[小栗忠順]의 돌연한 귀환 이유

여기에서는 지금까지 살펴본 바를 토대로 막부 외국봉행 오구리[小栗忠順]가 돌연히 귀환한 이유를 고찰하여 보는 것을 과제로 한다. 종래, 막부 외국봉행 오구리가 러시아 함대의 퇴거라는 목적을 이루지 못하고 돌연히 귀환한 이유에 대하여 여러 가지 추측이 있었지만 의문으로 남겨졌었다. 그의 돌연한 귀환은 쓰시마의 이봉 운동 전략과 연관 짓지 않으면 이해하기 어렵다고 생각한다. 거기에 대하여 검토해보자.

4월 13일 오후나코시 충돌 사건 이후, 쓰시마가 막부에 대하여 전쟁의 지휘를 탄원하는 형태로 실은 이봉을 관철하고자 하는 책략을 꾀하였음은 앞에서 살펴보았다.

---

39) 鶴田啓, 「寬政改革期の幕府・對馬藩關係」(田中健夫編『日本前近代國家と對外關係』, 吉川弘文館, 1987년)

40) 여기에 대해서는 龜掛川博正, 「外交官としての小栗忠順— 一八六一年露艦ポサドニック号對馬碇泊事件をめぐって— 」(『政治經濟史學』277, 政治經濟史學會編輯, 1989년 5월)을 참고 바람

막부는 급히 막부의 브레인인 오구리[小栗]를 대마도에 내려보냈고, 오구리는 대마도에 도착 후 얼마되지 않아 다음과 같은 보고를 막부에 올렸다. 이를 『鈴木大日記』에서 인용해보자.

　　쓰시마번의 실상이 복잡하지만, 이전에 가로를 지냈던 스기무라다지마[杉村但馬]라는 80여세의 노인이 은거중에 있었는데, 쓰시마는 이 사람을 불러내어 모주(謀主)로 삼아, 나베지마[鍋島]·사쓰마[薩摩] 등에 이 사건(오후나코시 충돌 사건)을 알리고 전쟁의 각오를 기록한 통달을 전하였는 바, 양가(나베시마, 사쓰마)에서는 "일본의 큰 일이므로, 병사들은 막부의 허가가 없이는 내어 줄 수 없지만, 돈과 쌀은 바로라도 내어 줄 것이다. 만일 전투가 시작된다면 막부의 허가가 없이도 병사도 내어 줄 것이다" 라고 답해와 쓰시마가 크게 힘을 얻었다. 그 후 오구리[小栗]와 미조구치[溝口] 등이 대마도에 도착하자 스기무라[杉村]가 바로 찾아와 하루속히 그들을 격퇴시킬 결단을 내려달라고 요청해왔다. 미조구치[溝口]가 말하기를 "전투의 결단은 쉽게 결정할 사항이 아니니, 막부의 지시를 기다려야 할 것이요"라고 말하자 스기무라가 "그것은 당연한 일이지만 우리들의 입장에 서서 생각해 주시오, 예를 들어 여러분들이 지키고 있는 관소를 파괴하는 자가 있을 때, 막부의 지시가 있을 때까지 그자를 토벌하지 않고 있을 수 있겠소. 우리들은 쓰시마번의 무사로서 대마의 영토가 이처럼 유린당하는 것을 그대로 두어서는 무엇보다 타 영주들에 대해, 그리고 무도(武道)에서 더 이상의 치욕이 없다고 생각하오. 그러니 결단이 없어서는 지장이 많을 것이요"라고 말하였다. 미조구치[溝口]등이 말하기를 이는 쓰시마 영주의 영토 문제일 뿐만 아니라 일본 전체의 일이므로 막부의 지시가 있을 때 까지는 기다려야 할 것이라고 했다. 쓰시마도 이 말을 거슬려서 막부의 지시가 없이 전쟁을 감행할 기력은 없다고 한다.[41)]

이 사료에서 우리는 스기무라다지마[杉村但馬]라는 인물에 주목해두자. 왜냐하면 『신대마도지(新對馬島誌)』에 '가로 무라오카오미[村岡近江]가 스

---

41) 『鈴木大日記』, 전게서, 5월 28일조, 358-359쪽

기무라[杉村但馬]를 방문하여 러시아 함대 문제에 대하여 자문을 구하였으
나 스기무라[杉村]는 노쇠를 이유로 거절하였다고 한다'42)라고 기록되어
있기 때문이다. 스기무라는 사스이오리[佐須伊織]의 친부이기도 하다.

여기서 러시아 함대의 정박에 대한 다른 영주들의 태도에 주목하고 싶다.
그들은 전쟁이 시작된다면 막부의 허가가 없이도 병사들을 파견하겠노라고
명언하고 있다. 이러한 대답은 전통적인 막번체제하의 방위체제와는 다르다.
막부 불신에서 생겨난 제번(諸藩) 연합의 가능성을 보여준다. 막번체제는 붕
괴하고 있으며, 웅번할거와 제번연합의 가능성이 생겨나고 있는 것이다.

오구리[小栗]등은 5월 10일부터 14일에 걸쳐서 러시아함장 비릴레프와
회견하고43) 또 쓰시마번 가로들과 회담하여 급히 귀환할 것을 결정하였다.
이에 대하여 24일 쓰시마번이 佑筆44) 가세유타로[加勢雄太郎]를 에도에
급히 파견할 때, 含書에

> 오구리[小栗]님과 대마 가신단과의 회담 중에 (중략) 자연히 대마도 수용
> 에 따른 보상지에 대한 이야기가 나와 (중략) "대마도를 개항할 것이라면 타
> 영주들에 뒤지지 않는 보상이 이루어지든지 그렇지 않고 그대로 대마도에
> 머무르게 한다면 어떤 외적이 침입하더라도 막아 싸울 수 있는 원조가 있어
> 야 한다. 그렇지 않고서는 지시를 받아들일 수 없다"고 하여 회담이 결렬되
> 고 (중략) 급히 귀환하여 버렸다.45)

---

42) 『新對馬島誌』, 453쪽(新對馬島誌編纂委員會, 1964년)

43) 『對州藩文書』전게서, 5월 11일 부터 14일조, 또 이 내용은 「小栗忠順ビリレフ對話
書」(『續通信全覽』전게서, 53-58쪽, 그리고 76-80쪽)에도 기록되어 있다.

44) 영주(다이묘)의 비서실장. 다이묘의 문서를 작성하고 대필하며 보관등을 담당하였다.

45) 『在國每日記』5월 24일조, 또 『對州藩文書』동일조
小栗様へ各中應對の内, (중략)自然御代地等之御沙汰に相成, (중략)寄船場に相成候
時は, 何れ之道御並家に御劣り不被遊丈之御沙汰向被蒙仰候歟, 又は其儘御國に被成
御座候時は, 萬一之節諸蛮を被引受御防戰相成候丈之御處置被蒙仰候様, 無之候而は
御請不相成次第に付, 更に御打合不申上(중략), 御歸府に相成.

라는 기록이 있어서 오구리[小栗]가 귀국한 이유가 쓰시마와의 회담이 결렬되었기 때문임을 알 수 있다.

즉, 쓰시마가 요구한 것은 '개항할 경우에는 자기들의 명목에 맞는 10만 석 이상의 토지를 주는 전토 이봉을, 그렇지 않을 경우에는 서양 제국과 전쟁할 만큼의 군비원조를 행해 달라'는 것이었다. 결국 이러한 쓰시마의 무리한 요구에 부딪혀서 오구리[小栗]는 제후의 영지에서 외교교섭을 행하는 어려움을 절감하고 귀환하게 되었다고 보인다. 오구리가 노중(老中) 미즈노 타다노리[水野忠德]에 보낸 서한에

> 소자가 보기에는 제후의 영지에 출장가서 일을 처리하기에는 여러 가지로 어려운 점만 생겨나(중략) 또 쓰시마도 지금까지 자기들의 잘못을 만회하고자 여러 가지로 무리한 요구를 해옵니다. 안팎으로 잘 생각해 우리 일행은 즉시 귀환하기로 결정하였습니다.(후략)[46]

라고 자신들의 급거 귀환의 이유를 설명하고 있다. 밑줄 친 '여러 가지로 무리한 요구'가 '타영주에게 뒤지지않는 토지 보상을 해주든가 아니면 서양 열강과 전쟁이 가능할 만큼의 군비원조'라는 것은 말할 나위가 없다.

14일, 막부 외국봉행 오구리가 결론을 내리지 않은 채로 막부로 귀환하겠다고 말하자 쓰시마는 당황하였다. 막부가 이 상태를 방치하지나 않을까 하는 위기감도 있었을 것이다. 그리하여 쓰시마는 15일, 회의를 열어 가로 스기무라다이조[杉村大藏]를 에도로 파견하여 막부의 러시아함대 정박에 대한 대책을 살피고, 또 자신들의 이봉운동에 불리함이 없도록 조치하게 하였다. 그에게 주어진 지시서는 다음과 같다.

---

46) 「小栗忠順の水野忠德宛の書翰」(『維新史料稿本』6월 28일조)
　　小子見込みは, 諸侯之領地江出張致居候ては, 諸般取計方甚不都合之次第而已出來,
　　(중략)此は, 對州家にも是迄不取締之取計致置候を取繕候所存より品品不都合而已申
　　立候に付, 內外合考仕, 一同引拂輿決着仕.(후략)

시담서(示談書)

一, 이번에 러시아 함대가 정박한 사건을 처리하기 위하여 막부의 외국봉행이 대마에 내려와서(중략), 완벽한 지침이 있으리라 생각하고 크게 기뻐하고 있었다.(중략) 갑자기 귀환하겠다고 하여 이 무슨 뜻인지 몹시 걱정이 된다. (중략) 江戸에 도착하게 되면 불리한 일이 없도록 조치하여 주기 바란다.

一, (중략) 지금의 모습으로는 러시아 함대가 정박한 芋崎 지방은 그들의 영지처럼 되었고 (중략), 이런 상태라면 그 지역만 수용되고 보상 토지가 주어지든가 혹은 그곳의 수확에 해당하는 만큼을 수당으로 매년 지급받든가 아니면 한 번에 다 받든가 하는 명령이 내려질 지도 모른다.(중략). 만일 그러한 지시가 내려진다면, 어디까지나 강인하게 상신하여 결코 영원한 손해가 생기지 않도록 주선해주기 바란다.[47]

이 시담서에는 오구리[小栗]의 귀환에 대해 쓰시마번이 품었던 불안이 잘 나타나있다. 즉, 일부 이봉이 이루어질 수도 있다는 우려가 주목되는 것이다.

그런데, 이 사료를 들고 이노우에기요시[井上淸]는 그의 논문 「ふたつの愛國主義と國際主義」에서 다음과 같이 언급하고 있다.

그들(쓰시마의 지배층)은 우자키[芋崎] 지방을 대신하는 영지 혹은 지대를 어떻게 받을까 하는 것만 생각하고 있었다. 그 후 러시아 함대의 토지 조차 요구가 점차 강경하게 됨에 따라서 쓰시마번 당국은 점차 당황하게 되어 드디어는 우자키[芋崎] 지방 뿐 만이 아니고 대마도 전체를 버리고 도망치려고 하였다.[48]

그러나, 위 사료는 어디까지나 일부만의 토지 수용에는 반대하여 전체 토지 수용을 요청하도록 지시한 내용이다. 또한 '심지어는 芋崎 지방 뿐 만이 아니고' 라는 표현은 쓰시마의 이봉운동을 오해하고 있는 것이라고 말할

---

47) 『在國每日記』5월 15일조, 『對州藩文書』동일조
48) 井上淸, 전게논문, 2쪽

수 있다. 또한 앞서의 사료가 오구리[小栗]에게 보낸 것으로 이노우에[井上]씨는 이해하고 있으나, 이는 가로 스기무라[杉村大藏]에게 준 시담서임이 원사료에서 확인된다.

오구리가 막부로 돌아가겠다고 선언한 후, 쓰시마번은 출발을 늦추어 줄 것을 간청한다. 이에 따라 오구리[小栗]는 출발을 연기하였다. 이후, 오구리[小栗]의 행동을 보면 상당히 적극적인 모습을 보인다. 이는 그가 귀환하겠다는 의도를 비침으로 쓰시마의 양보를 끌어낸 것으로 이해된다. 즉, 그는 막부의 권위를 회복하고 담판의 재량권을 획득하였음을 의미한다. 오구리[小栗]가 러시아함장 비릴레프와 대마 영주와의 회담을 약속해준 것도 이러한 배경이 있기 때문이다.

그러나, 쓰시마번의 도비지(飛地-대마도 밖에 있는 영지)인 다시로[田代]에서 전쟁의 소문을 듣고 달려온 무사들에 의하여 상황은 다시 역전된다. 그들은 국분사(國分寺)에 모여 농성하고 오구리의 숙사를 방문하며 집단으로 시위 항의를 하였다[49]. 이러한 상황에서 오구리는 다시금 쓰시마 영주와 러시아함장과의 면회를 약속한 사실도 발표하지 못하고 급거 귀환을 서두르게 되었다. 오구리[小栗]는 러시아 함대의 목적이 대마도 아소지역[淺海]의 개항에 있다는 것, 러시아가 무력을 사용하여 대마도를 점령하지 못하리라는 것, 그리고 쓰시마도 막부의 명령 없이는 전쟁을 도발할 의도가 없으며 다만 이를 이용하여 대마도 전체의 수용을 막부에 강요하고 있다는 것을 잘 알고 있었다. 따라서 자신이 대마도에 오래 체제하는 것은 문제의 해결에 아무런 도움이 되지 않으며, 오히려 결단을 촉구하는 대마무사들 앞에서 막부의 권위를 잃게 될 우려가 있을 뿐이라고 판단하였다.

막부로서는 쓰시마를 개항할 것인가 아닌가. 개항할 경우, 아소해 부근

---

49) 『對州藩文書』5월 24일조, 「加勢雄太郎への含み書」
　　其頃は國分寺江晝夜相詰居, 品に依候得は, 御旅宿江推參可致機會に有之, 御役役樣
　　田舍御居込中も多人數密密下村致居候樣之儀にて(후략)

마을 일부를 수용할 것인가 아니면 쓰시마가 요구하는 대로 대마도 전체를 수용할 것인가. 하는 문제였다. 일부만을 막부가 수용하겠노라고 하게 되면 쓰시마는 결사반대로 나설 것이므로 대마도에서 결정을 내릴 수는 없는 일이었다. 잘못하면 막부 중심의 개항 정책에 불만을 갖는 분위기가 팽배한 당시 상황에서 여러 영주들의 양이운동에 기름을 끼얹는 일이 될지도 몰랐다. 하지만 일부만 수용하는 것은 막부로서는 간단한 일이요 부담이 없는 해결 방법이었음이 틀림없다. 한편 대마 전체를 수용하는 것은 막대한 재원이 필요하고, 재정부담이 되는 것이었다. 또한 여러 영주들에 대하여 막부가 약점을 잡히는 일이 될 수도 있었다. 막부가 뭔가를 제 영주에게 요구하면 그 대가로 서너배의 보상을 요구하는 전례가 될 수도 있었다. 그렇다고 개항을 하지 않는다고 하면 쓰시마는 막대한 군비원조를 요구하면서 막부의 개항정책이 비겁하였다고 폭로하면서 양이(攘夷)운동에 불을 당길 것임도 고려하여야 하였다. 이러한 당시 상황이 오구리[小栗]를 귀환시켰던 것이라고 판단된다. 그래서 오구리[小栗]는 에도에 귀환하여 평의를 거친 후, 막부의 권위로 이 문제를 해결하고자 하였던 것이다.

결국, 1861년의 쓰시마번의 이봉 운동은 막부가 개항정책을 추진하고 이웃이고 친척이었던 조슈가 항해원략책을 주장하고 있었던 정세 속에서, 러시아 함대의 요청으로 쓰시마 개항이 이루어질 것이라는 판단 하에, 그 대책으로 대마도 전체를 수용하도록 요구한 운동으로, 막부와 번의 이해 대립을 노정한 전형적인 사건이라고 말할 수 있다. 그리고 막부 관리 오구리[小栗]가 러시아 함대의 퇴거를 달성하지 못하고 급작스럽게 귀환한 것은 그 이해대립의 정점이라고 할 수 있겠다.

따라서 다나베타이치[田辺太一]가 『막말회고담(幕末懷古談)』에서

그 삼사(주: 小栗 일행)가 복명 보고하는 중에 개항장이라고 해도 원래 무역을 하고자 하는 것이 아니므로 항구 2,3개의 촌락만을 막부가 수용하고

나머지는 그대로 宗家에 남겨두어도 아무런 지장이 없을 것이라는 의견을
내세웠다[50]

라고 회고한 것은 오구리[小栗]등이 쓰시마의 요구를 부당하다고 판단하고
일부만 수용할 뜻을 가지고 있었음을 강력히 암시해 준다.

3. 오구리[小栗] 귀환후 쓰시마 이봉의 추이와 결말

러시아 함대의 쓰시마 정박과 오후나코시에서의 충돌 사건을 처리하기
위해 쓰시마에 파견되었던 오구리[小栗]가 쓰시마의 이봉운동에 부딪쳐 합
의 없이 급거 귀환하여 버리자, 쓰시마는 크게 동요하였다. 가세유타로[加
勢雄太郎]에 준 지시서 속에도

家運이 경각에 달렸으니, 이곳의 평의도 격렬하여 심히 근심스럽다. 지금
의 이곳의 모습은 통치가 제대로 되고 있다고 할 수도 없으며, 그 사실은 당
신도 잘 알고 있을 터이다. 따라서 잘 막부에 보고하여 江戸의 가로들도 그
중요함을 인식하고 각오를 정하여 사지에 뛰어들어 생지를 얻고자 하는 조
치를 취해주길 바란다[51].

라고 기록되어 있으니, 그 위기의식을 살펴볼 수 있다. 반개항 양이운동이
팽배하였던 당시 일본의 분위기를 고려에 넣고 이해하면 쓰시마 번청은 안
이하게 이봉이 이루어질 것으로 판단하였다가 상황이 심각함을 깨닫게 되
었고 이로 말미암아 내부 분열이 나타나게 된 것이 아닐까 싶다.

---

50) 田辺太一, 전게서, 157쪽
   被の三使の復命具申する所を見るに,開港場といふといへども元來貿易の爲に
   するにあらざれば,港口二三の村落を公に收めて,其他は依然宗家に附するも差支
   あるまじ, との議をたてたり.
51) 「加勢雄太郎への含み書」, 『對州藩文書』전게사료, 5월 24일조

이러한 동요의 시기에 막부 수석 노중(老中) 안도노부마사[安藤信正]가 대마도 전토 이봉을 허락한다는 내허를 에도에 있는 쓰시마번 가로들에게 내려주어 반전이 일어난다.

7월 9일과 10일, 이틀에 걸쳐 막부 노중 안도[安藤]가 영국 공사 올코크와 영국 제독 호프와의 비밀회담[52]을 한 후, 대마도 전토 이봉을 허락한다는 뜻을 쓰시마번 에도 가로에게 준 것이다. 쓰시마의 기록을 보면,

> 移封 문제에 대해 어떠한 지시가 나올지 심히 근심스럽다는 우리 가로들의 질문에 대해 노중 안도[安藤]는 그러한 근심은 당연한 일이라 생각한다고 하고, 매우 긍정적으로 받아들이겠다고 했다. 언젠가 우리들이 지극히 원하는 바의 원서(願書)를 제출하게 되면, 서면으로 자기에게 가져다주길 바란다고 하였다. 또 근심되는 바가 있다면 그 부분도 받아들이도록 하겠다는 특별한 후의의 지시가 있었다[53]

라고 기록되어 있다. 이 노중 안도[安藤]의 내허는, 당시 팽배하던 효고 개항 반대에 부딪혀 개항의 속도를 조절하기 위한 것으로 보인다. 즉, 막부는 효고를 개항하기로 이미 서양 열강에 약속하였었다. 그러나 효고[兵庫]는 왕실이 있는 교토[京都]와 가깝고, 이를 반대하는 세력을 설득하기 쉽지 않았다. 따라서 막부는 효고 대신에 대마도를 개항함으로 이 문제를 해결하고자 하였기에 이루어진 것임을 알 수 있다. 물론 조선과의 외교 무역을 중앙정부가 장악해야 한다는 기본적인 필요성이 있었음은 물론이다. 노중의 내허를 바탕으로 쓰시마번은 8월 1일, 영주의 이름으로 이봉 청원 원서를 막부에 제출하게 되는 것이다. 이 청원서의 내용은 다음과 같다.

---

52) 『初期日本關係米英兩國議會資料』洞富雄編輯, 1963년 No.5의 Inclosure. 또 이 내용에 대해서는 石井孝『明治維新の國際的環境』제1장4절을 참고 바람
53) 『對州藩文書』전게서, 8월 20일조, 이 내용은 7월 15일자의 에도로부터의 서한이 대마도에 도착하여 기록된 것이다.

宗 대마영주 願書

올 2월 3일, 제 영해 淺浦에 러시아함대가 정박하여, 그 후의 상황에 대해서는 몇 차례 보고 드린 바와 같습니다. 그런데 지금껏 퇴함하려는 의사는 전혀 없고, 정박지에 자기들 마음대로 집과 창고를 짓고 우물을 파는 등, 일시의 행동이 아니라 영주하려는 각오로 보이며, 자기들의 지극한 소원(개항장 요구)을 강력하게 추진할 의도로 보입니다. 또한 영국선도 올 봄 이래 동서 포구에 모습을 나타내 이 또한 러시아와 같이 개항장을 얻고자 하는 것으로 보입니다. 그렇다면, 이 시절을 맞이하여 막부의 위엄으로 러시아 함대를 퇴거시킨다고 하여도, 영국선이 다시 정박할 것이므로 또 지금처럼 안심할 수 없는 사태가 초래될 것입니다. 쓰시마번은 거듭 보고 드린 바와 같이 대해중의 고도(孤島)이며, (중략), 빈핍한 지역이므로, 지난번 내려주신 지시대로 속히 결정해 주시지 않으면, 쓰시마번의 위급은 당장 닥쳐올 것입니다. 그들은 점점 우리를 경멸하고 불법의 거동을 행하여 그 중에서도 경비원 야스고로[安五郎]라는 자를 총으로 쏴 죽이기까지 하였으니, 무사들이 분노가 극에 달하여 참으라는 명령이 전혀 통하지 않아 당혹스럽습니다.(중략). 만일에 러시아의 소원대로 아소지역만이 개항이 되어 위 지역에 해당되는 땅만이 보상으로 주어지게 된다면, 앞에서 말씀드린바와 같이 무사들이 복종할 리가 없으며 분노가 억제할 수 없는 지경에 이르게 될 것입니다. (중략). 게다가 러시아에 개항장을 허락한다면 영국과 프랑스 그 외의 통상을 허용한 여러 나라들도 같은 요구를 해 올 터이므로 그 때마다 개항장을 허락해 준다면 대마도는 영토를 다 잃어버리게 되는 형태가 됩니다(중략). 만일 대마도 전체를 막부의 직할로 하신다면, 부디 (그 보상으로) 비젠[肥前], 치쿠젠[筑前]에 있는 영토와 가까운 곳의 땅을 우리 가격(家格-10만석의 대명)에 맞게 주셔서 무사들을 부조(扶助)할 수 있게 해 주십시오. 그리고 지금까지 명받아 다스려왔던 대마도와 조선과의 관계는 어떻게 해야 할 지 지시하여 주시길 탄원드립니다. 600여 년 동안 연면히 다스려온 구영토, 선조 대대의 분묘를 떠나는 것은 어렵기 그지없는 일이오나, 우리 입장만 이것저것 다 주장할 수는 없는 일이오니, 참으로 일본 전체의 큰일이라 생각하여 대마 무사 전부가 명심하고 각오하는 것은 신군(神君-도쿠가와이에야스) 이래 계속 받아온 특별한 은혜가 있기 때문이며, 일본 전체의 큰일을 그르치지 않기 위함이오니, 이를 가련히 살펴주시기 바랍니다. 쓰시마번의 존망이 여기에 달려 있사

오니, 대마도는 막부의 직할로 하시고, 우리들에게는 지당한 토지를 주신다 면 쓰시마번의 사민(士民)이 모두 안도할 것이며 막부의 높은 은혜를 깊이 감사할 것입니다. 아무쪼록 두터운 (은혜가 담긴) 지휘를 바랍니다. 이상54)

이를 받아들여 막부는 대마도를 전부 수용하기 위하여 외국봉행 노노야 마가네히로[野野山兼寬] 일행을 대마도에 파견한다. 그들은 9월 20일 대마 도에 도착하여 4개월에 걸친 정밀한 조사를 하였다.

그런데, 그 사이에 일본의 정치정세는 점차 막부에 불리한 쪽으로 전개 되어 갔다. 막부는 양이 운동을 억압하기 위하여 장군 이에모치[家茂]와 코 메이[孝明] 천왕의 누이동생인 카즈노미야[和宮]와의 결혼을 추진한다. 그 런데 이 과정에서 막부는 쇄국양이를 약속하게 되었다. 또한 대마도 전토를 수용하려고 하였던 노중 안도[安藤]가 양이파 무사들에게 습격 받아 (坂下 門外の変) 실각하고 만다. 막부로서는 힘든 상황을 맞이하게 되는 것이다.

따라서 다음해(1862년) 2월 28일, 대마도 조사를 마치고 귀환한 막부 관 리 노노야마[野野山] 일행의 보고에는,

만일, 쇄항을 단행하게 될 경우도 생각하여야 될 것입니다. 그렇다면 (대 마도의) 전토 이봉은 연기하고(중략), 몇 촌락만을 수용하여 각국 군함 정박 장으로 허가하여(중략), 대략 시모다[下田]를 개항했을 때에 준하여야 할 것 입니다.55)

라고 결론을 내리고 있다. 이 논리는 오구리의 일부 토지 수용안과 같다고 보이지만, 쇄항의 가능성도 고려하고 있는 것이 특징이며, 그 배경에는 막 부장군 이에모치[家茂]와 황녀 카즈노미야[和宮]와의 결혼에 따른 막부의 양이 단행의 약속, 그리고 막부 노중 안도[安藤] 피습과 그의 실각에 따른

---

54) 이 원서의 내용은 이미 日野精三郎의 소개가 있었다. (日野, 전게서, 198-200쪽)
55) 『開國起源Ⅲ』(『勝海舟全集』3, 勁草書房, 1979년) 360-364쪽

막부의 동요, 나아가 일본 전체에 쇄국양이를 요구하는 여론이 점차 커지고 있었음을 무시할 수 없다.

이러한 대마도 조사단의 보고에 대하여 막부의 다른 외국봉행들이 평의를 열어 찬성을 표함[56]으로 결국 쓰시마번의 移封 운동은 우여곡절 끝에 실패로 끝나게 된 것이다.

V. 맺음말

쓰시마의 제1차 사료를 검토하여 1861년에 일어난 이봉청원운동(移封請願運動)에 대하여 조사해 본 결과, 본고에서는 다음과 같이 종래의 연구 결과와 다른 결론을 도출할 수 있었다.

첫째는, 對馬藩이 땅을 바꾸어 달라는 이 운동이 당시 지배층(특히 대마 영주)의 비겁함을 의미하는 것이라고 매도되기 힘든 사안임을 밝혔다. 이 운동은 막부의 개항정책에 협조하면서도 이를 이용하여 쓰시마 영주가 자신의 영지에 피해가 가지 않도록 여러 가지로 고려한 결론이며, 전통적인 경제구조의 모순을 일거에 해결할 수 있는 적극적인 것이었음을 밝혔다.

둘째로는, 대마도의 이봉(移封)을 둘러싸고 소위 보수파와 양이파의 대립이 있었다는 지금까지의 통설이 잘못된 것임을 밝혔다. 막부의 권위가 흔들리는 중에, 영주의 권위는 절대적이었고, 웅번 할거의 전국시대적인 양상마저 띠고 있었음을 놓쳐서는 안 된다. 쓰시마번의 이봉(移封)이라는 것은 번론(藩論)이었으며, 「大願」이라고 불린 것이었다. 이는 일부의 무사가 반대할 사안도 아니며 그런 상황도 아니었다. 그러므로, 移封 운동에 반대하였다고 알려진 소위 양이파의 志士로 불리워지는 사람들이 실은 移封운동의 전면에서 활약하였던 것을 확인할 수 있었다. 그렇다면,『대마유사(對馬遺

---

56) 전게사료

史)』의 기술을 인용한 『나가사키현사(長崎縣史)』를 비롯한 쓰시마번의 분란사는 다시 검토되어야 한다는 것을 의미한다.

세 번째로 일본 반식민지의 위기의 전형적 사건으로 알려진 오후나코시[大船越] 충돌사건과, 바람직한 민중투쟁의 귀감으로 알려진 '야스고로[安五郎]순국사건'의 실상을 밝혔다. 오후나코시[大船越]에서의 충돌사건은 大船越의 경비소를 지키던 경비원들과 이곳을 통과하고자 하던 러시아 수병들과의 충돌이며, 민중들이 들고 일어선 것은 아니었다. 따라서 러시아측이 침략을 단행하고자 하였으나 민중의 저항으로 말미암아 단념하였다는 통설은 정확하지 않다. 이미 일본과 조약을 맺고 이미 하코다테, 가나가와, 나가사키 항구를 자유롭게 이용하고 있었던 러시아가 대마도의 항구를 위해 일본과 전쟁을 벌여 영국을 비롯한 조약국들의 비난을 받고 일본과 관계가 험악해 질 필요는 없었다고 판단된다.

마지막으로, 여태까지의 일본사 연구에서 해명되지 않았던 막부 외국봉행 오구리의 돌연한 귀환 이유에 대해서 설명이 가능하였다고 본다. 즉, 러시아의 정박지 개항 요구를 기회로, 대마 전토를 바꾸어 주든지 아니면 서양 열강과 전쟁이 가능할 만큼의 군비 원조를 달라, 일부 수용에는 절대로 응할 수 없다는 강력한 쓰시마번측의 강력한 요구에 직면하여, 당황하였을 것이다. 그리하여 江戶에 귀환한 뒤에 막부 전체의 관점에서 막부의 권위로 대마도의 부분 토지 수용과 일부 개항을 도모하려고 하였기에 귀환하지 않을 수 없었던 것이라고 이해하는 것이 타당하다. 그러면 이봉운동이 실패로 끝났을 때 쓰시마는 어떠한 선택을 하게 되었는지 장을 바꾸어 살펴보도록 하자.

(『한일관계사 연구』제12집, 한일관계사학회). 국학자료원. 2000년 4월)

제3장 쓰시마번「양이정권」의 성립배경과 과정

I. 문제의 소재

1862년 2월, 쓰시마번의 이봉을 위해 대마도의 상황을 철저하게 조사하였던 막부의 관리들이 대마도 전토를 수용하는 것을 급무로 생각하지 않고, 필요하다면 몇 개의 촌락만을 수용하자는 결정을 평의를 통해 내린 것은 전장에서 살펴본 바와 같다. 그런데 이러한 막부의 결정은 쓰시마번에는 알려지지 않았다. 따라서 쓰시마번은 언제 전토 이봉이 이루어 질 것인지 초조하게 기다리는 상황이 계속되었다. 그러한 상황 속에 1862년 8월, 쓰시마번의 무사들은 영주(다이묘)의 명령을 듣지 않고 에도(江戶)로 모여들어 세자를 중심으로 하는 새로운 정치체제를 만들고, 당시 조슈[長州]를 중심으로 하는 일본의「攘夷」운동에 가담하게 된다. 이를 쓰시마번「攘夷政權」이라 한다.

조선과의 외교를 담당하면서 막부로부터 많은 원조와 수당을 받고 있었던 쓰시마번에서 왜, 그리고 어떤 과정을 거쳐서 반막부(反幕府)의 성향을 갖는 양이(攘夷)정권이 성립하였던 것일까를 검토하는 것이 본장의 과제이다.

쓰시마번 양이정권(攘夷政權)의 성립 배경과 그 과정을 면밀히 검토하는 것은, 막부 말기의 일본사의 전개를 파악하는 데에 중요한 테마이며, 또한 일본사 고유의 영역을 넘어서 한일관계사의 연구에도 중요한 의미를 갖는다. 이는 한일 양국의 변경에서 두 나라 사이에 양속되어 있었던 쓰시마번이 조선과의 관계를 떠나 근대 일본 내셔날리즘에 포함되는 과정으로서 분석의 가치가 있다고 생각되기 때문이다.

본장에서는 쓰시마번이 일본 전체의 양이운동에 흡수되는 시점을 평가하여 長州藩과 동맹을 맺는 시기를 쓰시마번 양이정권의 성립으로 보고 논술하고자 한다.

쓰시마번과 조슈[長州]와의 동맹은 1862년 9월 말일, 당시 15세인 쓰시마번 세자 젠노죠[善之允]가 쓰시마의 가로 무라오카오미[村岡近江]·후루카와치에몬[古川治右衛門], 번사(藩士) 기도다다치카[幾度正親]·오우라도오시[大浦遠]·사이토오도쿠베에[齊藤德兵衛]·타다소죠[多田莊藏]·오시마토모노죠[大島友之允]·히구치켄노스케[樋口謙之亮] 등을 대동하여, 에도의 조슈 번저(藩邸)를 방문하여 조슈[長州] 세자 및 조슈 가로 우라유키에[浦靭負]와 번사(藩士) 모리노보루[毛利登人]·오바타히코시치[小幡彦七]·수후마사노스케[周布政之助]·키타지마마타베에[來島又兵衛]·나카무라구로[中村九郞]·카스라고고로[桂小五郞 - 뒷날의 木戸孝允]·사쿠마사베에[佐久間佐兵衛] 등 당시 조슈[長州]의 실력자들과 회담하여, 조슈의 원조 주선을 조건으로 조슈의 파약양이(破約攘夷) 운동에 가담하겠다고 약속한 것을 말한다.

이날의 회담에 대하여 長州측 사료인 『防長回天史』에

> 이 모임에서 (쓰시마번의) 사람들이 우리 세자에게 고하기를, 지금 이후 쓰시마번이 다행이 貴藩(長州를 일컬음)의 도움에 의해 봉토를 안정시키게 되면 藩 전체를 들어 攘夷에 따르겠습니다. 그 끝에 붙어서 존왕의 운동에 참여하게 되면 이보다 더 큰 행복이 없겠습니다.[1]

라고 기술된 것처럼, 대등한 동맹이 아니라 쓰시마번의 탄원에 의해 맺어진 것임과 동시에, 조슈의 원조 혹은 원조주선을 조건으로 하여 양이의 진영에

---

1) 『修訂防長回天史』第3編 上, 537-538쪽 (マツノ書店, 復刻版, 1991년)
　此會諸人世子に告げて曰く，而今以後弊邑幸に貴藩の力に依り以て封土を安するを得ば，闔藩を擧げて事に攘夷に從わん．驥尾に附して王事に勤むるを得ば幸之より大なるは莫し．

합류할 약속을 하고 있음을 알 수 있다. 조슈가 '파약양이(破約攘夷)'를 번론으로 내세운 것이 그 해 7월이었으니 꼭 두 달만의 일이다.

그런데, 자칭 10만석의 후다이다이묘[譜代大名]를 자부하여 왔으며, 또 쇄국 일본에서 외교를 담당한다는 「통신지국(通信之國)」임을 자부하여 온 쓰시마번이 왜 이러한 종속적 조약을 맺어 반막부 양이(攘夷) 운동에 참여하겠다는 약속을 하게 되었는지에 대한 실증적 연구는 아직 없다.

참고로 지금까지의 이해를 유형별로 정리해 보면 ① 조선과의 관계에서 쓰시마번에 양이정권이 성립되었다고 보는 견해와 ② 쓰시마번 내부의 대립관계에서 설명하는 견해로 나누어 볼 수 있다.

우선 ①의 견해에 대해 살펴보도록 하자. 아라노야스노리[荒野泰典]는 18세기 말에 일본의 자급자족이 달성되어 일단 조일관계가 공동화(空洞化)한 사실이, 쓰시마번이 일본 내셔날리즘에 포섭되는 배경이 되었다고 이해하고[2], 키무라나오야[木村直也]는 일조 무역의 쇠퇴에 그 원인이 있다고 보았다[3]. 그런데 이러한 이해는 구체적인 사건을 설명하는 데에는 막연한 감이 있고, 막부 말기 쓰시마번 양이정권의 성립과 정한론의 대두를 조선측 책임으로 돌린다는 오해를 부를 수 있다. 왜냐하면 쓰시마번의 대조선 무역은 확실히 쇠퇴하고는 있으나, 공동화한 것은 아니며, 1860년대에 들어서도 쓰시마번의 경제기반은 조선 무역이었음에는 틀림이 없기 때문이다[4].

다음으로 ②의 쓰시마번 내부의 대립관계에서 양이정권이 발생하였다는

---

2) 荒野泰典,「明治維新期の日朝外交體制『一元化』問題」(『日本前近代國家と對外關係』, 田中健夫, 吉川弘文館, 1987年)
3) 木村直也,「文久3年 對馬藩の援助要求運動について」(田中健夫, 前揭書)
4) 예를 들어 1863년에 쓰시마번이 長州를 비롯 타번에 보여준 「藩政說明書」를 보면, 영지수입 1만2천석 정도, 조선무역 4만7천석 정도 라는 기술이 있으며, 또 「嚴原藩歲入調書」(東大사료편찬소 소장 「大島家文書」)에도 영지수입 1만4천2석, 조선무역 4만8백7십3석 이라고 되어 있다. 여기에 조선무역을 위한 막부의 수당 12,000량(당시 6천석)이 쓰시마번의 세입이다. 따라서 쓰시마번 세입의 80%가 조선무역에 있음을 알 수 있다.

견해에 대해서 살펴보자. 우선『長崎縣史』를 비롯한 지금까지의 통설을 간단히 요약해 보면,

쓰시마번 내부에 원래 보수파와 양이파가 존재하고 있어서, 이봉과 가독 상속을 둘러싼 대립이 있었다. 이에 양이파 지사 40여 인이 영주의 허가 없이 무단으로 에도로 와서 보수파의 중심인물인 사스이오리[佐須伊織]를 살해하고, 정권을 장악하였다. 이 사건으로 인해 이봉계획은 좌절되었고, 양이 정권이 성립하게 되었다. 양이정권은 조슈[長州]와 동맹을 맺었다.

라고 정리된다. 이러한 이해는『對馬遺史』의 기술에서 비롯된 것이지만, 당시 조슈 측의 카쓰라고고로[桂小五郞]의 보고[5]를 비롯한 조슈번의 사료 즉「對州藩關係始末草稿」[6],『防長回天史』[7],『周布政之助傳』[8] 등의 기술과도 일치하므로 지금까지 의문시 되지 않았다.

그러나 이러한 사료는 모두 반막부 양이운동을 추진하던 조슈측의 사료로, 전언을 기록한 2차 사료이며, 막부의 사료나 쓰시마번의 1차 사료의 기술과는 다른 점이 적지 않다. 그 결과 여태까지의 연구를 정리한 것을 보면,

1862년에 일어난 쓰시마번의 내홍(內訌)은 존왕양이론을 매개로 하여 兩藩(長州와 쓰시마번)의 결속을 더욱 강화시켰다. 이 내홍은 가독 상속을 둘러싼 싸움임과 동시에 쓰시마번의 재정 재건에 대한 논쟁이기도 하였다. 즉, 카쓰치요[勝千代]를 옹립하고자 하는 가로 사스이오리[佐須伊織]는, 막부로부터 가증(加增)을 받음으로 재정을 확보하고자 하는 입장을 더욱 발전시켜서 가와치[河內]國 30만석에의 이봉을 주장하였다. 한편 오시마도모노죠[大島友之允]를 중심으로 하는 이른바 정의파는 세자 젠노죠[善之允]를 옹립하

---

5)『木戸孝允文書』권1, 216-223쪽

6)「對州藩關係始末草稿」,『維新史料稿本』수록, 북해도대학 소장 마이크로필름.

7) 전게서, マツノ書店, 복각판, 1991년

8)『周布政之助傳』

고자 하였으며, 존왕양이를 기치로 내걸고 해방(海防) 강화를 주장하였다.
이 양자의 론지를 조선과의 통교관계에서 살펴본다면, 사스[佐須伊織]의 전
봉론(轉封論)은 조선과의 외교를 막부가 직할하도록 용인하자는 것이었으
며, 오시마[大島友之允]의 주장은 종래대로 쓰시마번이 조선과의 외교를 장
악하자는=막부의 간접통제 유지와 통하는 주장이었다9)

라고 정리된다. 그러나 이러한 우에노[上野隆生]씨의 정리는 사실을 더욱
혼란하게 해 준다. 여기에는 객관적 사실의 오류가 많다. 우선 카쓰치요[勝
千代]는 이미 3년 전(1859년)에 사망(死亡)하였다. 이미 3년 전에 사망한 사
람을 두고 가독 상속의 싸움이 있었다고 말할 수 없음은 당연하다. 두 번째
로 앞의 장에서 살펴본 바와 같이 쓰시마번의 이봉운동은 쓰시마번 가로들
의 회의에서 번론으로 결정되고 영주의 명령 하에 이루어진 것이었으며, 일
부 정치세력이 독단적으로 추구할 수 있는 성질의 것이 아니었다. 또한 가
와치[河內] 30만석이라는 말도 근거가 없다. 세 번째로 오시마[大島友之允]
등 쓰시마번 양이정권을 수립한 세력이 조선과의 외교를 현행대로 막부의
간접지배의 형태를 바랐다면, 왜 이들이 지금까지 조선과의 외교를 일본의
치욕이라고 표현하면서 원조를 요구하고 「막부말기의 조선침략론(정한론)」
의 주창자가 되는가 등의 의문을 밝힐 수 없다. 이봉을 요구하였을 때의 논
리나 양이를 주장하였을 때의 논리나 모두 막부의 외교 일원화 의도를 이
용하여 원조를 요구하였음은 다음 장에서 살펴볼 것이다.

　따라서 본 장에서는 제1차 사료를 이용하여 ②의 이해를 비판하고, 쓰시
마번 번사(藩士) 41인의 무단 에도 진입의 이유와 양이(攘夷) 정권의 성립
과정을 논술하고자 한다. 이를 통하여 통설화 되었던 2차 사료의 비판이 가
능하게 될 것이며, 쓰시마번 정치사가 바르게 기술될 수 있을 것임은 물론,
근세-근대로의 이행기의 한일관계사의 전개에서 쓰시마번이 어떠한 역할을

---

9) 上野隆生,「幕末·維新期の朝鮮政策と對州藩」(『年報近代日本研究』, 근대일본연구회,
　　1985년) 44쪽

하였는지 객관적으로 검토하는 자료가 될 것이다.

Ⅱ. 쓰시마번 양이정권(攘夷政權) 성립의 배경

1. 쓰시마번 번사(藩士) 41인의 무단 에도 진입에 관한 재검토

쓰시마번 양이정권의 성립 배경에는 1862년 8월 쓰시마번 藩士 41인이 쓰시마번 영주의 만류에도 불구하고 무단으로 에도에 진입한 사건이 있다. 이 사건은 훗날 쓰시마번 영주인 요시요리[宗義和]로 하여금「선조들에 대해서는 죄송스럽고, 신하들에 대해서는 면목이 없는 상황」[10]이라고 하여 은거(隱居-영주가 지위를 물려주고 영주직에서 떠나는 것)를 결정하게 만든 사건이었다. 이는 일종의 쿠데타 혹은 '주군탄핵'으로도 이해될 수 있는 성질이었다. 따라서 이 사건을 검토하는 것은 쓰시마번의 정치사를 검토하는 데에 매우 중요하다.

우선 당시 일본의 정세를 간략히 살펴보자.

1862년 초, 막부장군 이에모치[家茂]와 황녀 카즈노미야[和宮]의 결혼이 이루어졌고, 이 결혼을 위해 막부는 10년 후에는 양이를 단행하겠다고 조정에 약속하였음은 살펴본 바와 같다. 이 약속에 따라 막부는 각 번이 방어를 위해 군함과 무기를 구입하는 것을 허락하거나 묵인하게 되었다. 각 번은 스스로를 지킨다거나 서양의 침략에 대비한다는 명목으로 자립의 길로 나섰고 일본 열도는 전국시대와 같은 성격을 보이게 된다.

사쓰마[薩摩]의 시미즈 히사미쓰[島津久光]는 1862년 3월 중순, 병사 1,000명을 거느리고 상경하였다. 명분은 막부의 내분을 수습하여 막부를 개혁하는 일이라고 내걸었다. 막부의 히도쓰바시[一ッ橋]파와 기이[紀伊]파의

---

10)「在國每日記」윤8월 22일 조(동경대학 사료편찬소 소장, 사료번호 886)

단합을 주장하고 이를 주선함으로써 사쓰마[薩摩]가 막부 정치에 깊이 관여한다는 계획이었다. 사쓰마는 조슈의 '항해원략책'을 비판하였다. 상경한 히사미쓰[島津久光]는 조정에 막부의 내분을 수습하고 개혁을 요구하는 칙서를 요청하였다. 히사미쓰[久光]는 조정의 칙을 받든 특사를 대동하고 에도[江戸]에 올라가 막부에 개혁을 요구하였다.[11] 막부 쇼군(將軍)은 조정의 칙사를 접대하고 개혁에 부응하였다(文久の改革). 이로 말미암아 막부는 외견상 분열을 극복할 수 있었다. 이러한 정치적 성과는 사쓰마의 지위를 향상시켰으며 재야 정치 세력도 사쓰마로 결집된다.

반면에 조슈[長州]의 '항해원략책'은 파탄을 맞이하게 되었다. 궁지에 몰린 조슈[長州]번은 1862년 6월, 방침을 일변하여 서양과의 조약을 파기하고 서양세력을 배척한다는 '파약양이(破約攘夷)'를 번론(藩論)으로 내세웠다. '항해원략책'에서 '파약양이(破約攘夷)'로 번론(藩論)이 극단적으로 바뀐 것은 정치의 속성을 잘 보여준다고 생각한다. 조슈는 번론(藩論)을 바꾸기 전에 천황의 의지를 먼저 확인하였고, 조정은 통상조약은 물론 화친조약도 인정하지 않는 것이 천황의 뜻이라고 대답하였다. 이는 또 당시 일반 무사들의 여론을 파악한 것이었다. 조정과 민중의 지지를 얻을 수 있다고 판단하였기에 조슈는 자신들만이 천황의 뜻을 받드는 충신이라고 선전하면서 '파약양이(破約攘夷) 외길'을 주장할 수 있었다. 조슈는 다시금 정치력을 회복하였다.

쓰시마의 친척이기도 하고 쓰시마에 영향을 미치는 조슈[長州]가 '파약양이'를 내세우고 존왕양이 과격파가 세력을 확대하자, 개항을 전제로 성립된 쓰시마[對馬]의 이봉운동은 다시금 도마 위에 오르게 되었다. 실제로 막

---

11) 히사미츠가 가지고 간 칙서의 내용의 요지는 다음과 같다.
　　1.장군이 다이묘들을 이끌고 교토로 와서 국사를 의논한다. 2.연해 5개 대번의 번주를 다이로에 임명하여 국정에 참가시킨다. 3.一橋慶喜를 將軍後見職으로, 松平春嶽를 政事總裁職에 임명하여 將軍을 보좌하게 한다.

부에서는 쓰시마 전토 이봉에 대해 불가하고 일부이봉이 타당하다는 판단을 내리고 있었음은 이미 살펴본 바와 같다. 하지만 반발과 부작용을 우려하여 막부는 이를 쓰시마에 즉시 통보하지 않았던 것이다.

1862년 쓰시마번 무사들이 出府(에도 막부로 나아감)하기에 앞서 쓰시마에서는 거의 매일 논쟁이 벌어지고 있었다. 특히 7월 18일 부터 24일까지 쓰시마번 번청(藩廳)에 모여 무사들이 토론하였고 이 때에 그들이 제출한 건백서의 내용을 먼저 검토해 보자.

> (전략) 전번에 내려주신 회답을 보면, (이봉을) 출원 중인데, (이봉을 적극 지원해 주었던) 안도[安藤] 노중이 물러나게 되어서[12], 무사들이 전부 걱정하는 것은 당연하다고 하겠으나, (이봉은) 중대한 일이므로 안도[安藤] 혼자서 추진한 일이 아닐 것이므로 안심하기 바란다는 내용이었습니다.
>
> 그러나, 최근 막부도 (중략), 쇼군[將軍]家가 천황을 알현하겠노라고 약속을 하고 나아가서는 외국 오랑캐들과 단교하겠다는 의향이라고 합니다[13].

---

12) 1862년 1월 15일, 水戶 낭사를 중심으로 한 존왕양이파의 무사들 7인이 老中 安藤 信正을 습격하여 부상을 입혔다(坂下門外의 변). 이는 安藤이 공무합체론을 추진하여 막부의 권위를 회복하고자 하여 和宮과 막부 장군 家茂와의 혼인을 실현시켰기 때문에 존왕양이파에 큰 타격을 주었기 때문이었다. 암살은 미수에 그쳤으나, 존왕양이파들은 당시 安藤이 비겁하게 도망하여 막부의 권위를 추락시켰노라고 선전하면서 安藤의 실각을 주장하였고 결국 4월 安藤은 노중을 辭職하였다. 安藤의 실각은 존왕양이 운동이 공무합체운동을 압도하는 계기가 되었다.

13) 1862년 4월 16일, 사쓰마 영주 시마즈히사미츠(島津久光)는 幕政에 참여하여 영향력을 행사하기 위해 무장병력 1,000여인을 이끌고 京都에 입경하여, 조정을 중심으로 하는 공무합체 책략을 실행하였다. 그는 조정으로 부터 칙명을 받음으로 자신의 행동에 정당성을 부여 받음과 동시에 막부에 칙사를 파견하여 幕政 개혁을 명하게 함으로써 자신의 지위를 확고히 하고자 하였던 것이다. 조정은 이러한 그의 건의를 받아들였고, 칙사를 파견하여 (1)장군이 제 영주들을 이끌고 상경하여 조정에서 국정을 논의할 것 (2) 島津, 毛利, 山內, 伊達, 前田 家를 5대로로 하여 국정을 결정하게 할 것 (3)慶喜를 장군후견직으로, 松平慶永을 대로직에 임명할 것을 강력하게 요구하게 하였다. 久光은 칙사를 모시고 6월 7일 江戶에 도착하였으며, 막부는 7월 1일, 老中의 문서에 의해 이를 받아들였다. 조정이 막부의 최고 인사에 관여하였다

(중략). 위와 같다면, 지금까지의 (이봉이 되기만을 기대하는) 방침은 매우 심각하게 우려할 만한 것이며, 원래 병량이 부족한 우리 쓰시마번은 (중략) 참으로 위급한 상황이라고 하지 않을 수 없어 불안하기 그지없습니다. 다음의 건언을 하나하나 잘 들어주시길 바랍니다.

一, (중략)

一, 부자의 친함은 천성에 기원하는 것입니다. (중략) 와카도노사마[若殿樣-세자]가 이미 16세가 되셨고, 막부의 법을 살펴보더라도 (정치참여 하기에) 알맞는 나이라고 합니다. (중략) 빨리 이를 결정하셔서 속히 세자가 정치를 할 수 있도록 조치해 주시기 바랍니다.

一, 막부의 개혁, 츠메헤이킨[詰弊金]의 개혁에 대해서는 사쓰마를 비롯하여 모든 번들이 황국을 위해 막부에 저항하고 있으며, 조정에 직접 상소하고 있습니다.(중략) 지난번 오랑캐(러시아를 말함)가 우리 영해에 정박하였을 때, 우리가 청심으로 (싸워서 깨끗이 죽겠노라고)아뢰었을 때에는 평판이 좋았고, 여러 다이묘들로 부터도 돈독한 원조의 말을 받을 수 있었습니다. 그러므로 위처럼 대의를 앞세워 확론을 정하여야 할 것입니다. 그러면 무엇보다 우리가 추구하는 바가 (일시의 계략이 아니라) 근본적인 책략이 될 것입니다. 이를 위해 (중략) 대마 저택 수비를 위해 우리들 중 50인 정도 1개 부대(部隊)가 에도로 나아가고자 합니다14).(중략)

위 사료를 검토해 보면, 무단 출부(出府)의 배경에는 이봉운동이 실패하였다는 판단과 쓰시마 번론(藩論)의 수정이 필요하다는 강력한 요구를 강

는 것은 명백히 조정의 힘이 막부를 제어하고 있음을 말해준다. 당시 쓰시마번의 무사들은 이 결과를 장군이 제 영주들을 거느리고 상경하여 攘夷의 칙을 遵奉하기로 결정하였다고 이해하고 있었다.

14) 「建白書取之控」, 일명 「文久2年四十余士東行一件」, 宗家 5-92

(前略) 先般御達之御旨, 御出願中安藤樣御退役に相成, 御家中甚恐可仕候得共, 重大之事柄安藤樣御一人被爲限候儀に無之,(중략) 安堵仕候との事奉納承候.

然處, 近來公辺においても寬永年以後之御改令に御向渡詰弊金之御變革に相成, 將軍家御上洛をも被仰出, 遂には外夷と絶交之御意向と相聞,(중략)右に付, 是迄之御處置方甚以奉恐念候儀數數に而, (중략)實以公私御危急之御時合と不安奉恐念候. 御盡被遊方之御主意一一納承仕度奉存候. (하략)

조할 수 있다. 즉, 개항을 전제로 추진되었던 이봉운동은 노중 안도노부마
사의 실각과 막부의 양이 약속에 의해 실현 불가능하게 되었으므로, 반막부
양이세력 특히 조슈[長州]과 보조를 맞추어야 할 것이라는 점에 그 초점이
맞춰진 큰 논쟁이었음을 알 수 있게 해 준다. 이 논쟁 중에서 무사들은, 러
시아함이 정박하고 있을 때, 강경 토벌론을 내세워 여러 번들로 부터 원조
약속을 받을 수 있었던 경험을 통해, 막부에 순종하는 현 정책을 반성하고,
금후 예상되는 제외국과의 단교의 경우에는 대의명분을 중시하여 양이파
제번들과 연대해야 한다고 주장하였다. 한편 이러한 무사들의 주장에 대하
여 번주(藩主)는 이봉의 내허가 내렸으므로 조금 더 기다려 보자는 입장이
었음도 추찰할 수 있다.

이에 여러 차례의 마라톤 회담이 계속된 끝에 무사들은 지금이 아니면
늦는다는 판단 하에 번주의 허가 없이 무장한 무사들을 에도에 내 보내어
막부에 압력을 가하여 대마도의 군비확충을 달성하겠다는 전략을 강행하는
것이었다. 무사들은 몇 그룹으로 나누어 출발을 단행하였고, 이 사건은 즉
시 오사카[大阪]와 에도[江戶]의 쓰시마번 조직에 연락되었고, 이들은 막부
에도 보고하였다. 8월 18일 쓰시마번 에도 가로 수석인 후루가와쇼간(古川
將監)이 루스이(留守居)와 함께 당시 막부 老中들에게 보고한 내용을 보면,

　　지난 봄 대마 영해에 러시아함 1척이 정박하여 (중략) 오랫동안 머물러
있었으므로, 비용이 많이 들었고 국력이 쇠약해졌는데도 잘 처리되지 못하
였습니다. 그리하여 어쩔 수 없이 히젠[肥前]·치쿠젠[筑前]에 있는 대마영지
의 산출을 담보로 큰 돈을 빌리지 않을 수 없었고, 때문에 올 봄부터는 신하
들에게 봉록을 주는 것도 어렵게 되어 하급무사들을 통솔할 수 없는 상태에
이르렀습니다. 신하들로 부터 계속 건의가 있었으나 쓰시마번 전체의 이봉
을 막부에 품신하고 있는 중이고 막부로부터도 좋은 결과가 있을 터이니 그
때까지 참으라고 설득하였습니다. 그러나 이번에 막부가 개혁(양이 실행의
약속)을 선포하니, (移封 운동은 실패라고)藩士들이 잘못 판단하여 40인 정

도 무단으로 '에도진입'을 단행하여 막부에 대해 러시아 때문에 쓰시마번이 몰락하고 있음을 탄원할 각오입니다[15].(하략)

라고 되어 있어서, 무사들이 출발한 이유와 목적을 잘 이해하고 있었음을 알 수 있다. 무사들이 7월 25일 대마도를 출발하여 오사카[大坂]를 거쳐서 에도에 모두 도착하는 것이 8월 25일이니까 이 서한은 대마도 무사들이 에도에 도착하기 전에 미리 보고하는 의미를 지니고 있다.

그렇다면 지금까지 이 부분에 대한 기존 연구와 이해가 잘못 되었음을 명확히 지적할 수 있다. 즉 지금까지의 연구는 앞서 언급한 『對馬遺史』의 기술을 그대로 받아들여 양이파의 무사들이 에도에서 移封 운동을 추진하고 있는 보수파 정적(政敵)을 제거하고 세자폐위를 저지하기 위한 행동으로 이해되어왔다. 그러나, 이러한 이해는 받아들이기 어렵다. 만일 정적을 제거하기 위한 행동이라면 너무나도 공개적이고 반대측에서 여기에 대한 대비책을 세웠음이 당연하다고 하겠다. 그러나 위 사료에서 보이듯 에도의 가신들도 무사들의 「출부」를 지지하고 오히려 이를 구실로 막부에 압력을 가하고 있음을 알 수 있다.

다음 장에서는 조슈번과의 동맹의 과정과 양이정권의 성립에 대해 검토해 보고자한다.

2. 쓰시마번 가독 상속의 재검토

1862년의 대마도 무사들이 에도에 무단 진입의 이유가 에도에서 이봉 운동을 도모하면서 세자를 폐위하고자 하는 정적을 제거하기 위함이었다고 통설은 설명한다. 이를 보다 치밀하게 비판하기 위해서는 쓰시마번의 가독 상속 문제를 재검토할 필요가 있겠다. 이러한 오해의 근원에는 1862년 윤8

---

15) 「江戸毎日記」8월 18일조 (사료번호 종1-479)

월 13일의 카스라고고로[桂小五郎-훗날의 木戸孝允]의 보고서에서 비롯된 조슈[長州] 측의 사료가 존재한다. 즉, 카쓰라[桂小五郎]는

> 一, 쓰시마번으로부터 이번에 유지(有志) 41인이 출부(出府)하였는데 그 이유는,(중략), 에도 가로 전권 사스이오리[佐須伊織]가 노중 안도[安藤]와 짜고 몰래 이봉등의 일을 꾀하고 그 위에다가 세자가 되어야 할 善之允을 폐하려고 하는 등 간계를 쓰므로, 이를 그냥 내버려 두면, 어떠한 변란이 발생할지 모르므로(중략), 찔러 죽였다고 생각되며(중략), 국정을 회복하고 나아가 자신들만의 힘으로 해결하기 어려워서 當家(조슈번)에 의뢰하여 왔습니다(하략)[16]

라고 보고하고 있으며, 『周布政之助伝』에도

> 쓰시마번에는 노신 사스이오리[佐須伊織]가 정권을 잡고, 노중 안도노부마사[安藤信正]와 결탁하여 그 전봉(轉封)을 꾀하고 또 번주 요시요리[宗義和]의 세자를 폐하고, 서출인 카쓰치요[勝千代]를 옹립하여 권력을 자기 마음대로 휘둘러 드디어 번내의 분란을 초래하였다. 이리하여 그 번의 대부분의 무사들이 크게 분개하여[17]

라고 기술하고 있다. 과연 쓰시마번의 가독 상속 문제는 어떤 것이었을까.

우선, 이해를 위해 文久 이전 쓰시마번의 가독 상속 문제를 『長崎縣史』를 통해 정리하여 보자.

> 쓰시마번의 가독 상속 문제는 1847년 11월 6일 젠노조[善之允]가 태어남으로 발생하였다. 즉 그해 6월에 태어난 카쓰치요[勝千代]와 젠노조[善之允] 중에서 누구를 세자로 할 것인가의 문제였다. 카쓰치요는 농민 출신인 아오

---

16) 『木戸孝允文書』권1, 216-223쪽
17) 『周布政之助伝』下, 동경대학출판부, 1978년, 261-262쪽

[碧]가 낳은 아이이며, 젠노조는 무사 출신인 카쓰이씨가 낳은 아이로 전 세자인 히코시치로[彦七郎]의 친동생이었다. 쓰시마번은 12월 19일, 善之允을 세자로 정하였다. 그러나 碧파는 이 결정에 불만을 품고 정치 공작을 행하여 아오[碧]가 낳은 카쓰치요를 세자로 세우기를 원하였다. 그러나 카쓰치요는 1859년에 포창에 걸려서 12월 29일에 사거하였다. 카쓰치요의 사거로 결국 1860년 벽파는 탄핵당하여서 善之允이 세자가 되었다[18].

그렇다면, 가독 상속을 둘러싼 문제가 있었다고 하여도[19] 1860년에는 모두 끝났다고 하지 않으면 안 된다. 그런데도 『長崎縣史』에는 「勝千代가 1859년에 사거하고, 번주 후계 문제는 파벌정권 다툼이 되고 점차 암흑정치화 하는 원인이 되었다」[20]든가 「러시아 함대의 정박은 세자를 둘러싼 파벌 항쟁에 더하여 러시아 함대를 둘러싼 근왕·양이·좌막의 사상 문제가 첨가되어 복잡한 정쟁이 되어갔다」라고 설명하고 있다. 아마도 이는 위에 서술한 조슈측의 사료를 비판하지 못하였기 때문에 이러한 서술이 되었다고 보인다.

여기서는 文久元(1861)년의 쓰시마번 사료, 특히『善之允樣御出府覺書』[21], 『善之允樣御出府海陸每日記』[22]를 중심으로 살펴보아 1862년에는 세자를 폐지하려는 움직임이 있을 수 없음을 밝히고 가독 상속을 둘러싼 문제가 1862년의 대마 무사들의 무단 「출부」와는 전혀 관계가 없음을 입증하고자

18) 『長崎縣史』(吉川弘文館, 1973년) 번정편, 1102-1108쪽
19) 필자는 막말 쓰시마번 내에 실제로 가독 상속을 둘러싼 내홍이 있었는지 그 자체에 대해 의문을 가지고 있다. 왜냐하면, 『長崎縣史』에는 佐須伊織이 勝千代를 세자로 삼기 위해 古川榮女의 불채용, 의당의 탄압 등을 주장하였다고 기록되어 있으나 (1104-1106쪽), 실제 원 사료에서는 佐須伊織이 古川榮女의 행상을 막부에 주선하고 있으며 이로 말미암아 古川榮女는 安政4(1857)년에 막부로부터 상을 받고 있음이 나타난다. (『維新史料稿本』安政4년 8월 13일 조)
20) 전게서 1106쪽
21) 동경사료편찬소 소장, 분류번호 1071
22) 동경사료 편찬소 소장. 분류번호 1072

한다. 이를 살펴보면 오히려 사스이오리[佐須伊織]가 善之允을 막부로 부터 쓰시마번 세자로 인정하게 하는 데에 큰 공헌을 하고 있음을 알 수 있기 때문이다.

1860년 10월 9일, 쓰시마번은 세자로 젠노죠[善之允-훗날의 義達]를 확정하고 막부에 알리기로 하였으며, 번 전체에도 알렸다. 따라서 이 결정은 바로 이정암에도 알려졌으며, 이정암으로 부터 축하의 말을 전하기 위해 사승이 왔다. 이는 대외적으로도 善之允가 세자로서의 지위를 인정받았음을 말해준다. 11월 18일에는 다음해 봄에는 善之允을 출부시켜서 막부에 신고하도록 결정하였다.

1861년 봄, 러시아 군함의 정박 사건이 발생한 중에도 세자 善之允의 출발 준비는 순조롭게 진행되어 3월 17일 세자 일행은 출발하였다. 善之允의 출발에서 에도에 도착하기 까지의 경위는 『善之允樣御出府海陸每日記』에 자세하게 기록되어있다. 「3월 15일 남풍, 善之允님께서 오늘 길시인 진시에 배에 오르시다」라고 시작되는 이 일기에서는 원래 15일 출발할 예정이었으나, 러시아 포사드닉호 함장 비릴레프가 자신의 사명을 털어 놓음으로 말미암아 러시아 함에 대한 응접과 준비 때문에 인사 이동이 많아서 15일에 출발하지 못하였음과 번주의 자상한 배려등이 잘 나타나 있다. 한편 3월 17일 세자 일행이 출발하자 쓰시마번에서는 세자의 출발 준비에 고생을 한 사람들에게 포상을 베풀고 있다[23].

사료를 검토해 보면, 쓰시마번 세자 善之允의 출부는 번 전체의 환송 속에서 이루어 졌으며, 수행원은 총 54인으로 사범, 고요닌[御用人], 메츠케(目付)격 5인 등 고위 관리들이 수행하고 있음을 확인할 수 있다[24]. 따라서 善之允이 가독 상속의 분란 때문에 "일개 무사의 신분으로 쓸쓸히 출부하였다"라는 『對馬遺史』의 이야기가 근거 없는 것임은 물론이다.

---

23) 『在國每日記』3월 22일조 및 24일조
24) 『善之允樣御出府覺書』전게서, 부록의 명단.

3월 17일 출발한 세자 일행은 4월 11일, 오사카[大坂]에 도착하였고, 가로 후루가와쇼칸[古川將監] 등의 환영을 받았다. 또한 여기서 그들은 에도 가로 사스이오리[佐須伊織]가 보낸 세자 신고 준비가 완료되었음을 보고하는 편지를 받았다. 에도 번저는 4월 15일, 쓰시마번 세자가 도착한다는 소식을 막부에 전하였다. 善之允은 5월 9일 에도에 도착하였고, 이봉운동을 위해 에도에 미리 도착하였던 가로 후루가와치에몬[古川治右衛門]과 에도 루스이[留守居] 야마자키도스케[山崎東介] 등이 사스이오리[佐須伊織]의 편지를 갖고 시나가와(品川)까지 마중나갔다. 이날 에도에서는 세자의 무사한 도착을 축하하는 예식이 행하여졌다[25].

한편, 세자가 도착하기 하루 전인 5월 8일, 앞에서 살펴 본 바, 에도에는 오후나코시[大船越] 충돌 사건의 보고 및 이봉을 도모하는 지시서와 상신서를 가지고 오우라사쿠헤[大浦作兵衛]와 가와모토구사에몬[川本九左衛門]이 도착하였다[26]. 루스이[留守居] 야마자키[山崎東介]는 막부에 대하여 전쟁의 허가 및 군비 원조를 요구함과 동시에 그렇지 않으면 전토 이봉을 요구하였고, 여러 다이묘들에게도 알려 막부의 결단을 독촉하였다. 즉 당장이라도 전쟁이 일어날 것 같은 긴박한 분위기였다. 이러한 긴박한 시기임에도 젠노조를 세자로 인정해 달라는 원서(願書)가 18일 제출되었고 21일 막부가 이를 승인한다. 이리하여 善之允은 와카도노사마[若殿樣]의 칭호를 받게 된다[27]. 이 소식은 또 쓰시마번에는 6월 26일 도착하였고, 27일에는 이를 축하하는 예식이 행하여 지고 있다.

---

25) 『善之允樣御出府海陸每日記』, 전게사료, 5월 9일조
26) 「對馬藩江戶每日記」5월 8일조
27) 「在國每日記」6월 26일조.
  善之允樣御事, 御嫡子成之儀, 五月十八日御願書被差置候處, 同二十一日御願之通被爲蒙 仰候段, 江戶表より申來, 恐悅之御事に候, 依之向後若殿樣と奉稱候. 라고 되어 있는 것을 보면, 若殿樣의 칭호는 막부로 부터 승인 받은 다음에 주어지는 칭호임을 알 수 있다.

이상을 검토해 보면, 다음과 같은 사실들을 말할 수 있다.

> 첫째, 쓰시마번의 세자 善之允은 이미 1861년 5월에 막부로 부터 세자임을 승인 받고 "若殿樣"로 불리고 있었으며, 그의 지위는 확고하였다. 따라서 1862년에 가독 상속의 문제는 있을 수 없다.
>
> 둘째, 세자 善之允이 에도로 출부하여 若殿樣이 되는 과정에서 사료 상 아무런 잡음이 나타나지 않으며, 오히려 이 과정에서 사스이오리[佐須伊織]도 에도 가로로 상당한 활약을 보여주고 있다.
>
> 셋째, 카쓰치요[勝千代]는 이미 사거하였고, 善之允과 대립할 만한 사람은 동생 도쿠노스케[德之輔]의 존재 밖에는 없다. 그러나 어린 도쿠노스케를 세자로 할 아무런 이유도 명분도 없음은 물론이다.

이상의 검토를 통해 살펴본 결과, 분명히 1862년의 무사들의 出府의 원인에는 가독 상속 문제가 존재하지 않는다. 그렇다면, 왜 長州측의 사료에는 이를 언급하였을까. 어떠한 정치적 의도가 있었을 것이라고 생각되지만 아직 알 수 없다. 다만 앞서 언급하였듯이 당시 출부한 무사들이 출부하기 전에 번주에게 요구하였던 내용 중에 「若殿樣御乘出‥‥五十人出府方之義」라고 되어 있는 것이 어떠한 연결 고리가 될 것이라고 보인다. 즉 세자의 정치 참여를 보다 확실히 하기 위한, 더 나아간다면 번주의 은거를 촉진시키기 위한 정치적 의도가 있었지 않았을까 하고 생각될 따름이다. 확실한 것은, 카쓰라[桂小五郞]가 보고서를 제출하는 시점에서 쓰시마번의 과제는 세자의 정치 참여와 번주의 은거의 문제였으며, 세자의 지위가 흔들리는 문제는 아니었다는 사실이다.

그렇다면, 대마도의 무사 41인이 무단으로 江戶에 출부한 이유로 거론되는 상속의 문제와 이봉 운동의 저지라는 『長崎縣史』의 기술을 비롯한 통설은 잘못된 것이고 수정되어야 마땅함을 알 수 있겠다.

다음은 장을 바꾸어서 쓰시마번과 조슈의 동맹의 과정을 살펴보고자 한다.

Ⅲ. 동맹의 과정 : 桂小五郞과의 관련을 중심으로

대마 무사들이 무단으로 출부하기 두 달 전인 1862년 6월 3일, 조슈[長州]의 카쓰라고고로[桂小五郞-훗날의 木戶孝允]는 월파루(月波樓)라는 술집에서 무라다지로사부로[村田次郞三郞]와 연명으로, 훗날 쓰시마번 핵심인물이 되는 오시마도모노조[大島友之允]와 히구치켄노스케[樋口謙之亮] 앞으로 한통의 서한을 보낸다.

> 發輿전에 여러 가지 바쁘신 중에 고생도 많으십니다. 부탁을 드려 죄송합니다만 만일 약간이라도 시간이 있으시면 잠시라도 와 주시길 바랍니다[28].

이 서한은 『木戶文書』 중에서 쓰시마번과의 관계를 보여주는 최초의 서한이다. 이 시기는 카쓰라[桂小五郞]가 국사 주선을 위해 상경하였던 시기였다. 월파루는 교토[京都]의 술집이었으리라. 이 서한을 통해 카쓰라가 오시마와 히구치를 만났으리라는 것은 추측이 가능하지만, 만나서 무슨 말을 하였는지 사료에서 확인하는 것은 불가능하다. 다만 당시의 정세를 생각해 보았을 때, 조슈의 번론을 항해원략책에서 파약양이로 바꾸기 직전이므로 일본의 정세에 관한 정보와 쓰시마번의 방어와 재정문제에 대한 문제를 거론하였을 것이라는 추측은 가능하다. 즉, 이 시점을 전후하여 쓰시마번의 무사들이 조슈를 통해 쓰시마번의 문제 해결방안을 탐색하였고, 일본의 정세에 대해 반막부 양이파와도 연결되고 있음을 알 수 있다.

훗날의 활동을 음미해 보면 여기서 부터 쓰시마 무사들의 출부(出府)를 추진하는 계기가 되었음을 추론할 수 있고, 그들이 시기를 놓치면 안 된다고 하였던 것이 카쓰라[桂小五郞]가 에도에 있었던 시기를 놓치면 안 된다는 내용와 관련이 있을 것이란 것도 찾을 수 있다.

---

28) 『木戶孝允文書』권1, 164-165쪽,

쓰시마번 무사들은 7월 25일 대마도를 출발하여 오사카 藩邸를 거쳐 8월 25일에는 모두 에도에 도착하였다. 이 때에 조슈의 카쓰라[桂小五郎]도 조슈 세자 일행과 함께 에도에 도착하였음은 매우 정치적이고 주목된다. 조슈 번 세자는 양이의 칙을 받고 관동 주선을 위해 에도에 들어가, 8월 24일에는 安政5년 이후에 처벌받은 자를 사면하라는 칙서를 장군에게 전달하기 위해 에도에 온 것이었다. 따라서 양이를 명분으로 원조를 얻을 기회를 노리고 있었던 쓰시마번으로서는 절호의 기회였다고 하지 않을 수 없다.

쓰시마 에도 번저에는 오사카 家老들까지 전부 모여들어, 지금의 상태를 「비상시」라고 선언하게 된다.[29] 그들은 번을 구하기 위해서 막부뿐만 아니라 모든 번(藩)들에게 그리고 조정에 까지 「應接掛」를 파견하여 쓰시마번 원조를 구하고 있다[30]. 쓰시마의 외교역량이 최대로 발휘되는 시점이며, 이 시기야말로 쓰시마의 의식과 역량이 크게 성장하고 있었던 시기라 생각된다.

윤8월 3일, 쓰시마번 家老 무라오카오미[村岡近江]와 후루가와치에몬[古川治右衛門]은 조슈 번저를 찾아가 조슈 가로, 고요닌[御用人] 과 면회하여 쓰시마번의 실상을 알리고 원조를 간청하고 있다. 「對馬藩江戸毎日記」를 보면

　　미사카[美作]와 면회하여 와카도노사마[若殿様-젠노조]의 정치참여와 쓰시마번의 현실 등을 의논하고 밤에 돌아옴[31]

이라고 기록되어 있다. 이 날 이후 10일간, 가쓰라[桂小五郎]와 쓰시마번

---

29) 「對馬藩江戸毎日記」1862년 윤8월 1일조. 그들은 세자 善之允을 설득하여 비상시임을 선포하게 하였다.
30) 對馬藩 에도 藩邸에서는 8월 29일 부터 인사 이동이 행해진다. 특히 多田莊藏, 樋口謙之亮, 大島友之允, 青木達右衛門 등이 應接掛로 임명되어 여러 번들과 접촉 주선하며, 이후 공신이 된다.
31) 「對馬藩江戸毎日記」윤8월 3일조

무사들과 수차례의 접촉이 있었고[32], 드디어 13일, 카쓰라[桂小五郎]와 가네시게죠조[兼重讓藏]는 연명으로 교토[京都]에 있었던 스후마사노스케[周布政之助]등에게 쓰시마번의 문제에 대해 보고한다. 이후 쓰시마번 원조 문제가 조슈[長州] 전체의 문제로 부상하게 된다. 당시 桂小五郎은 쓰시마 번과의 동맹을 추진하는 조슈의 대표격이었다. 兼重讓藏의 보고서에는,

> 또한 小五郎에게는 위의 대마무사들로부터 은밀히 제출받은 서류도 있으므로 자세한 것은 小五郎으로 부터 그 곳에 보고 될 것이라고 생각합니다.[33]

라고 기록되어 있다.

그런데, 바로 이날(윤8월 13일)의 桂小五郎의 보고서는 사실을 보고한 것이 아니고 대단히 정략적인 보고서였음은 이미 언급한 바이다.

> 一, 쓰시마번으로부터 이번에 有志 41인이 出府하였는데 그 이유는,(중략), 에도 가로 전권 사스이오리[佐須伊織]가 노중 안도[安藤]와 짜고 몰래 移封 등의 일을 꾀하고 그 위에다가 세자가 되어야 할 善之允을 폐하려고 하는 등 간계를 쓰므로, 이를 그냥 내버려 두면, 어떠한 변란이 발생할지 모르므로(중략), 찔러 죽였다고 생각되며(중략), 국정을 회복하고 나아가 자신들만의 힘으로 해결하기 어려워서 當家(조슈번)에 의뢰하여 왔습니다(하략)[34]

그러나 전장에서 살펴본 바와 같이 이것은 사실이 아니다. 우선 移封은 쓰시마번 전체의 총력으로 진행된 것이었으며, 노중 安藤은 이미 실각하였다. 세자는 완벽히 자리를 잡았으며, 사스[佐須伊織]가 세자를 폐하고자 하였다는 증거도 그럴만한 이유도 없다. 더구나 쓰시마 무사들이 출부한 이유

---

32) 사료로 확인 가능한 것은, 5일, 8일, 9일, 11일 4회에 걸친 접촉을 확인할 수 있다.
33) 「兼重讓藏日記」, 『維新史料稿本』9월 14일조에서 인용
34) 『木戸孝允文書』권1, 216-223쪽

는 이봉이 실패하였다고 판단하였기 때문이다. 그렇다면 카쓰라[桂小五郎]
는 쓰시마번의 총력으로 진행되었던 이봉운동의 책임을 이미 죽은 사스[佐
須伊織]에게 둘러씌우고 동시에 출부를 단행한 쓰시마 무사들을 양이의 지
사로 높이 평가하여 조슈의 번론인 '파약양이'의 길에 합당한 동료로 묘사
하고 있는 것이다. 거기에다가 쓰시마번이 조슈에 원하였던 것에 대해서는
함구하고 있다. 즉, 善之允이 정치에 참여하게 되었고, 빨리 가독을 이어받
아 간신들을 물리치고 국정을 회복하기 위해 조슈[長州]에 의뢰하여 왔다
고 정책적인 문제만을 보고하여, 藩主의 교체와 국정의 개혁이 간신들을 물
리치기 위함이라고 언급하였을 뿐 쓰시마가 당면한 중요한 경제적 원조요
구 혹은 원조 주선 요구에 대하여는 한마디도 언급이 없다. 이는 앞으로의
검토를 통해 검증이 되겠지만, 결론을 먼저 말하자면 동맹을 성립시키기 위
한 정치적 보고서였기 때문이다.

이 보고서에서 주목할 점은, 사료에서 처음으로 쓰시마 번주의 은거(隱
居) 및 세자의 가독상속이라는 도식(圖式)이 나온다는 점이다. 아직 쓰시마
번에서는 세자의 정치참여까지는 언급되었지만, 번주의 은거에 대해서는
아무런 기술이 없었다. 쓰시마번주 宗義和는 아직 건강하고 은거할 나이도
아니었다.

역사의 흐름은 카쓰라[桂小五郎]의 의도대로 움직였다. 윤8월 22일, 「每
日記」에는 번주가 隱居하고 싶다는 뜻을 밝히고 있음이 나타나며, 9월 15
일에 번주는 실지로 원서(隱居願)를 막부에 제출하고 있다. 그리고 이를 반
대하던 세자 善之允이 조슈의 스후마사노스케[周布政之助]의 설득에 의해
가독 상속을 결정하는 것이 11월 7일이기 때문이다. 桂小五郎은 이미 윤8
월의 단계에서 쓰시마번주의 은거와 가독상속이 쓰시마번 양이정권 성립을
위해서는 반드시 필요한 것이라고 판단하였던 것임을 알게 해 준다.

9월 6일, 스후[周布政之助]가 에도에 도착하였다. 그는 조슈[長州]번 양
이운동의 중심인물이며, 세자를 보좌하여 여러 번들과 주선하는 임무를 띠

고 있었다[35].

스후[周布]의 도착을 알게 된 쓰시마번 무사들은 카쓰라의 계획에 따라 조슈 번저(藩邸)로 찾아가 스후[周布政之助]와의 면회를 요구하였다. 그러나 면회는 실현되지 않았다. 수차례 헛걸음을 한 다음, 9월 9일, 드디어 周布와 대마도 三士(大島友之允, 樋口謙之亮, 多田莊藏)와의 면회가 이루어졌다[36]. 이 날의 회담 결과를 보고 받은 쓰시마번 에도 藩邸에서는 회의를 열어 이들 3인의 상경을 명하였다[37]. 이는 조슈 번주가 상경하고 있기 때문에 조슈와의 동맹을 성립시키기 위해서는 조슈 번주를 직접 알현할 필요가 있다는 周布의 제안에 따른 것이었다.

이 명령을 받은 3인은 카쓰라[桂小五郎]가 함께 상경할 수 있도록 해 달라고 조슈 藩邸에 간청하였다. 그러나 조슈번의 내부 사정도 있어서 카쓰라[桂小五郎]의 상경 명령은 지연되었다. 이에 그들은 이번의 상경에 쓰시마번의 운명이 걸려있다고 하면서 집요하게 桂小五郎의 상경을 長州에 간청하고 있다. 9월 12일, 그들은 카쓰라[桂小五郎]와 오바타히코시치[小幡彦七] 등과 회담을 갖고 스후[周布政之助]의 허가를 받으면 가능할 것이라는 조언을 얻는다. 그리하여 그들은 다음날인 13일 스후[周布]를 면담하고자 하였으나 스후는 자리를 피하였기에 면담은 이루어지지 못하고, 한통의 편지를 남긴다. 이 편지에는 그들이 桂小五郎의 상경을 바라는 이유와 쓰시마번의 입장이 기록되어 있으므로 이를 간단히 인용하면 다음과 같다.

카쓰라[桂小五郎] 형(兄)에게는 특히 우리 쓰시마번의 실상을 남김없이 다 말하였습니다. 그의 상경을 바랍니다. 지금은 일본 열도의 대변혁이 일어났고, 장군의 상경도 이미 결정되었으며, 또 조슈번도 양이 외길을 선택하였다고 생각됩니다. 그렇다면 이 기회에 쓰시마번도 양이에 참가하여 국체를

---

35) 『周布政之助伝』상게서, 연표 참조
36) 「對馬藩江戶每日記」, 9월 9일조
37) 상게사료, 9월 10일조

확립하고 싶습니다. 만약 이 주선이 실행되지 않을 경우에는 쓰시마번은 다른 방법이 없으므로 매우 위급한 상태에 빠지게 될 것이며, 결국은 이는 일본의 영욕에도 관계있을 것이므로, 부디 카쓰라[桂小五郎]의 상경을 결단해 주십시오[38].

카쓰라[桂小五郎]의 주선을 쓰시마번사들이 얼마나 의지하고 있는지를 알려주는 서한이다. 또한 스후의 마음에 들게 작성되고 있는 것도 알 수 있다. 이 역시 카쓰라의 지도조언에 따른 문장이라고 생각된다.

다음날(14일), 쓰시마번사들이 다시 방문하였으나, 周布가 에치젠[越前] 번저(藩邸)를 방문할 약속이 있었기 때문에, 그리고 18일에도 쓰시마번 무사 3인이 다시 방문하였으나, 또 목적을 달성하지 못하고, 결국 21일이 되어서 스후[周布政之助]와 면회하고 드디어 카쓰라[桂小五郎]와 함께 상경할 수 있도록 노력하겠다는 허락을 받는다[39].

이날, 카쓰라[桂小五郎]는 세 사람에게 편지를 보내어서, 스후[周布]와 면회가 성립된 것을 축하함과 동시에 세자와도 면회하여야 될 것임을 설득하고 있다. 이를 보면,

저도 쓰시마번의 무사라는 마음가짐입니다. (중략). 지금 家老와 면회를 하였으나, 나아가서는 (조슈의) 세자와도 면회를 하여 중요한 말을 나누어야 됩니다. 그렇지 않고서는 용이하게 뜻이 이루어지기 어렵습니다[40](후략)

카쓰라가 얼마나 열심히 쓰시마번의 문제에 지도 조언을 하고 있는지 알 수 있다. 24일, 카쓰라[桂小五郎]는 쓰시마번 번저를 찾아가 쓰시마번의 三士와 회담하였다[41]. 이날의 회담의 결과를 받아들여 25일, 쓰시마 가로 무

---

38) 「對馬藩江戸毎日記」9월 13일조 및 『周布政之助伝』267쪽
39) 「對馬藩江戸毎日記」9월 21일조
40) 『木戸孝允文書』권2, 232-233쪽
41) 「對馬藩江戸毎日記」9월 24일조

라오카오미[村岡近江]는, 세자 젠노죠[善之允]에게 조슈 세자와 면담의 필
요성을 상신하고, 양 세자간의 면담을 추진하였다[42].

25일 카쓰라[桂小五郎]는 쓰시마 무사들에게 편지를 남기는데, 이 편지
에는, 그가 당시 쓰시마번을 어떻게 지원하였는지, 그리고 그의 정략가적
모습을 잘 보여주므로 소개하여 보자

> (전략) 저는 부재중일 것입니다만, 스후[周布]는 숙사에 있을 것이므로 그
> 를 만나셔서 모든 것을 사양 말고 다 말씀드리십시오. 그러나 어제 저녁에
> 제가 귀 번저(藩邸)를 찾아가 형들(대마도 三士)을 만난 것은 말하지 마십시
> 오. 또 어제 저녁에 약속한 바와 같이 스후[周布]와 면담하시고서 가와초[川
> 長-술집]에 나가 계시면, 동생(桂小五郎)도 상황을 보아서 우연을 가장하여
> 들릴 수도 있고, 그리하면 저도 같이 마음을 다하여 말씀을 드릴 수 있겠습니
> 다. 스후[周布]의 뜻을 알게 되면 아사쿠사[淺草]의 찻집 오가와야[小川屋]로
> 와 주십시오. 상황을 봐서 저도 가서 돕도록 하겠습니다. 또 내일 우리가 면
> 회하기로 한 것은 말씀하지 말아주시기 바랍니다. 또한 스후[周布]와 면회할
> 때에는 너무 강하게 상경을 요청하면 자연히 의심을 갖게 될 지도 모르겠으
> 므로 잘 부탁합니다. 스후[周布]의 뜻을 알게 되면 속히 연락바랍니다[43].

라는 내용이다. 이날, 카쓰라[桂小五郎]는 오가와야[小川屋]에서 다카스키신
사쿠[高杉晋作]와 함께였었다. 그리하여 쓰시마 무사 삼인이 그곳에서 다카스
기신사쿠[高杉晋作]와 초대면하였다고 「江戶每日記」에 기록되어있다[44].

카쓰라[桂小五郎]의 정보와 계획에 의해 쓰시마번사 3인은 조슈 번저를
방문하여 스후[周布]와 면회를 하고 가와초[川長] 술집으로 그를 유인하였
고, 여기에서 우연을 가장하여 카쓰라[桂小五郎]와 쓰시마 가로 무라오카
[村岡近江]가 동석하는 형태로 만남이 이루어져, 카쓰라[桂小五郎]의 상경

---

42) 「對馬藩江戶每日記」9월 25일조
43) 『木戶孝允文書』전게서, 234-235쪽
44) 「對馬藩江戶每日記」9월 25일조

에 대해 논의하고 간청하였다. 이에 스후[周布]는 자신이 결정할 문제가 아님을 고백하고 세자와의 면회를 주선하겠다는 약속을 하게 되는 것이다.

당시 카스라[桂小五郞]의 제안은 그대로 쓰시마번의 번론[藩論]이 되는 것이 보통이었다. 그 만큼 쓰시마의 경제적 파단은 심각하기 때문이다. 카쓰라[桂小五郞]는 위와 같이 쓰시마와 조슈[長州]의 결합에 적극적으로 활약을 하였으며, 경우에 따라서는 스후[周布]에게도 사정을 감추거나, 쓰시마번사들에게 함구를 시키기도 하였음이 드러난다.

쓰시마의 세자와 조슈 세자의 면회가 카쓰라[桂小五郞]의 계획에 의해 치밀하게 추진되었음은 『木戶孝允文書』에 잘 나타나 있다. 당시 조슈번의 실권을 지니고 있었던 스후[周布政之助]의 힘으로도 쓰시마번을 원조하는 것은 간단하게 결단할 수 없었던 상황이었기에, 결국 세자와 세자간의 회담을 통하여 쓰시마를 조슈의 번론인 '파약양이'의 길로 끌여들여 일본 열도의 정치적 주도권을 장악하고자 하였던 것이다.

그리하여 27일, 대마 세자와 조슈 세자간의 회담이 열렸다. 이날의 회담은 스후[周布政之助]와 카쓰라[桂小五郞]가 조슈 세자를 모시고 쓰시마 번저(藩邸)를 방문하는 형태로 이루어졌다. 이날은 술자리만으로 끝을 내었고 중요한 회의는 다음날 쓰시마 세자가 조슈 번저(藩邸)를 답방하여 열기로 결정하였다[45].

30일, 대마세자가 조슈 번저(藩邸)를 방문하여 양 번의 세자와 가신들이 모인 상태에서 회담이 개최되었다. 이날의 상황을 사료에서 살펴보자.

> 조슈번의 세자께서 정치에 참여하시고, 외교를 담당하시게 되었으니, (중략) 무슨 말이든지 사양 말고 말하라고 하셨다. 이에 (쓰시마번의) 가로들이 작년 러시아 함대가 정박하였을 때의 상황, 막부의 관리(小栗忠順)들이 내려와 조치하였던 일, 그리고 막부의 관리들이 내려와 이봉 조사를 하였던

---

45) 「對馬藩江戶每日記」9월 27일조

일, 또 여러차례 원서를 (막부에)올렸으나 지금껏 대답이 없는 상황에서 지금 쓰시마번은 外夷 때문에 피폐하고 불안한 국체가 되었다는 것, 등을 남김없이 말씀드렸다. 그리고 또한 우리(쓰시마번 三士)들에게 지금까지 (조슈번과의) 대화 담당자로 여러 차례 의뢰한 바가 있다고 들었다고 하시면서 다시금 아뢰라는 말씀이 있어서 "(중략), 당시 일본의 정세가 변화하여 모든 일이 변혁을 맞이하고 있으며, 이제 선택할 길은 파약양이(破約攘夷) 외길 밖에 없다고 생각됩니다. 이 시기에 임하여 쓰시마번은 이웃 나라에 인접한 요지이므로 아무쪼록 경비를 엄히 하지 않으면 안 되겠습니다. (중략), 오늘날의 형세에 이르러서는 각오를 새롭게 하지 않을 수 없고, (중략) 기왕의 각오가 부족하였던 점은 어떠한 질책을 받더라도 감수하고자 합니다. 어떻든 실비를 확립하고 일본의 위광을 더럽히지 않도록 하는 조치를 일본 전체의 공론으로 해 주시기 바랍니다. 또 善之允님도 머지않아 정치 참여하실 것이므로, (중략) 아무쪼록 국체를 세우고 무비를 충실히 할 수 있도록 주선해 주십시오" 라고 반복 간청하였다. 이후 스후[周布政之助]의 (지지)연설이 있었고, 조슈 세자는 가능한 한의 협력을 약속하였으며, 여기에 대해 쓰시마번 세자가 감사를 표하는 인사가 있었고 회의는 끝났다.[46]

여기에서 「기왕의 각오가 부족했던 점」이라는 것은, 막부의 개항 정책에 따라서 이봉을 기대하였던 점을 말한다고 이해된다. 물론 이는 조슈번도 마찬가지로 '해외웅비론'을 주장하면서 개항을 지지하였지만 말이다. 또 '선택할 길은 파약양이(破約攘夷) 외길'이라는 표현은 스후[周布]의 지론이었다. 쓰시마 무사들이 이를 먼저 언급함으로 스후[周布]가 감동하여 쓰시마번을 지지하는 연설을 하게 된 것이라고 「浦靭負日記」는 추측하고 있다. 이는 스후[周布]의 뜻을 파악하고 이를 앞서 말함으로 스후[周布]의 호의를 얻고자 하였던 쓰시마번 무사들의 노력이 성공한 것이라 말할 수 있으며, 이를 지도 조언해 준 것이 카쓰라[桂小五郎]였다고 생각하는 것은 무리가 아닐 것이다.

---

46) 「對馬藩江戶每日記」9월 30일조, 「大島友之允日記」(『周布政之助伝』에서 재인용)

쓰시마번 양이정권의 성립의 배경에는 1861년의 이봉운동의 실패와 조슈 양이정권의 성립 및 일본의 양이세력이 있었음을 강조할 수 있다. 기존의 이해처럼 이봉에 대한 반대나 세자 폐지를 저지하기 위한 것은 아니었음을 입증하였다고 본다.

Ⅳ. 맺음말

이상, 쓰시마번 양이정권의 배경과 성립과정에 대해 검토하였다. 그 결과, 쓰시마번 양이정권의 성립은 포사드니크호 사건이후의 경제 위기와 이봉계획의 좌절에 따른 번론의 수정이라고 말할 수 있다. 즉, 이봉운동 당시 쓰시마번이 막부에 요구하였던 「타번에 뒤지지 않는 이봉이나 서양제국과 전쟁할 수 있을 정도의 군비원조」의 중점이 개국에서 양이로 변화하는 일본의 정치상황 속에서 전자에서 후자로 바뀌는 것이라고 파악할 수 있다.

이는 막부의 정책 변화와 일본 전체의 분위기를 파악한 자립할 수 없는 변경의 쓰시마번의 선택이었으며, 경제적으로 자립할 수 없는 약소번의 고통에 찬 수단이었다고 생각된다. 이 선택을 실현하기 위해서 쓰시마번은 조정과 諸藩의 주선을 필요로 하였다. 왜냐하면 결국 지원을 줄 주체는 막부였기 때문이다. 특히 당시 양이운동의 지도격이었던 조슈[長州]의 주선을 얻기 위해 대마 무사들이 얼마나 필사적이었는지는 사료를 통하여 충분히 검증되었다고 본다. 또한 대마 번사(藩士)들이 무단 「출부(出府)」에서 조슈와의 동맹이 맺어지게 되는 과정에서 카쓰라(桂小五郎)의 계획과 제안이 큰 비중을 차지하고 있음도 검증되었다고 생각한다. 카쓰라[桂小五郎]는 이 동맹을 성립시키기 위해 쓰시마번의 일부 무사들, 특히 무단 「출부(出府)」를 단행하였던 무사들을 '양이의 지사(志士)'로 표현할 필요가 있었다. 그리고 그 이전의 쓰시마번의 친막부 - 개항 - 이봉운동 이 이들을 단절시킬 필요가 있었다. 따라서 카쓰라[桂小五郞]의 보고서에는 보수파와 양이파의 대립으로 파악되는 구절이 나타나며, 이것이 현재까지의 인식의 근거가 되어 온 것이다. 카쓰라는 정치가였음을 확인하게 된다.

금후의 문제는 쓰시마번 「양이정권」이 조슈번의 주선을 얻어서 막부로부터 원조를 얻는 과정과 해체 과정을 막부 말기 정치사의 변화 속에서 검토하고 자리매김하는 것이다. 이는 4장에서 검토하도록 하자.

(「對馬藩攘夷政權成立について」, 1992년 8월, 『北大史學』 32호, 北大史學會)

제4장 막부말기의 「정한론(征韓論)」과 쓰시마

I. 머리말

본 장에서의 과제는 첫째, 쓰시마번의 양이정권에 의해 전개된 원조요구 운동에 대해 검토하고, 이 운동을 막부 말기의 역사 속에 자리매김하는 것. 둘째, 이른바 막부 말기의 정한론을 재검토하여 쓰시마번의 원조 요구 운동의 전개가 일본인의 조선관에 미친 영향을 한일관계사에 자리매김 하고자 하는 것을 목적으로 하고자 한다.

막부 말기의 이른바 '정한론'[1])에 관한 연구는 적다고는 할 수 없다[2]). 그

---

1) 필자는 정한론이라는 표현을 사용하는 것 자체가 잘못이라는 인식을 갖고 있다. 그러나 기존의 연구를 비판하기 위해 본고에서는 「」를 사용하여 논리를 전개하고자 한다.
2) 주요한 논문은 다음과 같다.
   蘋州漁夫, 「幕末の征韓論と對州」(『日本人』96, 1899년)
   山口宗之, 「幕末征韓論の背景」(『日本歷史』155, 1961년)
   毛利豊, 「幕末期 大島·勝·山田らの合作『征韓論』の形成」(『駒澤史學』27호, 1980년)
   松浦玲, 「幕末期の對朝鮮論 - 同盟論と征韓論 -」(『歷史公論』57, 1980년)
   仲尾宏, 「幕末征韓論の系譜」(『京都精華大學紀要·木野評論』16, 1985년) 및 「同盟論から征韓論へ ― 元治元年『對馬建白書』を中心として」(『京都藝術短期大學紀要·瓜生』9, 1986년)
   上野隆生, 「幕末維新期の朝鮮政策と對馬藩」(『年報日本硏究7』近代日本硏究會,山川出版社,1985년)
   荒野泰典, 「明治維新期の日朝外交體制『一元化』問題」(『近世日本と東アジア』1988년, 東大出版社)
   木村直也, 「文久三年對馬藩援助要求運動について ― 日朝外交體制の矛盾と朝鮮進出論 -」(『日本前近代の國家と對外關係』1987년, 吉川弘文館) 및 「幕末の日朝關係と征韓論」(『歷史評論』516호, 1993년)

러나, 많은 오해를 가지고 있다고 파악된다. 그 이유는 쓰시마번의 양이정권에 관한 종래의 연구가, 양이정권의 성립이유나 활동(원조요구운동)에 대한 검토가 없이, 원조 요구 운동의 논리로 제시되었던 「정한론」 연구에서 먼저 시작되었다는 것과, 메이지 유신의 승리자인 조슈[長州]의 입장에서 평가되어 온 것3) 등 두 가지 면에서 유래된다고 비판할 수 있다.

본 장에서는 앞 장에서의 연구를 토대로 하여 쓰시마번의 정치, 경제적 상황을 기술하고, 원조 요구 운동과 그것에 따른 이른바 「정한론」에 대하여 재검토하고자 한다.

II. 쓰시마번 양이정권의 활동

1. 쓰시마 번주의 은거와 세자의 가독 상속

1862년 9월 말, 조슈[長州]와 동맹을 맺음으로 쓰시마번의 권력은 에도[江戸]로 집중되었다. 이에 따라서 쓰시마번에서는 번주(宗義和)가 병을 칭하여 은퇴를 결정하고 세자(善之允)가 가독을 상속하겠다고 막부에 요청하게 된다. 그런데, 당시 번주(宗義和)는 아직 은거를 결정할 나이도 아니었으며, 병이 심각하지도 않았다. 즉, 동맹 직전인 윤8월 22일의 「在國每日記」에는

현명철, 「일본 막부 말기의 대마도와 소위 '정한론'에 대하여」(『한일관계사연구』2집, 1994년, 한일관계사학회) 및 「對馬藩攘夷政權と援助要求運動」(『幕末維新の社會と思想』, 田中彰 편, 1999년)등이 있다.
3) 이러한 경향은 쓰시마번의 역사에 한정된 것은 아니다. 다나카아키라(田中 彰)씨는 「생각해 보면 지금까지의 幕末史는 지나치게 倒幕 세력인 서남 웅번을 중심으로 쓰여져왔다」(「幕末史の 再檢討」『明治維新』1994년 4월, 吉川弘文館 8쪽)고 지적하고 있다.

주군에 관한 일로, 요즘 隱居하고 싶다는 뜻을 말씀하시더니, 드디어 결정을 하시고, 다음과 같이지시하셨다.

지난번, 무사들이 건의한 내용 중에, 50인이 에도 경비를 이유로 출부하겠노라고 하였었는데, 당시는 교토[京都]를 비롯하여 불온한 움직임이 있었고, 막부에 대하여 불순한 일들이 들려오고 있었다. 더욱이 우리 가문은 대대로 중요한 임무를 지닌 가문이며, 게다가 大願(이봉 원서)을 막부에 제출하고 기다리는 중이었으므로, (중략)이들의 요구를 물리쳤었다. 그런데 이들이 내 지시를 듣지 않고 사사로이 출범하여 여기에 이르게 되었다. 이는 막부에 대해서는 물론, 조상에 대해서도 죄송스러운 일이며, 다음에는 신하들에 대해서도 면목이 없는 일이다. 필경 내가 정치를 잘못하여 일어난 일이니, 그냥 둘 수는 없는 일이다. 그러므로 지난번에 이야기 한 바대로 은거(隱居)를 결정하니, 이를 에도 가로들에게 알려서 막부에 하루 속히 출원하도록 하라[4]

라고 되어있다. 번주의 은거 이유가 명확하게 나타나는 것이다. 번주와 무사들의 정치적 지향점의 차이가 나타난다. 막부 노중의 허락으로 원서를 제출하였고 막부의 실지(實地)조사까지 행하였던 「이봉청원(移封請願)」에 대한 막부의 감감 무소식으로 말미암아, 번 내외에서 반막부 여론이 강해져서 이에 저항하였던 번주(宗義和)를 은거로 몰아낸 것이었다. 한편으로는 자신의 은거와 번사(藩士)들의 반발을 내걸어 이봉청원을 관철하고자 하는 마지막 카드였다고도 볼 수 있다. 이는 에도 번저(藩邸)의 활동을 통해 이해할 수 있다.

번주 宗義和는 이 결정을 지시한 이후, 산소참배와 예불을 계속하고 있으며, 육체적으로는 건강한 모습을 읽을 수 있다[5].

한편, 앞장에서 언급하였듯이 이에 앞서서 윤8월 13일에 이미 조슈[長州]의 카쓰라[桂小五郎]는 쓰시마 번주의 은거와 세자의 가독 상속을 기정사

---

4) 「在國每日記」윤8월 23일조 (동경대학 사료번호 宗1-886)
5) 위의 사료 (사료번호 宗1-887, 888)

실화하고 있었다. 따라서 번주의 은거에 대해 에도 쓰시마번 가로들 및 무사들과 의견이 일치되지는 않았다. 특히 세자와 일부 가로들은 藩主의 은거에 대해 강하게 반발하였다. 이 때 쓰시마 무사들 사이에서는 내홍(內訌)의 가능성도 존재하였던 것 같다. 당시 조슈와의 연락을 담당하고 있었던 오시마[大島友之允]를 비롯하여 히구치[樋口謙之亮], 타다[多田莊藏] 등이 빨리 가독 상속이 이루어지지 않는다면 내홍이 위험성이 있다고 가독 상속 문제에 매달리는 것을 보면 확인할 수 있겠다. 번주의 의향서가 에도에 도착한 이후, 몇 차례의 토론이 에도 번저(藩邸)에서 행해지고, 이 토론에 조슈[長州]가 강력하게 개입하면서, 결국 10월 29일에는 에도 가로들의 의견이 막부에 번주의 의향서를 제출하기로 일치를 보게 되었다. 위의 번주의 은거 의향서는 11월 1일, 막부에 제출되었다.

쓰시마번이 번주의 은거 의향서를 제출한 후, 조슈의 주선은 적극성을 띠게 된다. 11월 2일, 조슈번 교토 번저에서 온 가로(家老) 마스다에몬스케[益田右衛門介=益田彈正]의 서한을 보면,

    (전략) 젠노조[善之允]님이 어리다고는 하나 이미 16세에 달하여, 대마 번주(宗義和)가 물러나 쉬더라도 국가의 중요한 일에 지시를 내릴 수 있으니, 對馬藩의 정세는 어느 쪽으로 결착이 맺어지더라도 별 문제가 없을 것이다. 그렇다면 결정된 대로 일을 추진하는 것이 당연하다. (중략). 에도에서는 (조슈의) 세자가 젠노조[善之允]님을 설득하여 이해시키는 수 밖에 없다. 이 사실을 와카도노사마[若殿樣(조슈세자)]에게 잘 말씀드리도록 하라[6].

이는, 쓰시마번 세자가 부자간의 정에 얽매여 부친의 은거를 반대하는 것에 대한 조슈[長州]의 공식 입장을 밝히고 조슈 세자로 하여금 설득을 요청한 것이다.

---

6) 「益田彈正の書翰」(「對州藩關係始末草稿」『維新史料稿本(마이크로필름)』에서 인용 - 이하 『稿本』으로 약칭함)

카쓰라[桂小五郞]와 스후[周布政之助]의 활약으로 인하여 조슈[長州]의 번주 모리다카치카[毛利敬親]도 쓰시마번의 내정에 깊이 관여하게 되었음을 이 서한에서 알 수 있다.

7일, 스후[周布]는 본격적으로 쓰시마 세자(善之允)에게 가독을 빨리 잇는 것이 중요하다는 것을 설득하였다[7]. 한편, 다이묘가 가독을 상속할 때에는 전다이묘와 새로운 다이묘가 에도에서 식을 거행하든지, 아니면 막부의 관리가 다이묘의 영지를 방문하여 확인하는 것이 통례였다. 에도의 쓰시마 번저에서는 막부 감찰이 영지를 방문하는 것을 막기 위해 노력하였다. 이는 단순히 경제적 비용만이 문제는 아니었다. 즉, 만약 막부의 감찰이 대마도에 내려가게 되면, 쓰시마번 무사들의 무단 출부가 문제가 되어 쓰시마번 내분(御家騷動)으로 비추어져서 막부의 개입을 초래하게 되고, 문제가 복잡해질 가능성이 있었던 것이다. 이를 조슈도 잘 알고 있었다. 따라서 스후[周布]는 당시 정사총재직(政事總裁職)에 있었던 마츠다이라요시나가[松平慶永]를 찾아가 감찰 파견을 중지해 줄 것을 요청하였다[8]. 10일에는 쓰시마번 가로 무라오카오미[村岡近江]와 후루가와치에몬[古川治右衛門]이 막부에 나아가 감찰 파견을 중지하고 바로 번주 습직을 허락해 줄 것을 막부의 노중에게 탄원하였다[9]. 11일에도 스후[周布]가 다시금 막부 정사총재직 요시나가[松平慶永]를 찾아가 탄원을 한 결과, 구례가 있다면 검토하겠노라는 대답을 받아 내었고, 12월 10일에는 직접 조슈 번주 모리다카치카[毛利敬親]의 이름으로 탄원서가 제출된다[10]. 이는 막부가 허락하였기 때문에 제출한 것이다. 다음날 12월 11일, 막부의 감찰 파견은 정지되었음이 막부의 이름으로 포고되었으며, 1862년 12월 25일, 쓰시마번 세자(善之允)는 소요시아키라[宗義達]라는 이름으로 새로운 번주의 자리에 오르게 되었다[11].

7) 「對州藩關係始末草稿」, 「江戶每日記」 11월 7일조
8) 「對州藩關係始末草稿」 위의 사료
9) 「江戶每日記」 11월 10일조
10) 「對州藩關係始末草稿」 위의 사료

이러한 과정을 겪어서 쓰시마번의 양이정권은 안정을 찾았으며, 당시 조슈[長州]와의 연락책이었던 쓰시마의 세 무사(大島、樋口、多田) 특히 오시모도모노죠[大島友之允]는 쓰시마번의 중요한 인물로 등장하게 되었다. 이제 이들은 어떠한 논리와 방법으로 쓰시마번의 경제 문제를 해결하고자 할 것인가. 다음 절을 바꾸어서 살펴보도록 하자.

2. 원조 요구 운동의 전개

새로운 번주의 지배 하에서 '존왕양이'를 표방하고 조슈와 동맹을 맺은 쓰시마번은 조슈의 적극적인 협력과 조정의 권위를 이용하여 막부로부터의 원조를 얻어내려는 전략을 구사하였다. 이것이 1863년에 벌어진 쓰시마번 원조요구 운동이다. 여기에 대해 살펴보자.

1863년에 들어서, 쓰시마번은 막부 요로에 원조 요구를 활발히 진행시킴과 더불어 조정의 주선을 획득하고자 하였다. 그 결과 1월 3일, 조정은 양이 단행의 칙서와 대마 무사들의 요청에 대한 회답서를 쓰시마번[對馬藩]에 내렸다[12]. 조정이 쓰시마번에 칙서와 회답서를 내렸다는 것은 이제 쓰시마번의 문제는 일본 전체의 문제로서 해결되어야 한다는 조정의 해석을 의미하였다. 따라서 이 칙서를 받은 대마무사들과 조슈의 무사들 및 양이파 무사들은 쓰시마번에 대한 원조 요구는 막부에 대한 탄원이 아니라 당연한 권리인 것처럼 여러 무사들에서 설명하고 있으며, 그 근거로서 칙서를 보여 주었다.

그들이 조정으로 부터 받은 칙서를 공표할 수 있었던 것은, 이미 1862년 11월에 막부가 양이의 조칙을 받아들여, 양이를 단행하겠노라고 공표하였기 때문이었다. 쓰시마는 당시 막부의 눈을 의식하지 않고 공공연히 활동하

---

11) 「對州藩關係始末草稿」위의 사료 및 「江戶每日記」, 「樞密備忘」등, (『稿本』)
12) 「對州藩關係始末草稿」위의 사료

고 있었다. 양이 전쟁을 외치는 것은 당시로서는 애국적인 모습으로 비추어
졌다고 보이며 양이는 일반적인 여론이었다.

쓰시마번의 당면 문제는 당연히 경제적 파탄이었다. 막부가 양이를 선언
한 지금, 영국과 러시아가 대마도를 노리고 있다는 가설 하에 막부가 개항
정책을 중지하게 될 것이며, 대마도는 서양 열강의 최초의 공격 목표가 된
다는 「대마위기(對馬危機)」는 막부의 원조가 필요함을 주장하는 근거가 되
었다. 또 대마도가 점령된다면, 이는 쓰시마번의 문제일 뿐만 아니라 일본
전체의 치욕이며 막부가 미리 이를 막기 위한 원조를 행하지 않으면 안 된
다는 논리였다.

당시 대마도의 무사들이 각 다이묘들의 번저(藩邸)에 그리고 조정에 제
출한 「번정설명서(藩政說明書)」는 조금씩 차이가 있지만 대동소이하다. 이
하 1월 25일, 막부에 제출한 것을 검토하여 그들의 역사 의식등을 살펴보고
자 한다.

> (A) 대마도는 절해고도(絶海孤島)이며 적충 요지이므로, 옛날부터 성루·
> 봉화 등의 시설이 있었으며, 군량미도 히젠, 히고, 치쿠젠, 치쿠고, 호
> 젠, 호고의 6주로 부터 들어와 엄중히 경비되었음이 역사에 나타납니
> 다. 그 후, 대마수의 선조가 대마도의 지두직에 임명13)되어 히젠, 치
> 쿠젠, 호젠의 3주에 20여만석을 영지로 소유하여 번병의 수비가 매우
> 잘 정비되었습니다. 분에이[文永]-오에이[應永]년14) 사이에는 외적의
> 침입이 10여 차례 있었으나, 한 번도 패배한 적이 없었으니, 전에는
> 방비가 완벽했다고 말할 수 있겠습니다15). 그러나 그 후의 병란으로

---

13) 1246년 宗重尙이 阿比留씨 토벌을 위해 대마도를 정벌하여 지두직에 임명된 것을
말한다.
14) 1264-1427까지가 이에 해당됨
15) 과장된 말이다. 그 동안에 몽고군의 침입이 있었고, 고려와 그후에는 조선의 대마
도 정벌이 있었던 것을 상기하면, 대마도는 몇차례 정복당한 경험이 있다고 해야
될 것이기 때문이다.

히젠·치쿠젠·호젠의 영지를 다 **빼앗기고** 휘하의 부하들은 남김없이 섬 안으로 **쫓겨** 들어 왔습니다[16]. 그로부터 대마도의 어려움이 시작된 것으로 이는 하루아침의 문제가 아니라 수백 년의 (역사를 갖는) 문제입니다.

(B) 위와 같은 문제가 오늘날까지 밀려 내려왔으니, 원래 대마도는 불모지나 다름없는 토지여서 대마도의 수확량은 삼분의 일의 인구를 먹이기에도 모자라고, 겨우 히젠, 치쿠젠에 있는 토지에서 나오는 약간의 수납미(收納米)와 어로수입 그리고 조선무역의 이윤을 쌀로 바꾸어 해결하니, 이는 어쩔 수 없이 식량을 다른 나라에서 구걸하여 먹는 형편이어서 오랫동안의 불민함을 참아야 하였습니다[17]. 게다가 지금은 시대가 변하여(막부가 개항정책을 포기하고 양이 단행을 선포함) 조선 무역의 길도 단절된 것이나 마찬가지가 되어버렸으며, 그 위에 쌀값이 폭등하여 쌀값이 예전의 몇 배나 되었으니, 어쩔 수 없이 빚을 내어서 쌀을 사고, 전체의 경제는 뒷날의 폐해를 생각하지도 못하고 발등의 불을 끄기에만 급급하다보니 공금이나 차입금이 80만 냥에 이르고, 그 가운데에는 영지의 수확물을 이미 담보로 빌린 것도 적지 않으니, 오늘날 가신들에게 줄 봉록도 모자랄 만큼 재정 압박이 닥쳐왔습니다(중략).

(C) 재작년이후, 외국 선박의 잦은 정박으로 쓰시마의 피해는 심각히 노출되었고, 쓰시마번은 국위를 손상하지 않도록 영단과 지휘를 바라는 건백서를 몇 차례나 막부에 올렸으며[18], 그리하여 막부의 관리들이 내려와 대마도내를 남김없이 검지(檢地), 측량(測量), 조사(調査)하였습니다[19]만, 그 후 지금까지 아무런 대답도 없습니다[20]. 게다가 오늘

---

16) 宗씨는 少貳씨와 가까웠으나 1392년 大內씨의 세력이 큐슈에 미치게 됨으로 영지를 잃었으며, 그 이후, 수차례 이를 회복하고자 군대를 보내어 少貳씨를 원조하여 싸움을 벌이나, 결국 1535년 大內씨의 토벌에 의해 14대 宗將盛이 패사하여 다시는 큐슈에 병사를 내보내지 못하였음을 말하는 것이다.

17) 참고로 1862년의 대마도의 수입 상황을 보면, 영지수입(12,000석 정도) 조선무역(47,000석) 막부에서 받는 수당(12,000량 - 당시로는 6,000석), 합계 65,000석 정도였다.

18) 이는 막부에 서구 열강과 전쟁이 가능할 정도의 군비 원조를 해 주던가 아니면 개항을 전제로 땅을 바꾸어 달라는 내용이었다. 여기에 대해서는 제1장을 참조

날 양이를 단행한다는 칙정이 일본 전체에 포고되었습니다. 더욱이 조정에서도 쓰시마번은 일본 제일의 요지이므로 (잘 지키도록) 인국 친번의 인연이 있는 조슈(長州)에게도 지시를 해 주셨으며, 또 쓰시마의 새 번주에게도 칙정을 내려주셨습니다. 그렇다면 이 기회에 쓰시마번이 속히 전쟁 준비를 갖출 수 있게 해서 국위를 더럽히지 않도록 해 주시기 바랍니다. (중략)

(D) 전쟁이 일어날 경우 그 처음으로 피해를 입는 것은 쓰시마일 것이며, 우리는 전원 순국할 각오입니다. 그러나 황국을 위해 생각해 볼 때, 쓰시마번만의 미력으로는 승산이 전혀 없으며, 쓰시마번이 점령되어 황국의 인후를 누르고 조선의 식량을 바탕으로 내지를 석권하려고 하게 되면, 이는 일본의 국위에도 관계되는 큰일이라 생각됩니다. 지금이라도 조선과의 해로가 막히게 되면 쓰시마번은 바로 기아에 빠질 것이 필연적이니, 쓰시마번의 명맥이 실로 아침이슬과 같아 유감천만입니다. 그런데도 쓰시마번은 지금까지 조선 무역에만 의존해 와서 무역의 성쇠에 의해 평소에도 견디기 어려운 국세(國勢)이니, 부디 대마도의 고금의 상황을 잘 살펴주셔서 신주(神州-일본)의 대의와 명예를 세우시고 황은이 미치는 곳이라면 촌지라도 외적에게 빼앗겨 경멸을 받지 않도록 위덕이 있는 지도를 바랍니다. 지금 쓰시마번의 지위를 가지고 실지로 경비할 수 있는 책략을 일본의 공론으로 삼아주셔서 외국과의 무역의 이익을 기다리지 않고 병식을 준비하고 어디까지나 국위를 더럽히지 말라는 칙정을 준봉할 수 있도록 영명한 지휘를 엎드려 바라는 바입니다. 이상[21]

---

19) 이는 막부 外國奉行 野野山兼寬과 大目付 溝口八十五郎을 중심으로 하는 이봉에 대한 조사단 일행이 대마도에 내려온 것을 말한다.

20) 野野山 일행은 쓰시마번을 철저히 조사한 뒤 일부(2, 3개 촌)만 수용하는 것이 타당하다고 하여 전체 수용에는 신중론을 피력하였고 막부의 회의에서도 다른 外國奉行들이 이에 동조하였다. 그런데 국제적인 흐름이 대마도의 개항에 관심이 없어짐에 따라서 결국 막부에서는 일부 지역의 移封도 할 필요가 없게 되었던 사정이 있었다.

21) 「江戸毎日記」1863년 1월 25일조

위의 사료를 검토해 보면 우선 (A)에서는 쓰시마번 무사들이 자신들의 문제가 1535년의 대마 입도에서부터 찾고 있음이 특이하다. 이러한 인식이 있었기 때문에 1861년 이봉운동 시에 "수백 년의 원망(願望)을 달성할 수 있는 시운" 이라며 러시아 함대의 정박을 이용하였다. (C)에서는 원조요구 운동이 이봉운동의 연속임을 이해할 수 있다. 종래의 연구에서는 이봉운동과 양이정권을 서로 대립적인 것으로 파악하여왔으나, 쓰시마번의 경제혼란을 타개하고자 한 점에서 본다면 연속된 것이었다. (D)에서는 원조요구의 논리를 살펴볼 수가 있다. 즉 막부가 양이를 약속한 이상 대마도가 최전선이 될 것이니, 조정의 칙을 받들어 대마도의 방비를 엄히 할 수 있는 원조를 해 달라는 것이다. 그렇다면 이는 옛날 이봉운동 시에, 개항을 할 경우에는 전토 이봉을, 그렇지 않을 경우에는 서양 열강과 전쟁이 가능할 만큼의 군비원조를 요구하였던 것과 내용이 같다. 다만 중점이 개항에서 양이로 바뀌었다는 점이 지적될 수 있겠다.

위의 사료에서는 아직 「정한론」이라고 말할 만한 것은 없다. 다만, 대마도가 점령되어서 조선의 식량을 바탕으로 서양 세력이 일본을 침략한다는 가정이 원조 요구 운동의 근거가 되고 있다는 점이 주목될 뿐이다. 요컨대, 조선이 서양 세력에게 간단히 침략당할 것이라는 가정이 주목된다. 사실 여부를 떠나 원조요구의 근거로 제시된 이러한 인식이 조선에 대한 전문가를 자처하는 쓰시마번의 무사들에 의해 제기되었다는 사실이 한일 관계의 변화에 어떠한 의미를 갖게 될 것인가가 주목된다. 또한 조선 무역에 의지하지 않고서도 대마도의 경제가 성립될 수 있도록 해 달라는 요청도 주목된다.

아마도 이러한 논리는 막부의 입장에서는 한일 양국의 변경이었던 대마도가 막부에 충성을 맹세하는 의미로, 또 외교 일원화에 대한 기본 조건이 합의된 것으로 받아들여졌을 것이다. 반면 반막부 측에서는 변경인 쓰시마번이 천황을 중심으로 하는 새로운 질서에 포함된 것으로 이해되었을 것이었다.

그런데, 쓰시마번의 무사들이 요구하였던 원조 요구는 당시의 상식으로 타당한 것이었을까. 쓰시마번의 원조 요구의 논리에는 기본적으로 두 가지 약점이 있었다. 첫째는 막부가 쇄항 양이를 단행하였을 때, 과연 대마도가 가장 위험한 곳이 될 것인가에 모두가 동의할 수 있을까 하는 점이다. 전략적 관점에서 볼 때 에도나 오사카, 혹은 기존의 개항장(가나가와[神奈川], 하코다테[函館], 나가사키[長崎])이 당연 우선 공격 목표가 되지 않을까. 그리고 모두 자신의 영지가 가장 위험하다고 판단하지 않았을까하는 점이다. 실제로 이런 논의가 발생하고 있었다. 또 하나는 막번 체제에서는 외압에 의한 위기가 있을 경우, 근린제번이 힘을 합하여 외적의 침입에 대처하여야 하는 전통적 정책이 있었다. 따라서 이러한 논리로 원조를 요구하는 것은 쓰시마번의 문제가 근린제번 특히 조슈[長州]의 부담으로 넘어갈 우려가 있었던 것이다.

따라서 쓰시마번의 구체적 원조 요구를 둘러싸고 갈등이 생기는 것은 피할 수 없었다. 그리고 이러한 갈등을 통하여 쓰시마번의 원조 요구의 논리도 조금씩 변화하여 간다. 절을 바꾸어 이를 검토하여 보자.

3. 쓰시마번 원조를 둘러싼 갈등과 논리의 변화

1863년 1월, 쓰시마번이 조정으로부터의 칙을 얻은 것은 이미 언급하였다. 쓰시마번 원조를 결정하게 되는 과정에서 칙서는 중요한 역할을 하였다. 즉, 쓰시마번을 원조하는 것은 공론이며, 막부가 거부할 수 없는 문제로 발전하였던 것이다.

이처럼 여론이 비등하자, 막부로서도 뭔가의 대책을 내놓지 않을 수 없었다. 점차 쓰시마번 원조 문제는 막부와 반막부 세력 사이의 대립에 새로운 논점으로 부상하였다. 이 문제는 막부 장군이 상경하여 천황을 알현하였을 때 그 정점을 맞이한다.

막부는 3월 15일, 가라쓰[唐津]·히라도[平戶]·히라도신덴[平戶新田]의 세
번에 쓰시마에 유사시 원병과 식량원조를 명령하였다. 유사시에는 조슈와
쓰시마번과 협력하여 방어를 하도록 한 것이다22). 이는 전통적인 해결방법
이었다고 보인다. 그러나 이러한 해결책을 얻기 위해 쓰시마 무사들이 번주
를 교체하고 조슈[長州]와 동맹을 맺은 것은 아니었다. 그들은 더 큰 원조를
기대하고 있었다. 이러한 조치로 쓰시마번의 문제가 해결되지 못할 상황이
었기 때문이다. 쓰시마번의 부채는 이미 80만량을 넘어서고 있었으며 이는
당시 물가로는 40만석에 해당되며, 당시로서는 쓰시마번 예산의 6배에 달하
였다. 따라서 쓰시마번은 조슈[長州]를 의지하여 근본적인 해결책을 주선해
달라고 부단히 요청하였다.

3월 20일, 조슈는 쓰시마를 대신하여 막부에 건백서를 제출하였다. 이 건
백서는 쓰시마번의 요구를 대변한 것이었으며, 또한 그 부담이 조슈[長州]
에 돌아오지 않도록 강한 의지를 표현한 것이기도 하였다. 이 건백서를 간
단히 요약해 보면

(1) 쓰시마번은 평상시에도 곤궁한 경제 구조를 가지고 있다는 것.
(2) 작년에 양이의 칙이 내려져서 대마도가 적충의 요지가 되었다는 것.
(3) 그럼에도 불구하고 군비를 갖추지 못하고 있으며, 식량을 조선에서 얻
어 먹는 상황이니 불안하다는 것.
(4) 사쓰마, 초슈, 토사의 세 번에 쓰시마번을 원조하도록 주선하라는 조
정의 회신이 있었다는 것.
(5) 오늘날 막부로부터 마쓰라 양가(平戶, 平戶新田)와 오가사하라가(唐
津)에 쓰시마번에 명령이 있어서 원병·식량 등에 대해서 조슈와 상담
하여 대마도의 방어를 엄중히 하라는 명령이 있었다는 것.
(6) 그러나 조슈는 해안이 100리나 되며, 특히 시모노세키는 인후에 해당
되는 요지여서 상당한 군비가 필요하므로 쓰시마번을 원조할 여력이

22) 『周布政之助伝』전게서 437-438쪽

없으며, 이는 다른 번도 비슷한 상황이므로 쓰시마번에 병식을 원조하는 것은 무리라는 것.

(7) 따라서 규슈[九州]의 막부 영지에서 쓰시마번에 수당으로 매년 10만석을 주어야만 쓰시마번은 자립할 수 있으며, 식량을 외국에서 얻어먹는 치욕도 면할 수 있다는 것.

(8) 10만석의 쌀이라는 것은 식료만을 의미하는 것이며, 그 외에도 군함. 대소총 등무기를 쓰시마번에 빌려주어야 한다는 것.

(9) 외한이 닥쳐와 교토[京都], 에도[江戶] 등의 경비에도 어려움이 많을 터이지만, 외적이 대마도를 점령하는 경우에는 황국의 치욕이므로 부득이 건백서를 제출한다는 것[23].

여기에서 무엇보다도 주목되는 것은, (7)(8)의 원조의 구체적 내용이 공식문서에서 처음으로 나온다는 것이다. 쓰시마번이 요구하였던 것은, 외적이 침략시에 도와달라는 것이 아니라, 쓰시마번의 경제 구조 자체를 뒤엎는 것이었음을 알게 해 준다. 또한 (6)과 (9)를 보면, 쓰시마번만이 위기에 처해있다고 생각하고 있지 않다는 것도 알 수 있다. 전쟁이 벌어지게 되면 조슈로서는 자기 영토의 해안 특히 시모노세키가 중요한 요지일 터이며, 막부로서는 교토, 에도, 오사카 등이나 기존 개항장이 중요한 경비 지역이라는 것은 당시 일본의 지도층도 충분히 인식하고 있었음이 이 사료에서 확인된다. 따라서 쓰시마번의 위기만을 들어서 초대형 원조를 요구하는 것은 균형이 잡히지 않는 주장임을 알 수 있다.

그런데 이미 조정으로부터의 칙은 내려졌고, 쓰시마번에 대한 원조는 공론이 되어 버렸다. 문제는 점차 정치적 대결로 복잡하게 전개되어 간다.

이러한 운동에 대하여 막부는 3월 말일, 쓰시마번에 대하여 금 5,000냥을 하사하여 이 문제를 해결하고자 하였다[24]. 이는 쓰시마번 예산의 6%에 해

---

23) 「長州家建白書」(『大島家文書』) 전게사료, 및 「對州藩關係始末草稿」전게사료, 「京都留守居日記」등.
24) 「御拜領記錄」(『大島家文書』) 전게사료, 및 「每日記」4월 1일조

당하는 것으로 쓰시마번의 경제 문제를 해결하기에는 미미한 것이었으나, 결코 작은 액수는 아니었다. 또한 막부는 조슈로 하여금 효오고 경비를 면제해 주고 그 대신에 쓰시마번을 원조하도록 지시함으로써 쓰시마 원조 요구 운동에 종지부를 찍고자 하였다[25].

그러나 쓰시마 무사들과 조슈는 여기에 대해 강력히 반발하였다. 쓰시마번의 무사들은 "이 정도로는 실비를 갖출 수 없으며 안도에 이를 길이 없다"[26] 고 실망하였다. 조슈도 막부의 명령을 거부하고 쓰시마번에의 원조는 어디까지나 막부가 행하여야 한다고 주장하였다. 그들은 대마도의 실비는 조정의 칙에 의한 것이며 막부가 근본적인 대책을 수립하지 않는다면 책임을 묻지 않을 수 없다고 막부를 공격하였다. 당시 막부의 권위가 어디까지 떨어져 있었는지 실감케 해준다. 더욱이 4월 3일, 조슈 세자 사다히로(定廣)가 막부 장군에게 휴가 신고를 위한 알현을 하게 되었을 때에는 쓰시마번 신영주(宗義達)를 대동하여 장군과 대면하게 하였다. 종의달은 이에 따라서 막부의 허가 없이 일방적인 알현을 달성하여 쓰시마번의 원조를 강요하였던 것이다. 이는 쓰시마번의 기록에도

　　이처럼 장군가에 일방적으로 찾아가 우리 번의 문제를 말씀드린 것은, 우리 번은 물론 다른 번(他藩)에서도 그 예가 없는 일이었다. 참으로 시절이 그러하다고는 하나 특별한 일이었다"[27]

고 기록되어 있듯이 평소의 막번체제에서는 생각할 수 없는 일이었다. 막번체제 붕괴기의 특징이 잘 나타난다. 이 때에 조슈 세자(사다히로)는 계획대로 쓰시마번 원조에 대한 막부의 지시를 거절하고, 막부 스스로 쓰시마번에

---

25) 「御拜領記錄」, 「對州關係始末草稿」
26) 「每日記」4월 1일조
27) 「在國每日記」1863년 4월 24일조. 右樣將軍家へ不時御目見, 自國之儀等被仰上御例, 此方樣は素, 他方樣にも有之間敷, 實御時節柄とは乍申, 無比類御事

십만석을 지급해야 하며, 그 외에도 군함, 무기를 원조하여야 한다고 주장하였다. 물론 여기에는 조정의 양이 실행의 칙서를 근거로 하였음은 말할 나위가 없다. 당시 長州는 공무합체의 주장을 물리치고 막부와 대항하려고 하였던 시기였음을 이해할 필요가 있다[28]. 그들은 막부의 힘을 약화시키려고 노력하였다. 따라서 長州의 쓰시마번에 대한 원조 주선의 약속은 순수한 국방의 면에서 이루어진 것이 아니라 막부 공격의 측면이 강하였다고 생각할 수 있다. 따라서 쓰시마번은 원조 요구 운동을 조슈[長州]의 주선을 통해 달성하려고 하였던 것이지만, 이는 역으로 조슈의 막부 공격 정책에 이용당하였다는 측면도 무시할 수 없다[29].

막부는 정면 대응을 삼갔다. 막부는 내부의 거센 반발에도 불구하고 쓰시마에 대해 10만석이라는 원조를 결정하게 된다. 이 문제에 대해서는 다음 장에서 논술하기로 한다. 막부가 쓰시마번의 원조 요구 운동을 무시할 수 없었던 것은 조정의 칙이 있었기 때문이기도 하였지만 조선과의 관계에서 쓰시마번의 비중을 고려하였기 때문이었다. 막부는 막부 나름대로 조선과의 새로운 외교 관계를 맺어야 할 필요성을 절감하고 있었으며, 이를 위해서는 대마도 처리가 필요하다고 인식하고 있었다.

이상, 쓰시마 원조를 둘러싼 쓰시마번과 조슈[長州], 그리고 막부의 입장과 전략을 검토해 보았다. 이 상황은 에도 막부 말기의 막부와 번의 이해 대립의 극단적인 모습일 것이라고 생각된다. 그렇다면 장을 바꾸어서 이른바 「정한론원서(征韓論願書)」라고 불리는 원조 요구서를 검토해 보도록 하자.

---

28) 여기에 대해서는 西澤直子「長州藩攘夷派の形成及び擡頭に關する一考察」(『史學』57권 4호, 三田史學會)를 참고 바란다.

29) 그 실례로서 長州는 스스로는 쓰시마번 원조에 극히 소극적이다. 1862년 2월 쓰시마번이 사자 佐伯佐를 長州에 파견하여 쓰시마번의 어려움을 호소하였을 때에 長州는 2,000냥 이상은 빌려줄 수 없다고 강경하게 거절하였다. 그 후에도 長州는 주선은 하지만 돈은 일체 지출하고 있지 않으며, 그 부담이 자기에 돌아 올 우려가 있는 것에는 강경하게 거부하고 있다.

Ⅲ. 쓰시마번의 원조 획득과 이른바 「정한론 원서」

앞에서 검토한 바와 같이 쓰시마번의 원조 요구 운동은 조정과 양이파 제번(諸藩), 그리고 일부 막부 관리의 지지를 획득한 형태에서 행하여졌다. 반면, 대다수 막부 관리들은 쓰시마번에 대한 원조 요구가 부당하며 이것이 관례가 되어서는 곤란한 문제가 계속 일어날 것이라고 반대의 소리도 높았다.

논쟁이 치열하게 전개되는 속에서 4월 20일, 막부 노중 이타쿠라카츠기요[板倉勝靜]는 쓰시마번에 대한 원조요구를 수용하고, 「조선국 체정담색(朝鮮國體情探索)」의 내명을 쓰시마번에 내렸다. 이는 당시, 쓰시마번에 대한 원조가 불가피한 상태에서 조선과의 외교·무역을 직접 장악하고자 하는 의도를 나타낸 것이며, 쓰시마번 원조를 반대하는 사람들을 설득하기 위한 명분이었다고 보인다. 이 내명은 2년 전의 노중 안도노부마사[安藤信正]가 이봉을 허락하는 내허를 내렸던 것과 일맥상통하는 것이었다[30]. 즉 원조의 명분으로 삼은 것이었다.

이 내명은 원조 내허와 같은 것이었으므로, 쓰시마번의 무사들은 정식 원조요구서를 제출하게 된다. 그들은 막부의 요로에 접근하여 막부의 의도를 파악하는 한편, 다음 5월 12일, 쓰시마번 영주의 이름으로 다음과 같은 원조원서를 막부에 제출하였다.

> (A) 쓰시마번의 경비에 대하여 어려운 시절인데도 원병이나 병량 등 여러 가지로 배려를 해 주셨습니다만, 원래 병식 부족의 번이므로 홀로서는 전혀 병비를 갖추기 어려워 황국을 위해 황송하게 생각하던차에, 이번에 번주(藩主)가 조슈 세자와 함께 직접 장군께 알현하여 그동안의 사정과 원조 요구를 간청한 바, 그 요구가 타당하다는 말씀이 있으셨고, 숙고한 다음 지침을 내려 주시었기에 감사드리며 원서를 올립니다.

---

30) 여기에 대해서는 다음편을 참고 바란다.

(B) 이번에 쇄항 양이의 약속 기한이 다가와, 해방(海防)의 급무가 오로지 중요하게 되어, 쓰시마번도 우선 수당을 받았습니다만, 오늘날의 형세에 미루어 쓰시마는 요충지가 되었는데에도 아직도 방비가 충실하지 못하여 하루 한시도 마음 놓을 수 없고, 천조와 막부에 대하여 죄송스러울 따름입니다. 그중에서도 가장 불안한 것은, 조선에 외적들이 도래하여 토지를 빌리고 집을 건설하여 주둔하려고 한다는 말입니다. 그들의 야욕이 어디에 있는지는 말할 필요도 없으리라고 생각합니다. 원래 겁 많고 게으르고 약한 한인(韓人)들이 일전을 해 보지도 않고 그들에게 사역을 당하며 몇 년이 지나지 않아 전국이 그들의 지배하에 들어가리라는 것은 뻔한 일로 보입니다. 만일 이번의 양이 단행이 외적의 불만을 사게 되어 조선을 보루로 삼아 일본을 마음대로 약탈 유린하게 되면, 이는 대마의 문제가 아니라 일본 전체의 대문제입니다.

(C) 지금 일본은 양이를 결정하고 국위를 해외에 빛내어 상대열성(上代列聖)의 홍업을 부활시킬 때라고 생각됩니다. 이미 조선국 체정탐색(體情探索)의 내명을 내려 주셨으니 이는 적시의 업무요 미증유의 성거(盛擧)라 감격하고 있습니다. 늦으면 제압을 당한다고, 퇴수의 책을 버리고 진전의 세력으로 외이가 조선을 침략하기 전에 책략을 세우려면 우선 신의를 가지고 원조를 주장하면 복종할 듯 합니다. 만일 복종하지 않으면 병위를 보여서 복종시켜야 합니다. 이 때에는 임진때처럼 명분없다는 비난이 없도록 해야 합니다. 이 일은 일본 전체의 대업이므로 조정의 議論을 거쳐서 지휘해 주시면 쓰시마번은 주종일동 신명을 다할 각오입니다.

(D) 그러나 근심이 되는 것은 아시다시피, 쓰시마번이 조선국과의 통상하나로 재정이 성립되는 번이므로, 두 나라 사이의 이변이 생기면 번 전체가 생산을 잃고 기아에 빠질 것임은 말할 필요도 없습니다. 앞에서 말씀드렸듯이 처음에는 교린의 성의를 다하여 양이를 행하고 황조에 복종하도록 개유하겠으나, 불복할 경우에는 어쩔 수 없이 병위를 보여야 할 터인데, 그러기 위해서는 지금부터 그 나라와의 단교를 상정하지 않으면 안 됩니다. 쓰시마번도 통상단절을 상정하여 번의 제도 규칙을 전면 개정하지 않으면 안 되겠습니다. 이를 위해서는 조슈

세자가 건백서를 올린대로 매년 십만 석의 년조 삼만 석을 운량 수당으로 받고, 그 외에 군함·기계등도 빌려 받아야 하겠기에 원서를 올립니다. 시기에 따라 견분을 위한 관리의 하양을 원하겠고 비상시에는 조슈 및 근처 여러 번들과 상의하여 실비를 갖추어 조금이라도 황국의 허물이 되지 않도록 하며 국위를 선양하도록 노력하겠습니다. 또한 이후의 경비는 쓰시마번에게만 맡기지 마시고 군국정무 만반을 생각하여 지휘하여 주시면 저로서는 최선을 다할 것입니다. 앞으로도 부탁말씀 올리게 되리라 생각합니다. 앞에서 원한 것(3만석의 수당과 기계군함 지급)을 간청합니다.

5월 御 名[31].

이 1863년 5월의 원서와 이봉운동 당시의 원서 즉 1861년 8월의 원서[32]를 비교하여 읽어보면 흥미롭다. 우선 번주의 이름으로 원서를 제출할 때에는 이미 사전 작업이 끝나서 내허(內許)를 받은 후에 제출한다는 점을 확인할 수 있다. 따라서 원서의 내용은 막부의 의도를 반영하고 있음을 확인하고자 한다. 또한 1863년의 원조 결정에도 1861년의 내허 결정과 연관이 있다는 점이다. '외교 일원화' 즉 조선과의 무역을 직접 장악하기 위해서는 언젠가는 해결하여야 할 문제임을 인식하고 있었기 때문에 이러한 허락이 내려질 수 있었던 것이다.

이 원서를 시대 상황을 생각하면서 거듭 읽으면, 이 원서의 핵심은 (D)에 해당하는 10만석의 년조(年租)에 해당하는 매년 3만석의 수당을 달라는 것임은 말할 나위도 없다. 그런데 그 근거가 무엇일까. 여태까지 양이 단행에 따른 대마도의 위기론에서 조선의 위기론으로 그 중점이 옮겨진 것을 알 수 있다. 이를 위해 (B)와 같이 조선에 아직 서양 세력이 들어오지 않았는데도 불구하고 들어온 것처럼 말하고, 조선인들을 "겁 많고 게으르고 유약

---

31) 『大島家文書』중 「御願書寫」
32) 이봉청원 원서. 제1장 Ⅳ-3 참고

한 사람들" 이라고 표현하는 역사 왜곡이 나타난다. 그러면 왜 이러한 논리의 변화가 나타났을까. 이를 알게 해 주는 것이 바로 (C)부분이다. 여기서는 쇄국양이와 해외웅비론 이라는 모순된 두 논리가 연결되어있다. 원조 요구 운동은 쇄국양이에 따른 대마도의 위기론에서 출발하였는데, 막부의 지시는 조선국 체정탐색(體情探索)- 즉 대마도 처리를 위해 조선과의 외교 무역을 장악하기 위해 삼만석의 년조를 매년 지급한다는 것이었기 때문에 나타난 당연한 현상이라고 보인다.

한편, 기무라[木村]씨는 1863년 4월 20일, 노중 이타쿠라[板倉]가 쓰시마번에 내린 「조선국 체정탐색」 명령을 대마도 무사(특히 大島友之允)들의 조선 진출론에 대해서 막각인 이타쿠라[板倉]가 깊은 관심을 보인 것으로 이해하고 있다[33]. 그러나 사실은 그 역이라고 생각된다. 4월 20일의 단계에서 대마도는 조선 진출을 생각할 여유도 없었다. 조슈의 건백서와 같은 논리였다고 생각한다. 그들의 논리가 위 사료와 같은 논리로 변하게 되는 것은 그들이 4월 27일, 막신 카쓰카이슈[勝海舟]와 처음으로 회담을 하면서였다고 보인다. 카쓰카이슈[勝海舟] 일기를 보면, 그 때 카씌[勝海舟]가 대마도 처리와 해외진출론을 역설하였고 이때 오시마[大島友之允]가 전부 동의하였다고 되어있다[34]. 그러므로 오시마[大島友之允]는 막부의 견해를 받아들여 5월 12일의 위와 같은 원서를 작성하여 원조 요구의 논리로 삼았다고 보는 것이 자연스럽다. 그리하여 먼 훗날에 있을 해외 웅비를 위해서도 통상단절에 대비하여야 한다고 하여 가격 10만석에 어울리는 지행을 요구한 것이었다. 이것이 "막부 말기의 정한론"이라고 불리는 논의의 실체이다. '파약양이'를 주장하여 서양의 침략에 대비한다는 논리와 '퇴수의 책을 버리고 진전의 책'을 논하여 해외 웅비를 주장하는 논리가 연결되어 있는 것이다.

---

33) 木村, 앞의 논문, 716쪽
34) 「勝海舟日記」

여기서 또 한 가지 주의하고 싶은 것은, 임진난이 명분이 없는 전쟁이었다는 인식이다. 이는 明治기에 들어서서 임진왜란을 국위를 해외에 떨친 위업이었다고 높은 평가를 내린 것과 비교된다. 막부에 대해서 감히 임진왜란이나 도요토미[豊臣秀吉]를 높이 평가할 수 없었을 것임은 당연한 일이다.

결국, 막부 말기인 1863년의 소위 '정한론'이라는 것은, 쇄항양이를 배경으로 이루어진 대마도의 원조 요구 논리와 막부측의 개항-해외웅비론 및 '외교 일원화'의지가 혼합하여 이루어진 원조요구 논리에 불과한 것이라 할 수 있다. 그러나 조선 후기 한일 양국의 변경으로 두 나라에 양속되어 완충역을 담당하였던 대마도가 원조 요구 운동을 통하여 일본 내서날리즘에 포함되어 조선 무역이라는 지행에 대해 부정적 견해를 표출하고 조선관에 잘못된 왜곡을 심게 되는 것은 앞으로의 양국 관계에 큰 영향을 미치게 되는 것이므로 이 상황은 주목해야 한다.

10만석의 년조에 해당하는 3만석(약 6만냥)을 매년 쓰시마번에 지급한다는 것은 막부 내부에서도 저항이 있었다. 5월 15일 니죠[二條]성에서 열린 회의에서 막부 군함봉행 카쓰[勝海舟]가 지론인 해외진출론을 주장하여 쓰시마번에 대한 원조의 필요성을 역설하였으나 간죠봉행[勘定奉行] 및 메츠케[目付] 등으로 부터 반대 의견이 나와 결정이 연기되었다는 기술이 이러한 상황을 보여준다. 이 날의 카쓰[勝海舟] 일기에 「사농감찰에 정한의 대의를 설명하다. 오늘 성중에서 이러한 의론이 있었다. 속리들이 모두 동의하지 않는다고 말하다」[35]라고 기록되어있다.

대다수가 반대하는 상황이지만 결국 5월 26일, 막부노중 이타쿠라[板倉]는 쓰시마 영주에게 양미 수당으로서 3만석을 3회에 나누어 지급해 주겠노라는 답서를 보낸다[36].

---

35) 『勝海舟日記』전게서 5월 15일조
36) 「朝鮮通信事務一件」4, 939쪽 (『續通信全覽』)

Ⅳ. 원조 중단과 쓰시마번 내부의 혼란

1. 쓰시마번 원조의 중단

막부가 쓰시마번에 대한 원조를 결정한 것은, 합리적이거나 관례적인 것은 아니었다. 무엇보다 쓰시마번 원조를 기치로 내세운 반막부 세력의 막부 공격의 예봉을 꺾고, 정국의 주도권을 만회하기 위해서였다. 물론, 대마도 처리를 통한 조선과의 직접 외교와 직접 통상을 염두에 두었을 것이지만, 이는 급무도 아니었고, 그럴만한 상황도 아니었기 때문에 당장은 대가 없는 지원이었다.

한편, 양이파의 폭주는 많은 사람들의 우려를 불러 일으켰다. 교토에서는 천황이 사쓰마번에게 존왕양이 과격파 추방을 요청하는 사태에 이르렀다. 이는 조정에서 과격파들이 실권을 장악하고 천황의 권위를 무시하였기 때문이었다. 1863년 8월 18일, 아이즈[會津]와 사쓰마의병사들이 궁궐 문을 장악하고 출입을 통제하였다. 궁정쿠데타였다. 조정은 '양이불가'를 선언하고 조슈 무사들의 입경을 금지하였으며, 존왕양이 과격파 공경(公卿)들을 추방하였다. 이를 8·18정변이라고 부른다.

막부가 8·18정변을 통하여 조정을 장악하고, 9월 5일에는 친병해산을 명령하였으며 1864년 1월에는 조정으로 하여금 양이 완화의 서한을 받아내면서 정국의 주도권을 장악하자 쓰시마 원조는 다시금 도마 위에 오르게 되었다. 그리고 치안 유지를 명목으로 양이파 무사들에 대한 습격을 통해 양이파에 타격을 주기도 하였다. 1864년 6월, 교토의 여관 이케다야[池田屋]에 모인 약 30명의 존왕양이파 무사들을 치안유지 조직인 신센구미[新選組]가 발각하여 기습하였던 '이케다야 사건'은 그 대표적이다.

반막부 양이 세력의 중심을 자임하던 조슈[長州]는 이 사건에 반발하였고, 양이파의 몰락에 위기감을 느껴 이를 만회하고자 기병대와 유격대 등을

교토[京都]로 보내어 궁궐을 장악하고자 하였다. 1864년 7월, 궁궐 외곽 하마구리[蛤]문에서 이를 지키는 아이즈·사쓰마 병사들과 충돌하여 전쟁이 벌어졌다. 교토에서 28,000호가 소실된 치열한 전투였다. 이를 금문의 변(禁門の変)이라고 한다. 막부는 양이파의 선봉을 자임하고 있었던 조슈를 정벌하겠다고 칙을 요구하였다. 조정은 조슈를 정벌하라는 칙을 내렸다. 조정이 양이불가를 선언하고, 조슈가 정벌의 대상이 됨에 따라서 양이전쟁을 근거로 한 쓰시마의 원조는 그 근거를 상실하였다.

1864년 9월, 조슈 정벌군이 조슈를 향해 내려오고 있을 때, 4개국 연합함대가 시모노세키를 포격하였고 패배한 조슈는 4개국 연합함대와 강화조약을 맺었다. 뒤이어 조슈에서는 탄압을 받고 있었던 반대파가 세력을 회복하여 존왕양이 과격파를 처벌하고 막부에 항복 공순을 약속하였다. 양이파의 지도자 스후[周布政之助]는 자결하였으며, 세 명의 가로(家老)가 참수되었다. 이로 제1차 조슈 정벌은 막부의 승리로 종결되었다. 그러나 정벌군이 회군하자 12월 다카스기[高杉晉作]는 기병대를 비롯한 제대를 수합하여 조슈의 정규군을 격파하고 무력으로 번의 무력을 장악하였다. 다지마에 피신하였던 기도[木戸孝允]가 돌아와 용담역(用談役)에 취임하여 번의 권력을 장악하여 다시금 막부와의 군사 대결에 대비하였다. 다시금 일본 열도는 내란의 불씨가 피어오르고 있었다.

이러한 상황의 전개는 다시금 쓰시마번의 원조 문제를 근본적으로 뒤흔들어 놓았다. 원조를 강요하였던 長州세력은 일단 고개를 숙였고, 원조 요구의 핵심이었던 쇄국양이 운동은 진정되었다. 따라서 쓰시마번의 원조는 논리적 근거를 상실하였다고 할 수 있다. 다만, 막부가 조선과의 직접외교를 담당하려는 의도가 있었음만이 원조요구의 유일한 근거가 되는 것이었다.

여기서 당시 쓰시마번의 재정을 담당하게 되었던 오시마[大島友之允]는 다시금 논리를 바꾸어 원조의 계속을 요구하는 건백서를 막부에 제출하게 된다. 이 건백서는 「조선진출건백서(朝鮮進出建白書)」등으로 불리우면서 막부말기 정한론 연구의 중요한 사료로서 연구자의 주목을 받고 있으나[37], 과대하게 평가할 필요는 없는 것이라 생각된다. 이 건백서는 쓰시마번에 대한 원조가 끊어질 것을 염려하여 쓰시마번의 원조의 당위성을 막부의 개항정책에 입각하여 역설한 것에 불과하며, 그나마 막부에 의해 철저히 무시당한 것이었기 때문이다.

이 건백서와 1년 전의 요구 원서를 비교해 보면 1년 전의 그것이 쇄국양이(鎖國攘夷)와 조선과의 외교·무역 문제가 혼합된 것이라면, 이 건백서는 완전히 막부 안에 가까운 개항의 논리로 조선의 쇄국정책을 비판하고 조선의 수개소의 개항, 무기 수출 금지의 폐지, 청나라에의 항로 개척 등 적극적인 형태를 제안하고 이를 근거로 쓰시마번의 처리를 주장하고 있는 점이 다르다. 다만 조선과의 관계에서 무력을 배경으로 한 무역 확대 주장은 주목할 만하다. 그러나 이는 근대적인 통상 확대나 함포외교와는 관계없는 것으로 쓰시마번의 전통적인 일본의 무위를 바탕으로 한 특권의 확대를 추구한 점은 지적되어야 할 것이다.

아무튼 이러한 오시마의 건백서는 아무런 효과도 얻을 수 없었다. 이미 막부 내부에서는 쓰시마 원조(朝鮮御處置)를 둘러싸고 다음과 같은 의견이 외교 담당자들의 합의를 얻고 있었던 것이다.

朝鮮御處置振見込書

작년 대마 영주에게 양미 삼만석을 준 것은, 오로지 양이 쇄항의 명을 받고 있었던 시절, 조선에 원조를 위해 출장하여 외이를 격파하고 조선을 복종시키기 위한 수당으로 매년 삼만석을 지급하게 한 것이다.

一, 조선 처치 문제는 외이가 조선을 삼키려고 하고 있기 때문에 나온 책략으로, 이는 양이 쇄항의 조치에서 파생되었으므로 지금의 조치로는 합당

---

37) 仲尾宏「同盟論から征韓論へ -『對州建白書』を中心として」, 전게논문
木村直也, 「元治元年大島友之允の朝鮮進出建白書について」上,(『史學』57, 三田史學會, 1988년)

하지 않다. 달라져야 한다.

一, 쓰시마 영주는 조슈의 원조를 얻어서 위와 같은 막대한 양미를 얻어 갔으니, 막부에 대해 용서받을 수 없는 마음 씀씀이이다.

(중략)

一, 조슈의 양이와 쓰시마번의 조선 처치는 표리를 이루는 반역 모의이므로 지금에 와서는 결코 채용할 수 있는 것이 아니며, 오히려 조슈와 연좌죄로 처벌해야 마땅한 일이다.

一, 亥五月(1863년 5월)의 대마 영주의 원서를 숙람하였다.

一, 조선국 체정탐색은 대마 영주 혼자에게 맡겨 둘 것

一, 당시의 대마 무사 (大島友之允을 말함)를 대마도에 돌려 보낼 것

一, 조슈 문제가 해결된 다음 이러한 조치를 쓰시마번에 알릴 것[38)

이 예정서는 기쿠치[菊池 伊豫守]가 초안한 외국 봉행들의 공통의 인식이었다고『속통신전람(續通信全覽)』에 기록되어 있다. 이를 입증하는 것으로는 무카야마[向山榮五郎]가 대마도 파견 명령을 받고 제출한 「대마도 조치에 따른 상서」[39)에서 같은 견해가 기술되어 있음을 들 수 있다.

결국, 막부의 방침을 먼저 천명함으로 원조의 논리적 근거를 잃지 않으려 하였던 오시마의 건백서는 막부에 의해 철저하게 무시당하였다고 말할 수 있다. 조슈 정벌을 성공리에 수행한 막부는 그해 12월 대마 영주에게 다음과 같은 명령을 내렸다.

宗對馬守

작년(1863) 양이가 결정됨에 따라 대마도 경비를 위한 (원조 요구의) 원서가 있었고, 또 모리(毛利- 조슈번주) 대선대부로 부터도 여러 가지 건백이 있었으므로 양미 수당으로 쌀 삼만석을 매년 지급하여 쓰시마번 치안에 이르기까지 막부가 다 보살펴 주었으며, 또한 대선대부에게도 (쓰시마번을 원

---

38) 전게 「朝鮮通信事務一件」933-934쪽

39) 「朝鮮通信事務一件」941-942쪽

조하라고) 명령을 내렸는데, 그 후 대선 부자가 역모를 일으켜 이미 주벌 명령이 내려진 바, 쓰시마번 치안 문제에 대해서는 (막부가 삼만석의 원조를 중단하고) 다시금 대책을 강구할 것이다. 그 뜻을 명심하기 바란다.

宗 對馬守 家來
大島友之允
위 사람은 조선국 문제로 인한 용무로 江戶에 출부하도록 명령을 받았으나 일단 귀국할 것을 명한다[40].

즉, 조슈번의 모반에 따른 토벌 명령 등의 이유로 1863년의 원조 결정을 취소하고 大島에게 귀번 명령을 내린 것이다. 이리하여 쓰시마번에 대한 원조는 겨우 2년 만에 종료되었으며, 쓰시마번 처리 문제는 다시금 원점으로 돌아가게 되었다.

따라서 막부 말기의 조선과의 외교 관계가 大島의 논리, 특히 1864년의 건백서의 논리가 전면 전개되었다고 보는 木村씨의 견해는 설득력이 없다.

한편, 반막부 세력을 이용하여 막부로부터 원조를 획득하였던 쓰시마번에서는, 1864년 7월의 막부에 의한 조슈정벌이 이루어지자, 막부파와 양이파로 번론이 나뉘어 양 세력의 변화에 의해 내분을 거듭하지 않으면 안 되었다.

2. 쓰시마번의 내분

제1차 조슈 정벌(幕-長 전쟁)시에 쓰시마번의 많은 무사들이 조슈를 원조하여 함께 싸울 것을 주장하였다. 이는 이전의 원조 요구가 조슈[長州]의 주선과 협조로 이루어졌으며, 그 과정에서 강인한 유대관계가 성립되었기 때문이었다. 뿐만 아니라 조슈 - 쓰시마번 동맹을 통하여 맺어진 맹약이 있

---

40) 「朝鮮通信事務一件」943쪽

었기 때문이었다.

그러나 이는 막부와의 정면대결을 의미하며, 자립의 기반이 없는 쓰시마번으로서는 감당할 수 있는 것이 아니었다. 또한 조정이 '양이불가'를 선언한 상황이었다. 따라서 번주(宗義達)는 이들의 요구를 각하하고 중립적 자세를 취하도록 수차례에 걸쳐 명령을 내리었다. 하지만 존왕양이의 물결에 물든 많은 무사들은 탈번(脫藩)이라는 극단적인 행동을 통하여 조슈를 원조하여 같이 싸웠다. 그 결과 동년 11월 조슈[長州]가 항복하자 막부는 쓰시마번에 대하여 막부에 대항한 무사들을 처벌할 것을 강력히 요구하였다. 쓰시마번으로서는 이를 무시할 수 없었다. 그리하여 번주(宗義達)는 외삼촌인 카쓰이고하치로(勝井五八郎)을 내세워 번 내부의 양이세력을 탄압하고 막부에 대해 공순을 표하게 된다. 이를 '갑자의변'이라고 부른다. 이 때에 무사들의 반발이 심하였기에 탄압도 가혹하였으며, 여기에 대한 무사들의 불만의 소리도 높았다.

그러나 당시 막부의 승리는 불완전한 일시적인 승리였다. 오히려 전쟁에서 패배한 조슈와 양이파 무사들은 구주 다이묘의 연합을 도모하여 막부와 대항하여야 한다는 여론을 조성하였다. 1865년 2월, 규슈[九州]에 있는 쓰시마령 다시로(田代)의 무사들은 이러한 분위기를 이용하여 무력으로 번론(藩論)을 뒤집고자 하였다. 히라다오에(平田大江)는 '진의대(盡義隊)'를 만들어 무력으로 번의 권력을 장악하고자 하였다. 그는 「지금 카쓰이[勝井]등이 막부의 뜻을 받들어 근왕파 무사들을 탄압하고 있는데 이를 내버려 두면 다른 번에서도 이와 같은 탄압이 일어날 염려가 있으므로 병사들을 이끌고 대마도로 가서 번론(藩論)을 회복하고자 한다」[41] 라고 하면서, 여러 번들의 원조를 구하였다. 당시 반막부파 공경 산조(三條) 등은 당시 후쿠오카(福岡)의 대재부에 머무르고 있었는데, 히라다[平田]를 원조하기 위해 사신을 대마도에 파견하였고, 사쓰마의 사이고다카모리[西鄕隆盛]도 하카다

---

41) 「平田大江傳記」, (『稿本』 마이크로필름)

(博多)에서 히라다[平田]를 지원할 것을 약속하였다. 이리하여 대마도의 내분은 또 일본 전체의 주목을 받기에 이르렀다.

3월 20일, 산죠[三條]의 사자와 치쿠젠[築前]·사쓰마[薩摩]·초슈[長州]·키요스에[淸末]·오무라[大村]·히라도[平戶] 등 여러 번의 사자들이 대마도로 건너가 담판에 들어갔다42). 이 때에 대마도에서 이들과 담판에 나섰던 인물은 1862년에 조슈와 동맹을 맺을 때에 핵심인물이었던 히구치켄노스케[樋口謙之亮]였다. 결국 쓰시마번은 이들의 압력에 굴복하여 5월 1일 밤, 카쓰이[勝井] 일파를 체포하고, 처벌하기에 이르렀다43).

이리하여 5월 6일, 히라다[平田]는 무력을 사용하지 않고 귀국하는 데에 성공하였다. 그러나 그는 번(藩)의 권력을 장악하지는 못하였다. 그것은 막부의 감시·견제가 있었고, 번주(宗義達)도 그를 신임하지 않았기 때문이었다고 보인다. 특히 가로 니이마고이치로[仁位孫一郎]는 당시의 상황에서 막부의 의심을 사는 것은 피해야 한다고 판단하여 히라다와 대립하였다. 히라타는 다시금 여러 번에 사절 파견을 요청하였으며 6월 하순에는 다시금 사자들이 대마도에 도착하기에 이르렀다. 결국 번주(宗義達)는 히라타 그 일파의 무례를 용서하고 가로 니이[仁位孫一郎]에게 칩거 명령을 내림44)으로 내분을 수습하고자 하였다.

이러한 대마도의 정세는 그대로 막부에 보고되어 막부에서도 의심을 하게 되었다. 막부의 대감찰(大監察), 소감찰(小監察) 등은

"쓰시마번의 국론은 격도(激徒)들이 장악하고 있으므로 쓰시마번에 양미를 원조하는 것은 적에게 양미를 건네주는 것과 같다"45)

---

42) 「平田大江傳記」앞의 사료, 「每日記」앞의 사료
43) 「每日記」5월 2일조
44) 「嚴原藩廳記錄」(稿本, 전게사료)
45) 「御周旋方日記」(『稿本』앞의 사료)

라고 까지 하면서 쓰시마번 원조를 반대하였다. 결국 대마도 원조는 양이불
가라는 논리적 장벽과 막부와의 마찰이라는 현실적 장벽에 부딪히게 되었다.
쓰시마번은 원조가 없이는 존립할 수 없는 구조를 갖고 있었기 때문에 다시
금 어려움에 처하게 되었다. 그리하여 막부에 대한 충성이 변함이 없음을
강조하고 경제적 어려움을 하소연하면서 계속하여 원조를 해 줄 것을 탄원
한다. 1865년 9월 오시마[大島友之允]는 다시금 원조를 계속해 달라고 하는
구상서(口上書)를 올리고 있는데 이를 보면, 그 실정을 알 수 있다.

口上書
(전략)2년 전 봄(1863년)에 에도에서 원서를 올려 탄원한 바, 쓰시마번의
홍폐는 일본의 영욕과 관계되는 바이므로, 이 기회에 쓰시마번의 실비를 갖
추는 것을 일본의 공론으로 해서, 조선과의 상업의 이익을 기대하지 않고도
병식을 갖출 수 있도록 함으로써 국위를 더럽히지 않도록 영단을 내려주십
사고 탄원서를 올린 바가 있었습니다. 그 후 장군께서 상락(上洛-京都에 체
재하는 것)하셨을 때 교토에서 그토록 원하였던 삼만 석의 원조를 고맙게도
받게 되어 이 특은에 힘입어 쓰시마번의 경영에서 병비 수당에 이르기까지
여러모로 마음을 쓰고 있었습니다.
올 봄 이후 쓰시마에서는 여러 가지로 어려움이 있었고, 영주를 비롯하여
통심하는 바가 큽니다. 지금에 이르러서는 규슈 여러 번의 사자들도 돌아갔
고, 표면상으로는 진정을 되찾은 듯이 보입니다. 그러나 언젠가 그 뿌리를
뽑지 않으면 후환이 계속되리라 봅니다. 영내에 위급함이 닥치어서 백성들
의 생명에도 관계되는 곤란함은 내부의 수당을 제대로 확립하지 못하는 바
에서 시작되어 치안유지를 제대로 못하는 바에 기인합니다. 그런데 지금처
럼 원조가 미루어지면 망도(妄徒)들이 선제공격으로 나서게 될 것이며, 어떠
한 분란이 발생하게 될 지 두렵습니다(중략)
거듭 10만석의 석대인 삼만석을 신속히 지급해 주실 것을 부탁드립니다.
그리하면 급히 병식과 수당을 해결하고, 신속히 그 분란의 뿌리를 뽑아서 후환
이 없도록 하여서 일본의 國辱이 되지 않도록 엄중히 조치하겠습니다(하략)[46]

46) 「御周旋方日記」(『大島家文書』, 『稿本』전게 사료)

위의 내용을 검토해 보면, 쓰시마번이 1863년 원조를 받게 된 이유는 조선 무역에 의존하지 않고도 병식을 해결하여 일본의 국위를 손상하지 않기 위함이라는 인식이 눈에 뜨인다. 앞서 살펴본 바와 같이 위와 같은 원조는 '양이단행'이라는 시대에서 조슈의 지원을 얻고 막부를 압박하여 얻어낸 것이었지만, '양이불가'의 시대에 들어와 원조 지속의 이유는 '외교 일원화'에 남아있을 뿐이었고, 이를 쓰시마는 조선에 식량을 얻어먹는 치욕을 과장하고 피해의식을 생산하고 있었던 것이다. 아울러 쓰시마번의 내분이 원조의 중단(지연)에 따른 것이므로 신속히 원조가 재개되지 않으면 분란이 심각하게 될 것이며 원조를 재개해 준다면 분란을 단절하고 국위를 손상하지 않도록 하겠다는 인식을 보여주고 있음을 알 수 있다. 오시마[大島友之允]는 양이[攘夷]의 지사로 평가되고 있지만, 이 단계에서는 막부측에 기울어 있어서 원조를 계속해 준다면 양이파의 뿌리를 단절하겠노라고 읽혀지는 기술을 하고 있음도 주목된다.

이러한 쓰시마의 탄원에 대해 동 11월 막부는 다시금 쌀 5,000석을 지급할 것을 결정하였다[47]. 쓰시마번은 이를 받아들여 다시금 히라타[平田]를 비롯한 양이파 무사들을 숙청하여 막부에 충성을 보이고, 다음해인 1866년 2월부터는 친막부 무사들을 다시금 중용한다.

그리하여 쓰시마번의 양이정권은 완전히 붕괴되었고, 제2차 막부-조슈(幕-長) 전쟁 때에는 일본 전체의 분위기와는 달리 조슈 지원을 엄금하였다. 따라서 전쟁이 조슈의 승리로 끝났을 때에는 쓰시마번은 양이의 여러 번으로부터 따돌림을 받게 되는 운명에 부닥치게 된다. 결국 요시노부[德川慶喜] 정권이 성립되었을 때에 쓰시마번은 막부에 순종할 수밖에 없는 나약한 처지가 되고 말았다.

---

47) 위의 사료

V. 맺음말

이상 1862년 9월 쓰시마번과 조슈의 동맹 이후에 진행된 원조 요구 운동과 쓰시마번의 정치 상황을 재검토하여 보았다. 그 결과, 막부 말기의 이른바 「정한론」이라는 것에 대한 기존의 연구를 비판적으로 살펴볼 수 있었다. 그 결과 막부 말기의 이른바 「정한론」이라는 것은, 「원조요구론」이라고 바꾸어야 될 것임을 입증할 수 있었고, 학문적 의미에서 조선을 공격하고자 하는 논리가 아니었으므로, 당시의 「원조요구원서」를 사료에도 없는 「정한론원서」, 혹은 「조선진출건백서」등으로 마음대로 이름 붙여서는 아니 된다.

또한 이 시기의 원조 요구 운동을 통하여 한일관계사에는 다음과 같은 중요한 의미를 갖게 된다. 첫째는 쓰시마번의 이봉 운동을 단서로 하여서 기존의 쓰시마번을 통한 한일외교 관계가 재검토되고 '외교 일원화'의 필요성이 대두되는 중에 일어난 쓰시마번 양이정권의 원조 요구운동은, 쓰시마번이 조선의 식량에 의존하여 생활하는 것이 일본의 치욕이라는 인식을 널리 확산시켰다. 둘째, 그 결과 쓰시마번의 양속 → 일본의 치욕 → 조선에 대한 대결의식이 훗날 메이지 정부의 담당자가 될 계층을 중심으로 형성되었다. 이는 조선 후기의 우호·친선의 한일 관계를 뿌리에서 흔드는 것이라고 할 수 있다.

이제 남아있는 과제는 중앙 정부의 입장에서 본 쓰시마번의 처리과정을 통하여 한일관계의 변화를 재검토 하는 일일 것이다. 여기에 대해서는 제5장에서 검토하고자 한다.

(1994년 7월, 『한일관계사연구』제2집, 현음사)

제5장 막말-메이지 초기 쓰시마번 처리에 대한 고찰

I. 머리말

본고는 막부 말기에서 명치 초기에 걸쳐 행해지는 쓰시마번 처리 의도(일본에서는 '조선처치'라는 말을 사용하였다)와 그 추이를 검토하는 것을 목적으로 한다.

미해군 제독 페리에 의한 일본(幕府)의 개국은, 1858년의 통상 조약으로 발전하여 일본의 외교 감각을 향상시켰다. 서양 제국과의 외교의 경험은 막번체제의 외교 구조에 외국봉행(外國奉行)이라는 직책을 대두시켰고 이와 함께 외교 인식의 성장을 초래하여, 막부를 중심으로 하는 근대 국가 수립 의도를 싹트게 하였다. 막부가 이를 위하여 일련의 재정 개혁을 통하여 국내외 시장을 독점하려고 꾀하였음과, 이에 위기감을 느낀 서남 웅번이 반발하여 반막부 운동을 전개하면서 조정(朝廷)을 대안으로 내세우면서 '양이'를 외쳤음은 주지의 사실이다.

막부는 이미 1854년 6월, 하코다테[函館] 개항 시에 동 항구를 막부 직할령으로 하기 위해 마츠마에[松前]번에 상당한 댓가를 지불한 경험이 있었고, 1860년에는 러시아와의 국경 문제를 해결하고 에조지(북해도)를 개척하기 위해 마쓰마에번[松前藩] 자체를 이봉시킨 경험이 있었다[1]. 따라서 조선과의 외교- 무역에 있어서도 직접적인 관계를 맺고자 하는 의식이 막부 내부에 잠재되어 있으리라는 것은 충분히 추정할 수 있다. 즉, 조선과의 외교도

---

1) 막부에 의한 에조지(蝦夷地) 즉 지금의 북해도 직할 정책에 대하여는 麓愼一,「幕末における蝦夷地政策と樺太問題」(『일본사연구』371호, 1993년 7월)이 참고가 된다.

외국봉행이 담당하여야 한다는 외교 일원화 정책은, 막부를 중심으로 하는 근대 국가의 성립이라는 관점에서 보면 필수적인 단계였을 것이었다[2].

그러나, 막번체제가 계속되는 한, 전통적인 관례를 개혁하는 것은 곤란한 문제였다. 즉, 막부의 외국봉행이 조선과의 외교를 장악한다는 것은 쓰시마번[對馬藩]의 知行을 박탈하는 것과 다름없었기 때문이었다[3]. 따라서 막부가 외교권을 장악하고 조선과 직접 외교 관계를 맺기 위해서는 쓰시마번의 지행에 대한 처리가 먼저 해결되어야만 했다.

이러한 해결 방법에는 중앙권력에 의한 강제 접수(쓰시마의 희생)와, 아니면 중앙 권력이 쓰시마에 더 큰 대가를 지불하여 회유하는 두 가지 방법이 있었을 것이라 생각된다. 그런데 당시 반막부 세력이 강성하였던 일본의 정세에서 전자의 방법은 불가능하였다. 내전을 불사한 저항이 가능하였을 것이고 여러 번들이 이를 지지하여 동요하였을 것이기 때문이다. 마쓰마에번의 전례가 바로 후자였고, 따라서 쓰시마 처리를 위해서도 그 만큼 특단의 조치가 필요하였을 것이다. 게다가 마쓰마에번이 1만 석이었음에 비하여 쓰시마번은 십만 석이었다는 점은, 쓰시마번 처리가 쉽지 않음을 예상할 수 있게 해 주는 객관적 사실이라 하겠다. 또한 쓰시마번은 조선과 막부사이의 외교 관계를 이용하여 존립해 왔던 변경의 지역이었고, 조선과의 외교 관계를 고려하였을 때, 중앙정부(막부)의 뜻대로 처리할 수 없는 외교적 문제가 있었다.

그러면, 쓰시마번 처리 문제는 어떠한 계기로 등장하게 되는 것이며, 또한 어떻게 전개되어 가는 것일까. 거기에 대한 쓰시마번의 대응은 어떠한 것이었는가에 대해 살펴보기로 하자.

---

2) 이러한 이해는 아라노(荒野泰典),「明治維新期の日朝外交體制'一元化'問題」(『日本前近代の國家と對外關係』,田中健夫편, 吉川弘文館,1987)에서도 보여진다.
3) 對馬藩은 조선과의 외교를 담당하는 것을 통해, 조선과의 무역을 독점하는 한편 막부로부터 매년 12,000량을 받는 등 수입의 70-80%가 조선과의 외교에서 파생되는 것이었다. 여기에 대해서는 拙稿「日本 幕府 末期의 對馬島와 소위 '征韓論'에 대하여」(『한일관계사연구』제2집,1994년 7월,한일관계사연구회)에서 소개한 바가 있다.

II. 쓰시마번 처리 문제의 대두

1. 쓰시마번의 이봉 청원운동

쓰시마번 처리 문제가 대두되는 것은, 막부의 외교 일원화 인식이 성숙하기 전에, 오히려 그 처리 대상인 쓰시마번이 요구함에 따라 표면화된다. 즉, 1861년 2월[4], 러시아 군함이 대마도에 무단 정박하여 개항을 요구한 사건 (이를 포사드닉호 사건이라고도 한다)이 일어났을 때, 쓰시마번은 이봉(移封)을 요구하였다[5]. 여기에 대해서는 이미 제1장에서 살펴본 바와 같다. 그들은 만일 그들의 移封 요구가 받아지지 않는 다면, 전쟁을 선택하겠다는, 즉 양이 운동으로 돌아서서 막부의 개항 정책에 반대하겠다는 의사를 표시하였던 것이다.

특히 오후나코시[大船越]사건을 과장하여 전쟁 직전의 분위기로 만들어 이봉 운동을 성공시키고자 하였던 쓰시마번의 활동은, 일본 열도내의 양이 파에게 막부를 공격할 수 있는 기회를 제공하였고, 반막부 운동은 더욱 거세졌다. 따라서 막부로서는 어떠한 조치를 취하지 않을 수 없는 형편이 되었다고 하겠다.

2. 양도양항(兩都兩港-에도, 오사카, 니가타, 효고) 개항 개시 연기 문제

쓰시마번이 일본 열도의 주목을 받게 되고, 조슈·사쓰마 등 여러 번들이 막부의 지시를 무시하고 자신들의 주장을 내세우는 상황에 직면한 막부는, 쓰시마의 개항에 대해 빠른 결정을 내려야 했다. 이는 막부 외교의 큰 흐름

---

4) 본고에서의 날짜는 이하 모두 음력을 사용함을 밝혀둔다.
5) 1861년의 대마도의 移封운동에 대해서는 拙稿「文久元年對馬藩の移封運動について」, (『日本歷史』536호, 1993년 1월)을 참고 바란다.

에서 결정되어야 했음은 당연한 일이다.

양도(兩都-에도·오사카), 양항(兩港-니가타·효고) 개항 개시 연기의 문제는, 이시이 다카시[石井孝]의 연구가 있다[6]. 양도는 에도[江戶]와 오사카[大坂]를 말하며, 양항은 니가타[新潟]와 효고[兵庫]를 말한다. 통상조약에 의하면 니가타[新潟]는 안세이[安政]6년 12월 9일(양력1861년 1월 1일)부터, 에도[江戶]는 양력 1862년 1월 1일부터, 효고[兵庫]와 오사카[大坂]는 양력 1863년 1월 1일부터 각각 개항 개시를 단행하기로 되어 있었다.

그러나 1860년 다이로[大老] 이이 나오스케[井伊直弼]가 암살당하고, 막부 내부의 권력 투쟁과 함께 일본열도에서 양이 운동이 활발해지자, 교토의 조정(朝廷)은 효고 개항과 오사카 개시(開市)에 대하여 절대 반대의 입장을 명확히 하였다. 서양 세력의 약속이행(개항) 요구와 국내의 개항 반대 여론에 몰려 막부는 난처해지게 되었다. 막부는 난국을 극복하는 길로 공무합체(公武合體)를 선택하였다.

우선 조정과의 혼인 정책을 추진하였는데, 코메이[孝明] 천황은 6월 20일, 막부가 양이(攘夷)를 단행할 것을 조건으로 누이동생 카즈노미야[和宮]와 막부장군 이에모치[家茂]와의 혼인에 동의하였다. 막부는 이를 받아들여 양이단행을 약속하였다. 양이 단행을 약속한 막부는 더 이상의 개항을 추진할 수 없었고 위의 개항 약속을 이행하기 어려웠다. 막부는 6월 21일, 영·불·미 삼국 공사에게 개항 개시 연기를 제의 하였다. 당시 일본의 정세를 주의 깊게 보고 있었던 서양 열강은 이를 개항 정책의 후퇴라고 여겨 의심의 눈으로 보았고, 특히 영국공사 올코크는 반대의 입장을 명확히 하였다. 반면, 막부의 외교 고문의 지위에 있었던 미국공사 하리스는 막부가 조정과의 관계에서 어려움을 솔직히 밝히자, 납득하고 이를 받아들여 각국 외상에 서한을 보낼 것을 제안하였다.

1861년 3월 23일, 일본 막부는 영·불·란 주일대표와 미·러·포르투칼 외

---

6) 石井孝, 『增訂明治維新の國際的環境』, 吉川弘文館, 1966년

상에 서한을 전하였다. 그 내용은 '일본 내에 개항 무역을 좋게 보지 않는 자가 많고 여기에 양도·양항을 개항하게 되면 인심이 흉흉하여 불의의 변이 생길 우려가 있으므로 만전의 조치를 한 후 개항하고자 하여 7년간 연기하고 1868년을 기해 개항 개시를 하고 싶다'는 요지였다. 막부는 개항 개시를 연기하기 위해 사절을 유럽에 파견하기로 결정하였고, 막부 노중 안도노부마사[安藤信正]는 사절이 1862년 1-3월 사이에 출발할 것임을 말하고 모든 준비를 올코크에게 일임하고 있다.

이러한 상황 하에서 앞 장에서 살펴본 러시아 함대의 대마도 정박과 오후나코시[大船越]에서 충돌이 일어났던 것이다. 막부는 양도·양항을 개항하는 대신에 쓰시마 개항을 계획하였다. 쓰시마 개항은 막부로서는 간단한 일이었고, 쓰시마 번주도 대가만 충분하다면 받아들이겠다는 의지를 꾸준히 표현한 일이었기에 어려움이 없었다. 막부는 이를 서양 열강에 제시하였고, 서양 열강도 이를 검토하기로 약속하였다.

그리하여 7월 15일 러시아 함대 정박 문제가 해결되어가는 시점에서, 막부 노중 안도[安藤]는 막대한 경비가 예상되는 대마도 전토 이봉을 내허(內許)하였던 것이다. 이 내허를 근거로 쓰시마번은 8월 1일 이봉 청원서를 제출하였고, 막부가 이를 받아들이는 형태로 이봉 조사를 위해 외국봉행(外國奉行) 노노야마[野野山兼寬]를 비롯한 일행을 파견한 것이었다.

이봉 조사가 한창 진행되고 있었던 1861년 12월에 유럽에 파견되었던 막부 간조부교[勘定奉行] 겸 외국봉행(外國奉行) 다케우치[竹內保德]일행 36인이 영국에 건너가 다음해 1862년 5월 영국외상 럿셀과의 사이에 조인한 런던각서에도, 「일본의 사절은 귀국 후 정부에 건의하여 쓰시마 개항, 등을 권고할 것을 약속한다」라고 되어 있음을 보더라도, 사실상 쓰시마 전토를 개항하려는 의도는 1861년 까지는 막부 공통의 인식이었음을 알게 해 준다.

이는 양이파(특히 木戸孝允)가 주장하듯이 안도[安藤] 노중 개인이 쓰시마 가로(사스이오리)와 몰래 꾀한 비리는 아니었으며[7], 이봉 운동을 비난하

는 것은 정치적 공격의 성격을 갖고 있으므로 양이파의 사료를 그대로 인
용하는 지금까지의 이해는 다시 검토되어야 된다[8]).

우리는 여기서 대마도를 검분(檢分)하였던 막부 외국봉행 노노야마[野野
山兼寬]등의 보고서를 검토해 보자. 1861년 9월 20일 대마도에 도착한 노
노야마[野野山]일행은 다음해 1월에 이르기 까지 치밀한 조사를 거쳐 1862
년 2월 다음과 같이 막부에 복명 보고 하였다.

> (전략: 대마도 토지가 척박함과 경제적 매력이 없음이 기술되어 있음)
> 그리하여 쓰시마번의 문제는, 러시아 군함이 퇴함한다고 해도, 하코다테
> [箱館, 지금의 函館] 재류 러시아 공사(무라비에프)가 무라가키[村垣淡路守
> (당시 函館奉行)]에게 한 말을 보면, 대마도 개항은 다시금 본국(러시아)정
> 부를 통해 요청할 것이라고 하며, 또 일찍이 내허(內許)도 있었으므로, 조사
> 단 일동은 회의를 거듭하였습니다. 그 결과, 만일 러시아의 요청이 받아들여
> 져 개항이 된다면 관청(役所)을 비롯한 건물과 봉행(奉行)이하 근무하는 사
> 람들에 대한 수당 등 매년 지출해야 할 액수가 적지 않습니다. 그러나 앞에
> 서 말한 바대로의 토지이므로 (수확량도 없고) 군함이 정박한다고 해서 이
> 익이 생길 가능성도 없으며, 무역시장으로 적합한 장소도 아니므로, 전토 이
> 봉(全土 移封)을 하게되면 조선국과의 외교관계 및 무역까지도 막부가 장악
> 하여야만 할 것입니다.
> 그리한다면, 쓰시마번주에게는 상당한 토지를 주어야 하겠지만(규슈의 10
> 만석의 토지-주), 지금까지 조선과의 역에 대한 수당으로 매년 지급했던 분
> (12,000兩에 달한다)은 절약이 되겠고, 또 조선과의 무역도 막부가 직접 담
> 당하게 되면 상당한 수입이 될 터이므로, 개항과 그 외의 비용에 충당할 수
> 도 있겠습니다. 뿐만 아니라 조선국은 종래의 습관대로 (외교를 행하므로)

7) 『木戸孝允文書』卷一, 216-223쪽(日本史籍協會,1930년) 참고.

8) 이러한 攘夷派의 사료를 그대로 인용하는 기존의 연구는 『長崎縣史』에서 대표적이
   며, 井上淸「ふたつの愛國主義と國際主義 ── 幕末明治外交の基本問題 ──」(『歷史
   學硏究』第137號, 1949年)에서는 지배층의 비겁함과 민중의 항거를 논증하는 결과
   가 되었고, 더 나아가서는 대마도의 內訌에 대한 오해를 불러 일으켰다고 본다.

왜관에 출장한 사람들이 조선으로 부터 부당한 대접을 받고 있다고 듣습니다. 만일 막부가 외교관계를 직접 수립하게 되어 사절을 파견하고, 여러 규정을 개정하게 되면 (그러한 부당한 대접도 받지 않게 될 것이므로) 국체도 확립될 것입니다.

원래 대마도는 종가(宗家) 600년 이래의 영지로 지금에 이르러 외국인 때문에 이봉을 하게 된다면 민심이 어떠할지. 또 조선인들도 인물이 편고하여 약속은 굳게 지키나 변혁에 대해서는 용이하게 따라주지 않는 풍습이라 국초(江戸막부 성립)이래 교섭에 있어서 개혁하고자 하면 뭔가 문제가 발생하였으므로 (여러 규정을 개정하는 것이 예상대로 될 지), 또한 무역도 예상대로는 되지 않을지도 모르겠습니다. 물론 이 같은 일들은 그 때 그 때 적절한 조치를 취하면 될 것이지만, 지금 대마도를 수용하고자 하는 것은 러시아와 영국이 요구하는 사정이 있으므로 평상시의 이봉과는 의미가 다릅니다. 따라서 전토를 수용하고 개항하게 되면 봉행소(奉行所-관청)를 설치하든지 아니면 여러 다이묘들에게 나누어 주어 아즈카리도코로[預所]로 하든지[9] 하여야 하며 그 경우 경비를 담당하기 위해 각별한 비용이 (필요하고 만일 이것이) 없으면 경비가 제대로 이루어 지지 않아 오래 지속될 수 없습니다. 그리고 수용을 단행하여도 위의 무역수입이 (경비 비용으로 충당되어 버릴 터이므로) 개항의 용도로 사용되기에는 이르지 못할 경우도 있을 것입니다.

어쨌든 앞에서 말한 (對馬藩 처리 문제에 대한)처지는 개항(의 이익) 보다도 토지 변혁에 대한 폐가 더 많을 것이고, 행방을 확인할 수 없는 터이므로 전토 이봉을 단행해서는 안 된다.(하략)[10]

[( )는 필자 주, 이하 같음]

여기에서 주목 되는 것은 쓰시마번 이봉에 대하여 막부가 경제적 손익

---

9) 여기에 대해서는 에조(蝦夷)地 즉, 지금의 북해도를 막부가 장악하기 위해 '直轄(奉行所설치)'과 '分轄 分領(諸大名의 預所 설치)' 두가지 정책을 사용하였는 데 이를 참고할 필요가 있다. 왜냐하면 이는 앞으로 쓰시마번처리를 위해 검토하고 있기 때문이다. 北海道의 직할 혹은 분할 분령 정책에 대해서는 麓愼一, 「幕末における蝦夷地政策と華太問題——1859年の分割分領政策を中心に——」f(『日本史研究』371호, 1993년 7월)참고 바람

10) 「對州魯人上陸の件」(『勝海舟全集』, 勁草書房, 1979년) 359-364쪽

계산을 철저히 하고 있다는 것이다. 이는 당연한 일이지만 지금까지의 연구를 비판적으로 검토하는 기본 전제가 된다. 그리고 평상시의 조치라면 쓰시마를 전부 수용하는 것이 막부에 손해가 아니라는 인식도 주목할 만하다. 이는 막부를 정점으로 하는 새로운 국가질서의 확립 – 외교일원화 정책 - 과도 무관하지 않음은 주의해 둘 필요가 있다.

결국 막부는 앞에서 살펴본 1. 쓰시마번의 이봉 청원 운동 2. 양도 양항 개항 개시 연기라는 두 가지 목적에 더하여 3.조선과의 무역 및 외교를 장악하기 위한 장기 계획 -외교 일원화- 등의 목적이 있어서 쓰시마번 처리 문제에 적극적으로 나서게 된 것임을 알 수 있다.

그러나, 보고서의 내용에서도 알 수 있듯이, 이봉 조사가 진행되는 과정에서 일본의 정세는 급변하여 막부가 쇄항 양이를 약속하게 되었던 것이고, 정략적으로 선포된 쇄항양이(鎖港攘夷)의 약속[11])은 점차 의미를 가지게 되었다. 따라서 이런 상황에서 대마도를 수용한다면, 대마도의 방비문제도 심각히 고려하지 않을 수 없으며, 경비에 들어가는 비용이 적지 않을 것이었다. 그리하여 조사를 담당하였던 외국봉행들이 전토이봉(全土移封)에 반대한다는 입장을 명확히 하였던 것임을 알 수 있다. 이 견해는 같은 해 5월, 다른 외국봉행(外國方)들의 동의하에 채택되었다[12]). 비록 쓰시마번 이봉운동은 이루어지지 않았지만, 막부 내부에 대마도를 직접 지배할 필요성과 조선과의 외교 무역을 직접 장악해야 한다는 인식이 이때부터 뿌리를 내린 것은 주목해 둘 필요가 있으며, 이는 일본 중앙정권이 완전한 외교권을 갖는 근대 국가로 나아가기 위한 과정이었음은 주목해야 한다.

---

11) 여기에 대해서는 井上勝生,「幕末政治史のなかの天皇」(『幕末維新政治史の研究』, 高書房,1994)를 참조.
12) 「對州魯人上陸の件」, 364쪽

Ⅲ. 양이 운동의 성장과 쓰시마번 처리 문제의 변화

1. 쓰시마번 양이정권의 원조 요구 운동과 쓰시마번 처리 문제

막부가 쇄국양이를 약속하고, 쓰시마 전토 수용이 외국봉행들에 의해 거부된 것은 쓰시마번에는 최악의 상황이었다. 이에 쓰시마번 무사들은 자번의 생존을 위해 백방으로 노력하였고 특히 친척이며 가까운 조슈[長州]번에 의지하게 된다. 마침 이 때 조슈에서는 항해원략책을 포기하고 '파약양이'를 번론(藩論)으로 결정해야 한다는 논의가 왕성하게 일어나고 있었다. 그들은 시대의 흐름을 따라 '양이'를 기치로 내세워 원조요구 운동을 전개하게 된다[13].

쓰시마 무사들이 무단 상경하여 조슈[長州]藩과 동맹을 맺고자 노력하고 있을 때인 1862년 윤8월, 막부 군함봉행(軍艦奉行) 카츠카이슈[勝海舟]는 정사총재직(政事總裁職) 마츠다이라 요시나가[松平慶永:春嶽]로 부터 해군 흥륭(興隆)의 방법에 대한 질의를 받고 다음과 같이 답하였다.

> 이 섬(對馬島)을 수용(上知)하여 항구를 열고 무역항으로 발전시키면, 조선, 중국의 왕래를 촉진 시키고, 또 해군이 성대하게 되는 단서가 될 것입니다[14].

이러한 언급은, 막부가 이미 조정(朝廷)에 대하여 쇄항을 약속하고, 막부가 쓰시마 전토이봉을 하지 않기로 결정한 시점에서 이루어진 것이므로 흥미롭다. 즉, 막부의 쇄항 약속이 막부 전체의 합의가 아니라는 점을 알 수 있으며, 정치적 선언의 성격이 강하다고 보아야 한다. 즉 본심은 개항에 있

---

13) 여기에 대하여는 拙稿 「對馬藩攘夷政權の成立について」(『北大史學』,32호, 1992년 8월)를 참고 바란다.
14) 「勝海舟日記」, 윤8월 20일 조 (『勝海舟全集』,前揭史料)

었으나 양이파 제번을 제압하기 위한 전략으로, 조정(朝廷)을 막부의 편에
두려는 것이었다고 이해하면 되겠다.

어쨌든, 그 후의 카쓰[勝海舟]의 활동을 보면, 대륙과의 연결지로서의 대마
도를 중시하고 대마도를 막부가 지배할 필요성을 종종 언급하고 있다. 비록
쓰시마 이봉은 이루어지지 않았지만 대마도 지배의 필요성 혹은 외교일원화
의 필요성은 막부 내부에서도 뿌리 깊게 존재하고 있었음을 알 수 있다.

그 이유는 조선과의 외교를 지행으로 담당하였던 쓰시마번을 일본 내부
로 완전히 편입시키고, 조선과의 외교·무역 관계를 막부가 장악하여야 할
필요성과, 쓰시마가 사용하고 있었던 부산의 왜관은 아시아와의 연대의 필
요시 대륙과의 연결 기지가 될 수 있다는 인식을 가지고 있었기 때문이다.

쓰시마-조슈 동맹 이후, 쓰시마번을 전면에 내세운 양이운동은 더욱 기승
을 떨치고, 1863년 3월에는 막부 장군 이에모치[家茂]가 천황을 수행하여
신사(神社)에 참배하여 양이를 기원하고, 또한 조정의 명령으로 10만석 이
상의 영주(大名)들에게 친병 차출을 명령하게 되면서, 일본 막부의 정세는
표류하게 된다. 막부는 불가능함을 인식하면서도 같은 해 5월 10일을 기하
여 양이(攘夷)의 기일로 삼겠노라고 조정에 대답하기에 이르렀다. 막부로서
는 쓰시마번을 전면에 내세운 양이운동을 잠재울 필요가 있었다.

1863년 4월, 막부 노중 이타쿠라[板倉勝靜]는 쓰시마번 원조를 결정하고
쓰시마번의 명목고 10만석의 년조에 해당하는 3만석(60,000량)을 매년 지급
하겠다고 하였다. 이와 동시에 「조선국 체정 탐색 명령(朝鮮國體情探索之
內命)」을 쓰시마번에 내렸다. 이 지원 결정은 대마도 전토 이봉에 해당하는
지원을 함으로 대마도를 완전히 지배하고 조선과의 외교·무역을 장악할 타
당성을 확보한 것이었다. 아울러 탐색 명령을 내린 것은 조선에 대한 지식
이 필요했기 때문이었다. 이는 카쓰(勝海舟)의 생각과도 일맥상통하는 것이
며 막부 전체의 인식과 유리(遊離)된 독특한 것도 아니었다[15]. 막부는 당연

15) 최근, 심기재씨와 木村直也씨는 이러한 일반적 흐름을 이해하지 않고 이타쿠라 일

히 조선 문제를 외국봉행이 담당하는 체제로 만들고자 하였던 것이다.

이러한 이타쿠라의 「탐색명령(探索命令)」은 1860년 1월 18일, 조약비준서 교환과 「세계정세의 탐색(夷情探索)」을 위해 외국봉행 신미마사오키[新見正興]를 미국에 파견하였던 것이나, 1861년 12월 23일, 개항개시 연기 교섭과 「서양사정 탐색(西洋事情探索)」을 위해 외국봉행 다케우치야스노리[竹內保德]등을 유럽 6개국에 파견한 것, 그리고 동년 네다치스케시치로[根立助七郎]를 센자이마루[千歲丸]로 상해에 보내어 중국과의 무역을 위한 시장 조사와 중국의 군사, 정치 정세에 대한 정보 수집을 꾀한 「탐색」등과 같은 맥락에서 파악할 필요가 있다. 따라서 이타쿠라의 조선 탐색의 명령을 특별히 막부 말기의 「정한론」으로 파악하는 것에 대해 필자는 동의하지 않는다[16].

쓰시마번에 대하여 10만석 토지의 연조(年租)인 3만석 지급이 결정된 후, 막부는 당연히 조선과의 무역과 외교를 직접 담당하고자 하여 대마도에 막부 관리를 파견하고자 하였다. 같은 해 6월에는 군함봉행 카쓰[勝海舟]에게 대마도 파견을 명하였으며, 이타쿠라[板倉]의 뒤를 이은 노중 미즈노[水野忠精]는 한 걸음 더 나아가 쓰시마의 이정암(以酊庵)에 다음과 같은 명령서(達書)를 내렸다.

　　조선국 체정탐색(朝鮮國體情探索)을 위하여 군함봉행 카쓰[勝麟太郎=勝海舟]를 대마도에 파견하니, 여태까지의 (막부 관리가 다이묘의 영지에 갈 때의 접대)규칙에 상관없이 간편하게 조치할 수 있도록 하라[17].

　　파의 대조선 강경론, 혹은 정한론으로 설명하고 있으나 재검토가 필요하다. 심기재,「幕末期朝鮮政策と機構の變化」(『史林』77권제2호,384호,史學硏究會,1994년), 그리고 木村直也,「幕末期の幕府の朝鮮政策」(田中健夫編,『前近代の日本と東アジア』,吉川弘文館,1995년) 참고.
16)　幕府 말기의 征韓論에 대해서 필자는「日本 幕府 末期의 對馬島와 소위 '征韓論'에 대하여」(『韓日關係史硏究』 제2집, 1994년 7월, 한일관계사연구회)에서 對馬藩의 입장에서 재검토를 한 바 있다.

이는 대마도를 막부의 직할지로 취급하고자 하는 의도라 할 수 있겠다. 10만석의 세금에 해당하는 3만석을 매년 지급하기로 결정하였다는 것은 쓰시마의 전토 이봉을 허락한 것과 같은 의미일 것이다. '조선국 체정 탐색'이란 조선과의 직접 외교와 직접 무역의 가능성과 절차에 대한 탐색 즉, 뒤집어 말하면 '쓰시마번 처리'를 위한 수순으로 이해하여야 할 것이다. 이를 곧바로 조선에 대한 침략을 위한 준비로 이해하는 것은 당시의 상황을 생각할 때 오류라고 판단된다.

그러나 카쓰[勝海舟]의 대마도 파견은 일본의 국내사정으로 결국 실현되지 않았다[18].

막부는 그 후, 1864년 9월 27일, 메츠케[目付] 무카야마[向山榮五郎]와 외국봉행(外國奉行) 기쿠치[菊池隆吉]를 다시금 대마도에 파견하고자 하였지만, 이 역시 실현되지 않았다. 막부는 쓰시마에 전토이봉에 해당하는 원조를 제공하여 조선과의 무역을 직접 관할하고자 하였지만, 이는 급변하는 막부 말기의 정세에서 우선순위가 아니었던 것이다.

2. 쓰시마번 처리 문제의 연기

1864년 10월 26일, 쓰시마번의 무사 오시마[大島]는 무카야마[向山]의 요구에 응하여 조선과의 관계에 대한 일체의 사료를 제출하고, 거기에 덧붙여서 요구받지도 않은 장문의 건백서(建白書)를 제출하였다[19]. 왜 오시마[大

---

17) 「朝鮮通信事務一件」四, 931쪽,(『續通信全覽』,通信全覽編纂委員會,1987년)
18) 勝의 대마 하향의 실패는 幕府와 長州간의 전투, 시모노세키 포격사건 등이 발발했기 때문이었음을 참고로 밝혀두고 싶다.
19) 이 건백서에 대해서는 일찍부터 많은 관심이 기울여 졌다. 예를 들면,仲尾宏,「同盟論から征韓論へ―　元治元年『對馬建白書』を中心として―　」(『京都藝術短期大學紀要』9, 1986년)과 木村直也,「元治元年大島友之允の朝鮮進出建白書について(上)」(『史學』57권, 三田史學會, 1988년)등이 있다.

島]는 요구받지도 않은 장문의 건백서를 막부에 제출했던 것일까. 여기에는 제1차 조슈정벌이 있었다. 막부와 조슈번 사이에 전쟁이 일어났을 때에 쓰시마번의 일부 무사들은 이념적 순수성으로 또는 조슈에 대한 의리로, 조슈와 연합하여 막부에 대항하여야 한다고 주장하였다. 그들은 번주(藩主)가 허가를 못하고 이를 금하자, 탈번(脫藩)을 단행하여 막부와 대립하여 싸웠다. 막부가 쓰시마번을 보는 시각도 험악하게 되어 「쓰시마번을 원조하는 것은 적에게 양미를 주는 것과 같은 일」이라는 비판여론이 비등하였다. 여기서 쓰시마번이 막부로부터의 의심을 풀고 원조를 계속 받기 위하여 작성한 것이 이 건백서이다. 즉 막부의 방침을 한 발 먼저 천명함으로써 막부의 환심을 사고, 조선과의 관계에서 쓰시마번(對馬藩)이 중요하다는 것을 강조하면서, 그것으로 부터 원조의 논리적 근거를 다시금 확보하려는데 이 건백서의 목적이 있었던 것이다.

이 건백서와 1년 전의 원조 요구 원서(흔히 이 두가지를 「정한론 원서」라 부른다)를 비교해 보면, 1년 전의 그것이 쇄국양이와 조선과의 외교 무역 문제가 혼합된 형태라면, 이 건백서는 완전히 막부안(幕府案)에 가까운 개항의 논리로 조선의 쇄국을 비판하고, 조선의 수 개소 개항, 무기 수출금지의 폐지, 청국에의 상로(商路) 개척 등 적극적인 형태를 띠고 있다. 또한 조선과의 관계에서 무력을 배경으로 한 무역 확대 의도는 주목할 만하다.

하지만, 오시마[大島]의 의견서는 아무런 효과도 얻을 수 없었다. 이미 막부 내부에서는 「쓰시마처리(朝鮮御處置)」를 둘러싸고 다음과 같은 의견이 외교담당자들로부터 나와 있었다.

조선처치 전망서(朝鮮處置 展望書)
작년 쓰시마 영주에게 삼 만석을 준 것은, 오로지 쇄항양이의 명을 받고 있던 시절, 조선에 원조를 위해 출장하여 外夷를 격파하고 (조선을)복종시키기 위한 手當으로 삼 만석을 매년 지급하게 한 것이다.
一, 조선 처치 문제는 서양오랑캐가 조선을 삼키려고 하기 때문에 나온 책략이며, 이는 양이쇄항(攘夷鎖港)의 조치에서 파생되었으므로, 지금의 조치로는 적합하지 않다. 달라져야 한다.

一, 쓰시마 영주(對馬守)는 조슈의 원조를 얻어서 위와 같은 막대한 양미(糧米)를 얻어 갔으니, 막부(公儀)에 대해 용서받을 수 없는 마음 씁쓸이다.

一, 서양오랑캐가 조선에 머물고 있는 지는 오래된 일로, 이를 물리치는 것은 도저히 불가능하고, 또 조선도 약국(弱國)이지만 청나라의 속국이니, 조선을 복종시키는 것 또한 불가능한 일이다. 더욱이, 병력을 가지고 복종시킨다는 것은, 국내도 화목하지 않은 상황에서 될 턱이 없음은 물론, 신조(神祖-도쿠가와 이에야스)이래 인호(隣好)의 국가 관계에 근심을 주게 되어 불신의 나라라는 이름을 국외에 알리게 되어, 모든 나라가 일본을 노리게 되는 근거를 줄 뿐이다.

一, 조슈의 양이와 쓰시마의 조선 처치(處置)는 표리를 이루는 반역모의이므로 지금에 와서는 결코 채용할 수 있는 부분이 아니며 (오히려) 조슈와 연좌죄(連坐罪)로 처벌해야 마땅한 일이다.

(중략)

一, 조슈[長州] 문제가 해결된 다음 (이러한 조치를 쓰시마번에) 알릴 것[20]

이 예정서는 기쿠치[菊池 伊豫守]가 초안한 외국 봉행들의 공통의 인식이었다고 『속통신전람(續通信全覽)』에는 기록되어있다. 필자도 그 의견에 동감한다. 그것은 무카야마[向山]가 대마도 파견 명령을 받고 제출한 「대마도 조치에 따른 상서(上書)」[21]에서도 같은 견해가 기술되어 있음을 통해서도 확인된다고 하겠다.

결국, 막부는 쓰시마번 문제를 원상대로 되돌리고 원조를 철회함과 동시에 오시마[大島]의 건백서에 대해서는 철저하게 무시했다. 따라서 위의 오시마의 건백서가 과대평가되어서는 곤란하다.

막부는 12월, 조슈의 항복 공순을 받아들이고 쓰시마 영주에게 다음과

20) 「朝鮮通信事務一件」, 933-934쪽
21) 「朝鮮通信事務一件」, 941-942쪽

같은 명령을 내렸다.

> 宗 對馬守
>
> 지난 亥(1863)년 양이가 결정됨에 따라 대마도 경비를 위한 원서가 있었고 또 모리[毛利-조슈번 영주] 대선대부로부터 건백도 있었으므로 양미 수당으로 쌀 삼만석을 매년 지급하여 대마도 치안에 이르기 까지 막부가 비용을 담당하였고, 조슈번에게도 (쓰시마를 원조하라고) 명령하였는 바, 그 후 조슈번이 역모를 일으켜, 이미 주벌(誅伐)의 명령이 내려진 바, 대마도 치안 문제에 대해서는 (막부가 삼만석 원조를 중지하고) 다시금 대책을 강구할 것이다. 그 뜻을 명심하기 바란다.22).

이리하여 쓰시마번 원조는 겨우 2년 만에 끝나고 말았으며, 쓰시마번 처리문제는 다시금 원점으로 돌아가게 되었다.

여기에서 이상과 같은 막부의 결정에 참가했던 막부 관리들 중에 주목할 만한 인물이 있다. 즉 1861년 러시아 함대의 대마도 정박사건 때 대마도에 가서 러시아 함장과 담판하고, 쓰시마 무사들과 함께 이봉에 대하여 논의, 대립했던 외국봉행 오구리[小栗忠順]가 재정[勘定]봉행으로 결정에 참가하고 있는 것은 흥미롭다. 또한 무카야마[向山]는 이봉조사를 위해 대마도로 향했던 노노야마[野野山]의 일행이었으므로 대마도를 실제 검분(檢分)한 경험이 있다는 것도 주목된다.

아무튼, 1864년의 오시마의 건백서는 막각(幕閣)에 의해 완전히 무시된 사료이며 역사 흐름에 거의 영향을 미치지 못했음은 명백하다고 하겠다. 따라서, 막부말기의 조선과의 외교관계가 이 논리(특히 1864년의 건백서의 논리)대로 전면 전개되었다고 이해하는 것은 지나치게 단순한 것이다.

막부로부터의 원조가 끊어지고 난 후, 쓰시마번의 경제 파탄은 이를 데 없는 지경에 까지 이르렀고, 어린 영주의 권위 역시 파탄에 이르렀다. 그 결

---

22) 「朝鮮通信事務一件」, 943쪽

과 쓰시마번은 내분을 거듭하기 시작한다.

결국, 요시노부[慶喜] 정권이 성립할 즈음에는 쓰시마번은 막부에 대해 순종할 수 밖에 없는 나약한 처지가 되고 말았다고 하겠다. 그리하여 제2차 조슈 정벌 때에 쓰시마번은 조슈번 지원을 엄금하였고, 따라서 이 전쟁이 조슈의 승리로 끝났을 때에는 반막부파 여러 번으로부터 그리고 무사들로부터 따돌림을 받게 된다. 말하자면 양이정권(攘夷政權)이 내분의 결과 종언을 맞이하였고, 이는 훗날 막부가 무너진 후 논공행상에서 쓰시마가 제외되는 이유라 하겠다.

한편, 1866년 7월 29일, 왜관에서 관수와 조선인들 사이에 분쟁이 발생하게 된다. 그로 말미암아 9월에는 관수(館守) 하라타쿠에몬[原宅右衛門]이하 왜관 재류 관리들이 처벌을 받게 되었고, 상인들도 처벌을 받았다[23]. 이러한 저자세로 말미암아 조선측도 쓰시마번에 대한 의구심을 떨쳐버릴 수 있었고, 일단 모든 상황이 원점으로 돌아갔다고 평가할 수 있다.

Ⅳ. 요시노부[慶喜] 정권하 쓰시마번 처리 문제

막부 장군 이에모치[家茂]가 제2차 幕-長전쟁이 한창인 7월 20일 사거하고 마지막 장군 도쿠가와 요시노부[德川慶喜]가 등장하게 된다. 요시노부는 게이오2(1866)년 8월 20일 가독을 상속하고, 12월 5일 교토[京都]에서 장군에 취임했다. 그는 일찍이 장군후견직(將軍後見職), 금리수호총독(禁裏守護總督)으로 조약 칙허 문제에 활약하고 있었고, 외교문제에 의욕적으로 대처하였다. 그는 또한 동 10월에 사할린 경계 담판을 위해 러시아 수도 페테

---

23) 「在國毎日記」 9월 25일 조, 이로 말미암아 관수로 반누이도노스케[番縫殿介]가 새로이 임명되며, 그는 다음해(1867) 3월 27일 왜관에 도착 4월 1일부터 임무를 담당한다.

르브르크에 코이데호즈미[小出秀實-大和守]를 파견하고, 1867년 1월에는 파리 만국박람회에 도쿠가와아키다케[德川昭武]를 파견하였다. 그는 개항 정책을 적극적으로 추진했던 것이다.

요시노부[慶喜]는 1866년 4월 당시 쓰시마번 교토 루스이(留守居)였던 오시마[大島]를 불러,

　　조선국과의 외교는 매우 중요한 것으로 일본 전체의 문제와도 관계 하므로 귀국한 후에는 (對馬藩主가) 거기에 진력하도록 잘 말해주기 바란다[24]

고 당부한다. 그 역시 조선 문제에 대해 깊은 관심을 갖고 있었음을 알 수 있다.

요시노부[慶喜] 취임 직후인 1866년 12월, 노중 이타쿠라[板倉]는 다음과 같은 명령을 쓰시마번에 주었다.

　　조선국 취급에 대하여 일찍이 규칙이 있었겠으나 지금부터는 변혁을 할 터이므로 그 뜻을 잘 받아들여 주기 바란다. 지금의 시세를 잘 살피어 모든 격식은 옛날의 격식에 따르지 않고 다른 외국과의 교제에 준하여 더욱 신의를 세울 수 있도록 하라. 나아가서는 이정암(以酊庵) 윤번제를 폐지하며 별단의 관리를 파견할 터이니 명심하라[25].

이 명령은 막부에 의한 외교권의 접수, 쓰시마번 처리를 단행하겠다는 선언이라고 말할 수 있다. 즉 이정암 윤번제의 폐지와, 별단의 관리(=外國奉行)의 파견을 단행하겠다는 것은 조선과의 외교를 막부가 직접 장악하겠다는 것에 다름 아니다.

이는 이봉운동을 전개하였을 때부터 쓰시마가 염두에 두었던 일이었고,

---

24) 「一橋樣江御目通之節御應答大意」『大島家文書』
25) 「公儀被仰上」『御家記編輯材料』

쇄항양이의 시절에도 조선과의 외교를 위해서 막부가 쓰시마를 원조해야 한다고 주장하였던 것이고, 다시 개항으로 선회하였어도 쓰시마가 얻을 수 있는 원조의 대가는 조선과의 외교 무역을 막부로 넘긴다는 명분으로 10만 석의 땅을 얻고 실질적으로 조선과 가장 가깝고 인맥을 가지고 있는 쓰시마가 완벽하게 배제되지는 않을 것을 계산한 전략이었음은 이미 살펴본 바와 같다.

따라서 쓰시마번(對馬藩)에서는 이러한 막부의 명령을 어떻게 이용하여 상응한 대가를 받을 수 있는가가 초미의 관심사였다. 이제 원조 요구의 논리는 조선과의 외교 개혁에 옮겨지게 된다. 즉, 이때부터 조선과의 외교개혁이 이루어지기 위해서는 쓰시마가 조선의 식량을 의지하지 않고서도 경제가 설 수 있어야만 된다고 원조 요구 논리를 새롭게 전개하게 된다.

마침, 일본에 조선과 프랑스와의 전쟁의 정보가 입수되었다.

조선은 1866년 10월 10일 프랑스함대의 침범사실을 청국 예부에 이계함과 동시에 15일에는 같은 내용을 쓰시마번에 편지로 알려 막부장군에 전치(轉致)하게 하였다[26]. 이 서계는 다음해 (1867년)3월 막부에 전달되었다. 물론 병인양요에 관한 정보는 조선으로부터의 서계보다 빨리 개항장을 통하여 전달되었다.

막부는 2월 10일, 외국봉행(外國奉行) 히라야마[平山敬忠]에게 대마도 파견을 명했다[27]. 이는 앞서 조선과의 외교권을 접수하기 위한 수순으로 대마도에 출장의 형태로 파견한 것이며, 상황에 따라서 조선에 도항(渡航)할 수도 있다는 내용이었다[28]. 이는 여태까지 쓰시마번이 담당해 온 조선

---

26) 『高宗時代史』一, 10월 10일 조,(국사편찬위원회, 1970년, 탐구당)
  또한 그 내용은 『日省錄』,『朝鮮外交事務書』,「平山圖書頭古賀筑後守渡韓奉命一件」 등에 실려있다.
27) 이 시기의 사절 파견에 대해서도 종래의 연구에 재 검토할 여지가 있으므로 별고에서 자세히 논하기로 하고 여기서는 對馬藩 처리 문제에 한정하여 검토해 보기로 한다.

관계 사무를 인수하기 위하여 많은 정보가 필요했기 때문이었다. 출발에 앞서서 히라야마[平山]는 쓰시마번 에도 번저에 조선에 관한 자료를 요청하였다. 에도[江戶] 루스이[留守居] 아오키 타츠에몬[靑木達右衛門]은 23일 거기에 응하여 자료를 제출하였다.

　막부는 조선 문제에 집중할 수 없었다. 당시의 정치 정세는 심각하였기 때문이었다. 히라야마[平山]의 대마도 출장이 연기를 거듭하고 있는 동안, 조선으로부터의 힐문(詰問) 서계가 쓰시마번 교토 가로 후루카와[古川]에 의해 막부에 전달되었다. 이 서계는 前年(1866) 12월 12일 중국 광쩌우(廣州)의 중외신문(中外新聞)에 야도 마사요시[八戶順叔]라는 사람이 일본 막부가 정한을 계획하고 있다는 기사를 실었던 것이 문제가 되어, 1867년 3월 7일 청국으로 부터 밀자(密咨)를 받은 조선이, 즉시 이를 부정하는 자복(咨覆)을 보냄과 동시에 쓰시마번을 통해 일본 정부에 전달하여 힐문하게 한 것이었다. 청국에의 자복(咨覆)은 4월 24일 청나라 예부에 도착하였고, 일본 정부에의 힐문 서계는 5월 15일 일본 막부에 전달되었다. 막부는 이 사실이 낭설에 불과하다고 해명하였고 이 해명을 조선은 당연한 것으로 받아들이고 있다. 당시 막부와 조선 사이에는 아무런 갈등이 없었고, 오히려 통신사를 파견하는 문제로 대화가 지속되고 있었던 시절이었기에 막부가 조선을 침략할 이유가 없으며 위 기사는 낭설이라고 조선은 판단하고 있었던 것이다. 청나라에 즉시 회답을 보낼 수 있었던 것도 그러한 이유였다고 판단된다.

　막부는 9월에 들어 사절파견의 실시를 다시금 결정하고 있다. 2월에 결정된 사절 파견이 이렇듯 지지부진한 것은 막번 체제의 특징이라고 할 수 있을 것이나 그 외에도 우라카미(長崎의 浦上村) 크리스찬 체포 사건과 영국 군함 아이카라스號 승무원 살해사건 등이 발생하여 그 해결에 분주한 이유도 있었다. 平山은 출발에 임박하여 9월 28일 다음과 같은 질의를 막부

---

28) 「於京師閣老稻葉美濃守殿より被相渡候書」(『朝鮮外交事務一件』1, 전게서, 15-16쪽)

에 제출하였다.

> 대마도에 공무(御用)를 위해 파견되어, 사태에 따라서는 조선국에도 건너
> 가라는 명을 받아 (中略), 진력을 다할 것임은 물론입니다만, 그 나라의 국
> 정이 완고하여 쉽게 받아들이지 않을 지도 모르겠습니다. 만일 그러한 때에
> 는 이후에 후회하게 될 것이라는 말을 남겨두고 철수하여 대마도는 그 우환
> 을 입지 않도록 조약국의 선계장(船繫場)으로 (개항)하여 두고, 세법(稅法)
> 이나 기타의 규칙을 정하여 나가사키 봉행(奉行)의 지배하에 두고자 합니다.
> 그리하면 자연히 쓰시마번에도 도움이 되겠고, 조선으로 부터 멸시받는 일
> 도 해결되리라 봅니다. (중략) 만일 대마도 개항이 허용되지 않는다면, 조선
> 이 중재안을 받아들인다 하여도 여러 면에서 형편이 좋지 않은 일들이 생길
> 것이라 보입니다(下略)[29]

이는 5년 전 대마도 이봉조사를 담당했던 외국봉행(外國奉行)들의 보고
와 비슷하다. 결국 최종적으로 쓰시마번의 이봉 운동은 실현되려고 하고 있
음을 알 수 있으며 쓰시마번 처리 문제도 해결점을 찾아가고 있다고 할 수
있다. 조선과의 외교관계도 외국봉행(外國奉行) 특히 나가사키봉행(長崎奉
行)에 의한 직접외교에로 변화해가는 모습이 보인다. 막부는 히라야마의 질
의를 허가하여 그대로 추진하도록 지령하였다.

사절파견의 출발기일도 확정되고 장군의 조선에 보내는 친서(親書)도 작
성되었으나 일본열도는 다시금 격변을 맞이하게 된다. 10월 14일, 막부는
대정봉환(大政奉還)을 상신하였던 것이다. 대정봉환을 상신한 다음, 히라야
마[平山]의 파견도 자연히 지연되지 않을 수 없었다.

막부는 그 후에도 외교권을 위임받고, 히라야마[平山]의 파견을 실행하고
자 하였다. 일본 조정(朝廷)도 11월 4일 이를 받아들여 칙허(勅許)를 내렸
다. 그리하여11월 25일 히라야마[平山]일행은 에도를 떠나 12월 2일 교토

---

29) 「奉命一件」四, 241쪽

[京都]에 들어가 장군에 알현하여 출발을 보고하였다.

그러나, 9일 왕정복고(王政復古)의 대호령이 내려지고, 요시노부[慶喜]에 사관(辭官), 납지(納地) 명령이 내려져 막부 폐지가 선언되었다. 막부는 이에 불복하여 히라야마[平山]에게 소환명령을 내려 결국 메이지 신정부와 전투가 발생하게 된다. 이를 무진전쟁이라 한다. 결국, 오래 동안 꿈을 꾸어 온 막부의 외교 일원화 시도는 이렇게 막부 폐지와 함께 종언을 고하였다. 히라야마 일행은 조선은커녕 쓰시마에도 나가사키에도 가지 못하였던 것이다.

일본의 연구자들은 히라야마가 파견되지 못한 이유를 조선측의 거절(「완고한 악습」)에 돌리고 있다[30]. 그러나 이는 비논리적인 설명이며 조선멸시의 식민사관에서 벗어나지 못한 연구임은 위의 논증을 통해 입증되었다고 본다.

막부의 멸망으로 말미암아, 막부가 처리하고자 했던 쓰시마번 처리 문제는 결국 명치 정부의 과제로 넘어가게 된다. 그러면, 메이지 정부의 쓰시마 처리 과정에 대하여 장을 바꾸어 살펴보기로 하자.

V. 메이지[明治] 정부의 성립과 쓰시마번 처리 문제

1. 쓰시마번 처리 문제의 재 대두

1867년 12월 9일, 왕정복고의 대호령으로 메이지 신정부는 성립되었다. 다음해인 1868년 1월 7일, 신정부는 막부장군 요시노부[慶喜]에 대한 추토령(追討令)을 내림으로 신정부 연합군과 막부군 사이에 전투가 발발하게 된다. 이를 무진(戊辰)전쟁이라 한다. 존왕양이를 표방하였던 신정부는 외국 열강의 지지를 획득하기 위하여 1월 17일 외국과의 화친을 국내외에 포

---

30) 毛利敏彦,「明治初期外交の朝鮮觀」(『國際政治』51호, 1974년)

고하였다. 막부를 타도해야 하는 제1의 이유가 막부가 서양 열강과 조약을 맺었기 때문이라고 선언한 신정부는 이렇게 한 달 만에 양이에서 개국으로 태도를 바꾼 것은 정치가 무엇인가를 이해하는 데에 주목된다. 서양 열강들은 이에 화답하여 1월 25일 서양6개국 국외 중립을 선언하였다.

신정부는 외교권을 장악하는 데에 힘을 기울였고, 3월 11일에는 쓰시마번에게 모든 외국과의 교제를 조정에서 담당하니, 쓰시마번은 외국사무보의 입장에서 조선사무를 담당하도록 명령하였다[31] .

이는 일본 국가 기구의 면에서 볼 때 1861년 이래 막부가 추진하였던 조선과의 직접 외교를 장악하려는 의도의 연장이라 볼 수 있으며, 쓰시마번의 입장에서는 다시금 이봉에 합당한 대가를 요구할 수 있는 근거가 되었다. 따라서 쓰시마번은 존속을 위해 쓰시마 원조 요구(쓰시마 처리)의 논리를 전개하게 되는 데 이를 검토해 보자.

윤 4월 6일, 쓰시마 영주 소요시아키라[宗義達]는 위 명령에 대한 봉답서[32]를 제출함과 동시에 별지[33]를 첨부하여 쓰시마번 처리 문제가 먼저 해결되어야 한다고 주장하였다. 별록(別錄)의 내용은,

1. 조선 역무를 근국 열번에서 인선하여 행하도록
2. 조선 무역을 조정이 담당해 줄 것
3. 쓰시마번[對馬藩]이 조선에 의지하지 않고서도 존립할 수 있게 해 줄 것
4. 신사파견을 요청하게 해 줄 것
5. 각오를 정할 것

의 다섯 가지로 되어 있었다.

---

31) 『朝鮮外交事務書』1(한국일본문제연구회, 성진문화사,1971년) 69-70쪽, 이하 『事務書』로 약칭함
32) 『事務書』 73-77쪽
33) 『事務書』 79-95쪽

첫째 내용은, 조선과의 외교에 다른 번을 끌어들임으로 새로운 수당(手當)을 확보하려는 의도라 파악된다. 이는 매우 정치적인 전략으로, 대마도를 조정이 수용(上知)하고 분할분령(分轄分領)을 하여 쓰시마의 경비를 규슈[九州] 제번이 담당해야 한다는 내용으로, 새로운 知行(領地)확보의 수순으로 이해되며, 이는 1861년의 이봉운동(移封運動)과 맥을 같이 하고 있음을 쉽게 파악할 수 있다. 이는 외교를 일원화 한다는 명치 정부의 외국관 관리들의 생각과는 상당한 차이를 가지고 있는 것이었으나, 당시 명치정부가 사쓰마[薩摩],조슈[長州],토사[土佐] 삼번을 중심으로 하는 연합정권의 성격을 가지고 있는 당시로서는 현실적인 제안이라고 판단하였을 것이다.

두 번째의 내용은, 통상 무역까지 조정이 담당할 것을 주장하는 것이지만, 조선과의 무역을 조정에 아무 대가없이 바친다는 뜻은 아니다. 이 역시 조선과의 무역 이익 없이도 번이 운영될 수 있도록 지원해 줄 것을 전제로 한 것임은 그 후의 쓰시마번의 활동에서 확인된다. 쓰시마번 처리를 조선과의 외교 무역과 연계하여 북해도 개척과 같이 급무로 부각시키고자 하였던 의도를 읽을 수 있겠다.

세 번째 내용이 쓰시마번이 요구하는 바와 그들의 역시의식을 잘 보여주고 있다. 특히 이를 통해 한일관계의 왜곡이 또한 나타난다. 이를 소개해 보자.

　(전략),

　一, ①本州(쓰시마번)가 조선국과 교제를 맺고, 사신과 세견선을 보내고, 조약을 맺게 된 것은 1440년대 초 남북조 시대에 서국 병란으로 선조들이 규슈[九州]의 영토를 잃고 어쩔 수 없이 대마도에 들어와 숨어살던 어려운 시기였습니다. 이때 조선은 왜구의 환(患)을 감당하지 못하여 대마도에 잠시 들려 사절을 받아들일 터이니 왜구를 금지 하게 해 달라고 청하였고, 중부와 서부의 다른 영주들에게도 인호를 통하여 세견선을 약속하였습니다. 이때 쓰시마는 그 요충지에 있음으로 특별히 환대를 받았습니다. 원래 세견을 약속한 것은 실로 차래지식(嗟來之食-업신여기며 주는 음식)을 받아먹는 것과 같은 것으로 전적으로 일시의 구급지책(救急之策)에 불과합니다. 그때부터 다년간에 걸쳐 (九州의)영지의 회복을 꾀하여 일단은 그 뜻을 전달하기는 하였으나, 불행하게도 성공하지 못하여 드디어 조선(의 원조)을 기대하지 않고는 국력이 지탱되기 어렵게 되었습니다. 그리하여 잘못된 관례(謬例)가 생기어, 외국(조선)에 대하여 번신(藩臣)의 예(禮)를 취하여 수백 년간 굴욕을 그(조선)로부터 받았으니, 분개절치(憤慨切齒)합니다 .

②원래 본주(대마주)는 토질이 교박(돌이 많고 메마름)하여 불모의 토지와 같으니 번이 생산하는 곡식이 번내 인구의 삼분의 일을 먹이기에도 부족하여, 어쩔 수 없이 조선과 무역의 불안정한 이익에 의해 식량을 그들(조선)에게 구하였으니, 번의 명맥, 병비가 오직 교역의 성쇠에 달렸습니다. 그리하여 이름은 번국의 열(列)에 있으나 그 실은, 무역의 성쇠가 불안정하고 국가의 요충지에 있으면서도 항상 식량과 병사가 부족하여, 변병수변(藩屛守邊)의 임무를 다하지 못하니 천세의 유감입니다.

③지난 임술년(1862년) 겨울, 쓰시마번[對馬藩]이 위급한 정실을 선제(先帝-孝明천왕)께서 들으시고 식량을 이방(異邦)에서 얻어먹는 것은 안심이 되지 못한다고 하여 조슈[長州]는 친척이기도 하고 이웃이기도 하니 (조슈에), 또 사쓰마, 토사[土佐] 에도 상의하여 안도(安堵)할 수 있도록 하라는 조명(朝命)을 내리셨으며, 계해(1863)년에 이르러서는 년조(年租) 삼만 석의 가급을 받게 해 주셨으니, 생사육골(生死肉骨-큰 은혜를 입음)의 은혜요, 바다와 산과 같은 천은(天恩)이니 감읍하지 않을 수 없었습니다. 그리하여 종래 식량을 한토(韓土)에서 구걸하여 먹던 비례(非禮), 외국으로부터 모욕을 받던 숙폐(宿弊)를 널리 일소(一掃)하여, 황위(皇威)가 널리 퍼져서 원략의 개업과 규모가 정하여지기를 원하였던 바, 뜻밖에도 년조(年租)의 지급이 乙丑(1865)년 이래 중지되었을 뿐만 아니라 (그전에)매년 받았던 12,000량은 계해년 가급시에 폐지되었으니, 지금 쓰시마번은 생활의 비용(資)이 없어서 국맥(國脈)이 끊어질 정도로 곤란에 닥쳐 있습니다. 조선국과의 구폐(舊弊)를 바로잡는 것은 차치하고, 지금은 봉공(奉公)도 심력(心力)에 맡길 수 없어 진퇴의 길을 잃고 있으니 두렵기 한이 없습니다. 지금의 상황으로서는 우선 선제(先帝-효명천황)의 칙정의 뜻도 이루어 지지 않고, 이대로 세월만 보내게 되면 매우 두려운 일이니, 국정의 곡절을 직접 탄소하여 확실한 예재(叡裁)를 받을 각오로 있었습니다.

④마침 이번에 조선국과의 구폐를 일신하라는 엄명을 받았으니, 사력을 다하여 속히 그 실효를 세워 년래의 소망을 달성하도록 분발할 것입니다만, 옛날 쓰시마번이 조선국과의 교제를 할 때 그들(조선)은 마음에 맞지 않는 것이 있으면 조선이 공급해야 할 물품을 통제하여 쓰시마번 창고를 비게 하는 술수에 능란합니다. 만일 조선이 쓰시마가 그들을 기대하지 않고는 국력이 지탱하지 못하니까, 양국(조선과 일본)간에 어려운 일이 생기게 되면 쓰시마번이 그 사이에서 주선하여 파탄에 이르지 않을 것이라고 추측하고 이번 교제 일신의 취지도 받아들이지 않으며, 만일 집요하게 불공하여 양국 간에 장애가 생긴다면, 인교(隣交)의 큰 틀에도 관계되어 국위도 서지 않게 됩니다. 따라서 쓰시마 사교(私交)의 폐해를 속히 변혁하도록 하는 것이 한국에 손을 쓰는 제일의 순서라고 생각하오니, 비상한 파격적인 성단을 내려주셔서 선제의 예려(叡慮)를 세우고 금후 외국에게 경모(輕侮)를 받지 않게 해주시기를 원합니다. 그러한 후에는 쓰시마번은 사교의 폐례(弊例)를 비롯하여 기타 유폐를 모두 개혁하여 (국가의) 위신을 빛나게 하도록 하겠습니다[34].

여기서는 ①의 계해약조(1443년)에 대한 해석(인식)이 주목된다. 즉, 세견선에 대해 왜구 금압에 대한 대가라고 자존심을 세우면서, 또 한편으로는 업신여기며 주는 음식을 먹는 것이라고 하는 복잡한 인식을 노정하고 있다. ②에서는 쓰시마번이 조선을 의지하지 않고서는 설 수 없는 경제사정을 역사적으로 설명하였고, ③에서는 1863년의 원조를 가급(加給)으로 파악하는 인식을 살펴볼 수 있으며, 1865년의 원조 중단을 뜻밖이라 표현하여 납득할 수 없다는 인식을 보여 이를 회복하겠다는 의지를 읽을 수 있다. 집단의 이기심을 이해할 수 있는 부분이다. 한일관계에 있어서 주목할 부분은 ④의 부분이다. 쓰시마번은 왕정복고를 조선에 통고하라는 명령보다, 밑줄 친 '구폐(舊弊)를 일신'하라는 명령을 더욱 중시하는 태도를 보인다. 그리하여 구폐 일신(=양속 관계에서 벗어남)을 위해서는 조선 측의 무역의 단절(철공철시)을 극복해야 한다고 주장하면서, 쓰시마번에 대한 원조가 가장 우선적

---

34) 『조선외교사무서』, 전게사료, 83-90쪽

으로 해결(제1의 순서)되어야 한다고 주장하고 있는 것이다. 이러한 쓰시마의 요구는 일본 열도에 조선을 비우호적인 국가로 표현하고 있으며, 기존외교관계의 우호적 성격을 훼손하고 있는 표현임은 말할 나위가 없다. 결국, 조선과의 외교의 개혁이 원조 요구 운동의 근거로 이용·제시되는 과정속에서 기존의 외교 관계가 잘못된 것이었다고 일본 열도에 알려지게 되었음을 알 수 있다. 이러한 쓰시마번의 전략은 왕정복고를 알리는 서계의 내용에서 양국 간의 대립을 초래하게 되었으며 조선 외교라인의 타당한 수정요구를 오히려 쓰시마가 받아들이지 못하는 이유이기도 하였다. (여기에 대해서는 본서의 제2부에서 상세히 검토하겠다)

이러한 쓰시마번의 원조 요구 운동 전략은, 당시 동번의 교토 루스이[留守居] 오시마[大島]와 조슈번의 기도다카요시[木戸孝允]에 의해 꾸준히 전개된다. 오시마는 5월 오사카[大阪]에 있었던 외국관에 출두하여 쓰시마번처리문제에 대해 의견을 개진하였고[35] ,또 조슈[長州]번의 기도도 쓰시마번원조를 위한 조선침략론을 신정부에 꾸준히 요구하고 있다. 따라서 메이지초기의 조선침략론은 쓰시마번 처리 문제와 깊은 연관이 있다.

신생 명치 정부는 쓰시마번 처리를 해결하지 않고서는 조선과의 외교를장악할 수 없었기 때문에 쓰시마번 처리는 조선과의 외교 문제와 연동하며점차적으로 이루어져 간다.

메이지 외국관은 쓰시마 처리의 완급을 조절하기 위해 6월 17일 다음과같은 결정을 내려 태정관에 상신하였다.

1. 왕정복고만을 조선에 다시금 통고할 것,
2. 쓰시마번이 막부로 부터 받아왔던 보조를 긍정적으로 검토할 것,
3. 일한국교의 형식과 국체에 관계있는 사항은 국내평정 후 지령 할 것임을 쓰시마번에 통고할 것[36]

---

35) 『事務書』 97-145쪽

이는 쓰시마번이 「조선과의 외교 개혁」이라는 명분으로 강행되는 쓰시마 처리(=원조) 요구를 견제하고 속도를 조절하기 위한 것임을 쉽게 이해할 수 있다. 또한 외국관은 조선과의 외교 접수를 기회로 활발히 전개된 쓰시마번의 「외교개혁」주도권에 대해 탐탁하게 생각하지 않았다. 아직은 긴급한 과제는 아니었기에 서둘 필요가 없었다.

7월 17일, 명치 정부는 에도[江戶]를 동경으로 선포하고, 8월 23일에는 아이즈번[會津藩]을 함락시킴으로 무진전쟁은 하코다테를 남겨 두고는 평정을 찾아갔다. 8월 27일에는 천황 즉위의 예를 거행하여 국가권력의 소재가 천황에 있음을 내외에 알렸다.

2.메이지 정부의 안정과 쓰시마번 처리 과정

천황 즉위의 예가 거행된 열흘 후, 쓰시마번은 대수대차사 간사관으로 가와모토구사에몬[川本九左衛門]을 임명하고, 11월 21일에 출발시키는 한편, 조선과의 외교 개선을 위한 대수대차사 파견을 무사들에게 직달(直達)하고 있다[37]. 이 직달을 보면, 쓰시마번이 왕정복고를 전달하는 것 그 자체 보다 「구폐를 개혁」[38]하는 것이 더 중요한 일로 간주하고 있음을 알 수 있다. 외국관에서는 조선과의 사단이 발생하지 않도록 왕정복고 통고만을 하며, 모든일은 내전이 끝난 다음에 천천히 한다는 방침인데 반하여, 쓰시마번은 자신들만이 구폐를 개혁할 수 있음을 보여주고자 각오를 정하고 있는 것이다.

따라서 12월 19일, 대수대차사 히구치테츠시로우[樋口鐵四郎] 일행은 부산항에 도착하여 구폐 개혁을 위한 교섭을 진행한다. 그러나 조선이 받아들일

---

36) 『事務書』, 179-180쪽
37) 『宗重正履歷集』권3, 다보하시 전게서 152-153쪽
38) 이 개념에 대해서도 엄밀한 검토가 필요하다. 대마가 주장하는 것이 사전적 의미 (즉 한일 외교관계에 모순이 있어서 이를 개혁한다는 것)가 아님은 말할 필요도 없으며, 이는 「대마 지행의 불안정성」과 관계하는 것이다.

이유는 전혀 없었다. 따라서 서계는 수리되지 못하고 세월을 보내게 되었다.

이러한 와중에서 1869년 5월 13일, 외국관은,

1. 조선 사정에 밝은 2인을 동경에 파견해 줄 것,
2. 조선국의 동정을 국왕에서 서민에 이르기 까지 조사하여 보고할 것,
3. 조선국의 관직 제도등에 대해 기록한 서류가 있는 지를 조사하여 제출할 것,
4. 조선의 지도와 물산의 대개 무역에 관계하는 물품들에 대해 (그 이익을) 對馬藩의 것으로 생각하고 있으므로 꺼리지 말고 상신해 줄 것,
5. 조선 통역을 담당할 수 있는 사람들을 조사하여 명단을 제출할 것[39)]

등을 지시하고 있다.

이는 외국관에 의한 외교 접수를 강력히 시사하는 명령이었다. 게다가 조선과의 무역은 그대로 쓰시마가 장악해도 좋다는 말은 대가없이 외교권을 박탈하려는 것으로 이해되었던 것 같다. 쓰시마(對馬)번은 불안을 느껴, 담당자 오시마[大島]를 외국관 역소에 출두시켜, 쓰시마번의 노력을 강조하고, 교섭지체 이유는 조선의 책임임을 강조하는 한편, 또한 조선과의 교섭은 쓰시마번이 아니고서는 성공할 수 없다고 강변하였다[40)]. 이는 물론 문장 면에서는 앞서의 별록과 모순되는 점이 많다. 즉 조선 역무를 근국 열번에서 인선해 달라는 주장이나, 조선과의 무역을 조정이 담당해 달라는 주장이 꼬리를 감추고 있는 것이다. 그러나 원조를 향한 쓰시마의 의도는 일관된 것이었다.

명치정부는 6월 17일 판적봉환을 허가하고, 번지사(藩知事)를 임명하였다. 따라서 쓰시마에서도 다이묘 요시아키라[宗義達]가 번지사가 되었으며, 쓰시마는 이즈하라[嚴原]번이라고 부르게 되었다. 7월 8일에는 2관 6성제도

---

39) 『외교사무서』 201-203쪽
40) 『외교사무서』 205-253쪽

를 둠으로, 외무성이 출범하게 되었다. 8월 1일, 영공사 팍스는 사할린이 러시아영토가 될 가능성을 경고하여, 명치정부는 8월 15일 에조지를 북해도로 개칭하여 북해도 개척사업에 몰두하게 되었다.

중앙정부는 점차 힘과 자신감을 갖추게 되었으며, 그해 9월에는 쓰시마의 종씨(宗家)를 통한 조선과의 교섭을 부정하고, 외무성 관리의 파견을 결정하기에 이른다.

9월 23일 태정관은 이즈하라 번지사에게 다음과 같은 지령(指令)을 내렸다.

조선과의 교제는 모두 외무성 소관이므로, 종씨는 사절을 파견하지 말라[41]

뒤이어 외무성은 다음과 같이 조선 교섭에 대해 태정관에 품의 하였다.

(전략) 일신(一新)을 이룬 오늘날, 이웃 나라와 명의를 바르게 하고 실제적인 교제를 하고자 하여 조사해 본 바, 조선의 정론(定論)은 옛것을 관철함에 있고, 쓰시마의 종씨와 사교(私交)를 맺어, 일본의 정체에는 간여하지 않겠다는 것이 그들이 바라는 바라고 보입니다. 종가(宗家)도 또한 경제를 조선의 공급에서 충당하는 바가 적지 않으므로, 옛 격식을 지키고자 하여 그 신하로 하여금 조선과의 교섭은 (宗家에)위임해 주도록 운동하는 모습이 보입니다. 지금까지 여러 차례 쓰시마가 상신(上申)한 바 있습니다만, 이는 황정이 일신하고 모든 제도가 고쳐지는 (皇政一新 百度更張) 시점에서, 특히 외국과의 교제를 중요시 하는 천황의 뜻(叡慮)을 받들지 않는 것이라고 인정되며, 옛 제도를 끈질기게 지켜 고식적인 주장입니다. 그러므로, 쌍방(조선과 對馬藩의 주장) 모두 (우리가) 받아들일 수 없는 것입니다.

그리하여 전 세계 문명개화의 時勢에 임하여, (우리가 조선과)조약을 맺지 아니하고 애매하게 일개 다이묘의 하급관리에게 (외교를) 맡겨 둔다면, 황국의 체면에도 관계됨은 물론, 만국공법(萬國公法)에 의해 서양 각국으로

---

41) 『日本外交文書』(韓國篇)―, 147쪽(태동문화사) 朝鮮交接ノ義ハ,外務省ニ御委任被仰付候ニ付, 宗家ヨリ使節ハ可相止候事

부터 힐문을 받았을 때 변명할 말이 없게 됩니다. 뿐만 아니라 조선국은 옛 날 친정(親征-신공왕후의 조선정벌 신화를 말함)도 있었던, 열성(烈聖)이 마음을 기울인 나라이므로, 비록 황조(皇朝-일본)의 속국이라고는 할 수 없으나, 영세에 그 국맥을 보존시키고자 바라는 바입니다. 그런데, 오늘날 러시아를 비롯하여 여러 강국들이 (조선에 대해) 빈번히 침을 흘리여, 책상위의 우환으로 만들고 있습니다. 그러므로 지금은 공법을 가지고 (나라를) 유지하며 (조선을) 구하고 편하게 할 책임이바로 황조(皇朝-일본)에 있습니다.(중략) 그러므로 속히 군함 1,2 척에 사절과 그 외 역원을 태워 조선에 도항시켜 일신의 정체 및 교린의 대의를 진술하고 두터이 맹약을 거듭하도록 시급히 명하여 주시길 바랍니다.

결의가 된 후에는 문서왕복 기타의 체제에 대해서 조목을 세워 차츰 차츰 품의하도록 하겠습니다. (중략)

위의 내용들에 대해서 지급(至急) 품의 합니다. 이상.42)

巳 九 月   외무성 瓣官 (귀하)

여기에 대하여, 태정관이 허락이 내렸으며, 외무성은 조선에 관리를 파견하게 된다. 외무성 관리의 파견은 바로 이즈하라번(쓰시마)의 지행을 박탈하는 것이었기에, 반발은 피할 수 없는 것이었다. 10월 쓰시마는 외무성에 의한 조선 외교의 강제 접수에 대해 사이토가헤[濟藤佳兵衛]의 명의로 항의하였다43).

이 내용을 간략히 요약해 보면, 對馬藩의 전통적인 특권을 강조, 지난 번 조선과의 무역은 對馬藩의 것이라는 지시와 지금의 지시와 모순됨을 부각시키고, 1.사절을 중도에서 포기시킬 수는 없다. 2.전통적으로 쓰시마번이 외교를 담당해도 失體가 되지 않는다. 3.사절을 보내지 말라는 것은 단교를 의미하며, 국해를 초래한다. 4.전통을 무시하고 국사를 내 보내면 위광을 손상시키게 되며 불안하다. 5.통신사를 불러온 다음에 국사를 보내는 것이 순

---

42) 『외교사무서』 255-261쪽
43) 『외교사무서』 273-287쪽

서다, 라고 주장하고 있다. 쓰시마는 여기에 더하여 질의사항44)을 조목조목
나열하여 외무성의 논리를 비판하고 있다. 즉,

> 1. 朝命에 의해 파견한 사절을 어찌할 생각인가
> 2. 조선에서 일본으로 표착한 사람들을 어떻게 송환할 것인가
> 3. 조선에 표착한 일본인은 어떻게 귀환 받을 것인가

이는 모두 쓰시마번에서 조선에 사절을 파견하지 못하도록 하면 생기는
문제이다.

> 4. 왜관 처리 문제
> 5. 관수이하 역원의 처리문제
> 6. 무역은 여태까지 대로 對馬藩이 담당해도 좋은가
> 7. 공무역은 對馬藩이 왜구를 진압시켜준 댓가로 조선이 은혜를 갚은
>   것이니, 조정에서 규칙을 정할 때 이를 빼어서는 않된다.
> 8. 對馬藩은 산출이 적어 조선 무역으로 해결했는 데, 해결책은.
> 9. 최근 조선관계로 비용이 많이 들었는데 해결책은.
> 10. 역관이 대마도에 오곤 하였는데 앞으로는 어찌할 것인가.
> 11. 쓰시마번의 허가가 없는 배(쓰시마가 조선이 준 도서로 발행한 노인
>   을 소지하지 않은 배)는 조선에서 해적선으로 취급받을 터인데 어찌
>   할 것인가

쓰시마번의 주장은, 실무적인 면에서 일리가 있었다. 더구나 외교를 장악
하기 위해서는 당장 들어야 할 비용이 만만하지 않았다. 따라서 외무성은
한걸음 물러서서 동 10월, 조선에 사자 파견은 「입회감찰」의 마음으로 하
며 쓰시마의 외교권을 당분간 인정한다고 쓰시마의 반발을 무마하면서 또
한 종가에 적당한 조치를 취해 줄 것을 논의45) 하여 이를 태정관에 상신(上

---

44) 『외교사무서』 281-287쪽

申)하고 있다46). 이에 따라서 태정관은 쓰시마번에 조선과의 외교를 위임할 수 있다는 요지로 위의 질의서에 대한 대답을 내렸다47).

메이지정부는 쓰시마번에 35,850石을 가증(加增)하였다. 이는 물론 대마도를 수용하는 대신 10만 석을 얻으려 하였던 1861년의 이봉 운동에 비하면 만족할 만한 것은 아니지만, 쓰시마에는 희소식이었으며, 이로 말미암아 쓰시마번의 영지는 계 팔만사천오백석에 달하게 되었다. 그러나, 이를 받았다고 하여 조선과의 외교 무역권을 깨끗이 포기할 리는 없다. 쓰시마번은 막부 시절에도 십만 석의 영주(다이묘)임을 공인받았었다. 따라서 쓰시마번은 계속하여 조선과의 외교 무역을 조정에 돌려주는 대가로 원조를 요구하였고, 쓰시마번 처리 문제는 끈질기게 뒤를 잇는다.

11월, 조선에 파견되는 사신은 모리야마시게루[森山茂], 사이토사카에[濟藤榮], 사다하쿠보[佐田白茅]로 결정되었다. 그들에 내린 명령서에는,

(전략) 쓰시마는 양국 사이에 있는 고도(孤島)로 교린의 비용 및 표류민 (송환비) 등 피아 왕복의 수속 등, 일반적인 경비 외에 드는 비용이 있었으니, 막부 시절에 그 비용을 돈과 쌀(金米)로 주었다. 또 조선도 사무역의 이윤을 (줌으로) 종씨 일가(一家)의 경제로 하였던 것 같다. 그런데, 일신 전 (1863년을 말함)에 천황의 뜻으로 년조(年租) 삼만 석을 하사 받았는데, 폐지되어 버려서, 종씨가 탄소하고 있는 바이다. 이제 조선과의 교제를 조정이 인수하게 되면 위 사무역 등의 세금은 자연히 조정(일본 정부)에 속하게 될 터인데, 표류민 취급이나 기타 종씨가 소유하였던 이원(利源)을 하루아침에 거두어 버리는 형태가 되어, 쓰시마번의 정실이 가엽게 되어버린다. 그리므로 조선과의 교제를 조정이 인수하는 것은 상당한 처분이 (필요하고 만일 이것이) 없다면, 이루어 질 수 없다. 따라서 위 처분의 전망 회계에 대해 자세히 조사할 것48).(하략)

---

45) 『외교사무서』 263-264쪽
46) 『외교사무서』 289-294쪽
47) 『외교사무서』 295-300쪽

라고 되어 있어서, 외교권을 인수하기 위해서 얼마나 들 것인지 조사하도록 지시하고 있는 것이다. 3만5천8백5십 석을 가급한 다음에도 쓰시마번 처리 문제가 아직 끝나지 않았음을 보여준다. 이들 3인은 쓰시마번의 재정 상태를 조사하고, 다음해(1870년) 4월, 복명 보고하면서, 세견 공무역을 박탈하는 대가로 합하여 35270俵를 얻을 수 있는 영지를 더 가급(加給)해 주도록 건의하고 있다[49].

그 후, 1871년 7월 14일 폐번치현(廢藩置縣)의 칙령에 의해, 쓰시마번도 폐지되지만, 조선과의 외교권을 인수하는 문제는 좀 더 시간이 걸린다. 결국, 1872년 9월 하나부사가 왜관에 가서 구 쓰시마인들을 강제 귀국시키고 난 다음, 외무성이 전면에 나서서 조선과 대화를 하게 된다. 이 부분에 대해서는 제2부에서 상세히 검토하도록 하자.

VI. 맺음말

이상 일본 막부 말기 - 메이지 초기에 이르는 시기의 쓰시마번 처리 문제에 대해서 고찰하여 보았다. 일본의 개국에 따라 모든 외국과의 교섭을 중앙 정부가 담당해야 할 필요성은 이미 일본의 개항과 동시에 나타났다. 에도 막부 역시 조선과의 외교권을 쓰시마번으로부터 회수할 필요가 있었다. 쓰시마번은 이러한 중앙 정부의 의도를 이용하여 근본적인 경제 문제의 해결을 꾀하였고, 이는 러시아 함대가 내박하였을 때 이봉요구 운동으로 나타났다. 막부는 이를 들어주어 효고 개항을 비롯 서양과의 약속을 연기하려고 하였으나, 쇄항양이의 시대가 전개되면서 이봉을 단행할 수 없었다.

그 후 쓰시마번은 쇄항을 전제로 하였을 때에 쓰시마번이 최전선이 되므

---

48) 『외교사무서』 301-307쪽
49) 『외교사무서』 535-538쪽

로 현재 조선의 식량을 의지하여 겨우 견디고 있는 경제 상황을 일본의 치욕이라고 자리매김하였다. 조정과 조슈를 비롯한 반막부 세력은 이를 지지하였고 결국 막부는 1863년 쓰시마의 연조 3만 석을 지원하기로 결정하였으나, 제1차 막-장 전쟁과 쇄항양이의 포기로 말미암아 이 지원은 2년 만에 무효로 돌아갔다. 이로서 쓰시마번의 경제적 곤란은 더욱 심화되었으며, 쓰시마번 내에서는 분란이 발생하기도 하였다.

메이지[明治]기에 들어서서도 상황은 마찬가지였다. 메이지 정부는 조선과의 외교를 접수하려는 의도를 보였고, 쓰시마는 이를 이용하여 최대한의 보상을 받아내고자 하였다. 이러한 문제가 일본의 개항을 기점으로 조선과 일본 사이에 존재하였던 것이다.

앞으로의 문제는 이러한 일본 역사 전개를 시야에 넣고, 개항 전의 한일 관계를 살펴보는 일이다. 그리하면 일본 연구자들에 의해 「완고 악습의 배타적인 교섭 태도 때문에 평화적인 국교 수립이 이루어 질 수 없었다」라고 왜곡된, 개항 전 조선의 대외 관계의 모습이 나름대로 설득력 있게 복원 정리될 수 있으리라 생각한다. 그 문제에 대해서는 본서 제2부에서 상술하고자 한다.

(1995년 7월, 『일본역사연구』2호, 일본역사연구회)

제2부

메이지 정권과 왜관

제1장 쓰시마번 소멸 과정과 한일관계사

Ⅰ. 머리말

근세(조선 후기)의 한일 외교 관계는 적례(敵禮=대등지례)를 기본 원리로 하는 대등하고 공식적인 외교관계였다. 이 외교 관계는 기유약조에 의해 규정된 것으로, 쓰시마번은 조선과 일본에 양속되어 완충역을 자임하였으며, 양국으로부터 특별한 대우를 받았다. 왜관은 대마도인을 접대하는 장소로서의 성격을 가지고 있었으며, 대마도에서 보내는 세견선과 비선, 그리고 표류민 송환선 등이 부단히 들어오는 장소였다.

대마번은 메이지기에도 왜관을 통해 평균적으로 공목 665동과 공작미 13,333석을 대마도로 반입해 들어갔고[1], 그 외에 무역을 통한 이윤을 독점적으로 확보하고 있었다[2]. 이러한 독점적 지위는 조선이 주조해 준 도서(圖書=도장)를 사용한 노인(路引)발급권, 그리고 세견선에 관한 규정을 통해 법제적으로 확보되었던 것이다.

그런데, 제1부에서 살펴본 바와 같이 이러한 쓰시마번의 지위는 일본의 개국으로 말미암아 흔들리게 된다. 미국에 의한 일본의 개국은 1858년의 통상조약으로 발전하였고, 서양제국과의 외교의 경험은 조선과의 외교를 상대화(相對化)하였고, 외교 구조에 있어서 외국봉행(外國奉行)의 대두(擡頭)

---

1) 『동래부계록』제6권과 제8권, 1869-1872년 4년간의 통계이다. 공목1동은 50필이다. 참고로 공작미 외에 오두료미, 어가미, 영획급미 등이 왜관에 지급되었으므로 조선이 준비한 미곡은 평균 2만4,000석이었다.
2) 대마번은 조선무역을 통한 번의 수입을 3만석으로 계산하고 있었다.

와 함께 쓰시마 영주에 의한 외교를 비판하게 되는 계기가 되었다.

막부가 멸망하고 메이지 정부가 성립하고서도 조선과의 외교·무역을 중앙정부가 장악하는 것은 당연한 과제가 되었다. 그러나 이는 대마번의 특혜를 몰수하는 일이었기에 보상이 필요하였다. 대마번은 메이지 정부의 조선외교에 대한 관심을 이용하여 대규모의 원조를 얻고자 노력하면서도 조선과의 외교 실무는 자신들이 장악하려는 속셈을 감추지 않았다[3].

대마번의 소멸은 법제적으로는 일본 전체의 흐름 즉 폐번치현(1871년)의 단행에 의해 이루어진다고 말할 수 있다. 그러나 쓰시마번을 매개로 이루어지는 한일관계사의 흐름은 그 이후에도 계속되어, 1872년 9월 하나부사[花房義質]에 의해 일방적으로 기유약조의 핵심 조항이 폐지되면서 종언을 고한다. 이 1872년의 시점은 흔히 일본사에서는 '왜관접수'라고 표현하고, 한국의 연구자들은 '왜관강점' 혹은 '왜관침탈'이라고 표현하기도 한다. 하지만 적절한 표현이라고 하기는 어렵다. 왜관은 동래부가 관할하는 곳으로 일본 왜무성이 접수할 수 있는 곳이 아니며, 나아가 일본이 강점하였거나 침탈하였다는 표현은 왜관의 주권이나 소유권이 넘어갔다는 의미가 되기 때문에 완벽한 오해이다.

필자는 이 사건을 그냥 '기유약조 체제의 붕괴'로 표현하도록 하겠다. 기유약조 체제의 특징이 쓰시마번을 매개로 하는 양국간의 우호관계인데 쓰시마번이 소멸되었고 따라서 세견선이 폐지되었다는 사실은 이제 양국 간의 직접 외교 관계가 성립될 수 있는 새로운 환경이 조성되었다는 의미가 된다.

본 장에서는 제1부의 논지를 이어 막말 메이지 정부의 성립에서 시작하여 왜관에서 대마도인이 퇴거할 때까지의 한일관계의 변화를 추적하는 것을 목표로 삼는다.

---

3) 졸고 (1995) 「막말-메이지초 대마번 처리에 대한 고찰」(『일본역사연구』제2집, 일본 역사연구회, 35-65쪽)

II. 막말-메이지초의 쓰시마번

장군 이에모치[家茂]가 幕長전쟁이 한창인 게이오2[慶應2-1866]년) 7월 20일 사망하였다. 그 뒤를 이어 요시노부[慶喜]는 8월 20일 가독을 상속하고, 12월 5일 교토[京都]에서 장군에 취임했다. 요시노부[慶喜]는 취임 직후인 1866년 12월, 노중 이타쿠라를 통하여 다음과 같은 명령을 쓰시마번에 내린다.

조선국 취급에 대하여 일찍이 규칙이 있었겠으나 지금부터는 변혁을 할 터이므로 그 뜻을 잘 받아들여 주기 바란다. 지금의 時勢를 잘 살피어 모든 격식은 옛날의 격식에 따르지 않고 다른 외국과의 교제에 준하여 할 터이니 더욱 신의를 세울 수 있도록 하라. 나아가서는 이정암(以酊庵) 윤번제를 폐지하며 별단의 관리를 파견할 터이니 명심하라[4].

이정암(以酊庵) 윤번제의 폐지와, 별단의 관리(=外國奉行)의 파견이라는 것은 조선과의 외교를 막부가 직접 장악하겠다는 것에 다름 아니었다. 막부가 조선과 직접 외교를 하겠다는 것은 점차 구체화되기 시작하였다. 쓰시마번은 경제적 파산으로 말미암아 외부의 도움 없이는 회생이 불가능한 상태였고, 막부의 외교권 장악 의도를 이용하여 원조를 얻고자 하였기 때문에 막부로서는 큰 장애물은 없었다. 마침 일본에 병인양요에 대한 정보가 입수되었다. 1867년 2월 7일, 막부장군 요시노부는 오사카[大阪]에서 프랑스 공사 롯슈와 회담하고 사절을 조선에 보내어 조선-프랑스 양국 간을 조정하겠다는 의향을 표명했다.

쓰시마의 이봉운동을 시점으로 검토되었던 중앙정부에 의한 외교권의 장악은 더욱 중요한 일이 되었으며, 막각(幕閣)의 공통 인식이 되었다.

---

4) 「公儀被仰上」(「御家記編輯材料」),

　막부는 2월 10일, 외국봉행(外國奉行) 히라야마 요시타다[平山敬忠]에게 대마 파견을 명했다.[5] 히라야마[平山]의 대마 파견은 막부가 조선과의 외교를 접수하기 위한 수순이었다. 이는 대마도에 출장의 형태로 가서 쓰시마번과 협의한 후 조선에도 도항(渡航)할 수도 있다는 내용이었다.

　마침 왜관의 관수 교대가 있었다. 쓰시마번은 이미 두 차례나 조선에 체류한 경험이 있었고 그 중 한번은 관수를 역임한 반누이노스케[番縫殿介]를 다음 관수로 임명하였다. 그에게 주어진 임무는 막부가 외교를 장악하는 경우에도 쓰시마의 역할을 유지할 수 있도록 조선과의 관계를 돈독히 할 것, 쇼군 이에모치[家茂]의 사거에 따른 대부대차사의 파견·요시노부의 가독상속과 쇼군 취임에 따른 입저(立儲)대차사·사위(嗣位)대차사의 파견에 따른 조치, 더 나아가 병인양요의 소식을 조선이 알려왔으니 화해를 주선하기 위한 막부의 사절 파견을 담당하여 조치할 것, 등이었다.[6] 그는 3월 7일 쓰시마 府中을 출발하여 와니우라[鰐浦]로 들어가 3월 26일 출발하였으나 바람이 바뀌어 영도 7리 전양에 표착 하루 밤을 머문 다음 27일 아침에 왜관에 입항하고 있다. 그는 왜관의 관리들과 동래부 임관의 축하 속에서 부임하여 4월 1일부터 업무에 들어갔다. 4월 3일, 그는 임관과 초대면을 하여 착임 인사와 축하를 받았으며, 이 때 병인양요에 대한 조선의 편지를 동무(東武-막부장군)에 전치하였음을 알리고 있다.[7]

　그런데 4월 6일, 훈도와 별차 그리고 차비관이 왜관으로 들어와 북경에서 돌아온 조선의 사신들이 상하이에서 가져온 소식 즉 야도마사요시[八戶

---

5)　「於京師閣老稻葉美濃守殿より被相渡候書」(『朝鮮外交事務一件』1,15-16쪽

6)　「館守每日記」469. 1866년 9월- 신임 관수 番縫殿介가 임명된 다음의 기록이다. 2월 23일의 「含書」 참고.

7)　「館守每日記」, 1867년 4월 3일조. 扨又去年於貴國佛夷戰鬪之始末委細、書翰を以被及御告知於本州も被遊馬入候次第に付、早速東武へ進達に相成候間、追って可被及御報候、方今宇內変革之形勢に付ては、追々及御永談候儀可有之、此旨各中にも可被相含置との事。

順叔]의 기사의 진위를 질의한다. 그 기사는, 에도 정부의 선무장군(군함봉행) 나카하마만지로[中浜万次郎]가 상하이에서 화륜선 80여척을 구입·제조하고 에도에서 260여명의 영주(다이묘)들을 모아서 조선을 토벌하자고 결의를 하였다는 기사였다. 임관과 차비관은 조선과 일본이 300년의 우호를 유지하고 있는데 이 무슨 황당한 일인가 하고 질의한다. 그러면서 예조로부터의 확인 서한을 전달하고 막부 장군의 해명을 요청하였다. 관수 반누이노스케는 일본과 조선과의 우호관계를 강조하면서 순치(脣齒)의 관계에 있는 두 나라를 이간시키려는 궤설(詭說)이라고 단정하고 조선의 질의서한을 막부에 시급히 전달하여 답을 받아오겠다고 전한다. 훈도도 이 기사가 양국의 우호를 이간질하려는 궤설이라고 동의하면서 오히려 서양세력이 대두하는 이 어려운 시절에 한국과 일본이 더욱 우호를 강화해야 할 것이라고 화답하고 있다.

이러한 상황은 기존의 연구와 매우 다르다. 기존의 연구는 이 신문기사의 내용이 조일관계에 중대한 영향을 주었다[8]고 과대하게 평가하고 있으나 조선은 애당초 유언비어로 판단하고 있었고, 질의한 서계의 내용 역시 확인을 위한 것 뿐이었다. 다보하시가 이를 뒤에 오는 막부의 사절 파견과 연계하여 기술한 것은 조선이 유언비어에 좌우되며 정확한 정보를 갖지 못하는 미개한 나라라는 잘못된 인식을 심어주기 위한 의도라 의심한다. 당시 조선은 문화와 평화를 자부하는 국가로서 중국에 대해 귀를 기울이고 있었으며 일본의 변화에 대해서도 주의를 기울이고 있었음은 당연한 일이다.

한편, 동년(1867) 3월 29일, 쓰시마번은 막부의 사절이 파견된다는 것을 알리는 강신대차사로 니이마고이치로[仁位孫一郎]를 왜관에 파견할 것을 결정하고, 강신대차사가 파견된다는 사실을 알리는 선문사(先問使)로 오유미덴사에몬[御弓傳左衛門]을 먼저 도해시켰다. 선문사는 4월 10일 왜관에 도착하여 강신대차사로 니이[仁位]가 파견됨을 알렸다.[9]

---

8) 다보하시기요시 『근대일선관계의 연구』(일조각, 김종학 옮김) pp 131-154

물론 강신사는 4월 11일 바로 훈도와 초대면을 통해 자신의 임무를 알렸다. 막부의 사절을 알리는 강신대차사가 온다는 소식을 전하기 위해서인가 12일 훈도는 바로 경상감사가 있는 대구로 갔다가 21일 귀환한다. 24일부터는 강신대차사가 머무를 참판가(參判家)에 수리가 행해지고, 강신대차사를 맞이할 준비가 이루어진다.

강신대차사 니이마고이치로[仁位孫一郞]는 5월 9일, 정관1선(國德丸), 정관2선(順榮丸), 견선(平安丸), 비선 등 총 4척으로 출발하였으나 2호선은 표류하여 무지포에 정박하였고, 나머지는 왜관에 상륙하였는데, 왜관의 일본인들은 모두 옷을 갈아입고 마중하였으며, 이때 훈도별차도 배를 타고 선창 입구까지 마중을 나갔다. 15일에는 임관과의 대면이 있었고, 막부사절 파견에 대해 상경하여 주선할 것임을 약속하고 있다10).

『동래부계록5』11) 5월 11일 조에는 표류한 2호선(강신대차왜 수목선)을 기장 무지포에 정박시키고 문정하였던 사실이 담담히 실려 있음을 보면, 경상감사도 이미 강신사의 파견을 알고 있었음을 알 수 있다.

6월에는 동래부에서 인사이동이 이루어져, 13일에는 새로이 훈도 안동준, 별차 현덕민이 부임하였고, 18일에는 동래부사 정현덕이 부임하여 본격적인 접촉에 들어가게 된다12). 뒤이어 접위관으로 홍문관 교리 홍원식, 당상차비관 오치양이 임명된다.

강신대차사 니이마고이치로[仁位孫一郞]는 사절파견을 교섭함과 동시에 동래부사와의 면담과 무역규정의 개정 등을 요구하였음을 알 수 있다. 그들

---

9) 동 4월 10일조 兩國御交際之儀兼て御規則も候處、宇內之形勢不容易時機に至益御信義相立候樣との被蒙仰候付、講信參判使孫一郎殿 以下 近々被差渡候付、爲先問使 御弓 傳左衛門 被差渡候。尤規外之儀故 外向より故障可申哉も 難量 癸卯[1843] 九月 講信使之例等 考合セ 時宜之差圖いたし候樣との事

10) 「館守每日記」, 1867년 5월.

11) 『東萊府啓錄』5권은, 慶尙 감사 李參鉉의 장계 기록으로 1867년 1월 21일-9월 22일까지의 장계를 모은 것이다.

12) 「館守每日記」1867년 6월

의 주장은 막부의 사절 파견이라는 배경을 가지고 무기를 교역하는 것과, 역관을 통하지 않고서 바로 동래부사와 상대하겠다는 것이었고, 막부의 사절 파견이 외교권을 막부로 넘기는 것이라는 내용은 아니었음은 주목된다.

9월 2일, 차비관과 양역이 니이[仁位]와 초대면을 하고, 9월 4일 다례연이, 9월 16일에는 봉진연이 거행되었다[13]. 그리고 10월 10일에는 대차사 회답 서계가 입저대차사(立儲大差使-島雄益城) 회답서계와 함께 관수에 전달이 된다.

한편, 일본에서는 10월 14일, 막부가 대정봉환(大政奉還)을 상신하고, 12월 9일에는 왕정복고(王政復古)의 대호령이 내려 장군 요시노부에 대한 사관(辭官), 납지(納地)를 명령하고, 막부를 폐지하였다. 막부는 이에 불복하여 히라야마(平山)에게 소환명령을 내려 메이지 정부와 대항하여 전투가 벌어지게 된다. 이를 무진전쟁(戊辰戰爭)이라 한다. 결국, 막부 중심의 외교 일원화 정책을 추진하였던 히라야마[平山] 일행은 나가사키에도 못가고 대마도에도 가지 못한 채로 막부는 멸망의 길을 걷는다.

왜관에서는 강신대차사 니이마고이치로[仁位孫一郎]가 관수(館守)를 통솔하며 업무를 보다가 다음해 1868년 2월 12일 귀국지시를 받고, 30일 왜관을 떠났다. 아울러 왜관에 왕정복고의 사실이 전달되는 것은 1968년 3월 17일의 일이다[14].

일본의 연구자들은 막부 사절이 파견되어 조선과 프랑스 사이의 조정이 이루어지지 못한 요인을 조선 측의 거절과 「완고한 악습」에 돌리고 있다[15]. 그러나 이는 비논리적이며 또한 근거가 없는 설명임을 지적하지 않을 수 없다. 그들이 건너왔다면 조선은 접대하였을 것이 당연하기 때문이다. 조선에

---

13) 「館守每日記」1867년 9월
14) 「館守每日記」1868년 3월
15) 田保橋潔, 1940年, 『近代日鮮關係의 研究(上)』, 「朝鮮國의 特使拒否」114-128쪽. 및 毛利敏彦, 1974년 「明治初期外交의 朝鮮觀」(『國際政治』51호)

서는 강신대차사가 파견되자 즉시 접위관을 파견하여 접대하였고, 교린의
정신에서 조금도 벗어남이 없었음을 확인해 두자. 그리고 특사가 파견되지
않도록 힘써달라는 요구 역시 교린의 정신에서 벗어나는 것이 아니었고, 이
요구가 막부에 전달되기 전에 막부가 멸망하였음을 확인해 두자.

강신대차사의 파견에 뒤이어 입저대차사(立儲大差使-島雄益城 : 1867년
7월 17일 도착, 10월 23일 출범)와 대부대차사(大訃大差使-村岡相模-1867
년 12월 21일 도착)가 왜관에 파견되었다가 메이지 정부의 성립으로 임무
를 마치자마자 얼른 귀환하게 된다. 메이지 정부가 성립되기 직전까지도 막
부와의 가교 역할을 쓰시마번이 수행하고 있었음을 잘 알 수 있다.

반면에 대수대차사(樋口鐵四郎 : 1868년 12월 9일 도착)는 메이지 정부
의 성립 이후에 파견된 사절이다. 그동안 막부의 권위를 배경으로 조선과
교섭을 하려고 하였던 대마번이 메이지 정부의 수립과 막부 멸망이라는 상
황을 어떻게 조선에 설명하고 새로운 관계를 맺을 수 있는지 복원해볼 필
요가 있다. 왜냐하면 기존 연구는 매우 비우호적이며 조선의 외교 정책에
대한 멸시로 가득 차있기 때문이다. 이 과정은 막부시기의 사절과 메이지기
의 사절의 성격과 접대를 이해하여 조선의 대일정책과 왜관처리 인식을 이
해하는 데에 필요할 것이다.

Ⅲ. 메이지(明治)초기의 쓰시마번

1. 폐번치현 이전의 쓰시마번과 한일관계

1867년 12월 9일, 왕정복고의 대호령으로 메이지 신정부는 성립되었다.
한 달 후인 1868년 1월 7일, 신정부는 막부장군 요시노부[慶喜]에 대한 추
토령(追討令)을 내림으로 서남웅번(西南雄藩)이 중심이 되는 신정부 연합

군과 막부 연합군 사이에 전투(戊辰전쟁)가 발발하게 된다. 신정부는 외국 열강의 지지를 획득하기 위하여 1월 17일 외국과의 화친을 국내에 포고하였고, 서양 열강들은 이를 받아들여 1월 25일 서양6개국 국외 중립을 선언하였다.

신정부는 외교권을 장악하는 데에 힘을 기울였고, 3월 11일에는 쓰시마번에도, 모든 외국과의 교제는 조정에서 담당한다는 뜻을 명령하였다. 즉,

> 이번에 왕정으로 일신되어, 모든 외국과의 교제는 조정이 담당할 것이다. 조선은 옛날부터 왕래하던 나라이므로 더욱 위신을 세우고자 하는 뜻으로, 지금까지 대로 (宗家에)양국 통교를 가역(家役)으로 명하며, 조선국과의 교제는 외국 사무보(事務輔)의 마음가짐으로 행하라고 명하니, 국위를 세울 수 있도록 진력하라. 단, 왕정 일신의 시기이므로 해외에 대해서는 더욱 특별히 마음을 기울여 구폐를 척결하고 봉공(奉公)하라[16].

이는 국가 기구의 면에서 볼 때 1861년 이래 막부가 추진하였던 조선과의 직접 외교를 장악하려는 의도의 연장이었고, 더욱 가까이는 1866년 막부의 직접외교의 선언의 연장이었다. 또한 쓰시마번의 입장을 존중하여 가역(家役-조선과의 통교 전담임무)을 인정하는 모습이 되고 있다. 이는 쓰시마번의 치밀한 공작이 성공한 것이지만, 이것이 문제가 된다. 즉, 쓰시마번(對馬藩)의 입장에서는 '조정이 적극적으로 밀어 줄 터이니 쓰시마번은 계속해서 조선 사무를 家役으로 담당하고 국위를 해하는 일이 없도록 하며, 특히 구폐를 척결하라'라는 명령으로 이해하려고 노력하였던 것이다.

이러한 상황에서 대마번은 어떠한 생존 전략을 구사하였을까. 대마번은 여태까지의 외교가 일본의 치욕이라고 선전해 왔다. 따라서 위의 명령을 받아들여 외교개혁을 하였다는 가시적 성과를 얻어야 하는 부담이 있었고, 그

---

16) 한국일본문제연구회, 1971년 『朝鮮外交事務書』1, (성진문화사)69-70쪽, 이하 『외교사무서』로 약칭함.

러나 외교개혁을 한다는 것은, 상식적으로 생각해 보면, 세견선 파견에 따른 이익을 포기하지 않으면 안 되었다. 이는 결코 가능한 일이 아니었다. 양국 통교를 가역으로 담당한다는 것은 세견선의 이익을 놓지 않겠다는 의도였기 때문이다.

천황 즉위의 예가 거행된 열흘 후, 대마번은 대수대차사 간사관으로 가와모토 구사에몬[川本九左衛門]을 임명하고, 11월 21일에는 그들을 출범시킴과 동시에 이 사실을 무사들에게 直達하였다.

> 이번에 조정이 일신하였다는 전말을 대수사(大修使)를 통해 조선에 알리려한다. 이는 일찌기 朝命이 있어, 지금의 서계부터는 그 나라(조선)가 주조(鑄造)해 준 圖書를 사용하지 않고, 일본 조정이 만들어 준 새로운 도장(新印)을 사용하여, 그들이 번신으로 우리를 대해온 오류(誤謬)를 바로잡아, 오랜 국욕(國辱)을 씻고 오로지 국체와 국위를 세우고자 한다. 그러나 양국간의 종래의 구폐(를 미루어 보면) 이로 인하여 (그들이) 철공철시를 단행하여 우리를 곤란하게 할지도 모른다. 그러나 이를 무릅쓰지 않고 편한 길만 추구한다면, 직무를 수행하지 않는 바가 되므로, 사정(私情)을 버리고 공의(公議)에 따라 단연히 오늘의 처치에 이르렀다. 장래 설령 국맥에 관계하는 곤란이 생긴다 하더라도, 머지않아 대답(조정으로 부터의 보답, 對價)이 있을 터이며, 더우기 王土王民의 입장에서 (쓰시마번을) 버려둘 수는 없을 것이다[17].
> (하략)

상당히 비장한 각오를 표현하고 있다. 기존의 연구를 보면 대마번은 이 대수대차사를 기점으로 조선이 주조해 준 도서를 사용하지 않고 메이지 정부의 도장을 찍어서 사절을 파견하여 한·일간의 갈등이 초래된 것으로 이해하여 왔다. 하지만 이는 불가능한 일이었다. 왜냐하면 조선이 주조해 준 도서(圖書)를 날인하지 않은 노인(路引-입국증명서)은 인정받을 수 없고 해

---

17) 『宗重正履歷』권3, 田保橋潔 1940년『近代日鮮關係의 硏究』, 152-153쪽

적으로 간주될 것이었다. 설령 쓰시마인이라고 신원이 확인되어도 접대를 받을 수 없는 일이었다. 세견무역도 접대를 통해 이루어지기 때문에 불가능하게 된다. 또한 조선사무를 가역으로 담당하도록 인정받았기 때문에 쓰시마번은 이를 포기할 이유가 없었음은 당연한 일이었다. 쓰시마의 외교 전략은 당장의 이익을 위해 표류하고 있었다. 우선 조선과의 우호를 그대로 유지하는 것은 쓰시마의 경제적 이득 이외에도 메이지 정부의 원조를 얻기 위한 카드로서도 필요한 일이었다. 그런데 그동안의 조선 외교가 일본의 치욕이었다고 원조를 요구해 온 쓰시마로서는 뭔가의 가시적 성과를 보여줄 필요가 있었다.

따라서 한·일 양쪽에 서로 다른 말을 할 수 밖에 없었다. 즉 메이지 정부에 대해서는 회담이 잘 진행되지 않는 이유를 조선 측에 전가할 준비를 하였던 것이며, 또한 조선 측에는 메이지 정부의 위협을 강조하면서 자신들이 번병으로 잘 주선하고 있다고 존재 의의를 부각시키고 생색내고자 하였던 것이다.

1868년 12월 19일, 히구치테츠시로우, 가와모토[川本], 고모다[蕣田] 일행은 부산항에 도착한다. 세견선과 비선 표류민 송환선 등은 꾸준히 오가고 있었으며, 노인(路引)과 서계(書契)에 문제가 있었다는 지적도 나타나지 않는다. 관례에 따른 외교 관계가 계속되고 있었음은 주목된다.[18] 「館守每日記」를 보면 12월 24일, 히구치(樋口)는 왜관의 모든 관리들을 모아 번주의 직달을 알리고 있고, 다음해 1월 4일 임관과의 대면을 무사히 마치고 있다[19].

다보하시는 대차사가 강경하게 훈도를 69년 3월 9일에서 3월 14일까지 왜관에 拘置하면서까지 교섭을 진행하였다고 한다.[20] 그러나 그러한 사실

---

18) 다보하시는 이 대차사의 파견으로 계속하여 한일간의 갈등이 존재하고 있다고 설명하고 있으나 사실이 아니다. 또한 대차사의 파견에 대해서는 石川寬, 2003년, 「明治期の大修參判使と對馬藩」(『歷史學研究』775號)가 주목된다.
19) 「館守每日記」1868년 12월 및 1869년 1월 조.
20) 田保橋潔, 1940년 전게서, 164쪽.

은 없었다고 보이며 가능하지도 않다. 왜냐하면 『동래부계록6』을 보면 3월 11일 훈도 안동준과 별차 이주현은 비선 3척이 관수왜, 대관왜, 대차왜의 편지 및 부산진의 노문(路文)을 가지고 출발하였다고 동래부사에 수본을 보내는 등 정상적인 활동을 하고 있기 때문이다.

즉, 대수대차사가 왜관에 도착한 이후에도 세견선은 조선이 준 도서(圖書·인장)를 날인한 서계와 노인(路引)을 가지고 입관하고 있으며, 관례에 따른 외교 무역관계가 지속되고 있었다[21]. 주는 자와 받는 자, 혹은 갑과 을의 역학관계를 무시할 수 없다. 대차사의 외교 교섭 역시 조심스럽게 접근하였다고 보인다.

왜관에서는 6월 15일 관수다례일에 서계의 사본을 제출할 수 있었을 뿐이다[22].

한편, 메이지정부는 1869년 6월 17일 판적봉환을 통해 왕토왕민의 이념을 관철하였다. 영주(다이묘)들은 번지사(藩知事)가 되어 지방관리가 되었다. 대마번도 이즈하라번[嚴原藩]이 되었고, 대마번주는 이즈하라[嚴原] 번지사가 되었다. 이 사실은 왜관에는 9월 2일 알려진다. 9월 30일 왜관의 히구치[樋口]는

번(藩)의 호칭이 이즈하라[嚴原]으로 바뀌었는데, 이는 양국의 서계 왕복과도 관련이 있을 것이므로 지금 東京에 문의해 두었으므로, 지시가 내려올 때 까지는 개칭에 대해 조선에 누설되지 않도록 하라.[23]

고 왜관에 입단속을 시키고 있다. 역시 불똥이 어디로 떨지 모른다는 입장

---

21) 『동래부계록』을 보면, 대마주가 새로운 도서를 사용한 경우는 1869년 4월 4일조, 표민순부서계, 별폭, 路引에 平朝臣義達의 印을 사용하였다가 대위격이라고 비판받고 퇴각당하였으며 개서정납을 명받은 것이 유일하다.
22) [館守每日記]1869년 6월 15일 조
23) [館守每日記]1869년 9월 晦일 조

에서의 조심스러운 접근임을 알 수 있다. 관적봉환과 아울러 외무성은 쓰시마번의 외교를 접수하겠다고 밝혔다. 중앙집권화를 목표로 하는 상황에서 지방 관리에게 외교를 맡길 수 없고 외무성이 외교를 담당해야 한다는 것은 당연한 논리였다.

10월 이즈하라번[嚴原(對馬)藩]은 외무성에 의한 조선 외교의 강제 접수에 대해 사이토가헤[濟藤佳兵衛]의 명의로 항의하였다[24]. 조선과의 외교는 특별하기 때문에 외교를 강제로 접수한다면 조선과의 단교가 될 것이라고 주장하였던 것이다. 이 항의를 따라서 외무성은 한걸음 물러서서 동(1869)년 10월, 이즈하라번[嚴原藩]에 대해 조선과의 외교를 위임할 수 있다는 대답을 내렸다[25]. 이를 전후로 하여, 메이지정부는 이즈하라번에 35,850石을 가증(加增)하여 오랫동안 계속되어 온 쓰시마 처리문제를 해결하고자 하였던 것이다.

이즈하라번에 대한 가증(加增) 소식은 왜관에는 11월 12일 전달된다. 즉,

> 도쿄[東京]에 조정의 부름을 받고 도노사마가 … 3만5천9십석과 노슈[野州] 4천2백2석을 모두 관할지로 받아 기쁘기 그지없는 일이다. 도노사마[殿樣]는 이번에 이름을 시게마사[重正]로 바꾸었다[26].

이러한 상황을 반영하여서일까. 이즈하라번은 12월 2일 당년(기사)조 세견선을 보내면서 "좌근위소장 평조신 의달"의 직함으로 노인과 서계를 작성한다. 따라서 처음으로 노인(路引)과 서계를 둘러싼 갈등이 생기고, 『동래부계록』에 처음으로 관수왜가 메이지개년을 알렸다는 기록이 등장한다. 1869년 12월 3일 조가 바로 그것이다.

---

24) 『외교사무서』 273-287쪽
25) 『외교사무서』 295-300쪽
26) 「館守每日記」1869년 11월 12일 조

관수왜가 말하기를 「폐방에는 이변이 많았으며, 작년 11월에는 메이지[明治]로 개년하였고, 폐주 태수도 승자(陞資)하여 서계와 노인에 좌근위소장 평조신을 칭하였습니다」라고 하므로, 힐책하기를 서계의 문자는 자기 마음대로 하는 것이 아니므로 전례에 어긋나서 받아들이지 않을 것이니, 개서정납(改書呈納)하라고 관수왜 및 정관왜(1-3송사)에게 책유하였습니다. 도서를 살펴보니 옛날과 다름이 없어서 동 서계, 별폭 등본을 상송합니다. … 또 이번에 대마도주 평의달이 보낸 서계 중에 좌근위소장이라는 직급은 혹 받아들일 수도 있겠습니다만, 평자 밑에 조신 2자는 일찍이 없었던 대위격이므로 임역들에게 명하여 엄히 책유하여 속히 개수 정납하도록 하였습니다. 변정(邊情)에 관계되므로 따로 등본을 의정부 삼군부에 상송합니다.[27]

이때에도 도서를 대신하여 신인(新印)을 날인하지는 않았다. 신인(新印)을 사용하는 것은 조선의 접대를 받을 수 없었기 때문이다.

12월 29일자에 1-3송사는 서계를 개수해 온 다음에 공작미를 지급할 것이라고 보고하고 있음을 보면, 역으로 그 이전의 세견선에서는 아무런 문제가 없었다고 말할 수 있고, 훈도나 동래부사는 이 상황을 별로 심각하게 생각하고 있지 않음을 알 수 있다.

계속하여 1870년도의 상황을 살펴보면, 70년 3월 20일까지 입항한 배들이 모두 노인이 위격이라고 퇴각당하고 있다. 이 사이에 2월 22일 외무성 관원 사다[佐田], 모리야마[森山], 사이토[齊藤]가 왜관에 도착하고 있다. 결국 외무성 관원들이 왜관에 파견되었기 때문에 쓰시마가 이렇게 좌근위소장 평조신을 고집하였던 것 같다. 외무 관원들이 귀국한 직후, 1870년 4월 9일에 입항한 비선이 강진표민순부서계, 공작미연한청퇴재판서계, 세견선1-3, 4-17선의 서계를 전부 수정하여 가지고 옴으로 문제는 해결되고 있

---

27) 대수대차사가 도착한 것은 전년도 12월 19일, 거의 1년이 지나서야 『동래부계록』에 관수가 메이지개년을 알렸다고 보고한 것은 어떤 이유인지 매우 궁금하다. 훈도가 이를 감추고 있다가 보고한 것인지, 혹은 대마번이 加贈을 받음으로써 어쩔 수 없이 이 사실을 실토한 것인지 앞으로의 연구가 필요하다.

다. 그렇다면 서계 문제가 발생하는 것은, 1869년 12월에서 1870년 3월까지 약 4개월에 불과하다. 그것도 도서를 둘러싼 문제가 아니며 '좌근위소장 평조신'의 직명 사용에 대한 내용이었다. 훈도는 예조에 '좌근위소장'이라는 직함을 허용할 것인지의 여부를 질의하였고, 8월 7일 예조에서 이를 허락하는 下敎가 내린다. 이후 조선의 서한에서도 대마도주를 '좌근위소장'으로 불러주게 된다.

1870년 4월에 대마번이 비선을 통하여 서계를 수정하여 오는 것은, 외무성의 감시가 느슨해졌기 때문이다. 조선에 파견되었던 외무성 관리들이 돌아갔기 때문에 대마번은 다시금 관례대로 되돌아가서 공작미와 공목을 수령해 가고 있는 것이다. 모든 상황이 원래대로 환원되었으므로, 왜관의 상황은 순조롭게 진행된다.

5월에는 독일 무장상선 헤르타호가 왜관에 나타난다.『동래부계록』5월 3일자를 보면, 돛이 세 개인 이양선이 나타나 절영도 앞바다에 정박하자 두모포만호 나치순과 부산진 제2전선대장 박시림이 전선(戰船)을 이끌고 출동하였고, 중군 정한봉과 별포수 별장 문헌주도 정예병을 이끌고 나아가고 동래부사도 직접 출동하였음이 기록되어 있다. 전쟁 직전의 상태였다. 그러나 일본인들이 타고 있음을 확인하고 동래부사는 공격을 자제한다. 동래부사는 일본과의 인호를 위해 공격을 자제한 것이라 보고하고 동승 일본인 중 대마도인 나카노[中野]의 처벌을 대마도주에게 요구하는 서계를 내려주도록 요청하였다. 결국 8월 7일 예조에서는 나카노의 처벌을 요구하는 서계를 작성하여 내려보냈고 이 서계는 좌근위소장이라는 대마도주의 직함 사용을 허락하는 지시와 함께 동래부에 도착하였다. 아직 한·일간의 우호가 돈독함을 보여주는 사건이라고 필자는 생각한다28).

---

28) 이 사건에 대해 다보하시는 한일간의 갈등을 일으킨 사건으로 설명하고 있고, 이를 이어서 이시가와히로시(石川寬)도 조선이 불신감을 증폭시켜서 세견선 송사의 응접이 늦어지는 결과가 되었다고 설명하고 있다. 「明治期 大修參判使 對馬藩」(『역사

한편, 조선에 머물렀던 외무성 관리들은 1870년 4월, 복명 보고하면서, 세견 공무역을 박탈하는 만큼 합하여 35,270俵(12,344石)를 얻을 수 있는 영지를 더 가급(加給)해 주도록 건의하고[29], 또한 皇使(大將)를 파견하여 조선을 위협할 좋은 기회라고 상신[30]하고 조선침략(정한)을 주장하였다. 대마번에 대한 불만이 조선에 대한 적개심으로 변이되는 모습이 이들의 보고서를 통해 감지된다. 이후 일본에서는 조선과의 전쟁을 주장하는 정한여론이 비등하게 된다. 이를 1870년의 정한론이라고 한다.

이러한 전반적 입장을 반영한 외무권대승(外務權大丞) 야나기하라[柳原前光]의 「조선논고(朝鮮論稿)」[31]는 전쟁론으로 흐르고 있었다. 한편, 왜관에서는 관수 반누이도노스케[番縫殿介=番忠見=番高麗造]가 1870년 윤10월 12일 문책 귀국함으로, 「館守每日記」의 기술은 종료된다.

2. 폐번치현(廢藩置縣) 이후의 한일관계와 왜관

1871년 7월 14일, 천황은 폐번치현을 명령하였다. 폐번치현의 칙명에 의해 이즈하라번도 폐지되어 이마리[伊萬里]縣에 병합되었다. 한편, 종의달은 7월 29일 외무성원으로 편입되어 외무대승에 임명된다. 이때 그의 나이 26세이고, 번주(藩主)가 된지 10년만의 일이었다.

종의달이 외무대승으로 임명된 그날(7월 29일)은, 일본이 청나라와 수호(修好) 조규를 조인한 날이기도 하였다. 8월에 종의달은 외무대승의 자격으로 서한을 조선에 보내었다. 이 서한은 8월 24일 관수왜를 통해 훈도와 별

학연구』775, 2003년). 그러나 4월 9일 도착한 비선에 國分建見이 강진표민순부, 공작미연한청퇴, 세견1-3선, 4-17선 서계와 별폭 및 노인을 改撰해 왔다는 사실은 밝히지 않고 있다.

29) 전게 『외교사무서』 535-538쪽
30) 『日本外交文書1』247쪽
31) 『日本外交文書1』(한국편)249-250쪽)

차가 수령하고 예조로 상송하였다.

한편, 10월 8일 외무경 이와쿠라[岩倉]가 특명 전권 대사로 구미사절단이 파견되고[32], 11월 4일 소에지마 다네오미[副島種臣]가 외무경에 취임하면서, 데라시마 무네노리[寺島宗則] 외무대보를 중심으로 조선과의 외교관계도 외교 관료적, 조직적인 틀을 가지게 된다. 조선문제는 외무소기[外務少記] 요시오카 코기[吉岡弘毅]가 전적으로 책임을 지고 담당하며, 구쓰시마(舊對馬)의 잔재세력은 청산되어야 할 대상으로 규정되었다. 12월 28일, 외무성 준주임 오오시마의 해임과 종의달의 도한 중지 명령이 내려졌다[33].

1872년 1월 18일, 외무성 관리 모리야마 시게루[森山茂]와 히로쓰 히로노부[廣津弘信], 사가라 마사키[相良正樹] 및 우라세[浦瀨最助=浦瀨裕]가 화륜선을 타고 왜관에 도착하였다. 이들은 왜관에 입항하기 위해 신미조1특송사1·2호선과 제주·기장 표민 영래차왜선, 기장표민 본선, 제주 표민 차기선, 비선 등과 함께 입항하였다[34]. 이들은 이전에 왜관에 들어와 체류하고 있었던 요시오카 코키[吉岡弘毅]를 필두로 7인 위원회(요시오카, 모리야마, 히로쓰, 사가라, 우라세, 히로세, 후카미)를 조직하여, 이들만이 조선과 회담에 임할 수 있다고 규정하였다. 이는 외무성이 조선과의 외교를 장악하는 과정에서 대마도 상인들과 조선 임역이 결탁하지 못하도록 하려는 의도였다. 조선의 임역들은 대마도를 번병으로 삼고자 하였고, 대마도 상인들은 자기들의 기득이권을 놓치지 않으려고 하였기 때문이었다.

외무성 관리들은 일본이 폐번치현을 단행하여 쓰시마 영주가 외무대승이

---

32) 岩倉사절단에 대해서는, 田中彰, 1977년『岩倉使節団』(講談社現代新書)과 1982년『米歐回覽實記』(岩波文庫 靑141, 전5책)을 참고바란다.

33) 『朝鮮外交事務書3』757쪽,『日本外交文書1』355쪽

34) 당시의 동래지역의 해안방어와 입국절차는 매우 엄중하였다. 그러나 일본측 사료는 이를 누락시키고 있어서 왜관을 자기들의 주권이 미치는 지역인 듯 왜곡하고 있다. 일본측 사료의 비판에 대해서는 별고「1872년 부산지역의 해안 방어와 화륜선의 입항」에서 논하고자 한다.

된 것과 세상이 변하여 일본이 청국과 수호조규를 맺었음을 알렸다. 그동안 일본의 변화를 신중하게 지켜보고 있었던 조선은 '청일수호조규'의 원본을 확인하고, 폐번치현으로 대마번이 폐지되었음을 실감하지 않을 수 없었다. 동래부와 훈도는 외무성 관료들이 가져온 외무대승 종의달의 서계를 받기로 결정하여 3월 20일 이를 받아들였다. 다만 중대한 일이므로 회답 여부는 국론 수렴을 통해 천천히 결정하겠다고 회답하였다[35].

외무성 관리들은 서한에 대한 회답을 독촉하는 한편, 동래부사와의 면접을 요구하였고, 조선 측은 중요한 일이므로 훈도 안준경(동준)이 동래부로 돌아온 다음에 회답이 가능하다고 회답에는 시일이 필요함을 설득하였다. 훈도 안동준은 당시 상을 당하여 휴가 중이었으나, 제복을 명받고 5월 초순 서울을 출발하여 23일 동래부에 도착하였으며, 25일 차사등과 회견하여 일본 측의 뜻은 잘 알겠고, 다 조정에 보고하여 조정에서 논의 중이라고 말하고, 이 일은 한 사람의 의견으로 결정될 일이 아니므로, 논의가 이루어지는 것을 기다려야 한다고 신중한 태도를 취하였다.

훈도의 신중한 태도에 불만을 품고 그들은 난출을 하였다[36]. 처음 조선

---

35) 이때의 응대에 대해서는 『應接類書』(부산시민도서관 소장, 한국학전자도서관 제공)에 자세하다. 대화의 중심은 관수 후카미 로쿠로[深見六郎]가 차사 사가라[相良正樹]를 내세우고 통사 히로세와 우라세를 동석시킨 형태로 진행된다. 요시오카, 모리야마, 히로쓰는 전면에 나서지 않고 쓰시마 출신 외무성 관리들을 전면에 내세워 회담을 진행시키고 있다. 당시 최고위직은 요시오카[吉岡弘毅]였으므로, 요시오카의 책임하에 기록되었다고 말할 수 있다. 1월 18일에서 5월 12일까지의 교섭 경위가 기록되어 있다.

36) 이 난출 사건은 연구할 가치가 있다. 외무성의 지령을 받은 것인지가 명확하지 않고, 난출에 임하여 왜관 수문에서 저지당한 것을 훈도가 수문을 열도록 명령하여 나갈 수 있었던 것이나, 또 부산진에서 식량이 떨어지자 부산첨사가 식량을 지급해주고 차비관 한인진이 왜인들을 인솔하여 동래성 남문에 도달하게 되는 과정이 매우 협조적이다. 또한 나중에 이 사건으로 왜관의 1대관을 비롯한 대마도 무사들이 하나부사에 의해 처벌을 받았다는 것도 난출의 성격을 둘러싸고 밝혀져야 하는 무엇이 존재하고 있는 듯하다. 필자는 이 난출이 한일외교관계에서 지위를 급속히 상

측은 동래부사가 친접할 요량이었던 것 같다. 그러나 훈도 별차가 대마도 출신의 상인들, 특히 1대관 카이즈 모타로[海津茂太郞]와의 회담을 통해 꼭 동래부사가 친접할 필요가 없다고 판단하여 6월 6일 동래부사의 명령을 전달함으로 실패하고 귀환하였다.

한편, 일본 태정관(太政官)은 5월 7일자의 외무성의 상신을 받아들여, 5월 28일, 부산 초량공관사무를 외무성의 소관으로 하고, 재근 인원 중 외무성 직원이 아닌 구 쓰시마 무사들을 퇴거 귀국시키기로 결정하고 있다. 또한 표류민 문제도 나가사키현으로 이관(移管)하였다[37].

1872년 8월 10일, 외무경 소에지마[副島]는 현안 해결을 위하여 높은 관직의 관원을 파견해야한다고 생각하고 이를 태정관 정원(正院)에 상신하였다[38]. 그리고 15일에는 그 임무에 하나부사[花房義質]를 임명하고, 그 권한의 범위를 지적하였다[39]. 8월 18일에는 천황의 勅旨의 형태로 다음과 같은 사항이 외무경에게 시달되었다.

> 칙지 외무경 정四위 副島種臣
> 一, 초량공관의 관사와 대관소는 종전과 같이 그대로 둘 것
> 一, 쓸데없는 土官과 잡인등은 모두 귀국시킬 것
> 一, 상인들은 스스로 판단해서 하게 할 것
> 一, 감합인은 옛것을 그대로 사용할 것
> 一, 세견선은 폐지할 것
> 一, 세견선 물품 지체분(1872년 당해년분)은 종가의 부채가 되고 있으므로 지급해 줄 것
> 一, 쓰시마에 체류하고 있는 (조선)표류민들을 전부 송환할 것

실하고 있는 상황에서 일어난 대마번 무사들의 분열을 보여주는 마지막 모습이었다고 생각하고 있다.
37) 『日本外交文書1』 378-382쪽. 『朝鮮外交事務書4』 247-267쪽.
38) 『日本外交文書1』 399-400쪽
39) 『日本外交文書1』 400-402쪽

一, 위 사항을 조선에 출장할 외무대승 花房義質에게 전할 것[40]

가장 첫째 임무가 초량 공관의 관사와 대관소를 상실하지 않는 일이었음은 주목된다. 대마도인의 퇴거가 잘못하면 바로 왜관 폐쇄와도 직결될 우려가 있었기 때문이었다. 따라서 하나부사는 왜관폐쇄가 되지 않도록 온건한 외교 전략을 수행하게 되었고, 도서(圖書) 역시 조선이 준 것을 그대로 사용하여 조선에 입국하게 된 것 역시 초량공관의 관사와 대관소를 그대로 유지하기 위한 것이라고 판단된다.

외무대승 하나부사 요시모토[花房義質]는 난출 이후 대마도에 돌아와 있었던 히로세[廣瀬直行], 히로쓰[廣津弘信], 모리야마[森山茂]등과 함께 1872년 9월 15일 기미조2특송사2호선과 영암·제주 표류민을 거느리고 국경을 건너 부산항에 입항하였다. 그는 기존 1대관 카이즈 모타로[海津茂太郎]와 우에노[上野敬助], 나카야마[中山喜兵衛]등을 외무성 지침에 따르지 않았다고 문책 귀국시키고, 왜관 정리에 나섰다. 그는 관수 후카미[深見六郎-正景]를 외무성9등출사로 임명하여 계속 관수로 두고, 11등 출사 히로세[廣瀬直行]를 제1 代官으로, 외무소록(外務少錄) 오쿠 요시노리[奧義制]를 학사 겸 감찰(監察)로, 14등 출사 스미나가[住永友輔]를 제2대관 겸 대통사(大通詞)로 하고 나머지 구쓰시마(舊對馬) 무사들은 귀국시켰다[41]. 그리고 외교 교섭을 부하들에게 맡기고 상황을 주시하다가 25일 군함을 이끌고 쓰시마로 이동하였다가 동년 11월 귀경하여 활동 내용을 복명하였다.

이 왜관에서의 대마도인 퇴거 상황을 흔히 일본에서는 '왜관접수'라고 표현을 한다. 이때부터 세견선은 파견되지 않았으며, 표류민은 송환되었지만 일본 외무성은 영래차왜와 서계를 생략하고 있다. 이에 따라서 동래부사도 접대를 할 명분이 사라지게 되었다. 또한 접대소로서의 왜관의 역할은 종언

---

40) 『日本外交文書1』 403쪽
41) 『日本外交文書1』 413-415쪽(「朝鮮御用復命略」)

을 고하게 된 것이다. 한일관계에서 처음 변화가 시작되는 부분이 표류민 송환 절차임은 흥미롭다. 임진왜란 이후 국교의 수립이 부로인 송환에서 시작되었듯이, 서계문제도 표민순부서계에서 나타났으며, 기유약조의 붕괴도 표민영래차왜와 서계 없이 표류민을 송환하는 모습에서 처음 나타나기 때문이다. 이는 표류민 송환이 인도적이라는 측면도 있지만, 일본이 이권을 포기하였기 때문에 조선이 따라오지 않을 수 없었던 점을 무시하기 어렵다.

1872년 9월 이후, 세견선은 왜관에 입항하지 않는다. 대마도에 대한 처리가 끝났음을 의미하며, 한일관계사에서 정치적 주체로서의 대마번은 소멸되었다고 말할 수 있다. 이후 왜관에는 비선만이 꾸준히 들락날락 하고 있음을 확인할 수 있다.

IV. 맺음말

이상 대마번 소멸과정과 한일관계사의 변화를 살펴보았다. 정치는 역사에 대한 왜곡 선전을 동반하는 경우가 많다. 메이지 정부를 성립시킨 반막부 양이세력은 대마번의 이봉운동을 막부의 개항정책에 동조한 일부「수구보수파」의 정책으로 매도하였고, 이봉이 이루어지지 않아 막부에 항의를 하러 출부한 무사들을「양이의 지사」로 평가하면서 포섭하여 대마번 양이정권을 성립시켰다. 이 포섭 과정에서 논문에서는 드러내지 못하였으나 카쓰라고고로(桂小五郎-후의 기도다카요시)와 수후마사노스케(周布政之助)의 은폐와 연극 등은 소설 이상으로 흥미롭다.

대마번 역시 메이지 정부의 방침에 저항하면서 조선과의 외교를 가역(家役)으로 유지·담당하고자 노력하면서 외교 개혁을 선전하였기 때문에, 외교 개혁을 위해 얼마나 혼신의 힘을 기울였는지를 사료를 통해 남겼다. 그러나 이를 액면 그대로 믿을 수는 없다. 많은 부분에서 사실이 아님이 확인되기 때문이다. 대마번은 자신들이 말하는 개혁이 무모하고 불가능함을 스스로 잘 알고 있었다. 조선의 입장에서는 받아들여야 할 아무런 이유가 없는 요구였던 것이다. 조선의 사료와 비교하면서 면밀히 살펴봐야 한다.

메이지 정부는 기본적으로 대외 확장이 목표였다. 대마번의 존재가 메이지 정부와 조선 사이의 충돌을 연기시켰는지 혹은 초래하였는지의 여부는 현재로서는 판단하기 어렵지만, 대마번의 존재는 메이지 정부를 초조하게 만들었음은 틀림없다.

세견선이 폐지된 1872년 9월 이후, 강화도 조약에 따라 「日人居留租界條約」이 맺어지는 1877년 1월에 이르기까지 왜관은 과도기의 모습을 보인다. 동래부와 경상좌수영의 관리들은 해안 경비와 입항을 요청하는 왜인들에 대해 여전히 노인(路引)을 요구하였고, 소지하지 않은 배들을 퇴각시키고 있다. 이 사이에 일본에서 정한론 논쟁이 발생하는 것이다. 또한 이 와중에도 왜관에서는 표류민 송환이 꾸준히 이루어지고 있었으며, 무역도 이루어지고 있었다. 이 시대에 교섭에 대한 연구가 필요하다. 또한 동래부와 경상좌수영의 해안 방어는 어떠하였으며, 화륜선이 입항하였을 때의 상황에 대한 연구가 필요하다. 그리고 표류민 송환이 변화되고 있음에 대한 연구와, 그리고 대마도인들이 퇴거하고 난 다음양국간의 교섭 내용은 어떠하였는지 등등에 대한 연구도 필요하다. 이 부분은 다음 장에서 차례로 검토하도록 하겠다.

2013. 9 (『동북아역사논총 41』) 동북아역사재단

제2장 1872년 일본 화륜선의 왜관 입항

Ⅰ. 머리말

일본의 역사 교과서를 분석하면서 필자는 왜관에서의 교섭 경과를 미시적으로 추적하는 작업이 필요하다고 제안한 바가 있다[1]. 조선을 속방으로 취급하거나 대륙진출의 발판으로 삼고자 하였던 메이지 일본과, 이에 말려들지 않으려 하였던 조선 사이의 외교 갈등을 미시적으로 분석하는 것은 문화국가로서의 자존심이 강한 조선의 외교 인식과, 당시 메이지 일본의 억지스러움을 밝힐 수 있으며, 지금까지의 편협한 연구를 극복하는 계기가 되리라 생각하기 때문이었다.

왜관에서의 교섭 경과에 대한 기존의 연구는, 메이지 일본의 선전적 사료나 왜곡된 보고에 일방적으로 의존하고 있다. 당시 메이지 정부, 외무성의 역사 인식과 기록은 자신의 행동을 정당화하기 위한 것이었음을 간과할 수 없다[2]. 따라서 당시 일본의 기록은 조선의 기록과 대조하면서 비판적으로 받아들여야 함은 말할 나위가 없다.

1870년 윤10월, 관수 반누이노스케[番縫殿介-番高麗造]는 세견선 무역을

---

1) 졸고, 2007, 「한·일 역사교과서의 근대사 기술 분석」(『동북아역사논총』17호, 동북아역사재단)122쪽

2) 이러한 필자의 견해의 근거는 졸고, 2011, 「한·일 역사 갈등의 뿌리를 찾아서 - 한일관계의 변화와 총독부 간행 조선사 기술 검토를 중심으로 -」(『한일관계사연구 40집』) 참고. 여기서 필자는 "당시 일본에서의 역사란, 만국대치의 국제법정에서의 싸움을 위한 선전과 근거자료의 확보였다. 자신의 약점은 감추고 상대방의 약점은 폭로하는 것이 법정에서의 싸움이다."라고 당시의 역사의식을 피력한 바가 있다.

계속하였다는 이유로 문책 귀국당하고, 다음해 1871년 1월 28일 새로운 관수로 외무성 출사 후카미로쿠로[深見六郎-平正景]가 부임한다. 하지만 그 이후에도 세견선은 계속하여 왜관에 입항하고 있다.

조선과의 외교를 장악하려고 하였던 일본 외무성은 1872년 1월과 9월, 두 차례에 걸쳐 화륜선을 조선에 보내어 대마주에 주었던 외교권을 회수하고 세견선을 폐지하여 기유약조를 무력화시킨다. 본 논문은 1872년 1월과 9월, 두 차례에 걸쳐 화륜선이 입항하는 과정에 대해 주목하고자 한다.

『대일본외교문서』를 보면, 화륜선은 조선으로부터 아무런 제지도 받지 않고 왜관에 입항한 것처럼 기술되어 있다. 즉 1월의 모리야마 보고서에는,

> 13일 8시에 출발하여 미풍을 타고 이미 부산만 입구에 도달하였으나 새벽 4시가 되어 미명에 포구에 들어가게 되면 한인들이 의심하고 우려할까 봐서 날이 밝기를 기다리다가 7시에 이상 없이 왜관에 도착하였으므로 안심하시기 바랍니다.[3]

라고 기술하고 있으며, 9월의 하나부사의 보고서에서도

> 일행 관원들은 지난 15일 아침 대마도를 출발하여 동일 오후 4시경 春日·有功艦 모두 정박하였고, 조선의 상황에 대해 물어본 바, 특별히 변한 바는 없고, 화륜선이 건너왔다고 해서 특별히 동요하고 있다고 보이지도 않으며, 한인 소통사 및 수영의 사람들이 배를 구경하고자 하여 기꺼이 구경하게 하였습니다.[4]

---

3) 『日本外交文書(韓國篇)』1, 서울태동문화사 영인, 364쪽. 十三日第八字開帆候處、穩波微風既に釜山灣口に近附候節、漸第四字頃にて、未明中浦入いたし候ては、韓人ノ疑慮に渉り候半と、拂曉相待第七字、無異着館いたし候間、此段御安心可被成下候。

4) 一行官員去る十五日未明對馬州出帆、同日午後四字頃、春日有功兩艦とも無恙着韓、近日外向の景狀相尋候處、別に相替儀無之、火輪船渡韓に付、强て動搖いたし候程之儀も相見不申、韓人小通事並に水營のもの等、船拜見願出、快く差許候事。『일본외교문서(한국편)1』406쪽)

라고 기술하고 있는 것이다.

하지만 이는 상식적으로 받아들이기 어렵다. 왜냐하면 대마도에서 건너오는 배들은 통행증인 노인(路引 : 대마주에서는 吹噓라고 불렀다)을 소지하고 있는지의 여부와 엄격한 입항절차를 거쳐야 되었기 때문이다. 더욱이 1871년 신미양요 이후, 국경 방어가 강화된 상황에서 일본 화륜선이 조선의 검문이나 제지를 받지 않고 입항할 수는 없는 일이다.

1872년에 작성된 지도를 보면 알 수 있듯이, 일본을 바라보는 4곳의 봉수대(간비오봉, 황령산, 구봉, 응봉)와 경상좌수영을 비롯하여 포이진, 부산진, 두모진, 서평진, 다대진, 그리고 동래부의 존재 이유를 생각하면 더욱 그렇다.

이러한 문제를 확인하고 일본의 기록을 비판하기 위해서는 먼저, 부산지역의 해안방어와 일본에서 배가 왔을 때 탐지 체계, 보고체계, 그리고 예인, 문정, 입항절차 등에 대해 확인이 필요하다. 그 다음, 특히 화륜선이 도착하였을 때 입항이 허락되는 이유와 화륜선에 대한 문정 내용에 대해 동래부의 자료를 검토할 필요가 있음은 물론이다.

부산지역의 해안 방어를 살펴보기 위해서는 『동래부사례』5)와 『동래부계록7』6), 그리고 1872년 작성된 「지방지도」7)가 유용하다. 그리고 대마도에서

---

5) 규장각 4272. 전2책. 원문이 PDF파일로 제공되어 열람이 가능하다. 한편 이 책은 1963년에 釜山市史編纂委員會에서 釜山史料叢書 第一로 活印되었다. 『동래부사례』는 1868(高宗 5)년 戊辰 윤 5월에 東萊府에서 府勢와 재정내역 및 제반 사무 규례를 정리한 것이다. 이 중에는 왜관에 대한 정책도 자세하게 실려 있다.

6) 제7책은 慶尙左道水軍節度使 尹永夏의 狀啓謄錄으로 1870년 8월 27부터 1872년 7월 16일까지의 기록이 담겨 있다. 제6책과 제8책이 동래부사의 장계등록이므로 함께 살펴보면, 같은 시기의 사건을 동래부사의 보고와 수군절도사의 보고서를 비교하여 살펴볼 수 있는 매력이 있다.

7) 현재 서울대학교 규장각에는 조선시대 官撰地圖 제작사업의 마지막 성과로 평가되는 1872년 지방지도가 소장되어 있는데 총 459매이다. 이 때 제작된 지도들은 郡縣지도뿐만 아니라 營·鎭堡·牧場·山城 등을 그린 지도까지 포함하고 있어서 한 시기에 제작되어 收合된 지방지도로는 가장 많은 양을 보유하고 있다. 이들 지도는 1년이 채 되지 않는 짧은 시간에 제작되어 收合되었기 때문에 통일적인 제작 원칙 하

배가 왔을 때 탐지에서 입항 문정 보고까지의 과정은 『동래부계록6』과 『동래부계록8』을 활용하고자 한다.[8]

동래부사가 올린 장계(狀啓)를 모은 『동래부계록』6권과 8권의 주된 내용은 왜관 출입국 기록이다. 왜관에 들어온 배의 종류와 입국목적, 입국한 왜인들을 파악 보고하면서, 이들이 가져온 서계와 별폭 그리고 노인(路引)[9]을 예조에 올리면서 이 상황을 의정부와 삼군부에 보고하는 입국기록과, 언제 입국한 배가 언제 어떤 용무로 입국한 왜인 몇 명을 태우고 떠났다고 훈도 별차가 수본(手本-보고서)을 통해 동래부사에게 보고하면 동래부사가 이를 바탕으로 부산진에서 발급한 노문(路文)과 관수왜 서한 혹은 공작미등을

에 체계적으로 그려지지는 못했다. 그러나 이전 시기의 지도보다 큰 규격으로 작성되었기 때문에 지도에 들어있는 정보량은 현재 남아 있는 다른 郡縣地圖와는 비교가 안 될 정도로 풍부하다고 평가받는다. 이 「지방지도」는 흥선대원군이 두 차례의 洋擾를 겪으면서 서양의 침략에 적극적인 대응책을 모색하게 되는데, 이 과정에서 지방의 실정 파악은 시급한 과제였고 이를 위해 1871년에는 전국적인 邑誌 편찬사업을, 이듬해인 1782년에는 전국적인 차원의 지도제작 사업을 추진하여 작성한 것이다. 이 중 (동래부, 좌수영, 두모진, 포이진, 다대진, 부산진) 지도는 부산지역의 해안 방어 상황을 이해하는 데에 요긴하다.

8) 『東萊府啓錄』은 한국학 전자도서관에서 원문 및 탈초문을 볼 수 있다. 『동래부계록』제6책과 8책은 동래부사 정현덕의 狀啓 등록으로 6책은 1869년 1월 1일부터 1871년 4월까지 그리고 8책은 1871년 5월부터 1874년 2월까지 기록되어 있다. 따라서 1869년 1월에서 1873년 12월까지의 5년간의 기록이 고스란히 남아있어서 매우 소중하다. 동래부사 정현덕은 1867년 5월-1874년 2월까지 장기간 재임하였다. 또한 이 때 훈도는 안동준이 계속 근무하였다. (72년 3-5월, 6월-8월은 상고와 병가로 고재건, 현풍서가 가훈도로 근무하였다). 또한 별차는 이주현(69.1-70.8), 현성운(70.8-1871.8 단 71년 5월부터 한인진이 가별차), 이필기(71.8-72.12, 단 10-11월은 가별차 한인진), 고재건(1871. 12-1872.6, 단 3-5월 및 6-8월에는 가별차 한인진), 현풍서(1872.8-1874. 2월 현재)로 교체 되고 있다.
9) 여행증(입국허가서)이다. 路引을 대마주에서는 吹噓라고 불렀다. 한편 출국허가서를 路文이라고 동래부계록에서는 구분지어 표현하고 있다. 일본 사료에서는 문인(文引)이라는 표현이 나오는 데 노문(路文)과 노인(路引)을 합한 표현이라고 추론하지만 확증을 얻지는 못하였다.

가지고 떠났다는 출국상황을 보고하는 내용이 주를 이룬다. 그 외에 송환된 표류민에 대한 문정 보고, 하선다례연, 하선연, 상선연 설행에 관한 보고 및 왜관수리 및 왜관에서 일어나는 사건들(난출, 월장사건 등)에 대한 보고 그리고 공작미와 공목 지급 통계 등이 그 중심을 이룬다.

반면, 수군절도사가 올린 장계(狀啓)인 『동래부계록7』은 이와는 성격이 달라서 중심이 국경방어에 있다. 즉, 수영의 인사, 징벌과 포상, 방어 인원의 확보, 정상항로를 벗어난 배에 대한 감시와 예인 정박, 표류에 관한 사항, 담당 지역의 화재, 해난 사고, 영해관아 습격사건, 이양선의 출몰, 군사훈련, 병기점검, 수군무과시험(舟師都試), 등에 대한 보고가 동래부사의 보고와는 차이를 보인다[10]. 그리고 이러한 자료들과 비교할 수 있는 것으로 관수의 기록인『관수매일기』[11]가 있다.

이상의 자료들을 활용하여, 1872년 화륜선이 입항 할 당시의 동래-부산 지역의 국경 방어 상황을 살펴보고, 왜선이 나타나 왜관에 입항하는 절차와 문정의 내용과 보고, 그리고 특히 일본이 화륜선을 보내었을 때 동래부와 경상좌수영이 어떠한 태도로 임하고 있었는지를 복원해 보고, 일본 외무성이 남긴 기록(『대일본외교문서』)과 기존의 연구에 대해 적절한 비판을 가하고자 한다.

II. 동래-부산 지역의 해안 방어와 군사 편제

우선, 『동래부계록』6권과 8권을 통해 1869년에서 1873년 5년간 왜관에

---

10) 그리고『동래부계록5』는 경상감사 이진현의 장계 기록(1867년 1월 21일-9월 22일)이다. 이는 의정부 관문에 따라 각 지역 계엄, 선박과 무기 점검. 훈련, 속오군 및 진군병 취점 상황등을 보고하는 것이 주된 내용이며, 또한 무과시험과 합격자 등에 대한 내용도 보인다.
11) 『館守每日記』는 1870년 윤10월 종료되므로 본 논문에서는 크게 사용되지 못하였다.

입항한 선박과 인원을 간략히 도표로 만들어 보자. <표 1>

〈표 1〉 1869-1873년 왜관에 입항한 선박과 인원

	1869(기사)년	1870(경오)년	1871(신미)년	1872(임신)년	1873(계유)년
세견선	무진조 3척 기사조 8척	기사조 10척 경오조 3척	경오조 13척 신미조 3척	경오조 1척* 신미조 9척	없음.
비선	17척	23척	33척	35척	91척
표민영래선	2척	10척	5척	1척	없음
표민차기선	1척	7척	6척	1척	없음
표민본선	0척	4척	2척	2척	4척
기타		공작미청퇴선1 독일무장상선*	신관수왜선1 사쓰마[薩摩]표 류선*	대마표민선1 화륜선3척 경오3특수목*	사쓰마 표민선1
(계) 입관선척수	31척	58척	63척	53척	96척
(계) 입관 인원	750명 표류민6명	1711명 표류민90명	1584명 표류민 55명 사쓰마표민 10명	1007명 표류민 58명 대마표민 4명	749명 표류민 37명

* 대마도는 기유약조에 의해 20척의 세견선(세견17, 특송3)과 이정암, 만송원, 부특송사선을 보낼 수 있었고, 겸대에 의해 8송사선이 접대를 받았다.
* 선척의 수는 처음 들어온 경우만 통계에 포함하였다. (출항하였다가 귀항한 경우는 불포함).
* 독일무장상선과 薩摩표민선, 경오3특송수목선은 왜관 밖에 정박하였으므로 통계에 포함하지 않는다.

<표 1>을 보면, 왜관에 입관하는 선척은 1869-1873년 5년간 합301척으로 연평균 60척을 기록하고 있으며, 입국 왜인수도 5,801명으로 평균 1,160명에 달한다. 송환되는 조선인 표류민도 246명으로 연평균 49명을 넘는다.

그러면 이렇게 수많은 선박과 인원이 왜관에 입항을 하는 동래-부산 지역의 국경 방어 상황은 어떠하였을까 복원해 보자.

우선 당시 부산·동래 주변의 군사 편제에 대해 살펴보자[12]. 이 지역은 주지하다시피 경상좌수영과 동래부독진(경상좌병영 소속)이 함께 자리하고 있었던 군사적 요충지였다.

---

12) 이완영, 1963,「동래부 및 왜관의 행정 소고」(『港都釜山』제2호, 부산시사편찬위원회)

경상좌수영은 효종3(1652)년 감만포에서 다시 해운포로 옮겨졌고, 숙종 18(1692)년 지금의 수영구 수영동-망미동-광안동 일대 둘레 2785m의 크기로 확장 축성되었다13).『만기요람』14)을 보면 1800년대 초에는, 좌수영 본진에 전선3척이 소속되어 있고 예하 8개진(부산진, 다대포진, 포이포진, 두모포진, 개운포진, 서평포진, 그리고 울산진과 기장진)에 전선 7척이 배치되어, 경상좌수사 이하 2만 800여명이 소속되어 방어를 담당하였다고 한다. 좌수영의 중앙은 우후(虞侯)가 담당하였고, 10개 수군만호를 두었다고 한다.

『동래부계록7』의 좌수영 수군절도사 윤영하의 장계(狀啓)를 검토하면, 1870년도에는 이전의 울산진이 울산부로, 기장진은 기장현으로 승격하여 있으며, 서생포, 포항포가 새로이 이름을 올리고 있다. 그리하여 부산포, 다대포, 서생포, 포항포 네 곳에 첨사(첨절제사)가 있으며, 두모포, 포이포, 개운포, 서평포에는 만호가 경상좌수영 수군절도사의 직접 지시를 받아 해안 경비를 담당하고 있음을 알 수 있다.『영남읍지』를 보면 15척의 전선(戰船)이 있었다고 하며 좌수영(4), 부산진(2), 다대진(2), 서평포, 두모포, 개운포, 포이포, 김포, 축산포, 칠포에 각 1척의 전선이 있었다고 기록되어 있다.

이를 1872년에 만들어진 지방도를 통해 확인해 보면, 경상좌수영도에 4척의 전선과 정탐선(偵探船)이, 부산진도에 두모진, 개운진 전선을 포함 4

---

13) 지금의 수영사적공원
14) 서영보(徐榮輔 : 1759~1816)·심상규(沈象奎 : 1766~1838) 등이 순조의 명으로 편찬했다. 18세기 후반부터 19세기초에 이르는 조선왕조의 재정과 군정에 관한 내용이 집약되어 있다. 관찬 사서의 기록이나 수록된 통계자료로 볼 때 1808년(순조 8) 무렵으로 짐작된다. 특히 권4는 관방(關防)·해방(海防)·주사(舟師)에 관해 서술되어 있다. 관방에서는 한성을 비롯해 개성부·수원부·강화부·광주부와 전국 8도의 성곽을 비롯한 방어시설, 주요 방어요충지를 기록했다. 해방에서는 해안방어를 위한 요충지를 기록하고, 압록강과 두만강, 일본에 이르는 해로를 명하고 있다. 주사에서는 삼도통어영(三道統禦營)·경기수영(京畿水營)·삼도통제영을 비롯한 각처의 수영에 관해 속읍(屬邑)·속진(屬鎭)·병선(兵船)·병력 등을 기록했다. 이어서 전선(戰船)의 개조 연한 등을 밝혔다. 각 항목마다 간략한 연혁과 각종 통계자료, 법규 등을 수록함으로써 각 관청과 제도의 실상을 한 눈에 볼 수 있게 했다.

척의 전선(戰船)이, 다대진도에는 서평포 전선을 포함한 3척의 전선(戰船)이, 포이선창도에 포이전선이 보인다. 이 12척의 전선에 기장, 서생포, 울산에 전선이 있는 것을 확인할 수 있어서, 1800년대에 10척이었던 전선이 15척으로 증강되었음을 알 수 있다. 참고로 전선(戰船) 1척에는 소총수18명, 敎師5명, 포수24명, 능노군(能櫓軍) 120명, 기수 30명 등 200명 정도가 탑승하였다. 이는 임진왜란 당시의 판옥선이 개량된 것으로 판단된다[15].

한편, 육군은 동래부사가 숙종16(1690)년 이후, 금정산성과 동래성의 수성장을 겸임하며 동래부의 독진을 통솔하였다. 1868년에 작성된『동래부사례』의 군총(軍摠)을 정리하면 다음과 같다.

		합	내용
軍校	본진	3911명	중군(中軍)1명, 천총1명, 파총2명, 초관(哨官)14명 지구관(知縠官)2명, 기패관(旗牌官)82명, 속오군 756명,(속오)별대60명, 아병군(牙兵軍) 684명, (아병)별대 50명, 복마39필, 각청표하군185명, 형명수(刑命手) 4명, 군뢰(軍牢) 22명, 사령(使令)26명, 취타수 19명, 세악수(細樂手)14명, 승작대101명, 별군관290명, 별기위 230명, 수성군관 400명, 별무사군관 200명, 친병위300명, 작대200명, 도훈도36명, 산성군관 200명, (산성)표하군30명, 기고관(旗鼓官)2명
	양산	460명	파총1인, 초관3인, 기패관10인, 속오군338명, 별대68명, 복마21필, 별기위 40명
	기장	135명	초관1인, 기패관4인, 속오군 88명, 별대12명, 복마6필, 별기위30명
	계		4506명
납포군		1297명	
私募君		1302명	
군교 총계			7105명

동래읍성은 다른 읍성과 마찬가지로 그 성내에 동래부의 주요 행정 관아가 집결되어 있었다. 숙종3(1677)년에 중수되었고, 영조7(1731)년에 대대적

---

15) 최근 통영시가 고증에 따라 복원한 판옥선은 전장42미터, 284톤이다. 임진왜란 당시에는 대포 8문(전면4문, 후면4문)이 장착되어 있었다.

인 개축이 이루어졌다고 한다. 그 주위는 2880步(약8리, 약 3200m)로 임진
왜란 당시와 비교하면 4배가 넓어진 규모였다. 주변에는 국방상 요지에 성
곽들을 두었는데 북쪽에 금정산성, 동남쪽에 좌수영성, 남쪽에 부산진성,
다대진성을 두었다. 그 중 금정산성은 둘레가 6만 8천 9백 8척으로 조선에
서 가장 큰 성이었다 한다.

이상 대략의 군사력을 살펴보았다. 1870년 당시 부산 좌수영에는 200명
이 탑승하는 전선 15척 이상과 다수의 병선(猛船)[16], 그리고 정탐선이 있어
서 해상 감시활동을 담당하였고, 동래부독진에도 납포군과 사모군을 제외
하고도 군교가 4,500명이 존재하는 군사도시였음을 알 수 있다.

또한 황령산 봉수대를 비롯 다섯 봉수대가 설치되어 있어서 봉군들이 해
상에서 나타나는 배들을 감시하고 있었음도 확인할 수 있다.

이러한 군사력을 배경으로 왜관의 일본인(대마도인)들을 감시하고 묶어
두었던 것이며, 대마도에서 오고 가는 배들을 하나하나 확인하고 문정하고
있었던 것이다. 그리고 이러한 군사력의 존재에 대한 인식이 화륜선이 도착
하였을 때 동래부와 부산진이 공포에 떨었다거나, 1872년에 왜관이 침탈당
하였다는 등 메이지초기 한일관계사의 잘못된 이해를 바로 잡는 데에 필요
할 것이라 생각한다.

Ⅲ. 일본 선박의 왜관 입항과 문정

이 장에서는 1872년 1월, 화륜선 만슈마루[滿珠丸]가 입항할 때를 예로
들어서 일본(대마도)에서 건너온 배들을 어떻게 발견하고 어떤 절차를 거쳐

---

16) 병선은 수영 사적공원에 모형이 있다. 대맹선, 중맹선, 소맹선으로 나뉘며 주로 소
맹선이 활동하였던 것 같다. 병선에는 射夫10명, 砲手 10명, 能櫓軍 15명 등 35명이
탑승하였다고 기록되어 있다.

서 입항시키는지, 화륜선이 입항을 허락받는 조건이 무엇인지를 살펴보고자 한다.

기존의 연구는 ①1872년에는 세견선이 파견되지 않았다. ② 화륜선은 단독으로 바다를 건너왔다. ③ 화륜선은 조선의 검문이나 제지를 받지 않고 왜관에 상륙하였고, 바로 훈도와의 면회를 요구하였으나 훈도는 여러 핑계를 대어 취관하지 않았다고 이해되어 왔다. 본 장에서는 이러한 이해가 정당한지를 검토하고자 한다.

우선 ①에 관하여 다보하시는

> 明治5(1872)년 정월부터 세견선과 공무역은 정지되었고, (왜관유지비)도 그 出所를 잃고, 왜관의 현상 유지는 불가능하게 되었다[17].

고 설명하고 있다. 이는 1872(임신)년조 세견선부터 폐지되었다는 사실을 오해하여 이를 왜관 정리의 이유로 해석하고자 하였다[18]고 판단된다. 이시가와[石川寬]의 최근의 연구에서도 1871년 4월까지 세견선이 파견되는 것으로 표를 작성하고 있다[19]. 그러나 앞서 살펴본 <표 1>을 보면 1872년에 신미(1871)년조 세견선이 들어와 진상을 하고 공목과 공작미를 싣고 출항하고 있다[20] 세견선 파견이 당해 연도에 전부 이루어지는 것이 아니라 다음 해에 걸쳐서 이루어지고 있음을 파악하지 못한 결과라 말할 수 있다. 즉, 1872년도에도 세견선은 입항하고 있었음을 확인할 수 있다.

---

17) 田保橋潔, 1940, 『近代日鮮關係 硏究』上, 207쪽. (宗高書房 복각판, 1972년)
18) 田保橋潔은 다음과 같이 설명한다.
   세견선의 폐지, 사무축소에 의해 거의 일이 없어졌으므로 꼭 필요한 인원만 남기고 귀국시킬 방침을 취했다. 세견선·공무역 폐지에 따라서 왜관은 수입을 잃고 오로지 전년도의 잉여금 그리고 구 번주의 보조에 의해 생활비를 지급받고 있는 현상에서는 인원의 정리가 급무였다. (전게서, 上 , 207쪽)
19) 石川寬, 2003, 「明治期 大修參判使 對馬藩」(『歷史學硏究』775), 6-9쪽 <표1>참고.
20) 『동래부계록』을 보면 1872년 9월 28일 출항한 배가 마지막 세견선이 되고 있다.

② 화륜선이 세견선 및 표류민선과 함께 국경을 건넜다는 사실이 일본측 기록에는 감추어져 있다는 것은 매우 흥미롭다. 『대일본외교문서』 『조선외교사무서』 어디에도 나타나지 않고 화륜선이 단독으로 바다를 건넌 것처럼 기술되고 있는 것이다. 노인(도해면허증)을 소지한 왜선과 함께 오지 않았다면 당연히 입항을 거절당하거나 전투까지도 발생할 수 있었다. 이를 피하고 입항을 허가받기 위해서 화륜선은 세견선과 표류민을 동반하여 함께 온 것 일 텐데 일본의 외무성 기록에는 이러한 사실을 누락시키고 있다.

③ 화륜선이 조선의 검문이나 제지를 받지 않고 왜관에 상륙하였다는 설명은 명백한 역사 왜곡이라 할 수 있다. 즉 『일본외교문서』에 모리야마의 보고를 보면, 화륜선이 홀로 건너온 것으로 이해되며, 또 마치 아무런 방비가 없는 곳에 입항한 것처럼 이해된다. 외국도 아니고 자기 나라 조용한 시골 포구에 들어가는 것 같다. 게다가 13일 아침 8시에 출발하여 14일 아침 4시에 만 입구에 도착하였고, 당일 7시에 왜관에 입항하였다는 기술에서는 동래·부산의 방어와 입국 관리 시스템은 존재하지 않았던 것으로 느껴진다. 상식적으로 조선이 국가인 한, 그리고 Ⅰ장에서 살펴본 부산지역의 방어가 경상좌수영과 동래부독진이 관할하는 지역이며 봉수대가 즐비한 국경지역임을 생각하면, 이는 사실일 수가 없다. 그렇다면 사료 비판이 필요하게 된다. 더 나아가 田保橋潔은

> 대마관리가 에도 관원과 함께 이양선에 탑승하여 공공연히 부산에 입항한 사실은, 동래·부산 관민에게 일대 충격을 주었고, 동래부사 정현덕은 滿珠丸입항 당일부터 동선 재박 중 철공철시를 명령하였다. … 18일 별차 고재건이 취관하였을 때, 훈도의 취관을 독촉하였으나 …공무 다망하여 급히 취관할 여유가 없다고 답하였다[21].

---

21) 田保橋潔, 전게서 上, 271쪽.

라고 설명하고 있다. 그러나 이것도 상식적이 아니다. 일본에서 선박이 오게 되면 훈도가 가장 먼저 입항의 이유를 묻고 입항을 허락할 것인지 척퇴시킬 것인지 등 활동을 하게 되는 것은 당연하다. 하물며 이양선(화륜선)이 도착하였는데 공무가 다망하여 훈도가 취관을 거절하였다는 위 설명은 사실이 아니고 18일이라는 일시에도 문제가 있다[22]. 본 장에서는 이상 세 부분을 확인하기 위해 화륜선이 입항하게 되는 과정을 복원하도록 하자.

1. 滿珠丸와 동행 선단의 왜관 입항 과정

1872년 1월 13일, 모리야마[森山茂]·히로츠[廣津弘信], 사가라[相良正樹-10등]·히로세[廣瀨直行-11등]·우라세[浦瀨最助-12등] 등, 외무성 관원 일행은 화륜선 滿珠丸을 타고 대마도를 출발하였다.

이날 화륜선은 신미조1특송사 1호선과 2호선(겸대2·3특송사)과 표류민영래차왜선, 표민 차기선, 비선(飛船), 표민본선 등과 함께 왜관으로 향하였던 것으로 동행 선단은 총7척의 배에 220명의 왜인과 37명의 표류민이 함께 탄 규모가 큰 선단이 되었다. 선단은 중간에 1특송사 2호선과 제주표민 차기선 및 기장표민본선이 먼저 국경을 넘어서 북으로 표류하기 시작하였고, 1호선과 영래차왜선, 비선, 화륜선이 정상항로로 나중에 국경을 넘어선다.

14일, 항로를 이탈한 배가 먼저 卯時(아침6시경)에 '수종(水宗)을 넘어'[23] 경상좌수영 관내로 들어서자, 좌수영 간비오(干飛烏) 봉군[24] 유운오(劉雲

---

22) 뒤에 살펴보겠지만 滿珠丸은 14일 조선 영해에 들어와 두모포만호와 포이포만호의 제지를 받고 흑암에 정박하였다가 16일 입항하여 문정을 받고 17일 출항하였기 때문에 18일 운운은 근거가 없다.

23) 水宗은 어학적으로는 물마루(수평선)를 말한다. 그런데 사료 해석으로 보았을 때, 수종을 넘었다는 것은 영해에 들어왔다는 의미로 파악된다. 이하 영해로 들어왔다고 번역한다.

24) 지금 부산 해운대 장산의 지맥으로 간비오산에 남아있다. 동백역(2번출구) - 운촌에 있다. 좌수영에 소속되어 있었다. 도별장1인, 별장6인, 감고1인, 봉군100인을 두었

五) 등이 미변선(未辨船)25) 2척(실제로는 3척)이 기장현쪽으로 표류하고 있다고 경상좌수영과 부산진에 알렸다. 수군절도사 윤영하(尹永夏)는 바로 좌수영 소속 4전선장 이운표(李運杓)를 초탐장으로 내 보내고, 또한 부산첨사 김철균(金澈均)에게 문정역관을 보내라고 발관신칙(發關申飭)하였다.

또한 辰時(8시)에 기장현감 장용하(張龍河)도 미변선 2척(실제로는 3척)이 영해로 들어와 기장현으로 오고 있다고 보고하고 배를 예인하기 위해 주사대장(舟師代將) 김양헌(金亮憲)을 내보내었다고 부산첨사와 수군절도사에게 치보(馳報)하였고, 이 치보는 午時(낮12시경)에 수군절도사에게 도착하고 있다26). 주사대장은 표류해 오는 배를 巳時(아침10시경)에 무지포(武知浦)27)에 정박시켰고 좌수영에서 파견한 4전선장과 함께 무지포에 정박한 3척의 배를 지켰다.

한편, 정상항로로 진입한 신미조1특송사1호선과 영래차왜선, 비선, 그리고 화륜선은, 황령산(荒嶺山)28)봉군이 탐지하여 보고한다. 즉, 황령산 봉군 손반석(孫盤石)은 辰時(아침8시경)에 왜선3척과 돛대가 둘 달린 이양선 1척이 영해로 진입하였다고 동래부사와 부산첨사에게 진고(進告)하였고 부산첨사는 두모포만호 나치순(羅致淳)과 포이포 만호 오정환(吳廷煥)으로 하여금 왜선3척과 화륜선을 초탐하기 위해 보내었으며, 이 사실을 동래부사와 수군절도사에게 치보(馳報)하였다. 두모포만호와 포이포 만호는 巳時(아침10시경)에 이들 왜선(대선2척, 비선1척, 화륜선1척)을 흑암(黑巖) 앞바다29)에 정박시켜 수호하고 이 사실을 부산첨사에게 보고한다. 오후2시에

다고 한다. 해발 147.9m
25) 정체를 확인하지 못한 배를 일컬어 미변선이라고 하였다.
26) 기장현에서의 보고는 卯時에 표류한 것을 辰時에 거론하였으므로 시간이 늦었고 역시 2척으로 잘못 보고한 것이라 하여 詳探之失의 죄로 機張次知監色이 경상좌도 수군영으로 불러들어가 19일 棍懲의 벌을 받았다. 군율이 매우 엄하였음을 알 수 있다.
27) 현재 기장읍 연화리와 대변리에 있다.
28) 지금의 부산진구 전포동에 있다. 봉수대가 5개인 큰 봉수대였고 동래부 소속이었다.

부산첨사가 초탐장 두모포만호의 보고를 전하여, 좌수영과 동래부사에게 이 사실을 치보한다.

한편, 15일 밤12시에는 부산첨사가 기장현감·주사대장의 보고를 전하면서, (14일) 오전10시에 왜대선2척과 표류민선 1척을 무지포로 예인 정박시켰고 기장현감이 달려가 땔감과 식수를 공급하였으며, 주사대장이 수호하고 있다고 알리고, 이는 오전6時에 간비오봉 봉군이 발견한 배이며, 기장현에서 오전8시에 발견하였다고 보고한 배와 동일한 배임을 확인하고, 또한 이들이 2척이라고 보고한 것은 3척을 잘 못 본 것이어서 상탐(詳探)의 실수임을 면할 수 없다고 수군절도사에게 치보한다. 동시에 동래부사에게도 이를 알렸다.

이상의 기록을 통하여 『동래부계록』은 실시간 보고 사항을 정리한 것으로 신뢰할 수 있는 사료임을 알 수 있다. 이를 정리하면 14일 10時에는 6時에 항로를 이탈하여 영해로 들어온 신미조1특송사2호선과 제주표민차기선, 그리고 기장표민본선이 좌수영 제4전선대장과 기장 주사대장의 감시 수호 하에 기장현 무지포에 정박하였고, 이곳으로 문정을 위해 별차 고재건이 가고 있으며, 기장현감은 그들이 식사를 할 수 있도록 식수와 연료를 공급하고 있는 모습을 복원할 수 있다. 또한 정상 항로로 8시에 영해로 들어온 신미조특송사1호선과 영래차왜선, 비선, 그리고 화륜선도 같은 시간 즉 10時에 黑巖 앞바다에서 두모포 만호와 포이포 만호의 제지를 받아 정선하여 정박하였음을 알 수 있으며, 보고는 시시각각으로 이루어지고 있음을 알 수 있다.

그렇다면, 발견에서 정박시키기 까지 항로를 이탈한 배는 4시간 정도, 정상항로로 들어 온 배는 2시간 정도로 마중 나가서 정박시키는 시스템으로 그 신속함을 알 수 있다. 게다가 봉군이 표류선 3척을 2척이라고 보고한 것과, 기장현감이 보고를 늦게 한 것에 대해 봉대 별장과 기장감색이 징계를

---

29) 부산 영도 동삼동에 있었다고 한다. 지금의 국립해양박물관 근처로 추정된다.

받고 있는 것을 보면, 군기의 엄정함을 알 수 있다.

정상항로로 화륜선과 함께 와서 黑巖에 정박하였던 왜선 즉 신미조특송사1호선과 영래차왜선 그리고 비선은 노인(路引)을 소지하고 있었으므로 다음날인 15일 아침 6시에 두모포 만호의 인도로 왜관에 입항하여 문정을 받으며, 화륜선은 관수왜(平正景)의 간청에 따라 또 그 다음날인 16일 아침6시에 역시 두모포 만호의 인도로 왜관에 입항하여 훈도의 문정을 받게 된다.

한편, 정상항로를 벗어나 무지포(武知浦)에 정박한 특송사2호선과 제주표민 차기선, 그리고 기장표민 본선은 15일 정박지에서의 1차 문정을 마치고, 오후4時에 舟師代將과 좌수영 소속 초탐장 4전선장의 예인에 따라 출발, 오후6時에는 동래 지경에 이르러, 오후8時에 오류도 앞바다에 도착한다. 舟師代將과 4戰船將은 이들을 호송장 개운포만호 임봉상에게 인계하고 귀대하였으며, 동 호송장은 위 배 3척을 유인하여 다음날 16일 午時에 왜관에 정박시킨다. 이들은 다시 훈도의 문정을 받는다. 14일 오전10時에 무지포에 표착하여 16일 12시에 왜관에 입항하므로 꼬박 이틀이 걸린 셈이다.

2. 왜선과 표류민선에 대한 문정(問情) 내용과 조치

우선 시간상으로 앞서 이루어진 무지포에 표착한 왜선들에 대한 문정을 살펴보자. 1월 14일, 수군절도사·부산첨사의 명령을 받은 별차 고재건은 통사2명을 데리고 즉시 출발하여 15일 새벽2시에 武知浦에 도착하여 문정하였다. 문정의 주된 내용은 노인(路引)[30]을 소지하고 있는지 여부, 승선인원과 직책[31], 입항 이유 등이었다.왜선에 대한 문정을 마친 별차는 뒤이어 제

---

30) 路引은 조선 관청에서 발급하는 통행증이다. 그러나 여기서는 대마도주가 발급한 통행증이다. 수신인이 동래부사와 부산첨사로 되어 있다(이훈 『외교문서로 본 조선과 일본의 의사소통』 2011년, 경인문화사, 117쪽 참고). 따라서 路引은 의정부와 3군부로 上送하였다.

31) 직책에 대한 연구가 필요하다. 보이는 직책은, 관수왜, 공대관왜, 서기왜, 의왜/ 통

주 표류민들과 기장 표민들을 초문(招問)하였다. 표류민에 대한 문정의 주된 내용은, 성명, 나이, 주거지, 표류한 이유, 표류 후 귀국까지의 과정 등이었다.

왜선과 표류민에 대한 문정을 마친 별차는 통사1명과 함께 왜관 임소로 귀환하여 부산첨사에게 보고한다. 별차의 보고는 부산첨사를 거쳐 16일 오전8時에 동래부사 및 수군절도사에게 치보된다. 또 1명의 통사는 남아서 이들을 왜관으로 데리고 돌아오는 업무를 수행한다.

다음으로 정상항로로 들어온 왜선에 대한 문정을 살펴보자. 흑암 앞바다에 정박하고 있던 왜대선2척과 비선은 화륜선을 남겨두고 두모포 만호의 인도로 15일 오전6時에 왜관에 도착한다. 이들에 대한 문정은 훈도 안동준이 담당하였다. 훈도 안동준의 수본에 따르면,

왜관에 도착한 왜대선 2척과 비선1척을 문정한 결과, 제1척은 신미조1특송사1호선으로, 거기에 정관왜 藤直固, 도선주왜 藤則孝, 봉진압물왜1인, 시봉왜1인, 반종왜40명, 집질표민1명, 영래통사왜1인, 교대차 온 별금도왜2명, 공하대왜3명 등이 예조 앞 서계와 별폭을 각1도, 겸대 2,3특송사왜 서계별폭 각2도, 표민순부 서계별폭 각1도, 동래부산 앞 서계 1도, 별폭2도 및 진상물건을 가지고 왔습니다. 또 한척은 제주도 표류민 영래차왜선으로 정관왜 平親長, 봉진물왜1인, 반종왜3명, 집질표민 남녀 10명, 영래통사왜1인, 격왜 40명, 교대차 온 중금도왜 2인, 소금도왜 3명 등이 예조앞 서계와 별폭각 1도, 동래부산 양 사또 앞 서계1도, 별폭2도 및 진상물건을 가지고 왔습니다. 비선에는 두왜1인, 격왜5명, 교대차 소금도왜 2명, 하대왜 3명 등이 路引과 관수왜에게 보내는 서한을 가지고 왔습니다.

왜인들이 말하기를 자기들은 대선2척과 비선1척, 일행2호선 1척, 표민본

사왜, 반종왜, 종왜, / 정관왜, 두왜, 도선주왜, 선주왜 / 봉진압물왜, 봉진물왜, 사복압물왜 / 별금도왜, 중금도왜, 소금도왜, / 공하대왜, 하대왜 / 사공왜, 목수왜 / 격왜 등이다. 이들의 일본식 직명에 대한 연구가 필요하다.

선1척, 차기선 1척 합6척이 13일 아침에 대마도를 출발하였으나, 2호선과 표민본선, 차기선이 뒤떨어져서 보이지 않았고, 자기들의 배는 바다에서 밤을 보내었는데, 화륜선1척이 갑자기 나타났으며, 배의 모양이 비록 우리가 제조한 배와는 다르지만 그 속에 모두 우리나라 사람이 타고 있었습니다. 14일 오전 8時에 함께 水宗을 넘어 10時에 黑巖에 정박하여 밤을 세우고, 화륜선은 그 곳(흑암)에 남고, 자기들의 배는 오늘 15일 아침6時에 왜관에 도착한 즉, 낙후된 3척이 도착하지 않았으니 표류한 것 같습니다. 또 조선의 표류민선 1척이 대마도 府中에 있습니다.

라고 하였다. 훈도 안동준은 문정 결과를 15일 오후4時에 부산 첨사에게 手本으로 제출하였고, 부산첨사는 16일 밤12時에 수군절도사와 동래부사에게 이 사실을 보고하였다.

정상항로로 왜관에 먼저 들어온 배가 신미조 제1특송사 1호선[32], 영래차 왜선[33], 그리고 비선(飛船)임이 확인되어 보고되는 것이다.[34]

훈도 안동준은 왜인에 대한 문정을 마치고 제주 표류민에게 가서 표류하게 된 연유와 주거지 성명 등을 초문(招問)하였다. 또한 기장 표민 방잉손(方芿孫)을 불러 문정하였다.

훈도 안동준은 왜인과 표류민에 대한 문정을 마치고 수문장(守門將)에

---

32) 이 배는 1월 22일, 무진(1868)년에 왔던 대수대차사왜선과 신미조특송사2호선과 함께 출항한다. 22일 관수는 훈도와 별차에게 대수대차사(樋口鐵四郎一平和節)가 책임을 다하지 못하여 송환명령이 내려져 귀환한다고 보고하였고, 대수대차사왜선은 101명을 태우고 부산진이 지급한 路文을 소지하고 22일 卯時에 출발하였다. 한편 신미조특송사 1호선과 2호선도 각 64명과 61명을 태우고 공작미와 路文을 소지하고 23일 巳時에 출발하였다.(『동래부계록』정월 26일조)

33) 이 영래차왜선은 1월 27일 출항하였다. 그러나 하선연과 하선다례연은 2월 22일 양산군수가 접위관으로 행하였다. 하선연이나 하선다례연은 실지로 하선하는 것이 아니고 물품을 제공받는 날임을 알 수 있다.

34) 보통때에는 路引을 소지하고 있는 경우 곧바로 입관시켰다. 이날 하루 늦게 입관시킨 것은 화륜선이 함께 왔기 때문이다.

명하여 표류민들을 부산진으로 압송하도록 조치하고, 서계와 별폭 등본 순부서계 별폭 및 노인을 부산진으로 보내었으며, 임소로 환귀하여 15일 오후 4시에 부산첨사에게 수본을 첨부하여 보고하였고, 부산첨사는 표류민을 다시금 취조하고, 16일 밤12時에 이를 수군절도사와 동래부사에게 보고하면서, 표류민들이 생업을 위해 바다에 나갔다가 불의의 바람을 만나서 표류한 것으로, 표월(漂越)을 엄금하는 국법이 있으나, 고의가 아니었다는 상황을 아뢰고 훈도의 수본을 첨부하고 있다.

한편, 16일 아침6時에는 흑암에 정박하고 있었던 화륜선을 왜관으로 인도하여 입항시키고, 훈도와 별차는 화륜선을 살피고 화륜선에 대한 도본(圖本)과 제원을 기록한 성책(成册)을 작성하고 도항 이유를 문정하게 된다. 또 동일 12時에는 武知浦에 정박하였던 배들도 왜관으로 호송되어 입항하였으므로 훈도와 별차는 무지포에서 온 배들을 다시 문정한 후, 표류민들을 부산진으로 압송하도록 명령하고 그 결과를 오후6時에 부산첨사에게 수본으로 보고하고 있다. 16일 낮12時에는 배7척이 모두 왜관에 정박하였음을 알 수 있다. 함께 온 왜인은 무려 220명에 표류민 36명이었다.

17일 표류민들은 모두 부산진에서 다시 취조를 받은 후, 동래부로 압송되었다. 또한 화륜선은 17일 새벽4時에 닻을 올려서 남쪽 바다로 떠나므로, 화륜선이 설문 內洋에 머문 것은 16일 아침6시에서 17일 새벽4시까지로 24시간이 채 되지 않은 시간이었음을 확인해 두고자 한다. 초탐장 두모포 만호와 포이포 만호는 화륜선이 출항한 사실을 부산첨사에게 치보하였고, 부산첨사는 수군절도사와 동래부사에게 이 사실을 치보하였다. 또한 구봉(龜峰)35) 봉군 강성욱(姜成郁)도 동래부사에게 이를 치보하였다. 부산첨사의 치보는 아침8시에 수군 절도사에게 도착하였다.

---

35) 부산 남구 용당동에 있는 신선대가 이곳이라는 견해가 있으나 확증을 찾지 못하였다.

3. 보고

모든 문정이 끝나고 화륜선이 출발한 후, 18일 동래부사는 의정부와 삼군부에 위의 사정을 보고하고, 표류민의 성명과 나이, 거주지 등을 작성한 책을 첨부하였다. 아울러 표민영래차왜는 관례대로 접대36)를 해야 하므로, 접위관을 근처의 수령 중에서 뽑아 주십사고 아뢰었다37). 또한 차왜가 가져온 서계별폭등본, 표민순부세계2도, 별폭3도, 차기선 노인2도, 비선노인 1도, 등을 봉하여 예조로 올려 보내어 차왜들에게 줄 예단과 잡물 및 순부회답 서계를 예조에서 보내 줄 것을 요청하고, 신미조 특송사가 가져온 서계별폭은 다례일에 봉상하게 될 것이라고 보고하고 있다38). 또한, 온 배 중 화륜선이 1척 있었던 것은, 그 나라가 새로 제작한 것이지만 서양의 배와 구별하기 어려우므로, 왕래할 때에나 표류할 때에 멀리서 구별하기 어려운 폐해가 있으므로 이후에는 화륜선을 보내지 말도록 하였으며, 초슈(長州)의 관리가 말하는 급한 용무로 왜관에 왔다는 것도 법규에 어긋나므로 속히 돌려보내도록 임역들에게 말하여 관수왜에게 책유하도록 하였다고 보고하고, 화륜선의 도본과 그 길이 폭 높이 등을 적은 성책을 함께 의정부·삼군부에 올려보냈다39).

한편, 18일 오후6時에 부산첨사는 수군절도사에게 표민들이 표류한 사연

---

36) 여기에는 정관왜 압물왜 반종왜3, 격왜40명을 대우하도록 되어 있으며 제1선 송사왜와 동일한 대우를 하도록 규정하고 있다. 15일 묘시에 왜관에 들어온 영래차왜선 인원과 일치한다.

37) 이를 향접위관이라고 한다. 왜관 연대청에 세견선 접송사나 영래차왜 등을 초대하여 회답서계와 예단을 手交한다. 이번에는 양산군수 孫相駟이 담당하여 2월 22일 하선다례 및 하선연을 베풀었다. 한편 표민영래차왜선은 하선다례·하선연이 베풀어지기 이전인 1월 27일에 출발하였다.

38) 신미조 특송사 1호선과 2호선은 1월 23일에 출발하며, 하선다례는 배가 떠난 후인 2월 19일에, 하선연은 2월 20일에, 신미조 만송원 송사 및 신미조 부특송사(1월 18일 도착)와 함께 거행된다.

39) 『동래부계록8』(이왕직실록편찬회, 1920년), 한국학전자도서관 제공. 정월18일조 요약

은 관소의 문정과 다름이 없으므로, 동래부로 압송하였다고 하고, 또 설문 내양(內洋)에 정박하였던 화륜선1척을 문정하였을 때에, 圖本을 누락하고, 화륜선이 떠날 때에 인명을 누락한 것에 대해 보고하고 있다. 즉, 화륜선에 는 격왜 18명이 귀환하였으며, 배를 탐색한 圖本을 늦게나마 올린다고 도 본을 첨부하여 올리고 있다. 이 보고를 받고 19일, 수군절도사는 의정부와 3군부에 이 과정을 자세히 나열하고 정리하여 보고하였다.

　　본월 13일 대마도를 떠나서 기장현 무지포에 지박한 송사왜 대선 1척과 제주표민 차기선1척, 기장표민 본선1척, 바로 왜관으로 온 송사왜 대선1척과 제주표민 영래차왜선 1척, 비선1척, 조슈(長州)에서 와서 설문 內洋에 정박 한 화륜선 1척을 합하여 7척을 문정하고 취조하였습니다. 해안의 백성들이 표류하여 국경을 넘는 것은 벌을 줄 일이나 고의가 아니며 다행히 살아서 돌아왔으므로, 식량을 주어 각 원적지의 관청으로 호송하도록 동래부사 정현덕에게 신칙(申飭)하였고, 제주표민 역시 신의 營(경상좌수영)에서 별도로 식량을 지급하였습니다.

　　간비오봉대(干飛烏烽臺) 별장 이금생은, 표류하는 배 3척을 2척이라고 진고하였고, 기장현감 장용하(張龍河)가 다시 그 배가 6時에 표류하였는데 8時에 거론하고 3척을 2척이라고 보고하였으니, 모두 상탐(詳探)을 잘못한 죄를 면할 수 없습니다.

　　부산첨사 김철균은 화륜선을 문정한 후, 배의 모습과 圖本, 떠날 때의 인명 열거 등을 누락하여 비록 임역이 거행하는 변정 주관의 땅이지만, 보고를 지체하였으므로, 소홀히 한 것입니다. 이에 위의 봉대별장과 기장 감색(監色), 부산진 감색 등 모두 본영으로 착치(捉致)하여 엄히 곤징(棍懲)하였습니다. 또한 초슈왜가 말하는 급무가 있어서 대마도의 왜와 함께 왔다고 하는 것은, 격외의 일로, 이양선을 모방한 배를 타고 온 것 역시 합당하지 않습니다. 비록 즉시 책유하여 돌려보내기는 하였으나, 公幹이 어떠한 내용인지 알 수 없고, 또 남은 왜인들은 머무를 수 없으므로 속히 입송하라고, 임역들로 하여금 관수왜에게 엄히 책유하도록 부산첨사에게 관칙하였습니다. 동 화륜 선의 도본(圖本)을 첨부하여 의정부, 삼군부에 아룁니다[40].

이상의 기록을 통하여 동래-부산지역의 방어시스템과 보고 체계의 일단을 살펴볼 수 있었다. 특히 좌수영 수군절도사의 장계(狀啓)는 동래부사의 장계와 차이가 있어서 상탐의 과오, 보고의 연착, 문정 내용의 누락 등에 대해 엄격한 처벌을 내리고 있을 정도로 군율이 엄정하였음을 알 수 있다. 또한 두 자료의 일치됨을 통하여 사료적 신뢰를 확인할 수 있다.

또한 동래부사와 수군절도사의 보고를 통해 화륜선은 엄격한 검문 검색을 받았으며, 조선의 통제를 잘 따랐으므로 조선이 위협을 느끼거나 전쟁의 위기가 있었던 것도 아님을 확인할 수 있다. 또한 도본을 보면 화륜선 滿珠丸은 군함이 아니었고 크기도 결코 위협이 되지 않음도 확인할 수 있다. (전선 : 42m·284t, 滿珠丸 : 32m)

왜선이 입항하게 되면, 동래부사와 경상좌수영 양쪽에서 보고가 올라가고 있음을 확인하게 된다. 이 사실은 『동래부계록』의 사료로서의 신뢰성을 높여준다. 즉 책임을 회피하기 위해 누락은 시킬 수 있겠으나, 거짓보고를 하였을 가능성이 거의 없고 보고는 실시간으로 진행되고 있었다. 그러므로 『동래부계록』을 통해 일본측 사료를 비판하고 재검토할 수 있음을 확신할 수 있다. 그러면 장을 바꾸어 화륜선의 입항에 대해 살펴보고 기존의 잘못된 이해를 지적해 보자.

Ⅳ. 화륜선의 입항(入港)에 대한 잘못된 이해

이 장에서는 화륜선의 입항에 대한 잘못된 이해를 지적해 보도록 하겠다. 1872년 1월의 입항에 대해서는 전장에서 살펴보았고 이 장에서는 이에 더하여 9월에 화륜선이 왜관에 입항하였을 때도 함께 분석하고자 한다.

---

40) 『동래부계록7』(이왕직실록편찬회, 1920년), 한국학전자도서관 제공. 정월19일조 뒷부분 번역 인용

이때 『동래부계록』의 보고 내용을 보면, 1870년 5월 독일 상선이 왔을 때 일촉즉발 전쟁의 위기를 보고하였던 것과는 내용이 상당히 다름을 알 수 있다. 또한 일본 외무성이 보고하고 있는 내용과도 상당한 차이가 있다. 조선의 입장에서는 세견선과 표류민선이 입항한 것이 중요한 일이었고, 세견선을 따라서 들어온 화륜선은 부수적인 일로 보고하고 있는 반면, 일본 외무성은 화륜선에 일본 관헌이 도항한 사실이 매우 중요한 것이며, 화륜선과 함께 입항한 세견선이나 표류민은 부수적이고 무시해도 좋은 내용으로 취급되고 있기 때문이다. 특히 세견선과 함께 입항한 사실이 의도적으로 삭제되었다는 점은 주의를 요한다.

이 때문인지 기존의 연구는 잘못된 점이 많다. 이를 검토해 보자.

1. 화륜선은 홀로 도항하였는가.

화륜선이 세견선과 함께 왜관으로 도항하였음이 기존 연구에서는 감춰져 있다. 왜관에 입항하기 위해서는 조선이 준 도서를 날인한 노인(통항증명서, 吹嘘)이 필요하였을 것이고 화륜선이 전투를 피하고 입항하기 위해서는 세견선이나 표류민선을 동반하는 것은 반드시 필요했을 것이다. 따라서 滿珠丸는 신미조1특송사1,2호선 및 표민영래선, 표민차기선, 표민본선, 그리고 비선과 함께 온 것이며, 春日丸·有功丸도 신미조2특송사2호선에 표류민 13명을 태우고 함께 온 것이다.

흥미로운 것은, 1월과 9월 모두 세견선의 정관왜나 비선의 두왜, 송환된 표류민 모두 우연히 바다 가운데에서 만나서 함께 왔다고 진술하고 있다. 두 가지 가능성을 생각해 볼 수 있다. 하나는 정말로 이들이 바다 가운데에서 화륜선을 만나서 함께 왔을 가능성이다. 그 경우는 화륜선에 탑승한 외무성 관리들만 알고 대마인들과 표류민에게는 비밀에 부쳤을 가능성이다. 둘째는 대마도인들이 이미 알고 있었지만 표류민들에게 알리지 않았고, 화류선을 자기들과는 전혀 관계가 없는 존재로 조선의 임역들에게 표현함으로써 최후의 순간까지 책임을 회피하고 조선 무역의 이윤을 포기하지 않으려고 모르쇠로 일관하였을 가능성이다. 상인 정신의 발로라 생각될 수도 있다. 당시는 폐번치현이 선포되고 대마주의 가역(조선과의 외교 무역) 파면이 확정된 상황이었다. 그럼에도 대마 상인들은 기존의 무역권은 유지할 수 있을 것으로 간주하고 외무성에 대항하고 있었던 상황을 생각하지 않을 수 없다. 그 경우에도 관수왜 이하 고위층들은 비선을 통해 이 사실을 알고 있었음이 틀림없다. 아무튼 1월과 9월, 화륜선과 함께 조선의 영해로 들어온 배들은 같은 날 같은 공간에서 화륜선과 함께 출발하였음이 사실이며, 『조선외교사무서』를 통해 확인된다.

한편, 화륜선을 끌고 온 모리야마는 세견선(신미조1특송사 1·2호선), 표류민선과 함께 온 사실을 외무성에 올리는 보고에서 누락시키고 있다. 그러나 앞에서 살펴본 것처럼 화륜선 滿珠丸은 14일 8시경에 세견선과 표민선 그리고 비선과 함께 영해로 진입하여 관측되었고, 두모포만호와 포이포만호의 제지를 받고 10시에 黑巖에 정박, 16일 아침6時에 겨우 입관하였다가 17일 새벽4時에 출항하였다. 그렇다면 어느 한 쪽의 진술은 거짓이라는 결론이 된다. 실시간 보고인 『동래부계록』의 기사를 신뢰할 수밖에 없다고 한다면, 『일본외교문서』의 기록은 거짓이 된다. 『동래부계록』은 실시간 보고 내용을 기록한 것으로, 봉수대 봉군의 보고와 부산첨사의 보고, 훈도의 수본 등이 첨부된 것이며, 또한 경상좌수영과 동래부의 보고가 일치하고 있으므로 사료적 신뢰성이 매우 높다. 따라서 모리야마의 보고서는 애당초 진실이 아닌 보고를 하였거나 아니면 훗날 외무성에 의해 왜곡되었을 가능성이 있음을 지적해 두자.

또한 표류민 송환을 책임지고 있었던 것이 바로 모리야마[森山茂]였다[41]. 표류민을 분승시킨 것도 모리야마의 지시에 따른 것이다. 그런데 보

---

41) 이는 「森山등의 着釜報告書」를 통해 알 수 있다. 『조선외교사무서 4』(卷之11) 성진

고에서 표류민과 함께 도항한 것을 누락시킨 것은, 모리야마 일행이 이를 감추었던 것인지, 혹은 정략적으로 외무성이 불편한 보고 내용을 삭제한 것인지 궁금하다.

한편, 그해 9월에 신미조 2특송사2호선에 표류민 13명을 동반하여 도래한 하나부사의 경우는 어떠하였을까. 하나부사는 다음과 같이 보고하고 있다.

> (가) 일행 관원들은 지난 9월 15일 아침 대마도를 출발하여 동일 오후4시경 春日·有功함 모두 정박하였고, 조선의 상황에 대해 물어본 바, 특별히 변한 바는 없고, 화륜선이 건너왔다고 해서 특별히 동요하고 있다고 보이지도 않으며, 한인 소통사 및 수영의 사람들이 배를 구경하고자 하여 기꺼이 구경하게 하였습니다.[42]
>
> (나) 표민13명을 이즈하라에서 왜선에 태워서 증기선으로 견인하여 건너서 일대관으로 하여금 그 나라 임관에게 넘겨주고 임관으로부터 수취서를 오늘(17일) 밤에 받았습니다.[43]

사료(가)에서 하나부사는 15일 아침에 출발하여 오후 4시경에 정박하였다고 기술하고 있다. 그런데『동래부계록』사료에서 확인한 바에 따르면, 16일 未時(오후2시)에 왜대선 1척과 화륜선 1척이 영해로 들어오는 것을 발견하였고, 酉時(저녁6시)에 黑巖에 정박시키고 있다. 날짜가 하루가 차이가 나는 것은 해석에 곤란을 초래한다. 그런데 하나부사는 표류민을 데리고 온

문화사, 45-54쪽. 한편 이는『대일본외교문서제5권』(135항 사료)에도 같은 내용의 보고서가 있다.

42) 一行官員去る十五日未明對馬州出帆、同日午後四字頃、春日有功兩艦とも無恙着韓、近日外向の景狀相尋候處、別に相替儀無之、火輪船渡韓に付、强て動搖いたし候程之儀も相見不申、韓人小通事並に水營のもの等、船拜見願出、快く差許候事。『일본외교문서(한국편)1』, 406쪽)

43) 漂民十三名、嚴原より和船に爲乘組、蒸氣船を以牽き渡り、一代官より彼國任官へ引合、略手數には任官より受令書を取、今晚渡方相濟候事。(『일본외교문서(한국편)1』, 406쪽)

것에 대해서 보고하고 있다. 즉 (나)의 기술을 보면, 표민을 왜선(즉 기미조 2특송사2호선)에 태우고 증기선으로 견인하여 건넜다고 하였다. 왜선을 견인하여 아침에 출발하여 당일 오후에 정박하는 것은 불가능하다. 그렇다면 화륜선은 15일 출발하여 세견선을 견인해 오느라고 밤을 보내고 16일 조선 해역으로 들어왔다고 하면 상황은 이해하기 쉽다. 이는『동래부계록』의 기사와 일치하기 때문이다.

하나부사의 (가)와 (나)의 진술은 엄격히 보면 일치하지 않는다. 모리야마의 보고와 같은 사료 조작이 있었던 것으로 의심되며, 사료 비판이 필요한 부분이다.

화륜선이 전투를 피하고 입항하기 위해서는 세견선이나 표류민선을 동반하지 않을 수 없었다. 따라서 滿珠丸는 신미조1특송사1,2호선 및 표민영래선, 표민차기선, 표민본선, 그리고 비선과 함께 온 것이며, 春日丸·有功丸도 신미조2특송사2호선에 표류민 13명을 태우고 함께 온 것이다. 화륜선이 홀로 도항하였다는 기술은 명백히 오류이다.

일본 외무성은 화륜선에 일본 관헌이 도항한 사실만을 매우 중요한 것으로 취급하고 있으며, 화륜선과 함께 입항한 세견선이나 표류민은 부수적이고 무시해도 좋은 내용으로 취급되고 있음은 주목해야 한다.

2. 화륜선은 아무런 문정 절차를 거치지 않고 입항하였는가.

화륜선이 아무런 문정 절차 없이 입항하였다는 이해는 왜관에 대해 일본 외무성의 주권이 미치는 지역으로 간주하고 조선의 출입국 권한을 인정하지 않으려고 흔적을 지운 것이 아닐까 의심이 드는 부분이다. 앞서 살펴본 바와 같이 화륜선 滿珠丸은 1월 14일 10時에 흑암에 정박하여 이틀 밤을 보낸 후에야 16일 아침6時에 왜관에 입항하였다. 이때, 관수왜(平正景 - 深見六郎)가 훈도와 별차를 만나자고 청하여 말하기를,

우리나라는 양인들과 통상을 한 지 오래되었고, 서양의 배를 본따서 화륜선을 많이 제조하였습니다. 지금 설문내에 정박한 화륜선도 일본이 제조한 화륜선이며 초슈의 관함(官銜) 3인, 대마주의 간전관 2인이 함께 타고 왔습니다. 온 이유는 일이 있어서 온 것으로 생각되며, 그 속뜻은 잘 모르겠습니다. 서계봉납일(公幹之日)에 잘 알 수 있을 터입니다[44].

라고 훈도와 별차에게 알리고 있다. 그들은 외무성 관리라고 표현하거나 일본 조정의 관리라고 표현하지 않고 長州의 관리라고 이야기 하고 있다. 두 왜 3인 중 모리야마시게루[森山茂]는 야마토[大和]國 출생 효고재판소 출신이었고, 히로쓰히로노부[廣津弘信]는 치쿠고[筑後]國의 구루미[久留米] 출신으로 나가사키에서 의사를 하다가 외무성에 들어온 사람이었다. 그리고 사가라마사키[相良]는 대마도 출신이었다. 이들을 모두 초슈의 관리라고 문정에 대답한 것은 솔직하지 않은 것임이 틀림없다. 폐번치현이 전년도 (1871년) 7월에 단행되었으므로, 초슈[長州]藩도 쓰시마[對馬]藩도 폐지된 상황이었다. 그럼에도, 우연히 바다에서 만나서 왔으며 왜 왔는지 자기들은 모른다고 하고, 이처럼 초슈[長州]의 관리라고 말하는 것은, 폐번치현이 아직 철저하게 인식되지 못한 것이기도 하지만, 기본적으로 對馬藩의 기득권을 유지하고자 하는 언급이라 파악된다. 즉, 외교일원화를 도모하는 외무성에 대해 일정 거리를 두어 조선에 보고함으로써 기득이권을 유지하고자 하

---

44) 그런데 화륜선이 입항 모습과 이 사료에 대해서, 田保橋潔은 다음과 같이 잘못된 설명을 하고 있다. "모리야마등의 증기선 滿株丸의 부산 입항에 앞서서, 관수가 훈도에게 가까운 시일 내에 일본국 정부 파견원 3명과 간전관 2명이 도한할 예정이며, 그들은 일본제 기선 1척에 편승하여 올 예정이라고 그 외형등을 상세히 圖示하였다."(270쪽) 그러나 이는 문정에 앞서서 문정 직전에 행해진 발언이다. 즉 1월 16일에 이루어진 언급이므로 '가까운 시일 내에' '예정이다'는 표현은 오류임을 확인할 수 있다. 더구나 배를 보지도 않고 圖示한다는 것은 불가능한 일이었다고 판단된다. 왜냐하면 이 배는 돈을 주고 빌린 배였기 때문에 왜관의 관수가 미리 이 배의 제원을 파악하여 훈도에게 알려 줄 수는 없었을 것이므로 田保橋潔의 설명은 오류임이 명백하다.

는 심리임을 알 수 있다[45]. 조선의 임역들은 관수왜에게, 타 지역의 관리가 파견되고 거기에 대마번의 간전관이 함께 온 것에 대해 직무유기라 문책을 하면서도 입항을 허가하고 있는 것이다.

화륜선 滿珠丸이 입항하자, 훈도와 별차는 달려가 화륜선을 점검·문정하고 있다. 화륜선에는 초슈[長州]왜 3인[46], 간전관왜 2인[47], 격왜 18인 총 23인이 함께 타고 왔음을 파악하고, 훈도와 별차는 배의 도본(圖本)을 작성하고 배의 상세를 기록[48]하였다. 당시의 문정을 대화 형식으로 표현하면 다음과 같다.

> 훈도 : 당신들의 배가 우리 국경을 넘어 올 때에는 규정이 있는데(有字號制), 지금 타고 온 배는 당신들 배가 아니고 명백히 서양선이라고 보이니, 어찌 된 일이며, 초슈의 사람들에 귀주(貴州)의 간전관이 따라서 함께 온 것은 어찌된 일인가.
>
> 간전관 : 배를 타고 험한 바다를 건너는 데에는 화륜선보다 좋은 것이 없어서 우리나라는 몇 년 전에 새로 화륜선을 제조하여 나라 안에

---

45) 다보하시의 연구는 대마주와 메이지 정부가 하나가 되어 조선에 서계를 받으라고 하였고 조선은 거부하였다는 이미지를 정착시켰다. 하지만 이는 대마주의 무역 유지 욕구를 전혀 고려하지 않은 일본 미화의 서술임은 이 진술을 통해서도 유추할 수 있다.

46) 두왜 3인은 모리야마 시게루[森山茂]와 히로츠[廣津弘信], 그리고 사가라 마사키[相良正樹].

47) 간전관왜는 우라세 모스케[浦瀬最助]와 히로세 나오유키[廣瀬直行].

48) 기록은 다음과 같다. "배는 길이 17把, 폭 4把, 높이 5把이다. 杉板 下一 半은 漆黑, 상판 반은 粉白하였고, 안에는 琉璃로 장식한 房檻이 있어서 숙소로 사용되고, 帆竹은 2개로 각각 길이 12把로 각각 3개의 弓竹으로 3층 間架를 만들었으며, 白木風席을 間架 좌우변에 걸어두고 熟麻注를 무수하게 묶어두었다. 거미줄 모양의 鐵環碇注를 一張, 길이 50把 정도 杉傍의 양쪽에 붙이고, 繰車 모양의 鐵輪 안쪽에 鐵冶를 설치하여 引火할 수 있게 하고, 鑄銅(굴뚝)을 배 한 가운데에 두어 연기가 빠져 나가게 하였다. 물이 끓고 불길이 강하여 배가 화살처럼 나아가니, 굉장합니다. 이 것이 서양의 제도를 모방하여 화륜을 채용한 것입니다. 배안의 사람들의 언어와 복장은 관왜와 다름이 없었습니다."

서 사용하고 있으며, 이번에는 급한 용무가 있어서 또 조정의 명
령을 받들어 이 화륜선으로 오게 되었고, 또 대마도 간전관은 교
린을 담당하는 사람이므로 함께 오게 되었습니다.

훈도 : 이 배가 비록 귀국에서 새로 만든 배라고 하여도, 서양의 배를
모방한 것인 즉, 서양선은 우리나라에서 보이면 초멸(勦滅)하도
록 하고 있다. 귀국인이 이 배를 타고 온 것이 혹 표류한 것이라
면 서양선으로 오인하여 반드시 초멸(剿滅)의 우환을 받을 것이
니, 이 어찌 화를 잃어버리는 일이 아니겠는가. 후일 반드시 송
사를 우리나라로 보낼 때에는 반드시 이러한 배를 타지 않도록
하기 바란다. 또한 조정의 급무로 왔다는 말은 또 무슨 말인가.

간전관 : 배에 대한 힐문은 과연 당연한 말씀이고 즉시 돌려보내겠습니
다. 조정의 명령을 받은 일은 우리들이 감히 말할 수 있는 일이
아니며, 훗날 서계를 봉납하는 자리에서 진술할 것입니다.

고 하였다[49]. 훈도와 별차는 대화 내용을 수본으로 작성하고 화륜선의 도
본과 성책을 수본에 첨부하여 16일 오전10時에 부산첨사에게 보고하였고,
초슈왜 3인(모리야마, 히로츠, 사가라)과 간전관왜 2인(히로세, 우라세)은
서계를 전하기 위해 남고, 화륜선은 바로 17일 새벽4時에 닻을 올려서 출항
하였다. 엄격한 문정이 있었으며 조선의 통제를 잘 따르고 있었음을 알 수
있다.

한편, 9월에 입항한 春日·有功艦의 경우에서도 기본적으로는 아무런 방

---

49) 여기에 대해서도 田保橋潔은 잘못된 설명을 하고 있다. 즉, 화륜선이 입항한 후인
정월 18일, 별차 고재건이 취관하여 위의 사정을 질문하고 관수가 대답한 것으로
설명하고 있다.(270쪽). 그러나 문정이 이루어진 것은 16일이고, 화륜선은 17일 출
발하였으므로 18일에는 이미 없다. 田保橋潔은 사료를 잘 못 읽은 것일까. 또한 田
保橋潔은 훈도와 별차의 요구 - 즉 화륜선으로 오게 되면 공격을 받을 우려가 있으
므로 앞으로 사절은 화륜선으로 보내지 않도록 하라, 그리고 지금 기선은 즉시 귀
국시켜라, 라는 요구 -에 대해 관수는 「다만 滿珠丸의 귀항만을 승낙하였다」고 마
치 관수가 당당하게 교섭에 임한 것처럼 표현하고 있다. 그러나 관수는 동래부의
명령을 들어야 하는 위치임을 망각한 표현이며, 사료의 해석도 사실과 다르다.

비가 없고 출입국 절차가 필요 없는, 마치 자기 나라에 들어가는 듯한 기술을 『일본외교문서』는 남기고 있다. 다만, 앞 사료에서 하나부사는 또한 소통사와 水營의 관리들에게 배를 조사하도록 허락하는 모습 즉 문정의 모습도 기록하고 있다. 滿珠丸의 경우와는 달리 배를 구경시켜주었다는 한 줄의 보고를 남기고 있는 것은 흥미롭다. 조선의 관리들이 배의 圖本과 성책(제원을 기록)을 상부로 올리고 있을 만큼 치밀하고 까다로운 조사를 이렇게 '견학'으로 표현한 것이다.

당시의 모습은 다음과 같다. 9월, 화륜선이 도착한 후, 관수왜가 훈도와 별차를 만나기를 청하여

> 이번에 온 화륜선 2척은 에도에서 온 것으로, 公幹이 처리되지 않은 것에 대해 에도에서 별정관원 4인이 대마도의 간전관 2인[50]과 함께 타고 왔습니다.

라고 하면서 입항을 간청한다. 훈도와 별차가 관수왜에게 힐문하기를 화륜선은 우리나라에 정박하지 말라고 전에 이미 칙유한 바가 있는데, 에도의 사람들이 또 이처럼 타고 온 것은 어찌 성신의 도리라 하겠는가. 하니 답하기를

> 상관이 에도 사람이고 화륜선이 에도의 배이므로 대마주에서는 감히 이를 막을 수 없었습니다. 간전관이 동행한 것은 에도의 관원이 사무에 어두워 다시 함께 타고 온 것입니다.

라고 하여, 대마주의 힘이 미치지 못한다는 논리로 책임을 피하는 설명을 하고 있다. 따라서 조선의 임역은 다시 책망하기를

---

50) 에도의 별정관원 4인이란 하나부사(외무대승), 히로츠(외무소기), 모리야마(외무소기), 오쿠(외무소록)를, 간전관은 사이토(외무권대록)와 히로세(11등 출사).

　　公幹은 다시 거론하지 마라. 이 모두 교린의 약조 중에 있는 것이다. 에도인과 선척은 곧바로 돌려 보내도록 하라

고 신칙하고, 배로 가서 搜檢을 하였다.[51] 훈도와 별차는 滿珠丸 문정때와 마찬가지로 배의 모습을 모사하여 圖本으로 작성하고 또한 배의 제원을 기록하여 成册으로 만들어 보고하였다.

　　당시의 대화를 보면, 9월 화륜선이 들어와 대마도 관리들이 왜관에서 쫓겨나가기 직전에도 훈도는 대마도인을 통한 교섭 이외에는 인정하지 않겠다고 대마도인에 대해 힘을 실어주고 있는 모습도 살펴볼 수 있어서 흥미롭다.

　　이상의 검토를 통해 입항 절차가 매우 까다로웠음을 알 수 있으며, 특히 화륜선에 대한 문정은 더욱 까다로웠음을 확인할 수 있다. 따라서 화륜선이 문정절차 없이 입관하였다는 기술은 오류이다.

3. 화륜선이 입항하였을 때, 동래 관민은 공포에 떨었는가

　　조선 군민이 화륜선을 보고 경악하였고 공포에 떨었으며, 동래부사는 철공철시를 단행하여 대응하였다는 이해에 대해 살펴보자. 이러한 이해는 당

---

51) 제1선은 길이 35把(너비 4파, 높이 4파) 杉板 상일반은 흰색으로 칠해지고, 下一半은 검은색으로 칠해졌다. 유리로 장식된 방이 있어서 留宿을 하는 장소이며, 범죽이 2개 있는데 길이는 각 15파로 각 3개의 궁죽으로 3층의 間架를 만들었다. 白木風席이 間架의 좌우에 모두 매달려 있으며, 熟麻注를 무수하게 거미줄 모양으로 펼쳐놓았고, 소선 6척(길이 3파, 높이와 너비 각 1파)이 본선 갑판 양 옆에 붙어 있고, 鐵輪 내에는 철야가 설치되어 引火之具의 구실을 하고, 굴뚝 2개가 배 중앙 앞 뒤로 세워져 있어서 연기를 뿜어내도록 하였다. 내외로 끓는 물과 불이 격렬하고, 배가 나아가는 것이 화살과 같다. 에도왜 2인, 간전관왜1인, 격왜 70명이 타고 있다. 제2선은 길이 30파, 높이와 너비는 제1선과 같다. 다만 굴뚝이 하나로 배의 중앙에 서 있고, 에도왜 2인, 간전관왜1인, 격왜 50명이 있으며, 언어와 복장은 관왜와 다르지 않다.

시 조선의 국력을 낮추어 보는 것이며, 조선이 취할 수 있는 대응책이 철공철시 외에는 없었다는 역사상을 만들어 내었다.

그러나 앞 장에서 검토하였듯이, 당시의 동래 부산 지역의 방어 상황을 고려하면 위의 이해는 분명히 역사적 사실과 큰 간극이 존재함을 알 수 있다. 田保橋潔는 1월 滿珠丸 입항시를 설명하면서,

> 對馬藩 관리가 에도관원과 함께 화륜선에 타서 공공연히 부산에 입항한 사실은, 동래·부산 관민에게 일대 충격을 주어, 동래부사 정현덕은 滿珠丸 입항 당일부터 동선 체제 중 철공철시를 명령하였다.[52]

고 말하고 (『동래부계록』정월18일자)를 주로 달고 있다. 그러나 철공철시의 명령은 『동래부계록』에는 물론 보이지 않는다.『동래부계록』에 기록되지 않은 사항을 근거로 제시하면서 철공철시를 언급한 것은, 매우 의도적인 왜곡이며 치명적인 결함이라 할 수 있다. 그의 학문적 연구가 철저하게 검증되어야 함을 의미한다. 그리고 입항당일부터 철공철시를 명령하였다고 했는데, 앞서 검토한 바에 의하면 입항 당일은 16일이고 다음날 출항한다. 모리야마는,

> 이양선이 정박하였다고 해서, 매일 입관하였던 한인들이 한 사람도 들어오지 않았지만, 어제(15일)부터는 30인 정도가 입관하여, 평상시와 같이 시장이 열리고 있다고 말할 수 있으며…[53]

라고 보고하고 있다. 그렇다면, 14일 화륜선이 나타나 흑암에 정박하였을

---

52) 田保橋潔, 전게서, 270쪽

53) 乍併異樣船着港と申より、兼て日日入館いたし居候韓人、壹人も不入來、昨日よりは三十人余被差免入館いたし候はば、平常の通り供市相始メ可申との事にて、訓導入館等も畢竟火輪船出港の後と存候。右は懸念の筋に無之事。(『일본외교문서(한국편)1』, 364쪽)

때에는 상인들이 긴장하여 취관하지 않았으나, 일본배임이 확인된 15일에는 시장이 열리고 있음을 알 수 있으며, 16일 화륜선이 왜관에 입항하였을 때에는 아무런 동요가 없었다고 해석하는 것이 타당하다. 따라서 田保橋潔의 설명 즉 '입항당일부터의 철공철시'라는 것은 사료적으로도 아무런 근거가 없음을 알 수 있다. 모리야마의 보고 내용조차 무시하고 『동래부 계록』의 존재하지 않는 기술을 인용한 설명으로, 조선이 주권국가로서의 모습을 갖추지 못한 것처럼 왜곡 묘사된 것이라는 평을 피할 수 없다.

한편, 9월에 입항한 春日丸·有功丸의 경우에도, 다보하시[田保橋潔]는,

> 훈도는 동래부사에게 상신하여 9월 16일부터 철공철시를 단행하였다[54]

고 말하고 있으나, 16일은 화륜선이 黑巖에 정박하였던 날이고, 왜관에 입항한 것은 9월 18일(9월 25일 출항)임을 확인해 두자. 물론 『동래부계록』에는 철공철시를 하였다는 기록은 없다. 마치 조선이 대항할 수 있는 유일한 카드가 철공철시인 것처럼 묘사하고 있는 것이다. 이러한 설명은 조선은 화륜선의 입항을 막을 방법도 힘도 없고 오로지 철공철시로 대항하였다는 잘못된 인식을 심어주고 있는 데, 의도적으로 왜곡시킨 것인지 다보하시가 그렇게 생각하였던 것인지는 알 수 없다.

하나부사는 철공철시에 대해서는 다음과 같이 보고를 하고 있다.

> 양함이 도착한 후, 왜관의 문은 평상시와 마찬가지로 열려져 있으며, 소통사는 끊임없이 들락날락 하고 있지만, 장사꾼이나 공사하는 사람들은 일체 입관하지 않으니, 이게 소위 말하는 撤市입니다.[55]

---

54) 田保橋潔, 전게서 218쪽 주16)을 달아 『동래부계록』에 의거한 것처럼 기술하고 있으나 오류이다.

55) 兩艦着韓後、館門は常の通り相開き居り、小通事は不絶出入いたし居候得とも、商賣雇工の類、一切入館致さず、所謂撤市に御座候。(『일본외교문서(한국편)1』406쪽)

하나부사도 철공철시에 대해 언급하고 있음을 알 수 있다. 대마도측에서 항상 외교 개혁을 하려면 조선이 철공철시로 대마도의 목줄을 조이므로 원조가 필요하다고 요구하였던 흔적이라 생각된다. 그리고 실제로 이때는 철시가 있었을 가능성을 배제하기 어렵다. 왜냐하면 화륜선은 18일 입항하여 25일 출항하기까지 제법 긴 기간 체류하였기 때문이다. 그러나 하나부사는 「화륜선이 건너왔다고 해서 특별히 동요하고 있다고 보이지도 않으며」라고 보고하여 당시 조선인민이 화륜선을 보고 경악하고 공포에 떨었다는 기존의 연구가 근거가 없다고 비판할 수 있는 기록을 남기고 있다.

9월 25일 화륜선 2척은 부산진 제2전선장 구환욱(具桓旭)이 감시하는 가운데 오전 10時에 떠나며, 역시 구봉 봉군이 이 사실을 확인하고 있다. 에도인 1인과 간전관 2인을 제외한 전원이 귀국하였다고 보고하였다.

상식적으로 조선은 화륜선이 나타났기에 전쟁의 가능성에 긴장하였으나, 세견선과 표류민을 동반한 일본 선박이기에 안심하였고, 또 교린의 정신으로 입항을 허용하여 도항 이유를 묻고 꼼꼼하게 배를 조사하고 圖本과 成冊을 작성하여 의정부와 삼군부에 보고하고 있었던 것이다. 또한 일본 선박이 조선의 통제를 잘 따랐음도 지적해 두고자 한다. 1월의 외무관리들은 폐번치현과 청일수호조규의 소식을 알리는 서한을 지참하고 있었으며, 9월의 외무관리는 왜관에서 대마도인들을 전원 철수시키고 일방적으로 조선이 상대할 대상이 외무성관리임을 보여주기 위한 목적으로 도항하였다. 외교적 충돌을 일으킬 이유가 없었던 것이다.

따라서 1872년 1월이나 9월에 입항한 화륜선에 대해 동래 관민이 공포에 떨었다는 기술은 오류임을 지적할 수 있다.

참고로 사족을 달자면, 조선은 1872년 단계에서 일본을 적대국으로 생각하지 않았고 공작미와 공목을 제공하고 있었으며, 한편으로는 <표 1>의 경오조 3특송수목선의 예에서 알 수 있듯이 대마 상인을 통해서 대포, 포탄, 화약, 조총, 환도 등을 구입하는 루트로도 사용하고 있었다. 이는 일본에서 정권이 바뀌어도 대마주를 활용하겠다는 조선의 의지를 읽을 수 있는 대목이다.

한편, 田保橋潔은 훈도 안동준은 정부·동래부사의 명령에 반하여 대수대차사를 물리침으로 한일관계에 위기를 초래하였고56), 관수는 훈도와 별차의 무성의에 분노하여 여러 차례 훈도를 질책하고, 차비관을 훈도 취관시까지 억류57)하였으며, 소통사를 울산에 파견하여 훈도의 취관을 독촉58)하였다고 표현하고 있지만, 훈도는 관수를 관리하는 직책이었기 때문에 관수왜가 훈도를 질책하거나 소통사를 파견하는 것은 불가능한 일이었음을 언급해 두자. 또한 관수왜나 대관왜는 메이지 정부와 조선 사이에 양속되어 자번의 이익을 추구하고 있었던 존재임을 잊어서도 안 된다. 오히려 1872년 이 시점에서는 대마주가 조선에 의지하여 외무성이 무역권을 빼앗아 가려는 의도를 저지하려고 노력하였던 시기였다. 하나부사가 도착 즉시 대관소를 폐쇄하고 대관소 상인들을 강제 귀국시키고 나아가 재판에 회부하였던 것은 이러한 대마 상인의 의도를 저지하기 위해서였다. 하나부사는 대관소를 폐쇄하였고, 세견선 파견도 금지시켰다. 그리고 표류민 송환에서도 서계를 생략시켰다. 말하자면, 1872년 9월을 기점으로 기유약조는 실질적으로 붕괴하였던 것이다.

V. 맺음말

이상, 조선을 속방으로 취급하거나 대륙진출의 발판으로 삼고자 하였던 메이지 일본과, 이에 말려들지 않으려 하였던 조선 사이의 외교 갈등을 미시적으로 분석하기 위해, 동래-부산지역의 방어 체제의 개략과 일본에서 배가

---

56) 전게서 上, 181쪽 3행.
57) 전게소 上, 271쪽 7행
58) 동, 273쪽 13행.

왔을 때 감시체제와 입항 절차 및 문정에 대해서『동래부계록』을 중심으로 살펴보았다. 특히 1872년 두 차례 화륜선이 정박하였을 때의 한·일간의 기록을 비교하여 당시 일본의 기록이 객관적 사실을 기록한 것이 아니라 왜관에 대한 기득권을 주장하기 위해 변형되었을 가능성을 탐색해 보았다.

우리는 1872년 1월 14일에 영해로 들어온 화륜선 滿珠丸 일행과 9월 16일 왜관에 입관한 春日·有功함 일행의 예를 토대로 다음과 같은 사실을 확인할 수 있었다.

첫째, 정상항로로 들어오는 왜선은 황령산 봉군이 발견하여 부산첨사와 동래부사에게 보고하며, 부산첨사는 두모포만호를 초탐장으로 파견하여 초탐장이 왜관으로 끌고 들어와 정박시키면, 훈도와 별차가 문정을 하고 노인과 서계를 예조에 올려 보내고, 의정부와 삼군부에도 보고하는 시스템이었다. 화륜선이 왔을 경우에는 포이포 만호나 부산진 2전선장이 함께 나아가 영접·경비하였음도 주목된다.

둘째, 북쪽(기장현)으로 항로를 이탈한 왜선은 좌수영 소속 간비오봉 봉군이 발견하여 부산첨사와 수군절도사에게 보고하며, 수군절도사가 좌수영 소속 전선(戰船)을 보내고, 기장현감은 독자적 판단으로 주사대장(舟師代將)을 보내어 주로 무지포에 예인 정박시킨다. 별차가 파견되어 정박지에서 1차 문정을 행한 후, 문정이 끝난 왜선은 전선장과 주사대장이 인솔하여 정상항로인 오륙도 근처까지 이동하고, 여기서부터는 개운포만호에게 호송을 위임, 개운포 만호의 인솔로 왜관에 입항하여 훈도로부터 정식 문정을 받았다.

셋째, 문정의 주된 내용은 路引을 소지하고 있는지 여부, 승선인원과 직책, 입항이유 등이었다.

넷째, 표류민의 경우는 왜관에서 문정을 한 후, 부산진으로 압송, 부산진에서 다시금 取招를 받고, 동래부로 다시 압송하면 동래부에서는 표류를 금지하는 국법이 있음을 엄히 말하고 의복과 식량을 주어 원적지로 보내었다.

다섯째, 동래부사는 훈도의 문정 결과를 기록한 수본(手本)과 노인, 서계,

별폭 등을 예조로 첨부하여 보고하였으며, 왜선의 입항 절차와 문정내용, 그리고 표류민에 관련한 성책(成冊), 화륜선의 圖本과 성책 등을 의정부와 3군부로 보고하였고, 또한 경상좌수영 수군절도사 역시 왜선의 입항과정과 문정내용, 화륜선의 도본과 성책을 첨부하여 의정부와 삼군부에 보고하고 있으며, 동시에 방어체제의 과오를 검토하여 조치를 취하고 그 사실을 보고하였다.

여섯째, 1872년 1월에 왜관에 입항한 화륜선 滿珠丸과 9월에 입항한 화륜선 春日·有功함은 은 세견선과 표류민을 동반하여 왔기 때문에 입항할 수 있었다. 그런데 이 사실은 『대일본외교문서』에서 감추어지고 있다.

일곱째, 화륜선이 아무런 문정 절차 없이 입항하였다는 이해는 잘못된 것이며, 문정은 엄격하게 이루어졌음이 사실이고 입항은 滿珠丸은 하루, 春日艦은 이틀 후에 가능하였다. 화륜선은 도본으로 그려졌으며, 문정관에 의해 길이 너비 등 제반 사항을 측량받아야 했다. 그럼에도 외무성 관리들은 문정 절차를 보고하지 않았고, 기존 연구 역시 이를 무시하였다.

여덟째, 조선 인민이 화륜선을 보고 경악하였고 공포에 떨었다는 사실은 없다. 상식적으로도 동래부와 경상좌수영은 화륜선이 나타났기에 전쟁의 가능성에 긴장하였으나, 세견선과 표류민을 동반한 일본 선박이기에 안심하였고, 화륜선은 조선의 통제에 순응하였기에 전쟁을 우려할 이유는 없었던 것이다.

그리고 마지막으로, 대마주를 매개로 외교를 지속하고자 하였던 조선의 입장에서는 세견선과 표류민선이 입항한 것이 중요한 일이었고, 세견선을 따라서 들어온 화륜선은 부수적으로 파악하고 있음에 반하여, 일본 외무성은 화륜선에 일본 관헌이 도항한 사실이 매우 중요한 것이며, 화륜선과 함께 입항한 세견선이나 표류민은 부수적이고 무시해도 좋은 내용으로 취급하고 있음은 매우 흥미롭다.

왜관은 조선이 일본 사신을 접대하기 위해 설치한 장소였다. 매년 1월과

7월에는 왜관의 훼손 상태를 점검하여 수리하고 있으며, 매일 30명의 일직
(日直)이 왜관과 선창을 관리하였다. 그런데 1872년 9월 하나부사가 입관하
여 왜관에서 대마도인들을 철수시킨 것을 일본에서는 <왜관접수>라고 표현
한다. 이는 왜관이 대마도인의 관할에서 외무성의 관할로 넘어갔다는 의미
가 된다. 필자도 여기까지 생각하지 못하고 <왜관접수>라는 표현을 사용하
였는데[59], 깊이 반성하고 자기비판을 가한다. 앞으로는 <기유약조 붕괴>등
의 적절한 표현을 찾아야 되겠다.

더 나아가 田保橋潔이 주장처럼 일본의 정당한 국교 개정 교섭에 대해서
훈도와 동래부사와 조선정부의 의견차이, 혹은 훈도의 무성의와 독단으로
인하여 교섭이 파탄을 맞이하게 되었다고 역사를 왜곡해 나갔던 부분에 대
해서 엄밀한 비판이 필요하다. 기유약조가 붕괴되는 과정에 대한 연구가 필
요한 이유이다.

이 시기의 연구는 상식에 입각한 해석과 엄밀한 사료비판이 필요하다.
외무성의 사료에 왜곡된 부분이 있음을 언급하였지만, 대마도의 자료 역시
교섭이 이루어지지 않는 책임을 피하기 위해 왜곡 보고한 부분이 적지 않
을 것이므로 사료 이용에 주의가 필요함은 말할 나위가 없다.아울러 기유약
조 붕괴 이후의 왜관에 대한 연구도 필요하다. 이는 제5장에서 검토하였다.

2015. 9 (『동북아역사논총49) 동북아역사재단

---

59) 졸저, 2003, 『19세기 후반의 대마주와 한일관계』국학자료원, 한국사연구총서 46. 208
쪽에서 필자는 「폐번치현 이후 왜관 접수까지의 한일관계」라고 시기 구분에 이용하
였다. 그리고 이는 우리 한일관계사학계가 모두 조심해야 할 시기 구분이라고 생각된
다. 특히 일본의 침략성을 부각시키려는 의도에서 <왜관침탈>이라는 표현을 사용하
는 사람도 있으나 침탈을 당하면 소유권이 뺏은 사람에게 가는 것이다. 1872년 대마도
인들의 퇴거 이후에도 왜관의 수리와 관리는 동래부가 계속 유지하고 있었기 때문에
왜관은 접수되거나 침탈당하지 않았고 따라서 이러한 표현은 매우 부당하다.

제3장 기유약조 체제 붕괴 과정에 대하여

I. 머리말

對馬州는 메이지 정부의 성립을 藩 재정자립의 기회로 삼고자 했다. 메이지 정부가 조선과의 가역을 인정하면서 구폐를 척결하라고 명령하였을 때, 쓰시마는 한일 양국의 갈등을 극대화하고 이를 해결할 대마주의 존재를 부각시키고자 하였던 것이다. 이는 조선과의 무역을 유지하면서도 조선 문제를 일본 전체의 문제로 비화시킴으로써 메이지 정부로부터 원조를 획득하고자 하는 전략이었고, 또한 막부 말기 이래의 상투적인 정략이었다.[1]

하지만 경제적 약자였던 대마주의 교섭태도는 이익이 있는 쪽으로 흘렀다. 처음에는 메이지 정부의 성립을 이용하여 조선에 압력을 가하고 조선의 거부를 받아 메이지 정부의 원조를 받고자 하였으나, 조선의 논리적 대처와 외교·무역권이 박탈(가역파면)되는 상황에 직면하게 된다. 이후에는 입장을 바꾸어 기득이권을 유지하고자 조선에 호소하고 훈도의 지지를 받아 메이지 정부의 외무성과 대립하는 모습을 보인다. 이는 1872년 하나부사에 의한 대관소 폐지와 세견선 파견 금지 조치 및 대관소 무사들에 대한 재판 회부로

---

1) 대마주의 이러한 전략은 러시아가 대마도 개항을 요구하였을 때 攘夷 전쟁을 배경으로 이봉을 요구하였던 1862년, 막부가 쇄항을 약속하자 대마도가 최전선이 된다면서 원조요구를 주장하였던 1863년, 막부가 양이운동을 진압하고 개국을 기정사실화 하였을 때 항해원략을 내세운 소위 '막부말기의 정한론'을 주장한 1864년, 그리고 막부가 외교 일원화하고자 하였을 때 강신대차사를 보내 막부의 지원을 내세워 무역의 확대와 대마주의 지위 향상을 고집하였던 1867년, 등에서도 일관된 공통점을 보인다. 현명철,『19세기 후반의 대마주와 한일관계』(국학자료원, 한국사연구총서46, 2003년)참고.

이어졌고, 이는 곧 근세한일관계 즉 기유약조 체제의 붕괴를 의미하였다.

하나부사에 의한 대관소 폐지를 일본학계에서는 "왜관 접수"라고 표현한다. 왜관이 대마주의 관할에서 외무성의 관할로 넘어갔다는 의미이다. 이는 왜관의 관할권을 대마주가 가지고 있었다고 오해[2]하였거나 의도적으로 주장하려는 의도와 관련되어 있다. 왜관은 조선이 마련한 시설로 대마도인을 접대하기 위한 시설이었고, 동래부의 관할 하[3]에 있었다. 따라서 이 표현은 왜관의 성격에 대한 오해를 초래할 우려가 있으며 적절하지 않다.

한편, 일부 한국 학계에서는 이를 "왜관 침탈"[4]이라고 표현하는 경우도 있다. 이는 일본 외무성의 침략성을 강조하려는 의도이고, 하나부사가 군함을 이끌고 왔기 때문에 무력에 의한 것이라고 추정하고 무엇보다 조선과 합의나 동의 없이 처리하였다는 점을 강조한 것이다. 하지만 하나부사는 외무성 고위 관리임을 과시하기 위해 호위 병력을 이끌고 온 것이며, 조선과 충돌을 일으키지 않았다. 그는 세견선과 표류민을 대동하고 왔으며, 메이지 정부의 우호 의지를 강조하고 조선의 통제에 잘 따랐기에 전투가 발생하지도 않았다. 또한 16일 도착-18일 입항-25일 출항이라는 매우 짧은 기간 체류하였을 뿐이다.[5] 또한 쓰시마인들을 퇴거시킨 이후 왜관의 일본인은 500여 명에서 70여 명으로 줄어든다. 필수 인원만 남게 된 것이다. 따라서 "왜관 침탈"이라는 표현은 근거가 없다. 더구나 동래부가 변경의 국방을 담당하는

---

2) 上垣外憲一, 『ある明治人の朝鮮観』(筑摩書房, 1996년) 제1장에는
   왜관은 …대마주번이 부산에 설치한 시설로, … 외교 공관 겸 商館이라는 성질을 갖는 것이었다. (3쪽)
   라고 기술되어 있으며, 이러한 이해는 총독부 시기 이래 널리 퍼져있다.
3) 왜관의 성격과 관리에 대해서는 1868년 동래부사 정현덕이 작성한 『동래부사례』 왜관조에 자세하다. 아울러 『동래부사례』(규장각 4272)는 원문이 PDF파일로 제공되어 열람과 인쇄가 가능하다.
4) 손승철, 「1872년 일본의 왜관 점령과 조선 침략」(『軍史』28, 국방군사연구소, 1994년)
5) 현명철, 「1872년 일본 화륜선의 왜관 입항」(『동북아역사논총 49』동북아역사재단, 2015년)

임무를 띠고 있으면서도 아무런 군사적 움직임을 보이지 않았음을 주목하지 않을 수 없다.

"왜관접수"나 "왜관침탈"이 올바른 표현이 아님은 이 사건 이후 즉, 1872년 9월 이후에도 동래부가 왜관의 수리와 관리를 행하고 있음을 통해 알 수 있다. 그 외에도 동래부가 잠상을 금지한다거나 또한 연향대청을 수리하고서 왜인들을 초대하여 잔치를 베풀어주거나 왜선이 정박하는 선창(船艙)을 수리하는 모습에서도 확인된다. 왜관 주재 일본 외무성 관리들 역시 조선이 준 도서를 사용한 도항증명서(노인)를 소지한 선박을 통해 왕래하고 있으며, 이 선박으로 표류민을 계속 송환하면서 우호를 주장하고 있음도 확인할 수 있다. 그렇다면 이 사건을 무엇이라고 명명해야 할 것인가6).

심기재는 외무성의 대조선 외교 무역의 일원화 과정으로 파악하여 이를 '왜관 개혁' 이라는 용어로 그리고 이 왜관 접수가 조선의 양해 없이 이루어진 점을 들어 '불법 점거'라는 용어로 정리하였다7). 김흥수 역시 이를 '왜관 점거'라고 표현하였다. 그는 혹시 있을지 모르는 대마도인의 저항을 억누르고 외교권을 접수하기 위해 병대를 동반하였다고 하고 이를 개항장으로 만들기 위한 수순으로 파악하였다.8) 그리고 제홍일은 이 상황을 '구래(舊來) 차용(借用)의 地'에서 '초량 공관'으로 일본 외무성 관할화(일본의

---

6) 이훈, 「왜관 연구의 회고와 전망」(『조선 후기 왜관과 한일 관계』, 한일관계사학회 -UBC 공동 워크샵, 2015년)에서 다음과 같이 지적하고 있으며 매우 타당한 지적이다. 개항기 왜관에 대한 연구의 문제는 먼저 1872년 메이지 정부가 대마번으로부터 왜관을 접수한 조치, 즉 '왜관 침탈'과 관련된 용어의 혼란이다. '왜관접수, 왜관 처분, 왜관점령, 왜관 개혁, 외무성 관할화, 외교권 몰수'에 이르기까지 다양하게 사용되고 있다. …이러한 용어는 그 주체가 일본(외무성)이기 때문에 기본적으로 일본의 대외정책사에서 본 이해가 반영되어 있다.…이 시기의 연구가 부진하기 때문에 조선정부(국가)의 관점이 상대적으로 빈약해졌음을 지적하지 않을 수 없다.

7) 심기재, 「메이지5년 하나부사[花房] 일행의 조선 파견」(『동양학』34, 2003년)
   심기재, 「明治政府의 대조선 外交·貿易 일원화 과정의 일고찰 - 대관 처리를 중심으로 - 」(『日語日文學研究』48-2, 2004년)

8) 김흥수, 『한일관계의 근대적 개편 과정』(서울대학교 출판문화원, 2009년), 311쪽

국권이 미쳐야 할 곳, 조선 진출의 교두보, 특별 거류지)로 변화하는 과정으로 파악하였다. 제홍일은 이를 일본의 '도발'로 인식하였으나 조선은 구례를 존중한다는 방침(교린정책) 외에는 근본적인 대책을 강구하지 않았다고 논하였다.9) 필자 역시 '왜관접수'라는 표현을 사용하여 오다가 그 오류를 인정한 바 있다10). 연구자들이 이 사건에 대해 갖는 공통 인식은 이 사건으로 말미암아 근세 한일관계의 틀 즉 기유약조 체제가 완전히 붕괴되었다는 점이다. 객관적으로 보면, 막부의 멸망과 폐번치현으로 수명을 다한 기유약조 체제가 현실적으로 붕괴되었음을 의미한다. 따라서 본 논문에서는 이 상황을 "기유약조 체제의 붕괴"로 명명하여 파악하고자 한다.

왜 하나부사[花房義質]는 한일관계의 단절을 초래할 위험을 무릅쓰고 세견선을 폐지하고 대관소를 없애며 표류민 송환에 서계를 없애는 등 기유약조 체제의 붕괴를 조선과 합의 없이 단행하였던 것일까. 그 과정에 어떠한 일들이 있었던 것일까. 동래부는 왜 군사적 움직임을 보이지 않고 이를 지켜보기만 하였던 것일까.

이 시기에 대한 연구는 결코 적다고 말할 수 없다.11) 그러나 필자의 연구를 포함하여 기존 연구의 약점은 일본측의 사료 비중이 높아서 조선의 입장과 판단이 상대적으로 빈약하게 서술된 점이다. 따라서 본고는 동래부와 대관소(왜관)에 시점을 두고『동래부계록』을 통해 출입국 선박에 대한 문정과 동래부의 보고를 뼈대로 일본측의 사료를 참고하여 기유약조 체제의 붕괴 과정을 복원하고자 한다.

---

9) 제홍일, 「明治초기 朝日交涉의 放棄와 조선 정책」(『건대사학9』건국대학교 사학회, 1997년)
10) 현명철, 「1872년 일본 화륜선의 왜관 입항」, 다음 장에 서술
11) 이 시기에 대한 연구로는 다음의 저서와 적지 않은 논문이 있으나 아직 실태가 명확하게 파악되었다고는 도저히 말할 수 없다.
    田保橋潔, 『近代日鮮關係の硏究』(宗高書房, 1940년, 1972년 복각판)
    현명철, 『19세기 후반의 대마주와 한일관계』(국학자료원, 한국사연구총서46, 2003년)
    김흥수, 『한일관계의 근대적 개편 과정』(서울대 출판문화원, 2009년) 등이 있다.

본 논문을 작성하기 위한 사전 정지작업으로 필자는 「1872년 일본 화륜선의 왜관 입항」을 통해 동래부의 방어 시스템과 출입항 관리에 대해 살펴보았고, 「田保橋潔의『근대일선관계의 연구』무엇이 잘못되었을까」를 통해 객관적 사실의 오류를 지적한 바 있다[12]. 기유약조의 붕괴 과정을 복원하는 것은 다보하시의 연구를 비롯 기존 연구의 오류를 바로잡는 작업이며, 일본사의 입장에서 검토해 온 필자의 작업에 대한 스스로의 비판 및 보강 작업이기도 하다.

Ⅱ. 왕정복고를 알리는 대마주 관리들의 교섭과 동래부

기유약조가 붕괴되는 과정에 대한 기존의 연구는 조선의 외교 능력과 동래부의 교섭 태도에 대한 철저한 멸시로 일관되어 있다. 그리하여 '메이지 일본이 우호를 요청하였으나 쇄국을 고집하는 조선이 사소한 자구를 문제 삼아 거절을 반복'하였다는 이미지를 부각시켰고, 모든 외교적 갈등을 조선의 책임으로 돌렸다[13]. 대마주가 외무성의 지침을 충실히 따라 조선과 교섭하였다는 변명을 사료적 근거로 삼았기 때문이다.

하지만, 여기에는 오류가 존재한다. 우호는 이미 존재하고 있었다. 문제는 '구폐를 개혁'하라는 메이지 정부의 명령을 쓰시마가 어떻게 해결하려고 하였던 것인지에 대해 명확한 분석이 필요하다. 결국 기존의 외교를 성신지

---

12) 현명철, 「1872년 화륜선의 왜관 입항」, 전게논문- , 「田保橋潔의『近代日鮮關係の硏究』무엇이 잘못되었을까」(『한일관계사연구』51집, 연구노트, 2015년)
13) 대표적인 것으로 田保橋潔, 『近代日鮮關係の硏究』(전게서)가 있다. 최근 이 책이 김종학씨에 의해 번역 출간되었다. (『근대 일선관계의 연구』일조각, 2013년). 또한 石川寬, 「明治期の大修參判使と對馬藩」(『歷史學硏究』775, 歷史學硏究會, 2004년) 역시 대수사 서계를 정당하다고 인식하는 논조를 유지하고 있으며, 조선의 거절을 과장하고 있다. 田保橋潔의 객관적 사실의 오류에 대해서는 졸고, 「田保橋潔의『근대일선관계의 연구』 무엇이 잘못되었을까」(전게논문)를 참고 바란다.

교라 생각하고 이를 유지하려고 하였던 조선과 기존의 외교가 '구폐'이므로 개혁해야 한다는 쓰시마의 대립이 위와 같이 오해된 것이다.

과연 조선의 외교 능력이 그렇게 엉망이었을까. 그리고 그 오랜 시간 대차사 서계를 받아라 못받겠다는 단순한 논의로 시간을 보냈던 것일까. 시간의 순서에 따라 복원하도록 하자.

1. 대수대차사 서계 문제의 발생과 동래부의 대응(1868.12-1869.03)

1868년 12월 19일, 대수대차사 히구치 데츠시로[樋口鐵四郎]가 부산에 도착한다. 그는 메이지 정부의 무력을 배경으로 조선에 복속을 요구하는 서한을 가지고 왔다[14]. 대마주는 이 서한을 기존의 조공관계를 해소하는 외교 개혁으로 인식하고 있었다. 조선이 거부할 경우 전쟁으로 문제를 해결한다는 일부 번 수뇌부와 메이지 정부 수뇌부의 합의도 있었다[15]. 하지만 현실적으로 조선과 전쟁에 돌입한다고 해서 바로 메이지 정부가 지원한다는 보장은 없었다. 따라서 대수사 히구치는 조선과 일본을 저울질하며 신중한 태도를 취하게 된다. 기존 연구와는 달리 그는 도착한 12월에는 특별한 활동을 하지 않는다.

『관수매일기』를 보면 해가 바뀌어 정월 4일, 훈도와 별차가 새해 인사차 왜관에 입관하였고 이때 처음으로 대수사와 대면하고, 1월 6일 임관(훈도와 별차)이 간사관 가와모토 구사에몬[川本九左衛門]이 첫 대면을 하였다고 기록되어 있다[16].

---

14) 이 서한의 성격에 대해서 대마주의 혼네와 다떼마에를 구분한 좀 더 깊은 분석과 논쟁이 필요하겠다. 하지만 전반적으로 일본을 상위의 국가로 자리매김하고자 한 것은 확실하다.

15) 특히 1863년 대마주 양이정권의 성립 과정 이래 우호를 다져 온 오시마도모노쵸[大島友之允]와 기도다카요시[木戶孝允]의 관계는 많은 연구자들의 주목을 받고 있다.

대수사 히구치는 정월 25일 왕정복고의 사실을 왜관에 알리고 막부의 표찰을 걷어내었다[17]. 이는 막부의 멸망을 공식적으로 조선에 알리는 것이었다. 동래부로서는 막부의 멸망은 놀라운 일이었지만 쓰시마번이 건재하고 있는 사실은 안심되는 일이었을 것이다. 대차사는 임역에게 서계의 수리를 교섭하였다. 한편, 가와모토가 1대관을 겸임하고 1월 28일에는 동래부의 商賈(都中) 8인과 만나 무역이 잘 되기를 바란다고 하는 것을 보면[18], 그들은 대수사 서계를 무역에 지장을 줄 것으로 생각하지 않고 오히려 무역을 확대하기 위해 활용할 계획이었음을 알 수 있다.[19]

훈도와 동래부사는 정월 29일 대수사 서계 등본과 재판 서계를 바로 정부에 보고하였다. 그 서계의 내용[20]을 살펴보면 ①메이지 정부가 성립하였

16) 『館守每日記』69년 1월 4일, 및 6일조. 이 기록은 매우 중요하다. 상식적으로 입항 시의 문정은 항해가 어떠했는지, 대마주에 별 일은 없는지를 묻고 인원을 파악하며, 노인(입항증명서)을 확인하는 요식적인 행위이다. 이는 『동래부계록』에 일관되게 나타난다. 그런데 田保橋潔은 1868년 12월에 훈도가 문정시에 대수사의 서계를 거부하였다고 논하였다(田保橋潔, 전게서, 번역본, 180-181쪽). 하지만 명백한 오류이다. 조정의 지시도 없이 훈도가 즉좌에서 거부하는 것은 상식에 반하기 때문이다. 그런데 石川寛도 이를 인용하여 훈도가 조정의 지시를 받기 이전에 거부하고 있음을 기정사실화 하고 있음은 주의를 요한다. (石川寛, 전게논문, 3쪽). 참고로 입항 후, 서계에 대해 교섭이 있고, 훈도가 조정에 보고하고 조정의 지시에 따라서 서계 봉납일이 결정되면 연향이 베풀어지게 되고 서계를 받아 답서를 작성하는 순서가 일반적이다.

17) 『館守每日記』(1월 25일조) 王政御一新に付 從 朝廷被仰出之御旨に依 御國元之儀は 御制札御掛改相成候、就夫爰元之儀も此節 御一新之段被及御告知候付、外向之驅引 も有之不日御揭示之筈に候間, 此迄之御制札取除置候樣可被取計候、以上. 正月 25日 樋口鐵四郞

18) 『館守每日記』(1월 28일조). 都中廳의 개혁으로 都中이 8명으로 인원이 확정되었다고 한다.

19) 실제로 이루어지지 못하였기 때문에 대마주가 어떠한 전략을 갖고 있었는지 전체적인 구도를 알 수 없다. 다만 동래부사와 부산첨사에게 보내는 노인(路引)을 각도 각관방어소로 보낸 의도와 더불어 동래부의 통제를 벗어나 무역을 확대하고자 하였던 것만큼은 추론할 수 있다.

20) 『조선외교사무서1』211-213쪽

다는 것. ②별도로 사신이 파견될 것이라는 것, ③대마주가 앞으로도 교린 직을 계속 유지하도록 명령을 받았다는 것. ④조선이 준 도서(圖書)를 사용하지 않고 메이지 정부가 준 도장을 찍은 노인(路引)과 서계를 보낼 것이며 이는 메이지 정부의 명령이므로 조선도 받아들여야만 한다는 것 등이었다.

앞으로도 교린직을 영원히 담당할 것이라고 하면서 교린의 핵심이 되는 도서를 반납하고 메이지 조정이 만들어 준 도장을 찍겠다는 것은 대마주의 입장에서는 기존의 조공관계를 해소하는 외교 개혁[21])으로 인식하였겠으나 동래부의 입장에서 보면 메이지 조정의 권력이 조선에 미친다는 의미로 복속을 요구하는 것에 다름 아니었다. 이는 전쟁을 유도하려는 책략일 수 있었다. 중대한 문제이므로 훈도와 동래부는 즉시 이 사실을 서계의 등본(사본)과 함께 예조에 보고하였던 것이다.

꼭 한 달 후인 2월 29일, 조정은 대수사 서계를 수리하지 말라는 지시를 내려 보냈다. 이 지시에 따라 훈도는 이 서계를 수리할 수 없음을 전한다.[22]) 3월 4일 관수가 이에 불복하는 반박서를 제출하면서 전쟁의 가능성을 주장하였지만, 3월 13일 훈도는 조선정부가 서계를 수리하지 않는 이유를 3개조로 나누어 설명함으로써 설령 전쟁이 일어난다고 하여도 서계 접수가 불가하다는 방침을 전함으로 외교적 상황이 종료되었다고 파악할 수

이 서계 내용의 번역은 졸저, 『19세기 후반의 대마주와 한일관계』(전게서), 187쪽, 김종학 역 『근대일선관계의 연구』(전게서) 176쪽 등에서 확인할 수 있으며, 원본의 복원은 김홍수 『한일관계의 근대적 개편 과정』전게서 158-159쪽에서 확인할 수 있다.

21) 당시 대마주는 어떠한 외교를 '公'으로 보고 어떠한 외교를 '私'로 보았을까. 한일 역사 공동위원회의 논의에서도 근세의 외교 관계가 '공교'인지 '사교'인지에 대해 논란이 있었으나 대마주 주장과는 거리가 있는 논의라 할 수 있다. 당시는 논리적 접근이 아니라 대마주의 지위향상이 '공'이라고 주장하는 정치적 선언의 성격이 강함을 무시할 수 없다.

22) 대수사는 서계 수리를 조선이 쉽게 거부하지는 못할 것이라고 생각하였던 것 같다. 빠른 시일에 거부의사가 전해지자 당황해 하는 모습이 보인다. 이후 그들의 보고는 변명에 찬 정치적 보고이며 이 보고로 말미암아 잘못된 연구가 나타난 것으로 추정된다.

있다[23]. 결국 대수사 서계는 1개월 만에 명확하게 거절되었다.

조선 조정의 거부 명령에 따라 동래부사가 훈도를 통해 서계를 접수할 수 없다고 한 것은 국가의 결정이었고 그 무게는 무거운 것이었다. 그러나 히구치는 귀국할 수 없었다. 각오한 바였고, 거절당하였다고 깨끗이 물러나면 되는 상황이 아니었기 때문이다. 그냥 물러나는 것은 대마주 외교의 실패를 인정하는 것이며 이는 곧바로 지행박탈을 초래할 것이었다. 대마주가 아니면 조선과의 외교 무역이 불가능함을 양국 정부에 보여줄 필요가 있었던 것이다. 따라서 일본의 정세 변화에 촉각을 세우며 동래부의 눈치를 보면서 왜관에 계속 머무르게 되는 것이다. 동래부도 일본의 정권 교체기에 대마주의 이용가치를 생각하여 당분간은 퇴거를 강제하지 않고 시간적 여유를 갖고 온유하게 설득하였다고 판단된다.

2. 신인(新印)을 사용한 선박의 도항과
동래부의 대응(1869.03-1869.12)

1869년 3월 29일 다대포에 표착하였다가 4월 1일 입항한 무진조 부특송 사선(住壽丸)과, 3월 28일 무지포에 표착하였다가 4월 2일 입항한 제주표민 영래선(福榮丸)과 차기선(吉榮丸) 서계와 노인(路引)에 「좌근위소장」이라는 관직과 일본 조정이 준 「平朝臣義達章」이라는 도장을 찍어서 가져오는 사태가 발생한다[24].

---

23) 여기에 대해 하나부사는 다음과 같이 회고하여 보고하고 있다. 「一新報知以來尋交商量ノ手續槪略」(『조선외교사무서6(권18)』181-195쪽
　一. 1868년 11월 대마수로 하여금 대수대차사를 보내어 일신을 통보하였는데 서계에 황(皇), 칙(勅) 등 교린 이래 사용하지 않았던 자구가 있고 인장(圖書)이 다르다고 하여 수리되지 않았습니다. ……동서(중국과 일본)를 향해 皇을 칭하는 것이 되므로 조선이 쉽게 받아들이지 않는 것도 이상한 일은 아니라 생각합니다.(중략)
24) 『동래부계록6』1869년 4월 4일조.
　漂民順付書契別幅 駕船路引 依例呈納是如乙仍于取見則 其前面以左近衛少將對馬守

지난 1월 대수사가 서계를 통해 메이지 정부의 명령이라고 고집하였고
조선 조정이 거부하였던 사항을 대마주가 강행한 것이었다. 뒤이어 4월 8일
도착한 당년조 제1선(順吉丸)과 1특송선(金吉丸)의 경우는 관직과 도장에
는 문제가 없으나 노인 앞면에 수신인이 동래부사 부산첨사가 아니라 '各道
各官防禦所'로 기록되어 있었다[25].

이 사실은 즉시 예조와 의정부 삼군부에 보고되었다. 동래부는 노인과
서계를 퇴거시킴과 동시에 엄중히 왜관에 경고하였다. 동래부의 강경한 태
도에 대관소의 상인들은 동요하였고, 관수는 바로 다음날(4월 9일) 대수사
히구치에게 해결책을 요구하고 있다. 결국 4월 22일 들어온 비선에 옛날의
관직과 도장을 날인한 서계와 입항허가서(노인)을 보내옴으로 새로운 관직
과 신인(新印)을 사용한 사건은 20일 만에 해결된다.

이 상황을 보고하면서 훈도와 동래부는 논리적으로 설득하면 알아들을
것이라고 예조에 긍정적인 견해를 피력하고 있음은 주목된다. 또한 기존에
합법적으로 입항한 세견선과 표류민선에 대해서는 우호적으로 접대를 하고

平朝臣書塡其下以平朝臣義達章圖書着來 極涉駭乘大違規例一倂退却不捧 改書呈納之
意同倭及館守倭處嚴辭責諭

25) 기존 노인의 내용과 4월 8일 도착한 세견선의 노인은 다음과 같다. 비교를 위해
제시한다.

日本國 對馬州 太守 拾遺 平義達 啓書 朝鮮國 東萊 釜山 兩令公 閣下 ○○條 第○船 今玆差渡 請其照驗施行 不備 ○○ ○年 ○○ ○月 日 對馬州 太守 拾遺 平義達	일본국 대마주 태수 습유 평의달이 조선국 동래 부산 두 영공(令公) 합하게 아룁니다. (간지)조 제(몇)선을 지금 보내오니 조험(照驗)을 시행해 주시기 바랍니다. 생략합니다. (일본연호) (몇)년(간지) ( )월 ( )일 대마주태수 습유 평의달
日本國 對馬州 太守 拾遺 平義達 啓達 朝鮮國 各道各官防禦所 僉足下 玆發 ○○條 第○船 遇颶票轉幸 勿疑訝 資達 草梁 不備 ○○ ○年 ○○ ○月 日 對馬州 太守 拾遺 平義達	일본국 대마주 태수 습유 평의달이 조선국 각도 각관 방어소 첨사 족하에게 보냅니다. 지금 ○○조 제○선을 출발시켰습니다. 혹시 태풍 을 만나 표류하거든 의아하게 생각마시고 초량으로 갈 수 있도록 도와주시기 바랍니다. 생략합니다. (일본연호) (몇)년 (간지) ( )월 ( )일 대마주 태수 습유 평의달

있음도 주목된다. 즉 4월 4일에는 3특송사왜 수목선(國德丸, 2월 1일 입항)이 공작미와 공목을 싣고 출항하고 있으며, 5월 12일에는 정의표민 영래차왜선(2월 2일 입항)이 접대를 받고 공작미와 공목을 싣고 출항하고 있다. 또한 위의 문제를 초래한 선박들도 4월 22일 서계와 노인을 고쳐 와서 정납하였기에 접대가 이루어져 5월 12일에는 부특송사선(住壽丸, 3월 29일 입항)이, 6월 6일에는 제주표민영래선(福榮丸)과 차기선(吉榮丸, 3월 28일 입항)이 공작미와 공목을 싣고 출항하고 있는 것이다.

6월 19일 왜관에 입항한 2특송사선 부터는 '대마주태수'라는 기존의 직함과 조선이 내려 준 도서를 날인한 서계와 노인(路引)을 지참하여 입항함으로 평소의 모습으로 회귀하고 있다[26]. 마치 한 번 찔러보고 바로 물러서는 모습이다. 대마주가 쉽게 굴복한 이유는 동래부의 단호한 태도와 이에 따른 무역 중단으로 인한 경제적 어려움, 정당한 조선의 논리와 왜관에 있는 대관소 상인들의 반발 등을 들 수 있다. 거기에 사단을 일으켰다고 바로 메이지 정부가 개입하여 문제를 해결 해 주지 않을 것이라는 현실적 계산이 대마도와 왜관 사이에 차이가 있었음은 물론이다.

6월 17일 판적봉환이 이루어지고, 메이지 정부의 외국관[27]에 의한 '대마주 외교권 접수 선언'[28]이 내려진다. 이 소식은 9월 2일 왜관에 전달되었다[29]. 대마번주는 이즈하라[嚴原]번 지사(知事)가 되었고 소시게마사[宗重正]이라고 개명하였다는 소식이 알려진다. 관수도 반다다미[番忠見]라고 개명하였다[30]. 이즈음, 대마(嚴原)주 내에 극심한 쌀 부족 현상이 나타났다.

---

26) 『동래부계록6』에 입항 선박이 자세히 보고되고 있다.
27) 뒤에 외무성으로 개칭된다.
28) 5월 13일 일본의 외국관은 대마주에 위임하였던 외교 사무를 접수하겠다고 대마번에 통고하여, 대마번은 잘못하면 한일 양국 양쪽에서 거부되는 어려움에 빠지게 될 위험에 빠진다.
29) 『館守 每日記』1869년 9월 2일자(일본국회도서관 디지털자료 『每日記』484)
30) 『館守 每日記』484, 1869년 9월 3일자.

9월 5일의 『每日記』를 보면, 대수사 히구치가 왜관 내 모든 무사들에게 다음과 같이 고시하고 있다.

> 이번에 배편으로 소식을 들으니, 대마주에 쌀이 부족하여 수당 지급도 못하고 있을 뿐만 아니라 시장에도 쌀이 없어서 가난한 사람들이 기아에 빠지고 있다고 한다. 왜관 내에서도 절약하여 대마주와 같이 어려움을 같이 해주기를 바란다.[31]

이러한 상황에서 대수사의 교섭 경과를 보고하라는 조정의 엄명이 왜관에 내려왔다.[32] 왜관에서는 시일을 끌다가 그 간의 과정을 보고한다. 그런데 그 보고서에는 열심히 노력하고 있으며 곧 회답이 올 것이므로 시일이 더 필요하다는 정치적인 거짓 보고를 하고 있음이 주목된다[33].

요컨대 경제적 궁핍에 더하여 외교-무역권 박탈이라는 불확실성 속에서 당황하는 모습이 읽혀진다. 그리고 실제로 9월 23일 종씨의 가역파면이 확정되어 통고되었다. 이에 직면하여 대마(嚴原)주 내에서는 치열한 논쟁이 전개되었다. 대마주의 상인과 무사들은 번의 정책에 의문을 제기하고 항의를 하였으며, 번의 수뇌부는 혼신의 힘을 다하여 외교권 접수 선언을 무효화시키고자 노력한다. 특히 10월 사이토 가헤[齊藤佳兵衛]가 번의 운명을 걸고 외교권 박탈에 항의하는 상신문은 주목된다[34].

10월 22일에는 의정부 관문이 동래부로 내려와 대수사를 빨리 귀국시키

---

31) 『館守 每日記』484, 1869년 9월 5일자.
32) 이 명령은 7월 12일 마거리와 지세포에 각각 표착하였다가 17일 왜관에 입항한 비선에 의해 전달되었다. 一、… 今般御一新之儀、未朝鮮國許諾に至居不申候付、終而改撰も難相懸合候付, 此頃之驅引 早々申越候様之事. (『관수매일기』1869년 7월 17일조)
33) 내용은 '열심히 노력하고 있으며 조선에서 회답에 시간이 걸리고 있다는 것으로 동래부와 훈도도 긍정적으로 주선하고 있다'는 정치적 보고였다.(『관수매일기484』 1869년 9월 27일조)
34) 『조선외교사무서1』273-287쪽.

라는 명령이 전달된다. 이는 동래부사가 조정의 압력을 요청한 것에 대한 대답이었다. 동래부도 원칙에 어긋나는 상태로 대마주를 달래는 것이 효과가 없고 자칫하면 잘못된 메시지를 줄 수 있다고 판단하였던 것 같다. 24일 훈도는 조정의 명령을 관수에게 알렸고, 28일에는 동래부 관원이 왜관을 시찰하여 압력을 가하였다.

결국 대마주는 조선으로부터는 불신을 그리고 일본 메이지 정부로부터는 가역파면의 지시를 받고 한·일 간의 가교 역할을 상실할 위기에 처하였고, 여기에 경제적 궁핍이 더하여져 최악의 상태를 맞이하게 된다.35) 더 이상 대수사도 체류할 수 없게 된 것이다.

3. 명칭 문제의 발생과 동래부의 대응(1869.12-1870.04)

이러한 대마주의 동요는 11월에 접어들면서 급속하게 해결의 모습을 보인다. 11월 10일 태정관이 필사적인 대마(당시는 이즈하라-嚴原)번의 항의를 받아들였던 것이다. 그 내용을 보면,

1. 대수대차사의 진퇴는 조선의 신의를 잃지 않도록 조치할 것.
2. 표류민 송환은 선례에 따를 것.
3. 세견선은 그대로 둘 것.
4. 왜관 관리는 구례를 따를 것.
5. 조선 무역은 더욱 장려할 것이며, 세견선도 존속시킬 것.
6. 문인(路引)은 옛 관례대로 종씨가 발급할 것

등이었다. 이 지령은 외무성에 대한 대마주의 외교적 승리였다. 왜관은

---

35) 여기서 대마주는 자신들이 얼마나 열과 성을 다하여 조선과의 외교 개혁에 노력하였는지를 메이지 정부에 보여주고, 또 조선에 대해서는 자신들이 한·일간의 갈등을 해소하기 위해 양국 사이에서 얼마나 고생하고 있는지 주장하는 2중적 태도를 취한다. 당시 대마주의 자료는 이러한 입장을 잘 보여주고 있다.

다시금 활기를 띠게 된다. 표류민 송환도 선례에 따르고 세견선과 무역을 장려하며, 문인(路引)도 관례대로 발급하게 된 것은 조선과 담판할 수 있는 재량권을 확보한 것이고, 또한 조선과의 외교 담당에서 재신임을 받은 것으로 간주되었다. 관수는 이 사실을 훈도에게 알리고 조선이 준 도서를 그대로 사용하라는 결정이 내렸다고 알렸다. 아울러 이러한 결정에는 대마주의 주선이 중대하였다고 공치사를 하는 것도 잊지 않았다.

동래부의 입장에서도 11월 태정관의 지시는 교린 관계를 유지하고 기존의 조약을 유지하는 데에 도움이 될 것으로 판단하였으며, 일본에서의 정권 교체를 조선이 받아들이는 데에 큰 장애가 해결된 것으로 판단하였던 것 같다. 결국 대수대차사는 왜관에 다시 눌러앉게 되었고 동래부도 구태여 돌려보낼 필요가 없게 되었다.

그러나 여기서도 대마주는 자신의 지위를 올리기 위한 노력을 포기하지 않았다. 12월 2일, 당년(기사-1869)조 1선, 2선(3선겸대)이 왜관에 입항하였는데 노인(路引)과 서계의 도장은 그대로 조선이 준 도서를 사용하고 있지만, '대마주 태수 평의달'의 명칭을 '좌근위소장 대마주태수 平朝臣의달'로 고치겠다고 고집한 것이다. 교린 관계라는 측면에서 앞서의 도서문제만큼 심각한 문제는 아니지만 훈도는 이를 척퇴시키고, 동래부사를 통해 의정부와 삼군부에 보고하였다[36]. 이 때 훈도는 메이지 정부의 성립을 기정사실

---

36) 『동래부계록』1869년 12월 3일조
  관수왜가 말하기를 [폐방에는 이변이 많았으며, 작년 11월에는 明治로 개년하였고, 폐주 태수도 陞資하여 서계와 路人에 좌근위소장 평조신을 칭하였습니다]고 하므로, 일책하기를 서계의 문자는 자기 마음대로 하는 것이 아니므로 전례에 어긋나서 받아들일 수 없으니 개서하라고 관수왜 및 정관왜에게 책유하고, 아울러 서계를 고쳐오도록 책유하였습니다. 圖書는 전과 다름이 없었습니다. 또 이번에 대마주 평의달이 보낸 서계 중에 좌근위소장이라는 것은 혹 可援之例이겠습니다만, 평자 밑에 조신 2자는 일찍이 없었던 대위격이므로 임역들에게 명하여 엄히 책유하도록 하여 속히 개수 정납하도록 하였습니다. 關邊情을 (보고하기 위해) 따로 (서계의) 등본을 의정부 삼군부에 상송합니다.

로 보고하고, 좌근위소장의 직위 사용은 허락하되 평조신은 허용하지 않는
것이 좋겠다고 상신하고 도서는 이전과 변함없이 사용하고 있음을 보고하
고 있다.

왜관 관수는 이 「좌근위소장 평조신의달」이라는 호칭에 대해 꽤 고집을
부렸다. 메이지 정부에 뭔가의 가시적 변화를 보여주고자 하는 입장도 있었
을 것이고, 또 조선을 설득시킬 수 있다는 자신감도 있었던 것 같다. 지난
해 11월의 태정관의 지시를 얻어낸 포상의 의미에서도 자신들의 진급을 조
선이 인정해야 한다는 논리도 작용하였고, 훈도도 긍정적으로 건의하겠다
고 인정하였던 것이다. 다만 훈도는 성과 이름 사이에 朝臣[아손]이 들어가
는 것에는 거부감을 표현하였다. 관수는 朝臣이라는 것이 조정의 신하를 의
미하는 것이 아니고 일본 고래의 씨성제도에 유래하는 것이라고 설득을 계
속하면서 고집을 굽히지 않았다.

1870(경오)년에 들어서도 이러한 상황은 계속된다. 즉 1월 5일 입항한 공
작미연한청퇴 재판차왜선과 1월 13일 입항한 이정암선(4-17겸대), 2월 23일
입항한 3특송선, 3월 11일 입항한 만송원선이 그대로 '좌근위소장 평조신의
달'의 이름으로 서계를 가져온 것이다. 이로 말미암아 그 동안 왜관의 접대
는 정지 상태에 이르렀다. 왜냐하면 서계를 봉납해야 연향이 이루어질 수
있기 때문이었다. 결국 훈도와 관수는 한 걸음씩 양보하여 '좌근위소장'의
직위는 허용될 수 있도록 훈도가 진력하고, 성과 이름 사이의 '조신'이라는
표현은 외교문서에서는 사용하지 않기로 합의를 보게 된다.

결국 대마주는 4월 9일 비선을 통해 공작미연한청퇴, 및 기사조 세견
1,2,3선, 이정암선, 4-17선의 서계와 별폭을 전부 수정한 서계별폭을 지참한
비선을 보내어 이 사태도 4개월 여 만에 해결되었다.

이에 따라서 훈도와 동래부는 표민순부서계를 上送하고, 접위관을 선정
해 달라고 요망하고 있다. 이 때 막부가 멸망하였으므로 지금까지 사용하지
않았던 '康'자와 '慶'자를 사용한 서계를 허락하고 있다. 이는 동래부가 막

부의 멸망을 인정하고 메이지 정부의 수립을 승인하는 모습이라고 읽을 수 있다.

서계를 수정해 옴에 따라서 7월 11일에는, 기사조 1선, 2선, 3선, 이정암, 4-17선 하선다례가 다음날인 7월 12일에는 영해표민영래차왜(橘廣親), 제주 표민영래차왜(平德隣), 공작미청퇴재판차왜(橘幸邑) 하선다례(접위관:양산 군수)가 설행되었다. 8월 7일에는 의정부의 명으로 예조의 지시가 내려와 좌근위소장의 직책을 서계에서 사용할 수 있도록 허락하였으며, 그 후의 대마주 태수의 관직으로 사용된다. 이리하여 메이지 정부의 성립은 동래부와 조정에서 공론이 되었고 한·일간의 갈등은 일본에서의 정권 교체에도 불구하고 대마(嚴原)번을 매개로 수습되는 듯이 진행한다. 그러나 이는 외교 일원화를 추구하는 메이지 정부의 입장과는 거리가 먼 것이었다.

Ⅲ. 일본 외무성의 개입과 동래부

1. 외무성 관리의 조선 국정 탐색과 침한론(1870.02-04)

「좌근위소장 평조신의달」의 호칭 문제로 대립하던 1870년 2월 22일 외무성 관리들이 왜관에 도착한다. 지난 1869년 11월 10일의 태정관의 지령은 대마주의 항의에 일시적으로 물러난 것이었고 메이지 외무성은 외교 일원화의 수순으로 외무성 관리들을 파견한 것이었다. 물론 "입회감찰"이라는 단서를 붙여서 대마주의 반발을 막고자 하였으나 對馬州(당시는 嚴原藩)에 서는 가역을 박탈하기 위한 수순이라고 파악하는 사람들도 많았다. 1870년 2월 22일 외무성 관리인 사다 하쿠보[佐田白矛], 모리야마 시게루[森山茂], 사이토 사카에[齊藤榮] 등이 왜관에 도착한다. 이들이 대마도에서 출발하여 왜관으로 향할 때에 그 일행이 승선한 선박에 발포하는 자까지 나타났을 정도였다고 한다[37].

외무성 관리들은 20여일간 왜관에 머물면서 보고서를 작성하고 귀국 후 복명보고를 한다. 이것이 1870년 4월의 「朝鮮國交際始末內探書」이다[38]. 이 보고서에서 서계가 수리되지 않는 이유에 대해서는

> …서계 중에 황자나 칙자 등이 있고 예조참의에 대한 대인을 공으로 고치고 朝臣, 좌근위, 및 조선국왕으로부터 받은 도서를 고쳐서 새로운 도장을 찍는다는 사항 등을 들어서 문중의 불손함을 나무라고 구례에 따르지 않음을 거론하고 단연 받아들일 수 없다고 결답하였습니다만, 추호도 절교하려는 뜻은 없고, 조용히 도쿠가와씨와 동등한 대신과 적례를 하고자 한다고도 진술하였습니다.

라고 분석하고, 따라서 대마주가 주장하는 통신사를 초청해도 敵主가 없기에 효과가 없을 것이라고 하고 또한 대수사의 활동도 효과가 없을 것이라고 보고하고 있음은 주목된다. 거기에 대마주가 조선에 대해서 臣禮를 취하고 있기 때문에 조정이 반드시 외교권을 접수하여야 하며, 세견선은 반드시 폐지하여야 한다고 주장하고 있다. 대마주의 활동에 대해 낮은 평가를 내리고 있는 것이다. 다만 종가의 부채를 갚아야 문제가 해결된다고 계속 강조하고 있음은 주목된다.

개인적인 건백서를 보면 사다하쿠뵈[佐田白茅]는

> 지금 황국은 참으로 병사가 많아서 걱정이며 병사가 적어서 걱정이 아님

---

37) 田保橋潔, 전게서(번역본) 248-249쪽, 『靜觀論の旧夢談』41-42쪽. 재인용
   이러한 상황은 손해 보는 가역 박탈은 받아들일 수 없다는 강력한 압박용으로 이해할 수 있다. 이는 대마주의 이봉운동 시에 대마도에 파견되었던 오구리[小栗忠順]에 대한 압박과 비슷하다. 따라서 외무성은 이를 위해 꾸준하게 대마번에 대한 보상책을 마련하고 있다.
38) 『日本外交文書(한국편)1』231-238쪽.

니다. 각 방향의 병사들이 동북의 전쟁에 만족하지 못하고 전투를 좋아하여 난을 생각하며, 혹은 사투와 내란을 걱정합니다. 다행히 조선에 공격하면 병사들의 울분을 해결할 수 있는 유일한 방법이 아닐까요. 조선과 싸움으로 우리 병사들을 훈련하고 황위를 해외에 빛낼 수 있느니 어찌 신속하게 공격하지 않겠습니까.[39]

라고 하여, 내부의 분열을 외부와의 전쟁으로 해결해야 하는 상황이라고 주장하고 있다. 처음 조선에 와서 20여 일 간 탐색하고 전쟁을 주장하는 건백서를 제출한 것은 당시의 일본의 여론을 이해하는 데 도움이 된다. 이미 대차사가 조선에 도착하기도 전에 기도 다카요시[木戸孝允]가 침한을 주장하였던 것[40]과 마찬가지로 막부말기 이래의 침한론이 면면히 이어져 내려와, 이 때 도한한 외무성 관원은 출발하기 전부터 이미 전쟁을 상정하고 있었으며, 왜관에 온 것은 조선의 방어 능력을 탐색하기 위해 온 것이었다고 생각할 수 있다. 더구나 보고서에서 서계를 거부하였지만 추호도 절교하려는 뜻은 없다고 파악하고 있음에도 불구하고 말이다.

이 보고서는 일본 내에 큰 반향을 일으켰다. 1870년대의 침한론[41]이 바로 이것이다. 이 여론은 외무성의 신중론[42]과 요코야마 쇼타로[橫山正太郞]의 유언으로 실현되지는 않았다. 하지만 무엇보다 이러한 침한 여론이 실현되지 않았던 것은 당시 조선이 병인양요 이후 군사력을 증강시킨 것이 중요한 요인이었음은 즉 일본이 쉽게 승리할 수 없을 것이라는 전망이 있었기 때문임은 말할 나위가 없다. 위 보고서에서도

프랑스와의 전투 이래는 수영과 병영 모두 훈련에 열심이고 부군현에서도 농민병을 기르고 있으며 수도에서는 승병까지 병대에 가담하여 동소 근

---

39) 『日本外交文書(한국편)1』238-240쪽.
40) 『木戸孝允日記』1868년 12월 14일조.
41) 현명철, 「對馬藩 소멸 과정과 한일관계사」(『동북아역사논총41호』2013년), 204쪽
42) 『日本外交文書(한국편)1』244-245쪽.

해에는 해류 방어가 철저하다는 풍평이 있습니다. 이미 부산성 아래에도 때때로 훈련이 있으며 이는 우리 옛날의 훈련 모습으로 큰 깃발을 가지고 진퇴를 지휘하고 劍鉾隊, 弓隊, 銃隊 등을 연구하여 육전을 주로 합니다. … 프랑스와의 전쟁에서 소총의 이득을 알고 지금은 총포를 제조합니다. (하략)

라는 구절이 있어서 조선의 군비를 무시하면서도 나름 경계하는 부분이 있음이 주목된다.

2. 우라세 사이스케[浦瀬最助]와 훈도의 회담

외무성 관원들의 보고를 통해 대마주의 교섭이 실패하였음이 밝혀졌다. 또한 일본에서 정한의 여론이 비등하였다. 처음의 의도와는 달리 이 상황은 대마(嚴原)로서도 바람직한 현상이 아니었다. 왜냐하면 교섭 부진의 책임을 지고 면직될 뿐만 아니라 견책까지 받을 가능성이 있으며, 비등하는 침한론의 여론으로 만일 전쟁이 일어나게 되면 선봉에 서도록 명령을 받을 가능성이 높아졌기 때문이었다[43]. 이는 초기 대마주의 전략 자체가 무모한 것이었기에 초래된 일이었다. 외무성은 정확한 상황을 파악하기 위해 왜관에 있었던 우라세를 소환하였다.

이 때 오시마 도모노죠[大島友之允]는 우라세에게 일단 대수사 서계 중 조선이 문제로 삼는 말들을 삭제하고 받아들일 수 있도록 고쳐서 대정일신의 전말을 신속하게 報知하며, 먼저 양국의 친교를 맺어 둘 필요가 있다고 지시하였다. 나머지 문제는 청일수호조규가 맺어진 다음에 외교 관례에 따르겠다는 것이다[44].

---

43) 이 상황에 대해 오시마는 다음과 같이 말하고 있다.(『朝鮮外交事務書2』62-63쪽)
…若し朝議之出ル所、辭職所に無之、免職之上嚴重譴責も可蒙哉、又是迄之応接因循等と申ヲ以テ、兵馬に先導可被命哉、是等何れに出可申も難計、州中苦慮愁眉罷有候情体之事。

헤르타호가 떠난 직후인 5월 6일, 우라세 모스케[浦瀨最助]가 외무성의
지시를 받고 도착한다. 그는 5월 13일 훈도와 솔직한 회담을 통해 정보를
공유하였다. 교섭 부진의 책임을 지고 대마도주가 파면되고 國使가 파견될
경우도 언급하였다. 그 결과 서한에 황, 칙 등의 문자를 쓰지 않고 양국 정
부가 서로 완전한 等對의 교제를 원한다는 서한이라면 받아들일 수 있다는
기본적인 합의를 하였다. 이는 예조와 외무성이 대등한 교제를 할 수 있다
는 의미이며, 외교 일원화를 위해 앞으로 외무성과 동래부가 직접 교섭을
하기 위한 기본 합의라 할 수 있다. 그러나 이 회담은 대마번(嚴原)의 존재
를 위험하게 하는 내용이기도 하였으며, 지난 69년 11월 태정관 지령을 뒤
집는 일이기도 하였다.

따라서 이는 왜관의 대관소 상인들을 격앙시켰다[45]. 그들은 조선과의 외
교 무역을 계속 장악하고 세견선을 보낼 의도였기 때문에 우라세의 합의를
배척하였고, 특히 國使의 파견을 언급한 부분에 대해 비난하였다. 훈도는
國使가 파견되고 외무성의 외교 일원화가 이루어지면 대마주는 특권을 내
려놓아야 한다고 압박하였다. 관수는 훈도에게 國使의 파견 운운은 허언이
며 있을 수 없는 일이라고 우라세를 비판하였다. 관수는 우라세가 거짓말을
하였다고 하면서 우라세를 징계하기에 이른다. 이 즈음 대마(嚴原)번은 조
선과의 무역을 담당하기 위해 무역서(貿易署)를 설치하고 조선과 관련된
업무를 무역서로 집결시켰으며 이를 왜관에 알렸다[46]. 이는 조선과의 세견

---

44) 이는 木戶孝允이 청나라에 파견될 것으로 예상된 상태에서 木戶와 협의한 결과의
   지시였다.
45) 田保橋潔은 「그런데 그때 우라세와 안동준이 예상하지 못한 사건이 발생해서 타협
   시안은 수포로 돌아갔다. 5월 3일 입항한 독일군함 헤르타호 사건이 그것이다.」라
   고 하여 타협시안이 수포로 돌아간 이유를 독일함대의 정박에서 찾고 있다. 하지만
   이는 타당하지 않다. 왜냐하면 독일함대의 정박이후 우라세가 도착하여 회담이 이
   루어졌기 때문이다.
46) 『每日記490』1870년 10월 2일조. 기사조 부특송사선이 전한 사항으로 기록되어있다.
   朝鮮と貿易、藩內之御用筋致混雜候ては、御主意に取不宜候に付、別段貿易署御設、公

선 무역을 포기할 의도가 전혀 없음을 알 수 있게 해 준다. 명분으로 포장
되었던 대마 상인들의 속내가 점차 드러나게 되는 것이다.

그러나 우라세의 처벌은 외무성의 의심을 받았다. 결국 윤10월, 관수 番忠
見은 외무성의 지시를 듣지 않고 세견선 무역을 계속하였다는 질책으로 관
수에서 해임된다. 그는 윤10월 2일 비선으로 돌아갔다[47]. 외무성은 대마(嚴
原) 상인들이 표면적으로는 세견선 무역을 '황국의 치욕'이라고 비판하면서
도 속으로는 이득이 되는 세견선 무역을 포기할 생각이 전혀 없음을 파악하
였다. 이는 외무성 관리들의 보고서에서 꾸준히 나타난다. 그해 11월 3일,
요시오카, 모리야마, 히로츠 등의 외무관리들이 다시 파견되었을 때 우라세
는 동행을 고사하였지만 결국 복직하여 그들과 함께 다시 來韓하게 된다.

외무성 관리들은 안동준-浦瀬의 합의에 기초하여 예조에 보내는 외무경
의 서한과, 동래부사와 부산첨사에게 보내는 외무대승의 서계를 가지고 건
너왔고, 이 사실은 다시금 왜관 내에 동요를 일으켰다. 대관소를 중심으로
왜관의 대마주 상인들은 조선과 외무성이 직접 교섭을 하게 되면 대마주의
무역권은 박탈당할 것이라고 파악하였다. 이때 浦瀬도 대관소를 지지하였
음은 흥미롭다[48].

이러한 상황에 입각하여 훈도는 어려운 상황에 빠진 대마주에 힘을 실

私交易に屬候儀全引請令差配り樣被仰付、物貨署之名稱、聽産署と被成御改、從來生産
方之御用筋差配被仰付候。尤軍資署にて朝鮮取引筋、船艦署監港署において取扱候品
何れも貿易署一手之取計に被仰付候段、於田代表に被仰出置候間、可仕得其意との事。

47) 이로써 『每日記(館守每日記)』의 기록이 끝난다.
48) 花房의 복명 보고에도 이 사실이 적시되어 있다. 「一新報知以來尋交商量ノ手續槪略」
(『조선외교사무서6(권18)』181-195쪽
一. 1871년 정월, 요시오카[吉岡], 모리야마[森山] 등을 통해 외무경이 예조로, 외무대
승이 동래부사와 부산첨사에게 보내는 서한을 보냈습니다.
一, 이때 …훈도는 새로운 관례를 열지 않고 오로지 대마도를 통해서 응접할 것임을
언급하였습니다. 대마주의 관리들이 이에 호응하여 외무성의 통신을 중지해야 한다
고 주장하였고 우라세[浦瀬]도 같은 의견을 주장하여 지난해의 타협이 이루어지지
못하였습니다.

어주기로 결정하였다. 1871년 1월, 훈도는 앞으로 모든 일은 대마주를 통해서 응접할 것이라고 말하고, 대마 이외의 인사들과는 회담하지 않겠다고 선언하였다. 외교 일원화를 도모하고 있는 외무성과 무역의 이권을 유지하려는 대마주의 알력 속에서 훈도가 대마주를 통하지 않고서는 접대하지 않겠다고 명확하게 선언한 것은 대마주의 외교적 승리로 간주되어 대마주의 관리와 상인들이 화합하게 되었다. 한편 훈도는 더욱 효과적으로 대마 상인들을 통제할 수 있게 되었다. 세견선이 꾸준히 들어와 공무역이 진행되고 또한 표류민 송환이 이루어지고 있음은 두말할 나위가 없다.

3월 동래부는 정식으로 외무성 관원이 왜관에 온 전례가 없고 따라서 외무성 관원을 면접할 수 없다는 서한을 외무성에 발송하였다. 이는 대마 상인들의 요청에 의한 것이었음은 말할 나위가 없다. 또한 동래부가 외무성을 상대로 발급한 첫 문서이기도 하였다. 동래부는 이 서한이 외무성에 의해 존중받을 것을 기대하였을 것이다.

2. 폐번치현과 외무대승 종의달의 서한

동래부가 외무성에 서한을 보내어 대마주를 통한 외교 무역을 지지한 상황에서, 1871년 7월 폐번치현이 단행되었다. 이로 말미암아 대마번(嚴原)도 폐지되었고 이마리[伊萬里]현에 편입되어 현지사로 민부대승 와타나베 기요시[渡辺淸]가 담당하게 되었다. 종의달은 외무대승으로 임명되었다. 종의달이 외무대승으로 임명된 날(7월 29일)은 일본이 청나라와 수호조규를 조인한 날이기도 하였다. 전 대마주 태수 종의달을 외무대승에 임명함으로써 외교 의례 격식을 안정화 시켜가고 있음을 보여준다. <표 1>[49]

1871년 8월, 종의달은 외무대승의 자격으로 조선에 보내는 서한을 작성하였

---

49) 국왕과 텐노의 등대관계는 아무도 언급하지 않고 있음은 일종의 타부가 되어 있는 것 같다. 정치적인 역풍을 피하기 위하여 언급하지 않고 있는 것으로 파악된다.

고, 관수는 8월 24일 외무성 관원이 종씨의 서한을 가지고 올 것이라고 훈도에게 알렸으며, 훈도와 동래부는 이 소식을 바로 예조에 보고하고 있다[50].

〈표 1〉

<막부시절>			<메이지 정부 성립후>		
등대관계			등대관계		
국왕	↔	막부 쇼군	국왕	?	태정대신 or 텐노
예조관서	↔	막부 노중	예조관서	↔	외무경
동래부사	↔	대마도주	동래부사	↔	외무대승(종의달)
훈도	↔	관수	훈도	↔	관수

8월에 예고된 외무관원은 다음해 1872년 1월에 대마도주 종씨의 서한을 지참한 差使와 함께 화륜선에 승선하여 신미1특송사선, 제주표민영래선, 비선을 대동하고 왜관에 도착 입항하였다[51]. 외무관원들은 대수대차사 히구치를 귀국시켰다. 그리고 자기들만의 7인 위원회(요시오카, 모리야마, 히로츠, 사가라, 우라세, 히로세, 후카미)를 조직하여 조선과의 회담에 임하고 대마주 사족을 배제하였다. 이는 대관소에 대한 강한 불신의 표현이었고 대마주 상인들과 조선의 임역이 연대하지 못하려는 의도였다. 이들이 입항할 때에도 관수는 조슈[長州]왜가 급한 용무로 서한을 전달하려는 것이며 그 내용에 대해서는 알지 못한다고 주장하여 기득권을 지키고자 노력하는 모습을 읽을 수 있다.

차사(差使)는 관례대로 접대를 받았으며[52], 6차에 걸친 회담 끝에 3월 20

---

50) 『동래부계록』8, 1871년 8월 24일조.
　　節呈訓導安東晙別差李泌基等手本內 館守倭請見卑職等而言曰 弊邦外務省使員持島主所呈東萊釜山了書契一度 前者飛船便順付出來卽爲捧納亦爲乎等 以取見書契辭意則句語字畫旣無可拘可退之端故捧上上送事手本據同書契一度監封上送于該曹爲白乎旀

51) 졸고, 「1872년 일본 화륜선의 왜관 입항」, 전게논문, 26-27쪽.

52) 田保橋潔은 이들이 화륜선으로 입항하였기 때문에 접대를 받지 못하고 회담도 못

일, 가훈도와 동래부는 폐번치현과 청일수호조규의 체결을 납득하고, 종씨의 서한을 받아들여 예조에 보고하고 있다[53]. 막부의 멸망과 메이지 정부의 성립은 알고 있었지만, 청일수호조규의 체결 소식과 폐번치현은 중대한 정보였을 것이고 동래부 전체에 알려졌을 것이다. 더구나 종씨가 대마주 태수의 직을 벗고 외무대승이 되어 서한을 보내었음은 중대한 문제로 인식하였을 것이다.

훈도와 차사가 대화를 하는 사이에 흥미로운 사건이 발생한다. 1872년 3월 4일 동래부는 상인 최재수를 통해 대마 상인에게 대포 3좌, 포탄 300발, 조총 25자루, 화약 2500근, 환도 30자루를 구입한 것이다[54]. 이것은 대마인들을 한일 간의 완충지대로 삼고자 하였던 동래부의 정치적 의도를 보여준다. 또한 이들이 고의로 울산에 표착하여 왜관에 입항하지 않고 바로 대마도로 돌아가는 모습에서 왜관 내 외무성 관리의 눈을 두려워하는 모습도 파악하였을 것이다. 또한 대마 상인이 일본 정부의 처벌을 각오하고 조선의 요구에 부응한 것은 높이 평가 받았을 것이라 파악된다.

이제 훈도와 동래부는 대화의 상대자로 외무성 관리를 선택하지 않을 수 없게 되고 있음을 파악하였다. 하지만 대관소의 대관들은 조선과 계속하여 무역을 행하기를 원하고 있었다. 그들은 정치적 입장을 애써 무시하며 경제

하여 차비관을 구류하였다고 설명하고 있으나 근거가 없다.(김종학 옮김, 다보하시 전게서 282쪽)

53) 이 날이 6차 회담이다. 이 과정은 「應接書類」(부산 시민도서관 소장, 한국학전자도서관 제공)에 자세하다. 대화의 중심은 館守 후카미가 차사 사가라를 내세우고 통사 히로세와 우라세를 동석시킨 형태로 진행되었다. 요시오카, 모리야마, 히로츠는 전면에 나서지 않고 대마주 출신 외무 관료들을 전면에 내세워 회담을 진행시키고 있다. 당시 최고 책임자는 요시오카[吉岡弘毅]였으므로 그의 책임하에 기록되었다고 보인다. 1월 18일부터 5월 12일까지의 교섭이 기록되어 있다. 한편 田保橋潔은 일관되게 동래부의 접대가 무례하였다는 것을 반복하고 있으나 동래부의 접대는 규정대로 착실히 진행되고 있었음은 물론이다. 접대에 흠이 없어야 상대방의 무례를 거절할 수 있다는 인식을 읽을 수 있다.

54) 『동래부계록8』1872년 3월 10일조.

적 우호관계가 오래 되었음을 강조하였다. 당연히 동래부의 商賈들도 대관소가 유지되기를 원하였다.

때마침 훈도는 상을 당해 서울에 있었으나 조정의 명령으로 제복을 명받고 대구 감영으로 서울로 직접 다니며 상황을 보고하고 있었고 외무관원을 접대하고 새로운 외교 관계의 수립을 탐색하고 있었다.

이때 난출이 일어난다. 이때의 난출은 상당한 정치적 의도가 있었을 것으로 생각된다. 표면적으로는 차사가 동래부사를 찾아가 면접하겠다는 것이었다. 대구에서 돌아온 훈도는 과감하게 난출을 허락하고 守門將과 設門將에게 명하여 문을 열어주었다. 차비관 한인진이 왜인들을 인솔하여 동래성 남문에 도착하는 과정이 매우 협조적이다. 동래부는 외무관원의 접대를 허용하는 첫 단계로 전 대마주태수 외무대승의 차사를 면접하기로 하고 동래부사 면담시의 복장 문제를 논의하기도 하였다.

그러나 통사 최재수가 1대관 海津을 비롯한 대관소의 사람들에게 자문을 구한 결과 대마주 상인들은 기존의 무역권을 내세워 면접에 반대하였다. 소통사를 비롯 동래부의 商賈들도 기존의 고객을 포기할 이유가 없었기에 같은 의견이었다. 중요한 것은 무역이며 대관소의 상인들을 푸대접 할 수 없다는 논리이기도 하엿다. 결국 동래부에서도 조정의 결정이 내려올 때까지 서두를 필요가 없다는 의견이 우세해졌다. 그들은 새로운 조약이 맺어지기에는 3년이 필요하다고 하고 그 동안 지금과 같은 무역이 유지되어야 한다고 하였다. 게다가 관수와 차사의 입장도 대마 상인의 기득이권을 완전히 포기하겠다는 것은 아니었다[55]. 결국 동래부사는 대마주 상인들의 의견을

---

55) 하나부사의 복명보고「一新報知以來尋交商量ノ手續槪略」(전게사료)에도

一, 차사가 귀국한 후, 피아 통사들 사이에 이야기하기를, 이제 차사도 돌아갔고 답신의 기한도 정해지지 않았다. 게다가 차사는 종씨의 사람(家人)이므로 훈도에게 서한을 보내어 3년을 기한으로 대답을 듣고자 한다고 요청하고, 그 3년간은 무역을 옛날 그대로 수행하면 대마주에도 이익이고 조선에도 이익이므로 주선에 진력하자고 타협하였습니다.

받아들이고 종래대로의 관계를 당분간 유지하는 것이 좋겠다고 판단, 차사의 면접을 포기하였다. 동래부로서는 대마 상인이 왜관에 거주하는 한 그들의 반대를 무릅쓰고 외무성과 직접 대화를 하는 것은 바람직하지 못하다고 판단하였던 것이며 무역이 지속된다면 정치적 문제는 서두를 필요가 없었던 것이었다.

한편, 왜관에서 난출이 일어나고 있을 때, 일본 외무성은 초량공관 사무를 외무성 소관으로 하고, 1872년 세견선 폐지에 따른 비용을 지급하여 왜관정리의 기틀을 마련하였다. 이 소식에 따라 외무소기 요시오카는 왜관 정리를 단행하기로 하고 6월 15일 귀국하였다.

난출 이후, 요시오카, 모리야마, 히로츠 등 외무성 관리들과 差使 사가라도 돌아가 버렸기 때문에, 왜관에는 대마인들만 남게 되었다. 남아있는 왜관 대관소의 상인들과 동래의 商賈들은 3년간은 지금 그대로 무역을 유지해야 한다고 합의하였고, 동래부사도 새로운 조약이 맺어지기에는 3년이라는 시간이 필요하다고 판단하였던 것 같다. 동래부사는 난출을 단행한 왜관 관수 深見에 대한 접대를 3개월간 중지하고, 1대관으로 하여금 관수를 대신하도록 조치하는 등 왜관에 대한 통제를 더욱 강화하였다. 대관소의 상인들은 조선과의 독점적 무역을 유지하기 위해 모두 조선의 주장에 동조하여 館守의 명령을 듣지 않았다. 이리하여 館守 후카미는 조선으로도 대접을 받지 못하고 대마 상인들로부터도 무시당하는 입장이 되어 외무성에 어려움을 호소하고 있다[56]. 이 와중에도 6월 8일에 신미조 1선과 2특송사선, 그

라고 되어 차사가 훈도에게 3년을 기한으로 무역을 그대로 유지하자고 요청하였다고 판단하고 있다.
56) 『조선외교사무서5』19-38쪽. 廣津弘信이 深見六郎의 서한을 첨부하여 조선왕복과에 보낸 편지
館司深見六郎は內外之敵中に孤立して不一形苦心仕居候事にて…愛憐至極の事に候,…深見書中海津茂太郎中山喜兵衛と申もの在館候ては、此上如何樣の奸曲相働き可申も難計…

리고 부특송사선 등 세견선이 입항하고 있으며, 8월에도 1특송선이 입항하고 있음은 주목된다. 그러나 그들이 접대를 받았다는 기록은 없고 그들이 가져온 노인 일부가 '각도각관방어소 첨사 족하'에게 보내는 위격이어서 퇴거당하고 있음도 주목된다.

Ⅳ. 하나부사의 도한과 기유약조의 붕괴

동래부의 商賈들과 대관소가 세견선 무역(조공무역)을 계속하고, 관수가 접대를 받지 못하고 있는 상황을 심각하게 받아들인 외무성은 하나부사의 출장을 명령하였고, 9월 하나부사는 마지막 세견선인 신미조 2특송선에 표류민을 탑승시켜 동행시키고 화륜선 2척으로 왜관에 입항하였다. 하나부사는 바로 이 대관소의 상인들이 외무성의 정책을 방해하고 있다고 인식하고, 이들이 무역을 독점하기 위해 조선을 움직여 외무성과의 대화의 자리에 나오지 않게 방해하고 있다고 판단하였다. 따라서 하나부사는 도착하는 즉시 왜관에서 대관소의 사람들을 모두 문책 귀국시켰으며 이들을 재판에 회부하였다.

하나부사는 대마주의 주선에 대해 비판적이었고, 세견무역을 폐지하기 위해서는 대관소에서 대마 상인들을 귀국시킬 수밖에 없고, 조선을 설득시키는 데에는 대마주와 대마주 상인들이 오히려 방해가 된다고 인식하였다. 이는 여태까지 외무성 관리들의 보고와 일치하는 인식이었다. 또한 대마주 상인들의 말과는 달리, 代官所에서 대마 상인들을 귀국시킨다고 해서 조선이 왜관을 폐쇄하지는 않을 것이라는 희망적인 판단도 있었다.

이러한 인식 아래에서 신임 1대관(廣瀨直行)에게 명하여 대마주가 조선에 지급해야 할 물품을 지급할 터이니 목록을 작성해 달라고 제안하여 무역의 유지와 외교적 접촉을 도모하고, 표류민을 송환함으로 우호 지속을 표현하였던 것이다. 또한 조선이 준 圖書를 사용한 路引을 소지한 선박을 왕래시킴으로 조선의 국법을 준수하는 모습을 보이는 것도 잊지 않았다.

물론 대관소 폐쇄 조치는 조선과의 협의에 의한 것이 아니었기 때문에 동래부의 당혹감과 외교적 결례에 대한 불쾌감은 상당하였을 것이다. 동래부로서는 일방적인 약조 파기를 문제삼아 왜관을 폐쇄하거나, 새로운 조약을 맺어 교섭의 상대로 외무관원을 선택하여야 했다. 하지만 어느 것이나 중앙의 명령 없이 단행할 수 있는 행동은 아니었다. 결국 동래부는 현재의 상황을 중앙에 보고하고 중앙정부의 지시에 따라 원칙적인 행동을 할 수밖에 없었다.

막부의 멸망과 폐번치현으로 인한 대마주의 소멸로 사실상 기유약조는 붕괴되었다고 말할 수 있다. 그리고 하나부사에 의한 세견선과 대관소의 폐지는 기유약조가 붕괴되었음을 명확히 보여준 사건이었다고 말할 수 있다. 왜관에서 대마도인이 퇴거하고 세견선이 폐지된 이후, 동래부는 외무성 관리의 주재를 묵인하면서 표류민 송환과 무역을 관리하면서, 왜관에 대한 통제와 관리를 강화한다. 그리고 이는 전쟁의 가능성을 염두에 둔 위기관리의 모습을 보이고 있었다.

V. 맺음말

이상 본고에서는 동래부에 시점을 두고 출입국 선박에 대한 문정과 동래부의 보고를 뼈대로 연표를 작성하여 기유약조의 붕괴 과정을 복원해 보았다. 그 결과 우리는 다음과 같은 사실을 확인할 수 있었다.

첫째, 메이지 정부 수립 이후 하나부사의 도한에 이르기까지 왜관에서 대수대차사 서계의 수리 하나만을 둘러싸고 공방이 지속되었던 것은 아니며 일본 내부의 변화에 따라 대마주의 태도도 변하였고 외교적 쟁점도 변화하였다.

둘째, 대수대차사의 서계의 내용은 즉시 조정에 보고되었으며 1개월 만에 조정의 지시에 따라 거부된다. 따라서 훈도가 문정 시에 바로 거부하였다거나 조정에 보고하지 않고 차일피일 미루었다거나 심지어는 관수가 훈도를 왜관에 구치하였다는 등의 이야기는 근거가 없다.

셋째, 합의가 되지 않은 상태에서 대마주가 신인(新印)을 사용한 서계와 노인을 지참한 선박을 도항시킨 사건이 발생한다. 동래부는 이를 엄중하게 경고하여 강경하게 대응하였고, 위기를 느낀 대마주는 비선을 통해 관례에 따른 수정된 서계와 노인을 가지고 옴으로써 20일 만에 해결된다. 이 문제가 지속된 것은 아니다.

넷째, 1869년 판적봉환→종씨의 가역파면→대마(嚴原)무사들의 저항을 거쳐 태정관 지령(11.10)으로 종씨는 세견선을 파견하고 문인을 발급하는 권한을 다시 확보하게 되며 이때 '좌근위소장 평조신 의달'의 명칭을 고집하여 다시 문제가 발생한다. 이 문제는 4개월 여 만에 해결되며 '좌근위소장'의 직은 인정, '조신'의 사용은 불인정으로 타협을 보게 된다. 이 때 조선은 막부의 멸망을 인정하여 諱字를 논의하고 있다. 이후 세견선은 무난하게 입항하고 있다. 이 문제 역시 지속된 것은 아니다.

다섯째, 외무성 관리들이 20여일간 왜관에 머물고 귀국 후 침한론을 주장하였는데 이는 막부 말기 이래의 침한론의 연장이며, 조선이 거절하였기 때문은 아니었다. 그들은 조선이 절교하려는 뜻이 없음을 잘 알고 있었다. 그리고 침한이 실현되지 못한 것은 조선이 병인양요 이후 군사력을 증강시키고 있었던 요인이 크다.

여섯째, 내부의 전쟁 여론 압력을 피하기 위해 외무성은 외무대승과 동래부사, 외무경과 예조판서와 외무경이 동격인 체제로 외교 일원화를 도모하였고, 이는 왜관 대관소의 저항에 직면하였다. 이 때 동래부는 대마주를 통한 무역·외교를 희망하는 서한을 외무성에 발송하는 등 대마주를 지원하였다.

일곱째, 일본 외무성은 폐번치현을 단행하면서 대마도주 종의달을 외무대승에 임명하여 서계를 보내었고 동래부는 이를 받아들여 조정에 보고하였다. 이 때 관수와 차사가 회답을 기다리지 않고 난출을 하였는데 동래부의 의견이 분분하였고 훈도는 이 수문장과 설문장에게 명하여 문을 열어주어 직접 교섭의 실마리를 열고자 하였다. 그러나 대관소의 상인들과 동래부의 상고들의 저항으로 결국 동래부사는 서두르지 않기로 결정하고 면접을 하지 않았다.

여덟째, 외무성 관원들이 돌아가고 왜관에 대마도인들만 남게 된 상황에서 동래부사는 왜관에 대한 관리를 강화하였으며, 관수의 접대를 중지하였고 이에 따라서 대관소도 관수를 인정하지 않는 상황이 전개되었다.

마지막으로 아홉째, 외무대승 하나부사는 동래부사와 대등한 지위임을 과시하면서 입항하였고, 대관소를 철수시켰으며 기유약조의 붕괴를 가시화하였다. 그러나 그는 무역의 유지와 외교의 유지를 언명하고 표류민을 송환하였으며 조선이 준 도서를 사용한 노인(입항증명서)을 지참시킨 선박을 왕래시킴으로 조선의 국법을 준수하는 모습을 보임으로 기유약조 붕괴 이후에도 물밑 교섭을 가능하게 하였다.

이상 기존의 연구와는 다른 시각으로 새롭게 한일관계를 정리해 보았다. 동래부의 입장과 훈도의 입장이 그리고 격변하는 일본의 상황 속에서 대마 상인의 입장이 이해된다. 기존 연구의 오류에 대해 치밀한 검증이 필요하지만 지면상 많이 언급할 수 없었다. 추후 연구를 기대한다.

이후 왜관에서는 상당한 신경전과 탐색전, 그리고 情報戰이 전개되었음은 말할 나위가 없다. 동래부로서는 한일 양국간의 갈등 통제와 출입국 선박의 감시와 세견선 무역, 그리고 표류민 송환이 가장 중요한 업무였다. 왜관에 본토인들이 거주하는 상황은 분명히 주권이 침해된 것이지만 이를 응징하면 300년간의 우호가 깨어져 전쟁이 발생할 수도 있는 위기 상황이 바로 동래부가 관리해야 할 현실로 다가왔다.

또한 대관소를 통한 전매가 없어지고 상인들이 자유롭게 상행위를 하는 상황, 대관소가 무역에 간여하지 않음으로 동래부가 대관소를 통제할 카드를 상실하게 되어 잠상에 대한 통제 부담이 급증하였는데, 이 역시 동래부가 관리해야 할 현실이었다.

기유 약조 붕괴 이후의 왜관은 어떠한 모습이었을까. 왜관 관리는 어떠하였으며 표류민 송환은 어떠한 모습으로 진행되었을까. 무역은 어떻게 변화하였고 전쟁을 막기 위한 정보 획득과 군사훈련은 어떤 모습이었을까. 이 부분에 대해서는 추후 과제로 삼고자 한다.

2016. 8 (『한일관계사연구54』)

제4장 메이지 초기 송환 표류민 사례 연구

I. 머리말

조선 후기 동아시아 해역에는 상당히 많은 표류민이 발생하고 있었다. 계절풍과 해류의 영향으로 중국에서 조선으로의 표류민과, 조선에서 일본으로의 표류민이 많았고, 그 반대 방향으로는 드물게 발생하였음이 통계적으로 확인된다.

조선의 경우에는 제도화된 대응방침을 마련하여 외국 표류민을 송환하였고,[1] 청나라의 경우도 1737년 해난 구조에 대한 제도가 정비되었음은 기존의 연구가 있다.[2] 에도 막부(일본)의 경우도 각 지에 표착한 표류민들은 막부가 정한 표류민 송환 절차에 따라서 송환되었다. 표착지에서의 조사 → 표착지 府中(번의 중심지)에서의 조사 → 나가사키에서 조사를 거쳐서 송환되는 것이 일반적이다. 나가사키는 에도막부의 직할 개항장이었다. 나가사키에서 중국인은 신패를 소지한 중국 무역선을 통해 송환하고 조선인은 對馬州로 보내었다. 대마주[3]에서는 영래차왜를 임명하고 표민영래서계를 작성하여 예단과 함께 왜관으로 송환하였고 조선은 표류민을 송환하는 사람들을 '표차사(漂差使)'라고 하여서 정식 외교사절로 인정하여 접대를 아

---

1) 『朝鮮王朝實錄』, 『通文館志』, 『備邊司謄錄』, 『同文彙考』, 『濟州啓錄』 등 여러 관찬 사료에 관련 내용이 기록되어 있다. 최영화, 「조선후기 관찬사료를 통해 본 중국인 표류 사건의 처리」, 『도서문화』 46, 2015, 55~80쪽.
2) 류쉬펑[劉序楓], 「청대 중국의 외국인 표류민 구조와 송환에 대하여-조선인과 일본인의 사례를 중심으로-」, 『동북아역사논총』 28, 2010.
3) 對馬藩은 對馬州와 같은 표현이다. 薩州, 長州, 藝州, 肥前州 등도 마찬가지이다.

끼지 않았다.4) 연향·예단과 순부료미 및 잡물 지급, 영래 서계에 대한 회답 서계는 평화 교린을 유지하는 중요한 틀이었다.

막부말기, 반막부 세력 사이에서 막부의 외교에 대한 비판이 일어났다. 특히 대마도주가 조선에 행하여 온 외교 관계가 '조공'이며 일본의 치욕이라는 주장은, 도요토미 히데요시[豊臣秀吉]에 대한 높은 평가와 맞물려 정한여론을 형성하였다. 이를 해결하기 위해서 조선과의 외교 무역을 중앙정부가 장악해야 한다는 원칙이 거론되었다. 그런데 세견선 무역과 표류민 송환을 통한 경제적 이익은 대마주의 지행(知行)이었고 이를 회수하기 위해서는 대마주에 응당한 대가를 지급하지 않으면 안 되는 일이었다.5)

메이지 정부가 성립한 후, 메이지 정부의 외교 일원화 원칙에 대응하여 대마주는 자신들이 조선과의 외교 무역을 계속 담당한다는 조건에서 메이지 정부에 도장을 요청하고 조선이 준 도서 대신에 이를 날인한 서계와 노인(입항증명서)을 조선에 보내는 세견선과 표류민선에 사용한다는 전략을 세웠다. 이를 통해 조공무역이라는 비난을 피하면서도 조선과의 무역의 이익을 유지하고자 한 것이라 판단된다.6)

조선과의 외교 무역을 앞으로도 계속 담당하여 세견선을 파견하면서도 조선이 준 도서(도장)를 사용하지 않겠다는 대마주의 의도는 대마주 태수의

---

4) 영래차왜(표차사)에 대한 접대는 표민순부료미(쌀) 47석7두8도5합, 료태(콩) 9석12두8도, 宴需米 1석4두2도2합, 도해량미 2석, 駕船則價米(대선 40석, 소선 30석)를 지급하였다. 항상 차기선(駕船)을 통해 표민을 보내왔으므로 대략 건당 평균 100석 정도의 비용이 소요되었음을 알 수 있다.(15두=1석)
   한편, 증답물인 경우 표민영래차왜는 채화 盡匣 1개, 채화5촌 匣鏡 1면, 채화6촌 염경 1면, 채화 飯盤 10매, 흑칠 大屑匣 1비, 수납 중명반 10개, 채화문갑 1개, 적동대약관 1개, 靑具煙器 12握을 진상하고 증답으로는 조선측은 인삼 1근, 호피 1장, 표피 1장, 백저포 27필, 백면주 27필, 흑마포 11필, 백목면 48필, 황모필 110자루를 주었다.(『동래부사례』 25倭館, 26釜倉色)
5) 당시 쓰시마의 활동에 대해서는 현명철, 『19세기 후반의 대마주와 한일관계』, 국학자료원, 2003이 참고된다.
6) 여기에 대해서는 보다 치밀한 논증이 필요하므로 별고에서 논하고자 한다.

관직명칭의 일방적 변경과 '황과 칙'이라는 전통적 대등 교린 외교에 반하는 자구의 사용 등과 아울러 조선의 이해를 얻을 수 없었다. 동래부는 의정부의 지시에 따라서 대차사 서계를 접수할 수 없으므로 수정해 오도록 책유하였다. 대차사 서계 수리를 둘러싼 교섭이 진행되고 있는 동안에도 세견선이 입항하고 표류민이 송환되고 있으며 접대가 이루어지고 있다는 사실은 주목해야 한다.

본 논문의 의도는 메이지 초기 한일관계사를 재조명하려는 작업의 일환으로 위와 같은 메이지 초기의 갈등 속에서 표류민 송환이 어떻게 이루어지고 변화하는지 실제 사례를 통해 소개하고 표류의 여러 모습을 복원하고자 하는 데에 있다.

1869년에서 1873년까지 5년간 송환된 표류민은 40건 252명에 달한다. 이 표류민들을 사례로 분석한다. 시기를 한정한 이유는『동래부계록6-8』에서 문정 내용과 표류민 진술을 모두 확보할 수 있는 사료적 편리성에 크게 기인한다.[7] 아울러 기존 외교 시스템이 붕괴된 1872년 전과 후를 비교 분석하기에 매우 적절하다는 이유가 있다. 연구는『동래부계록6-8』을 중심으로 왜관의『관수일기』[8]와『조선외교사무서』[9]를 통해 확인하면서 논의를 진행한다.

우선 2장에서는 40건의 사례를 제시하고자 한다. 이 사례를 제시함으로 대수대차사 서계가 거절되는 상황에서도 세견선과 표류민선이 꾸준히 입항

---

7)『동래부계록6』은 1869년 1월에서 1871년 4월까지 동래부사 정현덕의 장계를 모은 기록이며,『동래부계록7』은 경상좌수영 수군절도사 윤영하의 장계등록으로 1870년 8월 27일에서 1872년 7월 16일까지의 장계를 모은 기록이고,『동래부계록8』은 역시 동래부사 정현덕의 장계를 모은 기록으로 1871년 5월에서 1874년 2월까지의 기록이 담겨있다. 따라서 1869년 1월에서 1873년 12월까지 5년간의 장계 기록이 고스란히 남아있어서 당시의 대일 외교를 살피는 데에 매우 소중하다.

8) 왜관의『관수 매일기』는 1870년 윤10월로 종료된다. 그 후의 기록은『조선외교사무서』를 통해 확인할 수 있다.

9) 여기서는 일본국 외무성원안, 한국일본문제연구소 편, 성진문화사 발행본을 활용한다.

하고 있음을 보여줄 수 있으며 기존의 이해에 의문을 제기할 수 있다. 3장에서는 2장의 사례를 바탕으로 표류민 송환의 변화가 어떻게 이루어지는지 분석해보고자 한다. 영래선에 의한 송환에서 비선에 의한 송환으로 바뀌는 외교적 갈등 양상과 의미를 검토한다. 4장은 해양학에 첫 발은 내딛은 필자로서는 새로운 시도이다. 여기서는 표류경로, 표류민 선박의 송환 여부, 상업의 모습, 표류민의 지역적 분포 등 다양한 시각에서 조망하여 당시의 상황을 복원하였다. 이는 시론으로 앞으로의 연구를 위한 각서로서 의미를 두고자한다.

근대 이전 한·일간의 표류민 문제에 대해서는 많은 연구가 있다.10) 여기에는 근대로의 이행기를 포함한 연구도 있어서 공백으로 남아 마치 단교 상태처럼 인식되고 있었던 메이지 초기 한일관계사 연구에 중요한 시사를 준다.

Ⅱ. 메이지 초기의 송환 표류민 사례

『동래부계록』에 나타난 1869년(메이지 2)에서 1873년(메이지 6) 사이에 송환된 표류민은 다음 도표와 같다.

---

10) 池內敏, 『近世日本と朝鮮漂流民』, 臨川書店, 1998; 이훈, 『조선후기 표류민과 한일 관계』, 국학자료원, 2000; 한일관계사학회편, 『조선시대 한일 표류민 연구』, 국학자료원, 2001; 「'표류'를 통해서 본 근대 한일관계-송환 절차를 중심으로-」, 『한국사연구』 123, 2003; 정성일, 『전라도와 일본 - 조선시대 해난 사고 분석』(『경인한일관계연구 총서 54』), 경인문화사, 2013; 「표류민 송환 체제를 통해 본 근현대 한일 관계」, 『한일관계사연구』 17, 2002, 59~115쪽; 「근대 조선과 일본의 해난 구조제도와 국제관계」, 『동북아역사논총』 28, 2010이 주목된다.

〈표 1〉1869~1873년 5년간 송환된 표류민

	명칭	인수	입항 문정일자	출신지	배의 소속 및 종류	함께 온 배	용도 및 표류 과정	특이사항 및 기간(개월)
1	정의 표민	2	1869년 2월 20일	전라도 旌義縣 中面 標峴里	현승락 소지 槎船	3특송사2호선 3특송사수목선 비선 정의표민영래선	낚시 정묘년(1867) 4월 10일 표류	일본에서진도 사람이라고 허위진술(22)
2	제주목 표민	5	1869년 4월 2일	전라도 제주목 서우면 아월리	김순팔소지 제주목 소속 一把半 杉船	제주표민영래선 제주표민차기선	상업 돈 120냥, 쌀 2석, 잡물 제주-순천우도에서 쌀 1석10두(15냥)를 구입하고-경상도 거제휘라포에서 燒木 30부(10냥)를구입하여 -부산포에서 소목을 15냥에 발매하고-청어를 사려고 울산장항포로 가다가 1868년 11월 16일 당포 앞바다에서 표류	서계에 좌근위소장평 조신 및 新印사용 노인에 각도각방어소 사용 (4)
3	영해 표민	12	1870년 4월 15일	영해 부동면 병곡리	民소지 균역청 소속 2把杉船	영해표민영래선 영해표민차기선	운반업(선박대여) 1867년 7월 본토를 떠나 함경도 원산포에서 북어 140태를 영해부 축산포로 690냥에 수송하기로 하고 쌀 1석을 싣고 출발 - 1867년 8월 17일 강원도 울진에서 표류	(32)
4	제주목 표민	10	1870년 5월 9일 및 5월 14일	제주목 삼도영 후동	김정도소지 제주목 소속 2把杉船 (歲饑船)	제주표민영래선 제주표민영래차 왜선 제주표민차기선 표민본선(김정도 선) 표민영래차왜선	사격선상위업 제주도 기근으로 이민자를 태우고 영암으로 감-완도에서관인(김광 훈, 한종요, 이운복, 김철득)과 양성구,	김광훈, 한종요, 이운복, 김철득은 1868년 공마 200필을 서울에

	명칭	인수	입항 문정일자	출신지	배의 소속 및 종류	함께 온 배	용도 및 표류 과정	특이사항 및 기간(개월)
							최유성을 태우고 8월 29일 출발 표류	납부하고 돌아오는 길에 승선, 양성구, 최유성은 약재 무역상으로 승선함(21)
5	제주목 표민	10		제주목 좌면 우도리	고경운소지 제주목 소속 1파 杉船	대정표민영래차 왜선 제주표민차기선 대정표민차기선	사격어업	사망자 시신 3구 포함 송환(14)
6	제주목 표민	10		제주목 우면 애월리	부친소지 제주목 소속 1파삼선		모맥 파종차 완도로 가서 모친(부소사)과 어린애, 이목열차(현소사), 어린애2 등을 태우고 8월 25일 완도에서 파종함	(21)
7	대정 표민	11		대정현 좌면 대포	문성학소지 제주목 소속 1파 杉船		무진 8월 29일 가파도에 추수하러 가다가 표류	강진, 영암사람이라고 허위 진술(21)
8	홍양 표민	9	1870년 8월 12일	홍양현 삼도 장촌리	김유길소지 균역청 소속 2把杉船	표민영래선 홍양표민본선 기장표민본선	1869년 10월 25일 錢 300량, 양미 2석10두를 싣고 대구어를 무역하기 위해 경상도동래로 향함. 羽島 앞바다에서 표류	익사자를순부 하지 않은 것에 대해 관수왜에게 질책(10)
9	기장 표민	9		기장현 일동면 火浦	장충성소지 균역청 소속 2파 杉船		1869년 10월 20일, 爾魚 1500말, 양미 1석을 태우고 사천 팔장포로 가서 爾魚를 250냥에 판매, 29일 거제 지세포로 가서 明松 100부를	지세포인 2명을 모두 기장이라고 표현한 것. 爾魚를 판매한 곳이 사천이

명칭	인수	입항 문정일자	출신지	배의 소속 및 종류	함께 온 배	용도 및 표류 과정	특이사항 및 기간(개월)
						80량에 사서적재하고 11월 6일 다대포 앞바다에서 표류	아니라 순천이라는 것 등에 대해 집질표민이 문책을 받음(9)
10 홍양 표민	5		홍양현 삼도 장촌리	김영오소지 균역청 소속 1파반 杉船		쌀을 사기 위해 100냥을 가지고 1869년 12월 3일 보성으로 향함. 백미 4석, 황조 9석을 구입 12월 20일 귀환 중 표류	(11)
11 장기 표민	4	1870년 11월 13일	장기현 서면 조전리	김충언소지 균역청 소속 1파삼선	제주표민영래선 경오조제1선 경오제1선수목선 경오제2선 (3선겸대) 홍양표민본선 홍양표민영래선 제주표민차기선 제주표민영래선 제주목표민차기선 장기표민영래선 장기표민차기선	고기잡이 1870년 2월 6일 출발 표류 같은 현 김성보 등 7명이 탄 배를 만나 옮겨탐	(10)
12 제주 표민	3		제주목 동면 우도리	박관신소지 균역청 소속 반파 杉船		쌀 구입. 처(차소사)3냥 싣고 출발 1870년 2월 7일 표류	(10)
13 제주목 표민	2		제주목 동부리	이영명소지 槎船		고기잡이 1870년 3월 4일 출어 표류	해남표민이라고 일본에서 말함(9)
14 장기 표민	7		장기현 북면 군령포	김성보소지 균역청 소속 1파반 杉船		고기잡이 2월 6일 출어 표류 김재룡 등 4인을 구조하고 또 표류	(11)
15 장흥 표민	5	1871년 1월 29일	전라도 장흥부 고읍면 충도리	김서완소지 균역청 소속 1파반 삼선	신관수왜선 이정암선 홍양표민본선 비선3척	운반업 1870년 8월 부산의 이문서라는 사람이 와서 해라(海蘿) 80척을 부산까지 13냥에 운반하고	(3)

	명칭	인수	입항 문정일자	출신지	배의 소속 및 종류	함께 온 배	용도 및 표류 과정	특이사항 및 기간(개월)
							돌아오는 길에 10월 16일 가덕도 근처에서 표류	
16	제주 표민	10	1871년 2월 5일	전라도 제주목 중면 별도리	강천손소지 제주목소속 2파반삼선(杉船)	표민선 1특송사1호선 1특송사2호선	운반업(선박대여) 1870년 4월 15일 출발하여 임파현 나서포에서 개성사람 2명과 백미 100석 무역을 위해 100냥을 받기로 하고 사천에 이름. 8월 20일 팔장포에서 1200냥에 발매하고 22일 부산에, 25일에는 울산 서생진에 도착. 물고기 200석을 800냥에 사들여서 11월 2일 팔장포로 이동 중 표류	해남표민이라 고 일본에서 말함(3)
17	창원 표민	10	1871년 4월 27일	경상도 창원부 서면 오산리	최래진소지 균역청 소속 2파 삼선(杉船)	창원표민영래차 왜선 기장표민차기선 영암표민차기선 영암표민영래선 기장표민영래선 창원표민차기선 영광표민차기선	상업 1870년 9월 15일 돈1700냥을 가지고 강원도 울진으로 가서 이어(鰂魚) 500석을 900냥에 사고, 생청 40두를 400냥에 사서 윤10월 14일 창원으로 돌아오는 중 16일 평해 휘라포 앞에서 표류	(6)
18	기장 표민	2		기장현 속면 기포	안웅철소지 균역청소속 반파杉船		낚시 1870년 10월 25일 출어 표류	(6)

	명칭	인수	입항 문정일자	출신지	배의 소속 및 종류	함께 온 배	용도 및 표류 과정	특이사항 및 기간(개월)
19	영암 표민	2		전라도 영암군 동면 추자도	유노철소지 균역청소속 1파杉船		벌목 1870년 12월 2일 영암군보길도로 가던 중 표류	(4)
20	영광 표민	5		전라도 영광군 서면 蟬峙里	박팔근소지 균역청 소속 1파 杉船		상업 돈 30냥을 가지고 1871년 1월 26일 완도로 땔감을 사서 돌아오는 중에 2월 6일 표류	(3)
21	대정 표민	5		전라도 대정현 우면 일과리	강신주소지 제주목 소속 반파 杉船		1871년 1월 22일 출어하였다가 표류. 30일 큰 배를 만나 구조 청나라 상하이에 도착. 영국 상선임을 알게 됨. 3월 19일 출항 3월 25일나가사키 도착	(4)
22	영광 표민	10	1871년 6월 5일	전라도 영광군 장량면 법성포	백래일소지 균역청 소속 2파 杉船	비선1척 대정표민차기선 대정표민영래선 영광표민차기선 영광표민영래선	상업 1600냥을 가지고 1870년 9월 10일 발선, 29일 강원도 울진 죽병포에서 미어 300석(1200냥)을 매입. 이홍도와 이병규가 청밀 150승(16냥)을 가지고 승선, 윤 10월 17일 표류	(7)
23	제주 표민	27	1872년 1월 18일	전라도 제주목 중면 우도리	박홍득소지 제주목 소속 1파 杉船	신미조1 특송사1호선 2호선 제주표민영래차 왜선 비선 기장표민본선	농업 와도에 파종하러 2명이 출발, 처자식을 거느리고 1871년 8월 28일 파종 후 출발하였다가 표류	해남표민이라 고 일본에서 말함(4)

	명칭	인수	입항 문정일자	출신지	배의 소속 및 종류	함께 온 배	용도 및 표류 과정	특이사항 및 기간(개월)
24	기장 표민	10		기장현 동면 항환포	박춘손소지 균역청 소속 1파 杉船	제주표민차기선 화륜선	어업 1871년 11월 1일 표류	기장표민 영래선이 없음(2)
25	거제 표민	9	1872년 1월 21일	경상도 거제부 동부면 학동리	정성원소지 균역청 소속 2파 杉船	만송원선 부특송사1,2호선 거제표민본선	상업 1871년 10월 14일 명송 100부를 싣고 울산 창암포에서 판매한 후 곡식으로 바꾸어 귀환하다가 11월 1일 표류	영래선이없음 (2)
26	영암 표민	9	1872년 9월 17일	전라도 영암군 추자도 예초리	김학선소지 균역청 소속 2파 杉船	화륜선2척 신미2특송사 2호선	상업 돈 120냥과 부인들을 싣고 1871년 10월 12일 해남으로 가서 쌀을 사 싣고 돌아오던 중 27일 표류	(11)
27	제주 표민	1		제주목 좌면 금녕리	양대길소지 槎船		우도에풀 베러 가다가 4월 8일 표류	(5)
28	제주목 표민	3		제주목 좌면 금녕리	임종현소지 槎船		출어 1872년 7월 26일 표류	(2)
29	1873년 남해 표민	3	1873년 1월 19일	경상도 남해현 서면 서상리	곽재일소지 균역청 소속 1파 杉船		상업차 1872년 10월 30일 출발. 전라도 순천 부근에서 땔감 40부를 싣고 돌아오다가 표류	비선으로 송환 표민영래서계 없음(3)
30	의주 표민 4명 시체 3구	7	1873년 4월 4일	平安道 義州府 陽西面 新西洞	윤치순所持 均廳屬 三把杉船	비선 표민본선	상업 1872년 6월 5일 출발 7월 10일 전라도 임파서포에서 동래상인에게 우피 2189장, 우족 9석, 남초 2척을 싣고	비선과 표민본선 영래서계없음 (3)

	명칭	인수	입항 문정일자	출신지	배의 소속 및 종류	함께 온 배	용도 및 표류 과정	특이사항 및 기간(개월)
							460냥을 받고 12월 25일 동래로 가다가 1873년 정월 16일 가덕도 근처에서 표류. 10명 중 6명이 물에 빠지고 시체 3구를 수습	
31	강진 표민	6		전라도 강진현 내면 역리	강여인소지 균역청소속 1파반杉船		상업 300냥을 싣고 2월 13일 출발. 완도에서 조 42석(294냥)을 매입 남초로 바꾸고자 순천으로 가는 중 표류	영래서계 없음(2)
32	정의 표민	2	1873년 4월 11일	全羅道 旋義郡 東面 力乭里	김종백 소지 槎船		어로활동 3월 22일 표류	영래서계 없음(1/2)
33	정의 표민	2	1873년 4월 11일	전라도 정의군 동면 상고성 리	정시회소지 槎船		어로활동 3월 22일 표류	영래서계 없음(1/2)
34	정의 표민	2	1873년 4월 11일	전라도 정의군 동면 吾照里	강학련소지 槎船	비선2척	어로활동 3월 22일 표류	영래서계 없음(1/2)
35	정의 표민	2	1873년 4월 11일	전라도 정의군 동면 역돌리	부일여소지 槎船		어로활동 3월 22일 표류	영래서계 없음(1/2)
36	정의 표민	3	1873년 4월 11일	정의군 동면 오조리	강세인소지 槎船		어로활동 3월 22일 표류	영래서계 없음(1/2)
37	경기 표민	5	1873년 5월 5일	경기도 한성부		비선3척 정의표민본선	상업 돈 1580냥을 갖고	영래서계 및 가선 노인

	명칭	인수	입항 문정일자	출신지	배의 소속 및 종류	함께 온 배	용도 및 표류 과정	특이사항 및 기간(개월)
	삼화 표민			서부관 후동 평안도 삼화부 남면중 남포			1872년 8월 평안도 삼화 증남포에서 면화 40척(1040냥)을 사들여 그곳 한성림소지 균역청소속 2파삼선을 300냥에 빌려서 사공들을 태우고 11월 20일 귀향 중 12월 4일 황해도 강령 근처에서 표류	없음(5)
38	정의 표민	3	1873년 5월 5일	전라도 정의군 동면 오조리	현시달소지 제주목 소속 1파 삼선		목재를구하고자 1873년 2월 23일 출발하여 목재를 사고 25일 표류	영래서계 없음(2)
39	영광 표민	5	1873년 6월 27일	전라도 영광군 남면 수교리	김대남소지 균역청 소속 2파 杉船	비선, 영광표민본선	선박대여 1월 12일 경상도 사천 팔장포에서 울산부 김성녀라는 사람이 水鐵 200부를 운반해 달라고 해서 260냥에 5명이 울산으로 출발하였다가 17일 표류	영래서계 없음(5)
40	장기 표민	5	1873년 12월 12일	경상도 장기현 북면 사계리	정성발소지 균역청 소속 1파 杉船	비선4척 장기표민본선	어업 9월 13일 표류	영래서계 없음(3)

　이상 40건의 표류민 송환 사례를 소개하였다. 이 소개를 통해 우선 메이지 정부의 성립을 알리는 대수대차사 서계 수리 논쟁과는 상관없이 표류민 송환이 꾸준히 이루어지고 있음을 부각시킬 수 있었다. 따라서 대수대차사 서계를 수리하지 않았기에 한·일간의 외교가 단절되었다는 기존의 이해는

적절하지 않다. 아울러 표에서 보이듯이 세견선도 1872년까지 입항하고 있음을 확인할 수 있다(물론 논지를 좁히기 위해서 표민과 함께 입항하지 않은 세견선은 위 표에서는 누락하였음을 언급해둔다).

송환된 표류민은 1869년에는 두 척의 배에 7명의 표류민, 1870년에는 13척 97명, 1871년에는 7척 44명, 1872년에는 6척 59명, 1873년에는 12척 45명에 달한다. 연 평균 8척, 약 50명가량이 송환되고 있는데 이는 조선 후기 송환된 표류민의 일반적인 수치였다. 특히 기존의 오해를 바로잡기 위해 '왜관접수'혹은 '왜관침탈'로 알려진 기존 한일외교 시스템 붕괴(1872년 9월) 이후에도 변화는 있었지만 표류민이 계속 송환되고 있음을 표에서 확인하자. 이는 기유약조 체제가 붕괴된 후에도 외교관계가 완전히 단절되지는 않았음을 보여주는 사례가 될 수 있다. 동래부 역시 접대를 중지하였을 뿐 외교 단절을 표명하지 않았으며 왜관의 시설을 수리해 주고 입항 선박에 대한 문정과 출항 선박에 대한 노문(路文-출항증명서) 발급에는 변화가 없었다. 동래부의 입장으로는 일본과의 외교 및 무역을 위해 대마도인들에게 빌려 준 접대소(왜관)에 외무성이 대마도인 들을 몰아내고 자리를 잡은 모습이었을 뿐이며, 폐변치현의 소식을 알고 있었기 때문에 문제시하지 않았다. 다만 동래부는 누가 오든지 조선의 국법과 조약에 따라야 한다고 고집하였다. 조선은 우호를 소중히 생각하고 있지만 지금은 서계가 없기 때문에 (조선의 국법과 조약을 지키기 않고 있기 때문에) 접대는 할 수 없다는 입장이었다고 판단된다.

한편 송환된 표류민이 위의 표와 같다면, 실제로 표류한 사람들은 어느 정도였을까. 표류에 휘말린 표류민 전체에 비해 송환된 표류민의 비율은 상당히 낮았을 것으로 추정되므로 대략적인 비율을 지방 관아의 기록을 통해 확인할 수 있다면 조선 후기 해역사의 일 단면을 살펴볼 수 있을 것이라 생각된다.[11)

---

11) 대략적인 비율을 찾을 수 있다면 전체적으로 일 년에 얼마만큼의 표류민이 발생하

장을 바꾸어 메이지 정부가 성립하고 외교일원화 정책이 추진되던 당시의 표류민 송환이 어떻게 변화하고 있는지 사례를 통해 살펴보자.

Ⅲ. 사례로 보는 표류민 송환의 변화

2장의 40건의 표류민 사례 도표를 주의 깊게 검토해 보자. 우선 큰 흐름으로 표류민이 어떠한 선박을 통해 송환되었는지 살펴보면, 1872년 9월을 기준으로 둘로 나눌 수 있다. 즉 <사례 25>번까지는 표민영래선을 통한 송환이다. 즉, 영래차왜가 영래서계를 가지고 표류민을 송환하는 전통적 관례가 지켜지고 있었던 것이다. 그러나 <사례 26> 이후는 영래차왜와 영래서계가 폐지되어 비선으로 표류민을 송환하였기에 전통적인 접대가 이루어지지 않았다. 세견선 접대가 중단된데 이어서 표류민 송환에 대한 접대도 중지된 시대가 시작된 것이다. 이러한 변화는 메이지 정부의 외교 일원화 정책 하에서 나타나는 현상이다. 이에 대한 동래부의 대응은 어떠하였는지, 또한 표류민 송환과 인수의 변화 양상은 어떠하였는지, 특별한 사례를 포함하여 구체적으로 분석해보자.

1. 전통적 관례에 따른 표류민 송환의 지속(1872년 9월까지)

1) 전통적 관례에 따른 표류민 송환

1868년 메이지 정부가 성립된 후에도 표류민은 꾸준히 송환되고 있었다.

는지 추론할 수 있다. 이 비율을 찾기 위해서는 표류민이 발생하여 행방불명이 되었을 때, 지방 관아에 신고하였는지의 여부, 지방 관아가 행방불명자에 대한 처리를 어떻게 하였으며, 다행히 살아 돌아왔을 경우 또 어떠한 조치를 취하였을까 하는 점 등에 대한 연구가 필요하다고 생각한다.

본 발표에서는 다루지 않지만 1868년 메이지 정부군의 승리가 확실해진 이후 잠시 멈추어 있었던 표류민 송환이 개시되어 9월 이후 9차례의 송환을 통해 표민 98명과 사체 23柩가 송환되었음은 『館守 每日記』를 통해 확인된다12). 물론 이 송환과정과 접대에서 막부 시절과 변화된 바는 없었다.

1869년 2월 20일 인수된 <사례 1>의 표류민은 동래부가 서계 수리를 거부하기 전에 도착한 표류민이다.13) 특이한 점은 일행이 전년도 9월 27일 이미 왜관에 도착하여 임관에 인계되었다는 점과 제주(정의)표민인데 진도표민이라고 일본에서 허위진술을 하였다는 점이다. 이러한 경우 표민 인수는 어떠하였을까.

우선 표류민이 먼저 도착하고 영래차선이 표류를 하여 표민보다 5개월이나 늦게 도착한 이 경우 표류민 인수는 어떻게 하였을까를 살펴보자. 『관수일기』에는

> 지난번에 표민이 도착하였으나 호송사가 도착하지 않아서 조선에 인도하지 못하고 호송사가 도착할 때까지 임관에 맡겨 두었는데, 이번에 도착하였으므로 전례에 따라서 당신(1대관)이 문정을 하고 나(관수)에게 보내주시오.14)

라고 지시하고 있음이 보이며, 『동래부계록』에는,

---

12) 이 시기 『동래부계록』은 기록이 남아있지 않기 때문에 상세한 표류경위를 알 수 없어서 본 논문에서는 분석에서 제외하였으나, 『관수매일기』를 통해 송환과 접대 상황은 확인할 수 있다.

13) 1868년 12월 19일, 대수대차사가 왜관에 도착하여 1869년 1월 메이지 정부의 성립을 알리고 앞으로는 '황·칙'이라는 말과 '신인'을 사용하겠다는 통고 서한의 사본을 전달하였고 2월 의정부에서 서한을 수리하지 말라는 관문이 내려온다. 대수대차사 서계 수리를 둘러싼 갈등의 시작이다.

14) 先般漂民令着候處、護送使着無之、外向へ引渡不相成候付、護送使着迄任官へ相預置候處、此せつ着候付、例之通於て貴殿方間情相濟候はば、此方へ可被召連候(『관수매일기』 1869년 2월 19일자(조선력과 하루 차이가 있다)).

전에 10척의 영래차왜 중에 정의표민이 먼저 오고 차왜가 도착하지 않을 것은 이미 치계한 바가 있습니다. 그 집질표민과 영래차왜 藤信近이 이번에 왜관에 도착하였기에 마땅히 접대를 해야 되겠습니다. 접위관은 부근의 수령 중에 정해주시길 경상감사에게 알려주시기 바라오며 영래차왜가 가져온 서계와 별폭을 예조에 상송합니다.15)

라 기술되어 있다. 이를 보면 표류민이 먼저 도착하였을 경우에는 영래왜가 도착할 때까지 표류민을 정식으로 인수하지 않고 임소에 맡겨 두었다가 영래왜가 도착하면 인수하고 인수증을 발급해 주었으며 향접위관을 임명하여 접대하도록 조치하고 있음이 보인다.

다음으로는 제주표민이 자신의 출신지를 일본에서 거짓으로 알렸을 때의 조치는 어떠하였을까 살펴보자. 제주표민이 자신의 출신지를 거짓으로 알리는 것은 오랜 관습이었다고 보인다. 정성일의 연구를 보면, 1707년에 이미 출신지를 거짓으로 고한 사례가 소개되어 있다.16) 160여 년 전부터 이러한 사례가 유지되고 있다는 것은 흥미롭고 사회심리학적 분석이 필요할 것 같다. 하지만 외교적으로는 이렇게 거짓으로 고하여도 당시 아무런 문제가 없었다고 판단된다. 왜냐하면 일본 에도막부 초기에는 거듭되는 문정(표착지, 표착지 府中, 나가사키)에서 표류민이 진술을 번복할 경우 문정이 잘못되었다고 에도 막부가 문정관을 징계한 적도 있었지만, 확인할 수 없는 사실을 표류민 진술대로 보고하였다고 징계를 받는 것은 억울하다는 상신이 그치지 않자 막부는 표착한 다음의 상황만 정확히 조사·보고하도록 지시를

---

15) 前此十隻漂民領來差倭中㫌義漂民先爲出來領來差倭落後未到之由已爲馳啓爲白有如乎同執質漂民及領來差倭藤信今已到館則例當接待是白乎等,以接慰官段近邑守令中差定之意報于道臣爲白遺差倭齎來書契別幅謄本一度倭大船路引二度飛船路引一度並只監封上送于該曹爲白去乎,同差倭所贈宴禮單物令該曹照例磨鍊下送敎是白乎旀(『동래부계록』 동치 8년(1869) 2월 29일자 狀啓).

16) 정성일, 『전라도와 일본-조선시대 해난 사고 분석』, 경인문화사, 2013년의 제2부와 제3장의 제8절 "일본으로 표류한 제주사람의 출신지 위장"(266-281쪽) 참고.

내린 바가 있었기 때문이다. 따라서 표착 이전의 상황에 대한 진술은 일본 내에서는 크게 문제시되지 않았다. 흥미로운 것은 표류민들 사이에서는 서로 정확한 출신지를 알고 있었음을 문정기록을 통해 알 수 있다. 이는 표류민끼리는 속이지 않았고 속일 필요가 없었던 상황을 이해할 수 있다. 한편 동래부도 인수증을 써 줄 때에는 표류민이 진술하고 영래차왜가 가져온 서계에 따라 표민 인수증을 써 주었다. 위 <사례 1>의 경우도 진도 표류민 수령증을 써 주고, 조정에 보고할 때에는 제주(정의)표민이라고 고쳐서 보고하고 있는 것이다. 외교 현장에서 융통성이라고 이해된다. 이하 제주 표민들이 일본에서 거짓 진술을 한 예는 <사례 7>, <사례 13>, <사례 16>, <사례 23>번 등이 해당되므로, 제주표민의 약 25% 정도가 출신지를 거짓으로 고하였음이 확인되어 흥미롭다.

2) 신인(新印)을 사용한 표류민 송환 시도와 전통적 관례로의 회귀

1869년 5월에 도착한 <사례 2>번 표류민 송환에서 처음으로 '좌근위소장 평조신'이라는 직함과 메이지 정부로부터 받은 신인(新印)을 사용한 표민 순부서계가 도착한다. 뿐만 아니라 노인(路引)의 수신인도 각도 각방어소 앞으로 지정되어 있었다. 이는 지난 3월, 대수대차사의 서계를 조선이 정식으로 거부하였음에도 불구하고 강행한 일이었다. 표류민을 빌미로 신인(新印) 사용을 관례로 만들기 위한 전략이었다고 보인다. 표류민을 거부하지는 않을 것이라는 전략을 사용한 것이다. 만일 이를 받아들이면 관례로 정착할 것이고, 외교 현장에서는 관례가 중요한 근거가 되었기 때문이다. 임관과 동래부는 이 상황을 어떻게 처리하였을까. 『동래부계록』에는

> 의복와 식량 땔감을 공급하고 이문을 원적지 관원에게 발송하여 귀향시켰으며, 표민들의 성명 나이 거주지 등을 성책으로 의정부와 삼군부에 올립니다. 지금 표민 순부서계와 가선(駕船)의 노인은 옛 법칙을 지키지 않고 감

히 새로운 예를 만들고자 그 나라가 주조한 도서를 사용하였으니 교활한 왜의 정상이 매우 통악합니다. 대위격이므로 서계와 별폭은 퇴각시키고 정납해 오라고 관수왜에게 책유하도록 임역 등에게 명령하였습니다.[17]

라고 동래부는 매우 간단하게 문제를 해결하고 있다. 서계가 잘못되었을 경우 표류민은 받아들여 고향으로 보내고 대신에 접대를 미루어 서계만 수정해 오도록 조치하고 있음을 알 수 있다. 동래부는 격식에 어긋나는 서한인 경우 접대를 하지 않고, 서한을 고쳐오면 바로 접대를 허락하는 원칙을 고수하였다. 조선정부가 베푸는 입장이기에 가능한 전략이었다. 조선정부와 동래부는 수백 년간 지속되어온 자신의 정체성과 세계관을 바탕으로 일본과의 우호관계를 유지하려 했으며, 신인을 사용한 서계가 도착하였다고 해서 외교적 파탄이 일어난 것은 아니었음을 알 수 있다. 일본 중앙정부와는 대등한 외교 관계를 유지하면서도 대마주에 대해서는 기미정책을 사용하였던 당시의 외교를 이해해야 한다.

접대를 받지 못하는 것은 대마주의 손해로 귀결되었다. 결국 접대를 받기 위해 4월 22일 비선을 통해 수정 서계가 도착하여 접대는 관례대로 행해지고 회답서계가 발부되는 모습이 보인다.[18] 대마주가 표류민 송환을 통해 관례를 흔들어보고자 하였으나 동래부의 원칙적 대응으로 말미암아 실패하고 다시금 관례에 따른 서계와 노인을 보내어 세견선 무역과 표류민 송환이 지속되고 있음을 확인할 수 있는 사례이다.

다시 2장의 <도표>를 통해 알 수 있듯이, 이후 표민순부 서계와 노인에 위식이 생긴 사례는 한동안 보이지 않는다. 또 주목해야 할 점은 <사례

---

17) 給衣糧成草料移文發送于原籍官而漂民等役姓名年歲居住成册修正上送于議政府三軍府爲白乎旀,今此漂民順付書契及駕船路引之不由舊章敢創新例以渠國所鑄圖書遽然看納者狡倭情狀極涉痛惡大違格例乙仍于,同書契別幅路引倂爲退却卽速改書呈納之意令任譯等嚴辭責諭於館守倭處爲白遣

18) 부특송사 회답서계는 5월 22일, 표차사 회답서계는 5월 14일 전달되었다.

4~7, 8~14, 17~22, 23~24>의 예에서 알 수 있듯이 표류민은 동시에 송환되는 경우에도 건별로 영래차왜가 할당되어 영래차왜선과 차기선(혹은 표민본선)이 조를 이루어 되어 송환된다.[19] 이는 합법적으로 많은 대가를 얻기 위한 경제적 선택이었다고 이해된다.[20]

3) 폐번치현과 표류민 송환의 동요

1871년 7월, 폐번치현이 이루어지고 이에 따라 대마번도 폐지되자, 표류민 송환체제가 흔들리는 모습을 보인다. 특히 1872년 1월에 입항한 <사례 23~24> 표류민 송환 시에는 일본 외무관료가 탑승한 화륜선이 함께 들어온다. 이때 제주표민은 영래선과 차기선이 모두 들어오고 있지만 기장표민은 표민본선만 송환되고 있다. 외무성이 표류민 송환에 간여하기 시작하였고 구대마주 관리들은 외무성의 눈을 피하여 표류민 송환의 이익을 추구하는 모습을 볼 수 있다. 이 경우에도 조선은 양쪽 모두 접대를 허락하고 있다. 그 이유는 영래서계를 지참하여 보내왔기 때문이다. 왜관에서 접대의 가장 중요한 조건이 서계를 지참하였는지 여부였음이 주목된다. 또한 기존의 통념과는 달리 화륜선이 입항한 것이 표류민을 받아들이는 데에는 별 장애가 되지 않고 있음이 동래부사의 장계를 통해 알 수 있다. 즉,

표차왜에게 지급할 연향과 예단 잡물 및 표민순부 회답서계는 예조에서

---

19) 나가사키에서 대마도로 호송될 때, 혹은 대마도 府中에서 대풍소까지 이동할 때에는 선박의 사정에 따라서 다른 지역의 표류민들이 함께 배를 타는 경우가 많다. 그러나 대마주 대풍소에서 건별로 구분되어 영래서계에 따라서 옮겨 타고 있음이 확인된다. 이는 차기선을 보내면 30~40석의 가선즉가미(駕船則價米)를 받을 수 있기에 표류민 호송은 보통 대규모의 선단이 되는 경우가 많았다.

20) 영래차왜(표차사)에 대한 접대는 표민순부료미(쌀) 47석7두8도5합, 료태(콩) 9석12두8도, 宴需米 1석4두2도2합, 도해량미 2석, 駕船則價米(대선 40석, 소선 30석)를 지급하였다. 항상 차기선(駕船)을 통해 표민을 보내왔으므로 대략 건당 평균 100석 정도의 비용이 소요되었음을 알 수 있다.(15두=1석)

조회하여 마련하여 보내주시기 바랍니다. …이번에 온 왜선 중 1척이 화륜
선인데 그 나라에서 새로이 만들었답니다. 그 모양이 서양 선박과 구별하기
어려운 즉 표류하였을 경우 연해에서 오해를 할 수 있기 때문에 다시는 화
륜선을 보내지 말도록 하였습니다. …화륜선의 도본과 제원을 성책하여 의
정부와 삼군부에 상송합니다.21)

기존의 연구에서는 증기선이 입항하자 동래부가 공포에 휩싸였다고 하지
만 근거가 없다. 동래부가 중시한 것은 세견선과 표류민선이며 서계를 가지
고 온 경우 화륜선과 함께 입항한 세견선 정관인과 영래왜인들도 관례대로
아무런 문제없이 접대를 받았다.

한편 이 화륜선을 타고 입항한 외무성 관료들이 왜관의 주도권을 장악해
나간다. 이들은 대수대차사 히구치데쓰시로[樋口鐵四郞]를 귀국시키고 7인
위원회를 조직하여 조선과의 회담에 임하는 한편 구대마주 출신의 상인과
사족들을 배제하였다. 이는 대관소에 대한 강한 불신의 표현이었고 구 대마
상인들과 조선이 연대하지 못하게 하려는 의도였다.

이즈음 무역의 기득권을 지키고자 하였던 대관소와 외무성 사이에 알력
이 존재하였다고 보인다. 2월 29일 고의로 기장으로 방향을 바꾸어 울산 목
도에 정박한 경오조 3특송사 수목선에는 대포3좌, 포탄 300인(箇), 조총 25
자루, 화약 2500근, 환도 30자루가 실려 있었다.22) 이는 조선의 요청을 받
은 대관소의 지시로 이루어진 무역이었고 외무성의 눈을 피하기 위해 일부
러 표류를 가장하여 북으로 향한 것이었다. 이들은 왜관을 거치지 않고 바
로 귀환하였기에 외무성은 이 사실을 당시에는 모르고 나중에 알게 된다.23)

---

21) 差倭所贈宴禮單雜物及順付回答書契合該曹照例磨鍊撰出下送敎是白乎旀. …今此出來
倭船中一隻船之名以火輪者縱云渠國之新造而制樣旣與洋船難辨則來往漂流之時沿邊暸
望之節不無眩亂之弊故此後段更無敢出送火輪船而. …同火輪船樣圖本及長廣高把數成
冊修正上送于議政府三軍府爲白乎旀(『동래부계록8』).
22) 『동래부계록8』 1872년 3월 6일조.
23) 『조선외교사무서7책』 35쪽.

이후 1872년 1월 21일 인수한 <사례 25>의 표류민은 영래선이 아닌 부특송사선이 거제표민 본선을 송환하고 있지만 영래서계를 보내고 있는 것이 주목된다. 조선은 영래차왜를 대신하여 서계를 가져온 금도왜를 접대하였다. 결국 대관소가 존재하였고 표민 송환에서 조선이 중요하게 생각하였던 서계를 가져왔다는 점에서 폐번치현 이후이지만, 결국 <사례 25>까지는 전통적 송환이 이루어지고 있다고 파악할 수 있다.

2. 한일 외교 시스템의 붕괴와 표류민 송환(1872년 9월 이후)

1) 전통적 송환 시스템의 붕괴

1872년 9월 이후 기존의 한일 외교 시스템이 완전히 붕괴된다. 주지하다시피 하나부사 요시모토[花房義質]가 왜관에 도착하여 대관소를 폐지하고 대관소 담당자들을 모두 재판에 회부하였으며 서계를 전면적으로 금지하였던 것이다. 이로 말미암아 세견선도 표민영래선도 존재할 수 없게 되었으며 왜관에서의 접대 근거가 상실된 것이다. 이를 일본에서는 '왜관 접수'라고 표현한다. 왜관의 업무를 외무성이 접수하였다는 의미였다.[24]

따라서 1872년 9월 하나부사와 함께 입항한 <사례 26~28>의 표민은 기존의 관례를 무시하고 임관에게 넘겨졌다. 동래부는 당황하였다. 동래부는 메이지 정부의 의도에 경계하면서도 원칙에 따라 접위관의 임명도 접대도 회답서계도 할 필요가 없다고 보고하고 있다.

  차왜가 없고 서계가 없으니 연향을 베푸는 것이나 예단 잡물을 마련하는

---

[24] '왜관접수'라는 표현은 왜관이 대마주의 관할에서 외무성 관할로 넘어갔다는 의미가 된다. 하지만 왜관은 동래부의 관할 하에 있는 기관이므로 이 표현은 오해의 소지가 있어서 신중할 필요가 있다. 아울러 우리 학계의 일부에서는 이를 '왜관침탈', '왜관 강점' 등으로 표현하는 경우도 있으나 부당하다고 판단된다. 별도로 논할 필요가 있다.

것이 당연히 논할 일이 없습니다.[25]

이는 기존의 송환 절차를 무시한 데에 대한 징벌적 차원의 반응이라고 보인다. 물론 왜관의 일본인들에게는 서계를 갖고 오면 접대를 할 것이라고 책유하였음은 물론이고, 왜관의 관료들은 이는 일본 메이지 정부의 지시에 따른 것이므로 서계는 앞으로 오지 않을 것이라고 반복된 응수가 이루어진다.

2장의 <도표>를 다시 살펴보자. <사례 29>의 표류민부터는 모두 비선으로 송환됨을 알 수 있다. 세견선과 영래선이 폐지되었기 때문이었다. 그런데 이 때 입항한 비선은 기존의 연락선이 아니었음을 주목하자. 기존의 비선(飛船)은 와니우라[鰐浦]·사스나[佐須奈]·도요[豊] 세 곳에서 아무 때나 필요할 때에 신속히 보내는 연락선이었다. 비선은 서계를 필요로 하지 않았기에 언제나 보낼 수 있었지만 표류민을 송환하기에는 매우 작은 배였다. 따라서 외무성은 모든 배(대·중·소선)에 비선의 노인을 지참시켜 도항시켰다. 왜 일본 외무성은 대·중·소선에 비선 노인을 발급하였을까. 이는 한일 관계 변화를 살피는 데에 중요한 의미를 갖는다.

비선 노인의 발급으로 입항이 허용되면서 외무성은 외무성에 의한 선박의 도항을 동래부에 인정시키는 데에는 성공하였다. 路引의 발급 기관이 대마주 태수에서 외무성으로 바뀌어도 동래부와 부산진은 입항을 허락하였고 표류하여도 왜관으로 인솔해 주고 있음은 흥미롭다.

외무성 대마 출장소는 조선에 도항하는 대·중·소 모든 선박에게 비선 노인을 발급하겠다고 왜관에 알렸고, 왜관의 외무 관료는 이 문제를 동래부와 타협하였다. 동래부(임관)는 무역의 지속과 자국 표류민 보호를 위해 이를 인정하였다. 대신 일본 외무성은 조선이 준 '도서(도장)'를 사용 날인한 노인을 발급하기로 하였다. 양국 모두 외교 관계의 파탄은 피하고자 하였기에

---

25) 旣無差倭又無書契則 所贈宴禮單雜物磨鍊一款 自當勿論是白遣(『동래부계록』 1872년 9월 20일조).

이루어진 타협이었다. 이후 왜관에 입항하는 대·소 선박은 조선이 준 도서 (도장)를 사용한 비선 노인을 가지고 입항한다.

한편, 기존 표류민 송환 시스템을 일방적으로 무시하였기 때문에 외무성에 의한 표류민 송환이 순탄하지 않았음은 당연한 일이다. 몇 가지 사례를 소개하여 송환 모습을 살펴보자.

2) 송환 시스템 붕괴 이후의 표류민 송환 모습

1873년 1월에 입항한 <사례 29>의 표류민은 왜관에 도착하여 동래부에 즉시 인도되지 못하였다. 이는 서계가 없다는 이유로 임관이 입관을 거부하였기 때문이었다. 기존의 원칙을 준수하여 표민순부서계를 가지고 오라는 압박이었다. 임관은 절차를 어긴 것은 일본이고 자신들은 서계를 받기 위해 입관하는 임무를 수행하므로 서계가 없으면 입관할 필요가 없다고 주장하면서 서계가 없다면 그냥 수문장에게 넘기라고 압박하였다. 반면에 왜관의 일본 외무성 관원은 관례에 따라 임관이 입관하여야 표류민을 인계하겠다는 대립이었다. 결국 표류민들이 왜관에 체류하는 시간이 길어졌다. 마침 왜관 선창 부근에서 조선의 어선이 전복되는 사고가 발생하였고 왜관의 일본 관리들이 이들을 구조하여 표류민과 함께 왜관에 보호하고 있었다. 동래부는 빨리 넘기지 않고 있다가 표류민들에게 병이 생기거나 문제가 발생하였을 경우는 왜관의 외무성 관료가 책임을 피할 수 없을 것이라고 문책하였지만, 왜관의 외무성 관원들은 이 기회를 이용하여 새로운 관례를 만들고자 최소한 훈도가 입관하여야 넘겨줄 수 있다고 고집하면서 인도하지 않았던 상황이 오래간 것이었다. 결국 왜관의 관리 부실을 틈타 송환 표류민과 난파 표민이 왜관을 탈출하는 사태가 발생하였다.[26] 500명 정도였던 일본인들이 70명 정도로 감소하였고, 외교 교섭에 익숙한 대마도인들이 떠난 상

---

26) 동래부는 표민이 탈출하자 그들을 문정하고 이상 없이 표류민을 인수하였다고 성책을 작성하여 중앙에 보고하고 있다.

황에서, 게다가 표류민을 왜관에 체재시키는 비용이 마련되지 않은 상태에서 발생한 사례였다. 결국 왜관의 외무 관리들은 문제를 키우지 않기로 결정하고 대관소가 아닌 항구에서, 별차가 아닌 소통사에게 아무런 접대 없이 표민을 인도하게 된다. 이후에는 소통사가 선창에서 표민을 인수받아 부산진으로 호송하고 자신의 명의로 인수증을 발급하였고, 종종 접대를 할 수 없음을 미안하게 생각한다고 말하고 있으며, 송환에 대해 사례를 표한다. 이때가 되면 일방적으로 기존의 한일외교 시스템을 붕괴시킨 일본이 무상 표류민 송환을 거듭함에 따라 '우호'라는 명분에서 우위에 서게 되는 모습도 보인다.

또 1873년 4월에 입항한 <사례 30>과 <사례 31>의 경우에는 표착지에서 선박 수리비를 국제적 통념에 의거하여 표류민이 부담해야 한다는 주장에 따라 수리비를 표류민에게 징수한 특이한 사례로 주목된다. 동래부가 문정을 통해 이 사실을 알고 소통사를 통해 왜관의 외무 관료에게 질의하자 왜관의 외무관료들이 당황하여 외무성에 고충을 상신하는 모습이 보인다. 표민 선박 수리비 부담과 가선료 부담이 문제가 되었던 것이다. 왜관의 외무관료들의 상신에 따라 일본 외무성은 태정관에 전통적 관례에 따를 것인가 혹은 새로운 국제관례에 따를 것인가를 질의한다. 결국은 태정관의 지시에 따라 조선 표류민에 한하여 일본 公費로 수리해 주기로 결정되어 표류민 선박 수리비를 환불한다. 정한(침한)여론이 팽배한 상황에서도 한·일간의 우호의 끈이 유지되고 있었음은 흥미롭다.

동래부 역시 왜관의 선창을 수리해 주고 있으며, 동관 3대청과 서관 3대청(6행랑)을 수리하고 객사를 보수하고 있음을 보면 외무성과 동래부 모두 한일관계의 파탄을 피하고자 노력한 사례로 이해되며 서로 우호를 원한다는 메시지를 꾸준히 전달하고 있었음도 이해된다. 뒤집어 말하면 한일관계의 파탄은 내 탓이 아니라는 명분을 서로 유지하고자 노력하고 있었던 것이라 파악된다.

<사례 32~36>을 보면 비선 2척에 5건의 표류민 11명이 한꺼번에 송환되고 있다. 접대가 없어진 상황에서 비용 절감을 위한 조치였음은 물론이다. 전에는 건별로 영래차왜가 임명되어 도항하였었음은 살펴본 바와 같다. 이후에도 조선 표류민 송환 비용이 마련되지 않아서 외무성 대마출장소가 외무성에 어려움을 표하는 상신이 여러 차례 발견된다.

표류민 송환 비용에 대한 문제는 1876년 부산에 일본인 관리관이 부임하여 11월「朝鮮國人民漂着ノ節處分規則」[27]을 통해 조선의 동의를 얻어 표류민 체재비용의 일부를 부담시키게 된 이후에야 점차 해결의 길을 밟는다.

또한 도표의 특이사항 및 기간(개월) 부분을 전체적으로 보면 기존의 외교 시스템이 붕괴된 후 표류민 송환이 전보다 신속하게 이루어지고 있는 점이 눈에 띈다. <사례 1>에서 <사례 25>까지의 표류민 송환에 걸린 기간은 평균 10개월이지만, <사례 26> 이후 <사례 40>까지 표류민 송환에 걸린 기간은 평균 3개월이 된다. 이는 일본 외무성이 일본 전국을 관리하게 되면서 나타나는 현상이며 또한 메이지 일본의 선박 기술의 발달에 기인한다고 보이지만, 표류민 송환 비용을 줄이기 위한 방편이기도 하였다.

이상의 분석을 통하여, 메이지 정권이 성립한 후에도 표류민은 꾸준히 송환되고 있음을 확인할 수 있었다. 이는 당시 세계를 둘러싼 갈등으로 단교상태였다는 통념을 비판하는 근거가 된다. 또한 메이지 정부는 전통적인 외교 시스템을 붕괴시킨 다음에도 비선을 통해 표류민을 송환하고 있는데, 이는 왜관의 폐쇄를 피하고 외교 루트를 확보하기 위한 과정이었다. 물론 동래부도 선창을 수리해주고 객사를 수리하면서 왜관에 술과 안주를 보내는 등 '전통적 관례로 복귀한다면 우호의 길은 언제나 열려 있음'을 과시하고 있었음도 주목된다.

메이지 정부 초기 외교적 갈등을 단순히 세계 수리 여부에 달려있었던

---

27)『法令全書』明治9년 11월, 태정관 達 110호, 381쪽. 표류민 송환 비용의 일부를 부담시키고 있다.

것이 아니라 기존 외교관계를 어떻게 변화시켜야 하는지를 둘러싼 양국의 외교 담판의 연속으로 다양하게 파악할 필요가 있다고 판단된다.

Ⅳ. 송환 표류민 문정을 통해 확인되는 사항

1. 표류 흐름도

2장에서 소개한 40건의 사례를 해양사의 관점으로 확대하여 살펴보자. 우선 표류가 발생한 위치에서 표착한 위치까지를 지도에 표시해 전체적인 표류의 흐름을 이해하고자 한다. 도착지를 중심으로 肥前, 對馬, 九州南部, 長州 및 島根 지역으로 나누어 살펴보자.

〈그림 1〉 히젠(肥前)지역으로의 표류도 12건

히젠[肥前]지역으로는 주로 고도[五島]로의 표착이 대부분이었다. 五島로 표착하는 표류민은 제주도에서 6건, 전라도에서 4건, 경상도에서 2건 등이다.

〈그림 2〉 對馬 지역으로 표류도 18건

대마도 지역으로의 표류는 제주에서 8건, 전라도에서 3건, 경상도에서 7건으로 확인된다.

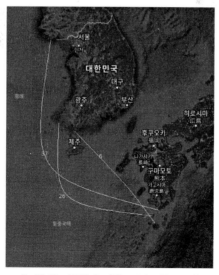

〈그림 3〉 가고시마 지역으로의 표류도 3건

멀리 표류하는 경우로 37번 사례가 주목된다. 황해도 강령에서 표류하여 규슈 남단에 표착하였다. 이 시기 더 밑으로 표류하여 유구왕국으로 표류한 경우는 아마 송환되지 못하였을 것이다.

〈그림 4〉 초슈·시마네 지역으로의 표류도 9건

초슈·시마네 지역으로는 동해안에서 표류한 경우가 대부분임을 알 수 있다.

이상의 표류도를 통해 표류의 전체적인 경향성을 살필 수 있다고 생각한다. 물론 위 표류도는 단지 표류하기 시작하였던 장소와 표착지를 단순하게 연결한 것에 불과하다. 실제 상황에서는 더 크게 우회하고 반대방향으로 가기도 하였을 것이다. 표류민의 진술에 따르면 표류는 예기치 않았던 북풍(혹은 북서풍)으로 인해 발생하였다고 한다. 하지만 표류는 바람뿐만 아니라 해류의 영향도 무시할 수 없다. 계절에 따른 표류와 해류의 영향 등을 고려하면 더욱 풍성한 해양사 연구가 될 것으로 생각한다.

2. 통계로 보는 표류민의 모습

1) 표류민 출신 지역의 통계

〈표 2〉 표류민 출신지역 표

지역1	지역2	선박 수	지역1	지역2	선박 수
전라도 (28척)	정의	7척	경상도 (10척)	기장	3척
	제주	10척		장기	3척
	대정	2척		창원	1척
	영광	3척		영해부	1척
	영암	2척		거제	1척
	흥양	2척		남해	1척
	강진	1척	평안도 (2척)	의주	1척
	장흥	1척		(삼화부)	1척

40건의 사례를 출신지역 별로 정리하면, 전라도 지역이 압도적으로 많고 그 중에서도 제주도(정의, 제주, 대정) 표류민이 많다. 총 40건 가운데 19건이 제주도 표류민이라는 사실은 주목된다. 제주도를 제외하면 전라도(9척)와 경상도(10척) 표류민이 비슷하다. 절해고도라고 생각하였던 제주도민이 활발한 해상활동을 하고 있었음을 밝히게 된 것은 뜻밖의 수확이었다. 제주(제주목, 대정현, 정의현)에서는 선박에 대한 세금 비중이 얼마만큼 되었으며 소속 선박 수는 얼마나 되었을까. 앞으로의 연구 과제이다.

2) 표류한 배의 크기와 용도 귀환상황의 관계

〈표 3〉 표류선의 크기와 선박귀환 및 생업

배의 종류	송환예	선박귀환	
槎船(뗏목배)	9척		어로활동
반파 삼선	3척		어로활동
1파 삼선	11척	2척(18%)	어로, 파종, 추수, 벌목, 상업, 농업, 목재 구입
1파반 삼선	5척	2척(40%)	상업, 어업
2파 삼선	10척	6척(60%)	운반업(선박대여), 상업
2파반 삼선	1척	1척(100%)	운반업(선박대여)
3파 삼선	1척	1척(100%)	운반업(선박대여)

<표 3>을 보면 작은 배는 어로 활동을 하거나 농업을 위한 이동 중에 표류가 발생하였음을 확인할 수 있다. 2파 이상의 큰 배로 어업을 행한 경우는 없으며, 2파 이상인 배들은 모두 상업과 운반업을 하다가 표류하였다. 이 선박들에 대한 문정 내용은 당시 운반 비용(선박대여비용)을 이해하거나 물가를 이해하는 데 필요한 자료를 남기고 있다. 또한 당연한 일이지만 40척 중 무사 송환된 선박과 크기의 상관관계를 알 수 있다. 무사히 송환된 12척(2파 세기선, 2파 홍양, 2파 기장, 1파반 홍양, 1파반 장흥, 2파반 제주, 1파 기장, 2파 거제, 3파 의주, 2파 정의, 2파 영광, 1파 장기)의 선박 중 뗏목과 반파 삼선은 보이지 않는다. 1파 삼선은 18%, 1파반 삼선은 40%가, 2파 삼선은 60%가 되돌아오고 있으며 2파반 삼선과 3파 삼선은 모두 수리 후 귀환하고 있음을 확인할 수 있다. 즉 큰 배는 수리 후 귀환하는 확률이 매우 높았음을 의미한다.

남겨진 연구는 배의 분류에 대한 것이다. 송환된 표류민들은 일관되게 1파삼선, 1파반삼선, 2파삼선, 2파반삼선, 3파삼선 등으로 배를 분류하고 있

다. 아마 배의 너비 크기에 따른 분류일 것이다. 제원을 알고 있는 화륜선을 보고한 성책을 참고로 보면 1파는 약 180cm로 추정되지만 왜 이러한 분류를 하는지 확증할 수 없다. 또한 모든 배들이 균역청소속 혹은 제주목 소속 등으로 되어 있고, 이는 선박세를 징수하는 관청으로 추론할 수 있지만 선박세를 과연 어떻게 징수하였는지 연구 결과를 찾지 못하였다. 조선에서 선박을 어떻게 관리하고 징세(徵稅)하고 있었는지에 대해서도 앞으로의 연구를 기대할 수밖에 없다.

V. 맺음말

이상 1869년에서 1873년에 송환된 표류민 사례를 소개하고 이를 통해 메이지 초기 한일관계사를 재조명하고 당시의 표류 모습을 복원하였다. 우선 송환 표류민의 존재를 부각시켜 대차사 서계 수리 거부가 바로 외교적 단절을 가져온 것은 아니라는 필자의 견해를 보강해보고자 하였다. 대차사 서계보다 더 크게 문제가 되었던 것은 1872년 9월 외무대승 하나부사 요시모토[花房義質]에 의한 전통적 외교 시스템의 붕괴였다. 그 이전에는 여전히 표민 영래차왜가 표민순부서계를 가져와 송환하고 접대를 받는 송환 시스템이 유지되고 있었음을 부각시킬 수 있었다. 그리고 전통적 외교 시스템이 붕괴된 이후에도 비선 노인을 소지한 선박을 통한 송환이 이루어지고 있음을 소개하였다. 이는 '왜관접수' 혹은 '왜관침탈'이라는 표현이 적절하지 않음을 웅변하며, 이로 말미암아 양국이 단교상태에 들어섰다고 단정하기도 어려운 상황이었음을 보여준다.

메이지 외무성은 조선이 준 '도서'를 사용한 노인을 발급하여 선박을 도항시켰으며, 동래부의 입항관리 절차는 변화가 없었다. 또한 동래부도 외교의 단절을 선언하지 않았고 기존의 외교 시스템으로의 복귀를 요청하면서 시간을 주는 상태에서 왜관의 시설을 수리해주고 전통적 예의를 다하고 있음도 확인할 수 있기 때문이다. 동래부의 입장으로는 일본과의 외교 및 무역을 위해 대마도인들에게 빌려 준 접대소(왜관)에 외무성이 대마도인 들을 몰아내고 자리를 잡은 모습이었을 뿐이며, 폐번치현의 소식을 알고 있었기 때문에 문제시하지 않았다. 다만 동래부는 누가 오든지 조선의 국법과 조약에 따라야 한다고 고집하였다. 조선은 우호를 소중히 생각하고 있지만 지금은 서계가 없기 때문에(조선의 국법과 조약을 지키기 않고 있기 때문에) 접대는 할 수 없다는 입장이었다고 판단된다.

메이지 정부가 주조한 신인(新印)은 결국 사용되지 않았다. 조선이 대마도주에게 지급한 도서를 사용하지 않게 된 것은 조일수호조규가 맺어진 후 도서반납이 이루어진 다음부터였음은 주의를 요한다. 기존의 연구의 맹점은 조선의 해방(海防)시스템과 입항 절차에 대한 이해 없이 연구가 진행되었기 때문이라 생각된다.

'왜관접수'나 '왜관침탈'로 이해해 온 종래의 외교 시스템이 붕괴된 다음에도 표류민이 송환되는 양상에 대해서는 본고에서 소개하였고 어려운 상황이기는 하지만 단교를 피하기 위해 동래부는 왜관을 유지하였고 일본 외무성은 표류민을 송환하였음은 사례로 확인할 수 있었다. 그렇다면 종래의 외교 시스템이 붕괴된 다음 무역을 포함하여 왜관의 전체적인 모습을 새롭게 복원할 필요가 있다. 앞으로의 과제로 삼고자 한다.

4장은 40건의 송환 표류민의 진술을 토대로 해양사적 입장에서 여러 가지로 살펴보았다. 이는 앞으로의 연구를 위한 기초 자료의 의미를 갖을 수 있을 것이다. 우선, 표민 문정을 통해 표류의 흐름도를 소개하였다. 표착지는 주로 히젠 오도열도와 대마도 그리고 동해 연안의 초슈와 시마네현이었으며 큐슈 남부의 사쓰마와 오스미[大隅]에 이르는 광범위한 지역이었다. 여기를 벗어나면 유구열도(오키나와)로 넘어가게 된다.

다음으로는 연평균 8척 50명 정도가 송환되고 있었던 표류민 출신지를 지역별로 살펴보았다. 제주도 표류민이 19건 전라도 9건 경상도 10건, 황해도1건, 경기도1건 등으로 분포되고 있음도 소개하였다. 아울러 큰 배(2파 삼선 이상)의 경우는 주로 선박대여업이나 상업에 종사하고 있었고 표착지에서 수리를 거쳐서 귀환할 수 있었음도 소개할 수 있었다. 또한 앞으로의 연구를 위해 필자가 찾아내지 못한 궁금한 부분을 제시하였다.

앞으로의 연구를 위해서는 표민 문정 기록을 번역하여 데이터베이스로 구축할 필요가 있다. 이를 통하여 표류의 참상과 표류를 통한 정보의 획득, 선박의 임대료와 상업의 내용 그리고 항로 등을 이해할 수 있으며, 조선 후기 물가의 동향과 해상 상업의 일면을 밝힐 수 있을 것으로 생각한다. 많은 연구가 기대된다.

2018.8 (국민대『한국학논총』제50집)

제5장 田保橋潔의 『근대일선관계의 연구』 무엇이 잘못되었을까

Ⅰ. 머리말

이제 우리는 제2부의 1장에서 4장에 이르는 실증을 바탕으로 기존 이해의 근거가 되어 온 다보하시 기요시[田保橋潔]의 저작에 대해 비판해 보도록 하자. 비판이라는 것은 말꼬리를 잡는 일 같아서 별로 흥미로운 작업은 아니지만, 앞으로의 연구를 위해서 무엇이 문제인지를 짚어야 할 필요성이 있기 때문이다.

최근 일조각에서 다보하시의 『근대일선관계의 연구』가 번역 출간되었다 (김종학역, 2013).이 책을 보면 역자의 호평1)이 오히려 나에게는 불편해진다. 이러한 불편함이 이 발표를 하게 된 이유이다. 본 발표는 이 번역된 책을 참고로 위 연구의 오류를 살펴보고자 한다.

『근대일선관계의 연구』는 제1편 [근대조선사 총설], 제2편 [일한 신관계의 성립], 제3편 [일한국교의 갱신과 그 반동], 제4편 [조선에서의 일·청의 항쟁], 그리고 별편으로 [對州藩을 중심으로 한 한일관계]로 책을 구성하였다.한일관계사의 처음은 2장의 마지막 절인 6절 「일본의 조정과 八戸順叔의 정한설」로 시작한다. 이는 형식상 대원군의 배외정책 병인양요와 신미양요 다음으로 배치하여 쇄국 조선과 문명 개국 일본의 대비를 부각시키는

---

1) 옮긴이 서문에는 「이 책은 …당시에는 일반에게 비공개하는 것을 전제로 출간되었다. 그것은 다보하시가 엄밀한 실증주의에 입각해서 역사가의 가치판단을 최소화한 채 오로지 …문서 기록에만 의거하여 조선을 중심으로 한 근대 동아시아 외교사를 서술했기 때문이다」라고 높이 평하고 있다. 5쪽.

의도로 보이며, 책 저술의 의도를 의심하게 한다.

하지만 본 발표는 거시적인 관점에서의 비판 보다는 미시적인 관점 즉, 사료에서 확인된 오류 즉 사실의 오류에 중심을 두어 田保橋潔의 작업을 검토하고 나아가 객관적이고 보다 사실에 가까운 한일관계사상을 작성하는 것을 목표로 삼는다. 시기적으로는 우선, 왜관에서 대마도인들이 퇴거하여 기유약조 체제가 붕괴하는 1872년 9월까지, 즉 6절에서 16절까지 살펴보기로 한다. 특별한 문제가 없는 절은 뛰어넘도록 한다.

II. 제6절 「일본의 조정, 八戶順叔의 征韓說」에 대하여(131-156쪽)

이 절의 내용은 1867년, 병인양요의 소식을 듣고 막부가 사절단을 파견하려고 하였으나 끝내 파견되지 못한 일에 대한 설명이다.

당시 일본의 상황은, 대마주의 이봉 운동 이후 막부가 외교일원화 즉, 조선과의 외교도 외국봉행이 담당해야 한다는 원칙을 세워 준비를 하고 있었고, 대마주는 이에 맞서서 조선과의 외교·무역을 그대로 유지하거나 혹은 확대하면서 막부로부터 원조도 얻어내는 방법을 강구하고 있었던 시절이었다. 한편으로는 반막부 양이세력이 점차 힘을 얻어 막부를 타도하려는 세력으로 성장하고 있었고 막부는 이를 해소하기 위해 대정봉환(10.15)을 상신하였으며 결국 왕정복고의 대호령(12.9)으로 다음해에는 무진전쟁이 발발(1.2)한다.

다보하시는 이러한 일본의 어려운 상황에는 눈을 감고, 일본은 항상 단합된 모습으로 묘사하는 근대 일본사의 입장에 충실하여 서술한다. 따라서 사절파견이 실현되지 못한 것은 조선이 거절하였기 때문으로 서술하고 있음이 특징이다.

하지만 상식적으로 300년 가까운 우호 관계의 지속 속에서 특히 병인양요를 겪고 전통적인 우호를 강화해야 할 조선의 입장에서 일본 막부가 사절을 파견한다고 알려온 것은 매우 중요한 일이 아닐 수 없다. 따라서 4월 10일 선문사가 도착하여 알리자 훈도는 裁判家의 수리를 명하여 준비하고 있다. 5월 9일 대차사가 도착하고 15일 회담을 통해 서계 등본을 받고 있으며, 우연인지 모르지만 동래부사와 훈도가 실력자로 교체되었고, 경접위관이 파견되어 접대를 하고 있음도 확인할 수 있다. 하선연-하선다례-봉진연 모두 지체 없이 진행되고 있는 것이다. 그런데 다보하시는 조선이 접대를 거절하였다고 단정하고 있다.

이하 미시적으로 기술된 자구를 중심으로 객관적인 사실의 오류를 지적해 보자.

> 1) 「병인양요의 소식을 듣고 이웃나라 조선이 근대적 함정과 병기의 절대적인 위력을 알지 못하고 무익한 저항을 계속하다가 끝내 비참한 운명에 빠지는 것을 피하게 하려는 …순수한 호의에서」 (135쪽) 프랑스와의 조정을 위한 사절파견을 결정
> → 정말 순수한 호의로 사절을 파견하게 되었다고 다보하시는 생각하였을까 궁금하다. 상식적으로 생각하여도 당시 막부의 멸망과 메이지 정부의 성립이라는 변혁기에 막부가 조선에 사절을 파견하려는 의도는 외교일원화를 기정사실하려는 뜻이었다. 즉 막부가 중심이 된 새로운 국가 체제를 만들고자 하였던 발버둥이었다고 이해하는 편이 타당하다. 어쩌면 조선의 지지를 다시 획득하여 여러 다이묘들을 지배할 국제적 권위를 얻고자 하였던 이유도 있었을 것이다.
>
> 2) 「對馬藩이 막부의 명령을 받기 전에 강신대차사를 파견할 때 사절파견을 시사하였으나 막부로부터 정식 통보를 받고 6월 29일 소차서계를 강신대차사에 송치하여 동래부사에 전달하게 하였다.」(139쪽)
> → 막부의 명령을 받고 강신대차사를 보냈음은 명확하다. 따라서 명령을

받기 전에 강신대차사를 파견하고 정식 명령을 받고 소차사를 보내어 강신대차사에 송치하였다는 기술은 오류이다. (연표 참고)

연표를 보면, 2월 10일 출장 명령, 3월 29일 대차사 파견 결정, 4월 10일 선문사 도착, 5월 9일 대차사 도착임을 알 수 있다.

3) 「동래부사 서경순은 조약위반을 이유로 대차서계의 접수를 거부하였으므로 그들의 사명은 완전히 실패로 끝났다. 두 번째 사명인 일본 사절의 조선 파견을 통고하는 소차서계도 ……연향설행과 서계 봉납을 거절하였다.」(141쪽)

→ 동래부사 서경순이 대차서계의 접수를 거부하였다는 것은 아무런 근거가 없으며 사실도 아니다. 연향도 이루어지고 서계도 봉납되었다. 강신대차사가 도착하고 머지않아 동래부사는 정현덕으로 교체된다. 훈도 역시 안동준으로 바뀐다. 강신대차사는 5월 9일 도착, 15일 훈도와 대면하고, 6월 13일에는 훈도가 교체되고 18일에는 동래부사가 교체되어 8월 28일에는 서울에서 접위관이 파견되어 9월 4일 하선다례, 9월 16일 봉진연이 거행되었으며 10월 10일에는 회답서계가 도착하였고, 11월 3일에는 회답서계를 수령하고 있음을 알 수 있다. 거듭 강조하지만 대차사 서계는 관례에 따라 연향을 통해 접수되었고 회답서계까지 내려왔다. 따라서 '대차서계의 접수를 거절'하였다거나 '소차서계 운운'의 내용은 객관적 사실의 오류이다.

→ 대차사 서계의 중요한 사항이 막부 사절파견의 내용이다. 이것이 갑자기 소차서계로 둔갑한 이유가 무엇인지 알 수 없다. 여기서 말하는 소차서계란 대차사에게 알리는 연락이다. 연향설행과 서계봉납을 거절하였다는 것은 물론 사실과 다르다.

4) 「조선정부의 태도가 분명해진 이상 견한사절도 기존방침을 변경할 필요…이 청훈서로 조정을 맡는다는 기본 방침이 완전히 폐기되었다는 사실이 명료해졌다.」(142쪽)

→ 아직 조선정부의 태도가 막부에 알려지지 않았다. 강신대차사에 대한 회답서계는 10월 10일 왜관에 도착하고 있기 때문이다. 이러한 해석은

억지를 넘어 책임을 넘기기 위한 정치적 왜곡이다.

→ 이 청훈서는 대마도 처리와 관계가 있으며 일관하고 있다. 아울러 청훈서는 조선의 태도와는 관계없이 당시의 상황에 따른 실무자의 청훈서임을 오해해서는 안 된다.

5) 「병인양요에 관한 막부의 조정이 상당한 결의를 가지고 추진되었음에도 불구하고 아무런 반향을 일으키지 못한 채 끝나고 말았다. 그에 반해 八戶順叔의 정한설은 완전한 유언비어였음에도 불구하고 이후 한일관계에 중대한 영향을 미쳤다.」(146쪽)

→ 강신대차사가 도착한 후 바로 훈도 · 별차가 교체되고 동래부사가 새로 부임하여 접대에 응하고 있다. 하선연, 하선다례(서계봉출), 봉진연, 상선연도 신속하게 이루어지고 있었음은 물론이다. 평소보다 훨씬 많은 접대가 있었음은 물론이다. 조선이 '쇄국의 이론으로 이를 가벼이 물리친 것'은 물론 아니다. 막부의 조정 노력(막부의 사절 파견)이 실패로 끝난 이유는 무엇보다 막부의 멸망에 있음은 당연하다.

또한 八戶順叔의 서계에 대해 당시의 사료를 보면 조선은 이 기사를 애당초 유언비어로 판단하고 있었다. 질의한 서계의 내용 역시 확인을 위한 것뿐이었다. 왜관의 관수 역시 이 기사는 한일간의 이간질을 위한 날조라고 설명하여 훈도의 동감을 얻고 있다. 이러한 인식은 서계의 내용을 보아도 알 수 있다. 이 유언비어가 한일관계에 중대한 영향을 미쳤다고 하였는데 그 근거가 없다. 조일수호조규를 체결할 때에 신헌이 이를 언급한 것은, 한일간의 외교 단절의 원인이 조선에 있다는 일본의 예봉을 꺾기 위한 좋은 반론으로 사용되었다.

6) 「당초 조선 묘당은 신문기사를 처음 보고는 임진전란의 재발을 두려워할 정도였다. 막부에서 정식으로 부인함과 동시에 사절파견을 통고한 것은 오히려 역효과를 일으켜서 일본에 다른 의도가 있을 것이라고 의심하는 자들이 생겼다.」(154쪽)

→ 강신대차사가 임관과 면회하여 사절파견을 알린 것은 5월이다. 막부의 부인 서계가 접수되는 것은 10월 1일이다. 동시가 아니다. 따라서 "오

히려 역효과 운운"의 기술은 매우 불편하다. 조선은 막부와 300년이나 우호관계를 유지하고 있었다. 신문기사를 보고 그럴 리가 없다고 생각 하였고, 이 기사를 애당초 유언비어로 판단하고 있었다. 질의한 서계의 내용 역시 확인을 위한 것뿐이었다. 이는 서계의 내용을 보아도 알 수 있다.

〈소결〉

이상의 검토를 통해, 다보하시[田保橋潔]는 막부의 사절파견 계획이 병인 양요의 소식을 듣고 「이웃나라 조선이 근대적 함정과 병기의 절대적인 위력 을 알지 못하고 무익한 저항을 계속하다가 끝내 비참한 운명에 빠지는 것을 피하게 하려는 …순수한 호의에서」 調停이 결정되었으나, 대원군의 쇄국정 책으로 인해 수포로 돌아갔다는 역사상과, 조선은 유언비어에 좌우되는 나 라라는 역사상을 만들어 내었지만, 이러한 인식은 사실이 아니다. 오랜 우호 관계 속에서 막부의 사절파견은 조선으로서도 매우 중요한 일이었다. 더구 나 서양 열강의 접근에 대해 전통적인 중국-조선-일본의 유대관계는 더욱 중요한 시점이었다. 따라서 조선은 강신대차사가 무리한 요구를 하였음에도 불구하고 성심성의껏 접대하였던 것이 사실이다. 훈도・별차가 교체되고 동 래부사가 새로 부임하여 접대에 응하고 있다. 하선연, 하선다례, 서계봉출도 신속하게 이루어지고 있었음은 물론이다. 평소보다 훨씬 많은 접대가 있었 음은 물론이다. 조선이 쇄국의 이론으로 이를 가벼이 물리쳤다는 것은 왜곡 이라고 말할 수 있다. 또한 八戶順叔의 기사를 과대하게 평가하고 있다. 당 시의 우호관계에서 조선은 이 기사를 애당초 유언비어로 판단하고 있었다. 질의한 서계의 내용 역시 확인을 위한 것뿐이었다. 이는 왜관에서 훈도와 관수의 대화 내용을 보아도, 또 서계의 내용을 보아도 알 수 있다. 이를 사 절파견과 병렬하여 기술한 것은 조선이 유언비어에 좌우되며 정확한 정보를 갖지 못하는 미개의 나라라는 잘못된 인식을 심어주기 위한 의도라 의심될 뿐이다. 한편, 이 기사가 갖는 의미가 엄중함은 물론이다. 세계인에게 조선에 대해 잘못된 정보를 공개하였기 때문이다. 조일수호조규를 체결할 때에 신헌이 이를 언급한 것도, 한일간의 외교 단절의 원인이 조선에 있다는 일본의 예봉을 꺾기 위한 좋은 반론으로 사용되었지만, 이 기사의 책임을 일본 정부에 추급하는 외교적 항의였다. 즉 사실이 아니라면 거짓을 발설한 사람을 처벌해야 하는데 아무런 조치가 없음을 지적한 것이다. 조선은 문화를 자부하는 국가로서 중국에 대해 귀를 기울이고 있었으며, 일본에 대해서도 주의를 기울이고 있었다. 유언비어에 의해 좌우되며 정확한 정보를 얻지 못하고 있는 미개한 나라라는 평가는 지나치며 사실이 아니다.

Ⅲ. 제8절 「대수대차사의 파견」(174-190쪽)

이 절에서는 대수대차사 히구치데츠시로의 파견에서 다음 해(1869년) 3월에 이르는 시기를 설명하고 있다.

樋口는 장군 요시노부의 습직을 조선에 알리기 위한 관백사위고지 대차사로 임명받았다가 갑자기 왕정복고를 알리는 대수대차사로 1868년 12월 파견되어, 조선과의 교섭에 임하였다. 아마 어떻게 교섭을 해야 할지 고민이었을 것이다. 무엇보다 조선이 거부할 것이 뻔한 관직의 명칭(일본국 좌근위소장 대마수 평조신의달)과 조선이 준 도서(圖書)를 사용하지 않겠다는 교섭을 해야 하는 어려운 과제를 짊어지고 있었다. 그렇다고 해서 강하게 교섭을 진행하였다가는 조선과 무역이 중단되는 보복을 받을 수도 있었다. 메이지 정부가 확실하게 보답을 보장하지 않은 상황에서 무역중단은 조선과의 교역을 통해 명맥을 이어가는 대마주로서는 피해야 하는 일이었을 것임은 충분히 이해된다. 따라서 樋口의 교섭은 매우 조심스러웠을 것임은 충분히 예상할 수 있다. 그래서 樋口의 교섭은 다음해 정월25일 왜관 내의 막부 명령서를 철거하면서 교섭을 알리고 교섭이 시작됨은 『관수매일기』를 통해 확인된다.

그러나 田保橋潔은 이 절에서 마치 대수대차사와 관수가 정당한 일을 요구하고 당당하게 (칼자루를 잡은 것처럼) 훈도를 질책하는 모습으로 기술하고 있으며, 훈도는 처음부터 비겁하게 거부하면서 이리 피하고 저리 피하는 모습으로 묘사하고 있다. 그것도 정부의 지시를 받지 않고 농간을 부리고 있는 듯이 기술하고 있음이 주목된다. 객관적 사실의 오류를 지적해 보자.

1) 「간사관 川本는 왜관에 도착한 후, … 12월 18일 훈도 안동준과 별차 이주현에게 …대차사가 따로 올 것이라는 말을 전하고」(180쪽)
→ 간사관은 12월 16일 도착하지만, 임관과의 첫대면은 다음해 1869년 1월 6일이다.따라서 18일 만나서 대차사가 온다는 말을 전할 이유가 없다. 대차사가 온다는 말은 이미 선문사가 전달하였다. 대차사 정사와 간사관은 보통 함께 움직인다. 이 때는 3일 먼저 도착하였다.

2) 「1868년 12월 18일 문정을 위해 입관한 훈도와 별차가 바로 그 자리에서 "서계는 결코 봉납할 생각이 없다. 설령 별사가 나오더라도 격외의 사개는 접대를 허락할 수 없으니 번괄하지 마라"는 말로 책유하였다」 주8)(180쪽)
→ 180쪽의 주8의 기록은 동치8(1869)년 12월의 기사이다. 1년 뒤의 기록이다. 田保橋潔은 12월 18일 하루 만에 간사관의 접대에 대해 설명하고 있으나 오류이다. 외교는 절차와 의례가 중요하다. 문정하는 자리에서 이러한 거절이 있을 수 없다. 하물며 대차사가 도착한 것이 19일이다. 그 전날에 이미 거절한다는 것은 오류이다. 문정은 어떠한 용무로 언제 누가 왔는지, 노인은 정당한지, 서계를 가지고 왔는지를 확인하고 서계가 있으면 서계 봉납 날짜를 정하기 위해 보고하는 전 단계이다. 참고로 대수대차사가 왜관에 도착한 것은 12월 19일이고, 왜관 전체에 왕정복고의 사실을 알린 시점은 다음해 1869년 1월 25일이었다. 이 때 처음 임관에게 서계등본을 제출하였다. 임관은 바로 의정부

에 보고하였고(1월 29일), 꼭 한 달 후인 2월 29일 서계수리 불가의 의정부 관문이 내려왔다. 조선의 응대가 신속하고 중앙과의 소통이 신속함을 입증할 수 있다. 위 내용은 1869년 12월의 기록이며 여기서 말하는 서계는 당년(1869)조 세견선 서계를 말하는 것이다. 이 서계에 "좌근위소장 평조신의달"로 되어 있었기 때문에 이를 퇴각시킨 내용이다. 따라서 다보하시가 착각을 한 것인지 혹은 의도적으로 일본 사절이 도착하자마자 조선의 외교관이 무례하게 무조건 배척하였다는 역사상을 만들기 위해 사료조작을 한 것인지 알 수 없지만, 사실이 아님은 명백하다.

3) 「오시마는 회견을 중단하고 간전관에게 명하여 별차 이주현을 불러 재판서계등본의 내용을 설명하고 그것을 동래부사에게 전달하게 하였다. 훈도 안동준은 그것이 선례에서 벗어난 것일 뿐만 아니라 자기의 직권을 침해하는 것으로 간주하여 반대하였다…」(182쪽)

→ 오시마의 목표는 메이지 정부로부터 원조를 획득하는 것이었다[2]. 그는 2월 6일 왜관에 입항하여 2월 29일 귀국 명령을 받고 3월 11일 출항한다. 그는 管掌官이라고 훈도에게 소개를 한다. 그가 직접 교섭에 나선 흔적은 『매일기』에 보이지 않는다. 서계를 가지고 오지 않았기에 접대를 받지도 않았다. 더구나 그가 「별차 이주현을 불러 …전달하게 했다. 훈도는 그것이 선례에서 벗어난 것일 뿐만 아니라 자기의 직권을 침해하는 것으로 간주해서 …」의 부분은 소설의 영역이라 판단된다. 관장관이 훈도를 제치고 별차를 부르는 외교적 결례는 있을 수 없다. 혹시 별차가 입관하였을 때 겸사겸사 부탁은 할 수 있겠지만 전달하게 할 수는 없는 것이다. 참고로 훈도는 관수와 동격의 대우를 받으며 당상관(僉知)이다. 형식상 훈도는 동래부 소속이며, 별차는 부산진 소속으로 당하관(主簿)이다. 물론 당하관이 훈도로 활동하는 경우도 있다.

---

2) 이는 花房義質의 복명보고에서도 확인할 수 있다. 즉, 「1869년 5월 大島가 조선에서 돌아와 조선을 멸시하고 寬猛을 겸한 처리를 주장하였으나 이는 무역의 이윤을 잃지 않으려고 할 뿐인 계책이었다.」 또한 이봉운동시, 양이정권성립시, 정한론 주장시, 그가 올린 건백서의 내용을 검토하면 명확하다.

4) 「재판서계의 봉납과 신인 사용문제가 해결되지 않은 이상 대수대차사
   의 응접이 허락될 가능성 …(183쪽)」
→ 재판서계와 대수대차사 서계를 나누어 이해하고 있다. 이 둘은 같은
   것이다.
→ 뿐만 아니라 대수대차사 서계는 충분히 전달되었고, 조정에 의해 1869
   년 2월에 거절되었다.

5) 「간전관 우라세 사이스케는 문서(1869년 2월 거부문서)를 숙독한 후,
   이처럼 비우호적인 문서는 관수에게 전달하기 어렵다고 생각하여 수리
   를 거부하려고 했으나…(184쪽)」
→ 간전관과 훈도를 동격으로 두고 관수를 위로 두는 기술을 하고 있다.
   관수와 훈도는 외교상 동격이다. 실제 훈도는 종3품 당상관이다. 훈도
   가 조정의 뜻을 자신의 명의로 내려 보낸 것은 간전관(일본측 수석통
   사)이 왈가왈부 할 수 없는 사항이다. 아울러 도서를 폐지하고 쓰시마
   의 등대 상대를 올리려는 무리한 요구를 하는 대마주를 타당하다고
   하고, 이 부당성을 논하는 훈도를 '이처럼 비우호적'이라고 매도하는
   부분에서는 학자의 중립성이 의심된다.

6) 「관수는 …훈도를 왜관에 구치하고(3월 9일) 시말서를 받아 내었다(188쪽)」
→ 불가능한 내용이다. 관수와 훈도가 동격이며 당시의 상황은 훈도가 관
   수를 질책하는 상황임을 확인하기 바란다. 관수가 법적 도덕적 정당성
   을 가지고 훈도를 질책할 수 있는 외교적 상황이 아님을 명심해야 한
   다. 대수대차사와 관수는 조선에 대해 한 없이 낮은 자세로 외교적 접
   근을 할 수 밖에 없는 상황이었음을 田保橋潔은 애써 무시하고 있음
   이 입증된다고 할 수 있다. 왜관에서는 불만이 있을 경우 통사(通詞)
   를 임소로 보내어 대답이 있을 때까지 머물게 하는(任所詰) 경우는 있
   지만, 훈도를 왜관 내에 구치하는 것은 상상할 수 없다. 아울러 같은
   시기 훈도는 당시 입항하는 선박에 대한 문정을 꾸준히 행하고 있음
   이『동래부계록』에서 확인된다. 이러한 교섭과는 별도로 세견선은 꾸
   준히 들어오고 있으며 표류민 송환도 예전과 같이 이루어지고 있음을

연표에서 확인할 수 있음은 물론이다. 위 기술은 왜관의 관수가 훈도를 구치할 수도 있다는 잘못된 역사상을 만드는 기술이다.

〈소결〉

「대수대차사의 파견」부분에서 田保橋潔의 가장 심각한 오해는 1868년 12월의 기사이다. 1869년 12월의 기사를 끌어다가 1868년의 기사로 생각한 것이 무엇보다 치명적이다. 도착하자마자 서계를 거부하고 있는 모습을 부각시키려고 하다 보니 12월 19일 도착하였는데 도착 전날인 12월 18일에 서계를 받을 수 없다고 거절하는 훈도의 모습을 묘사하게 되었음은 좀 심하다. 또 이를 위해 재판서계와 대차사 서계를 나누어 논리를 전개하는 것도 무리다. 대차사를 재판이라고도 부른다.

다음으로는 외교상 적례(등대)를 이해하지 못하고 있는 점이다. 왜관의 외교를 담당하고 있는 사람은 훈도였고 훈도와 관수는 동격으로 교섭하고 있는 것이다. 동래부사와 부산첨사 그리고 예조참의가 대마도주와 동격이다. 다보하시는 왜관의 관수와 동래부사를 동격으로 이해하고 있거나 그렇게 만들려고 오해를 생산하는 기술을 하고 있다는 점은 비판해야 한다.

Ⅳ. 제9절 「대수대차사의 거부」(191-205쪽)

대수대차사 樋口는 일본 정부와 조선 정부의 사이에서 상당히 어려운 입장이었음이 틀림없다. 1868년 12월에 왜관에 도착하여 1월 6일 임관과 첫 대면을 하고 1월 29일 훈도가 이 서계의 등본을 조정에 보고하였으며, 2월 28일 조정의 명령이 동래에 도착하여 2월 29일 훈도가 서계를 받을 수 없음을 알림으로 상황은 끝난 일이었다. 여기에 3월 4일 관수가 이의를 제기하였고, 훈도가 3월 13일 대수대차사 서계를 수리할 수 없는 이유를 명확히 밝힘으로 외교적으로는 상황이 종료되었다고 파악할 수 있다. 그런데 樋口는 귀국할 수 없었다. 거절하였다고 깨끗이 물러나면 끝나는 일이 아니었기 때문이다. 따라서 일본의 정세 변화에 촉각을 세우며 또한 동래부의 눈치를 보면서 왜관에 계속 머무르게 되는 것이다. 이 시기의 기술에 대해 살펴보자. 田保橋潔의 기술 중 객관적 사실의 오류부터 지적해 보자.

> 1) 大島의 재간으로도 일한교섭이 호전될 가능성이 없다면…(191쪽)
> → 오시마의 평가에 대한 오류이다. 오시마의 전략은 조선과 갈등을 일으켜 원조를 받는 일이었다. 교섭을 호전시키고자 하지 않았으며, 교섭의 담당자가 될 수도 없었다.

> 2) 대수사가 규정에서 벗어났다는 이유로 응접을 받지 못하고 왜관에 오랫동안 체류한 예는…(191쪽)
> → 정확히 표현하면 응접을 받고 거절당한 것이다. 애매한 표현이다. 조선이 완고하고 무례하게 응접도 하지 않았다는 역사상을 부각시키고 있다.

> 3) 대마번이 초조한 기색을 보인 이유에서 첫 번째 : 대수대차사는 사명이 중대하여 … 서계가 단순히 옛 격식에 위배된다는 이유만으로 수리되지 않는다면, 그것은 일본의 위신을 실추시키는 것이자 대마번의 실착이 되는… (191-192쪽)
> → '단순히 옛 격식에 위배된다는 이유만으로' 라고 표현할 수 있을까? 조선은 말이 되게 고쳐서 가져오면 받겠다는 의도였다. 그게 단순한 일이라면 고쳐오면 될 것이다. 더구나 일본의 위신을 실추 운운하는 것은 책임전가의 기본적인 틀이라는 점에서 주목된다. 아울러 이 서계가 갖는 외교적 중요성이나 조선이 거절할 수 밖에 없었던 이유를 조금도 고려하지 않고 있음을 보여준다.

4) 「신관수의 도착에 따른 하선연이 선례에 따라 당연히 거행되어야 했지만」 …「관수의 하선연 설행은 선례에 따른 것으로 조선 측에서도 이의가 있을 리 없었다.」(193쪽)

→ 서계가 없으면 하선연이 없고, 당연히 신관수 도착에 하선연이 있었다는 선례가 없다. 관수 반누이도노스케는 1866년 9월 관수로 임명되어 1867년 3월 27일 왜관에 도착하였고 동 4월 1일부터 관수로 근무하였다. 위에서 말하는 관수의 하선연은 1869년 6월 15일의 일이다. 다시 말하면 부임하여 근무한 지 2년 2개월이 지난 시점에서 하선연을 열어준 것이다. 이때(69.06)는 특별히 서계를 제출하겠다고 해서 연향을 베풀어 서계를 받아 상부에 보고한 것이다. 당시 상황은 4월 2일 왜관에 도착한 표민영래선과 1송사왜선이 실지로 좌근위소장평조신의달의 이름으로 신인을 사용한 서계와 노인을 가지고 왔다. 따라서 동래부는 이를 척퇴시키고 예조와 의정부에 보고하였다. 동래부사와 훈도는 이 상황을 민감하게 받아들였을 것이다. 이는 외교 단절이 될 수 있다. 여기에 대마주는 자신들이 한일 양국 사이에서 중개를 할 수 있다고 나섰고, 관수의 이름으로 서계를 제출하겠다고 하여 관수하선연이 이루어진 것이다. (서계의 내용은 대차사 서계를 받기 어렵겠지만 위의 명령이니 받아 달라고 간청하는 내용이다.) 참고로 1871년 신임관수 深見이 도착하였을 때에도 접대는 없었다. 접대는 조정에 서한을 보내거나 예물을 가지고 왔을 때 이루어진다.

田保橋潔은 대차사가 온 까닭에 신관수 하선연이 자연히 연기되었다고 기술하여 대차사로 말미암아 모든 일이 정지된 듯 설명하고 있다. 하지만 관수가 임무를 시작한 것은 67년 4월이고, 대차사가 도착한 것은 68년 12월이다. 또한 대차사 문제는 이미 69년 3월에 끝난 사항이다. 4월부터의 문제는 세견선이 圖書와 직명에 위격이 있어서 발생하는 새로운 상황이었다. 관수하선연 이후 입항하는 모든 선박은 다시금 路引에 문제가 없이 들어오고 있다. 아무튼 관수하선연의 거행은 치밀한 협상의 결과로 보인다.

5) 「1869년 3월 14일에 훈도의 구치를 풀고 동래부 복귀를 허락했다.」(193쪽)

→ 누가 훈도를 구치할 자격이 있는가? 훈도의 동래부 복귀를 허락한다고? 이는 엄청난 오해이거나 의도된 왜곡이다. 마치 관수와 동래부사가 동격이고 훈도를 하수인처럼 인식하는 오류이다. 이는 앞 절에서 살펴 본 바와 동일하다.

6) 「메이지 원(1868)년 12월 대수대차사가 도착한 이래 …1년이 경과한 메이지 2(1869)년 12월 13일 정부는 동래부사의 …회훈을 보냈다」(202쪽)
→ 마치 조선 정부가 1년 만에 회훈을 보낸 것처럼 기술하여 조선 정부에 대한 경멸과 무시가 읽힌다. 앞서 살펴 본 바와 같이 대수대차사 문제는 즉시 거절하였으며(1868.2.29.), 6월 관수 하선다례에 접수한 서한에 대해서도 거부하였고, 10월 22일에는 대차사 퇴거를 명령하고 있음은 살펴본 바와 같다. 대마번은 꾸준히 전례에 따라 조선이 준 도서를 사용하여 세견선을 파견하고 있었다. 1869년 12월 13일의 회훈은 그해 12월 3일의 장계에 대한 회훈이다. 즉, 11월 대마도가 다시금 태정관의 지시로 복권함에 따라, 이에 고무된 대마주가 「좌근위소장평조신 의달」의 호칭으로 세견선을 파견한다. 이것에 대해 12월 3일 동래부사가 장계를 올렸던 것이다. 회훈은 즉시 이루어지고 있었다.그 전해(1868년)에 대수대차사 건으로 올린 장계에 대한 회훈이 아님은 말할 나위가 없다. 68년 12월에 대차사건으로 장계를 올린 바도 없다. (69년 1월 29일 장계가 대차사건 첫 장계이다). 田保橋潔은 크게 오해하고 있거나 아니면 일부러 조선의 행정 처리의 미숙함을 과장하려고 꾸며낸 것이라 보인다.

7) 「좌근위소장의 직명 또한 항례에 반하기 때문에 함께 수정해야 한다고 보고 그러한 뜻을 동래부사에게 회하했던 것이다」(203쪽)
→ 오류이다. 이때 조정은 동래부의 주청을 받아들여 좌근위소장은 허용하기로 하였다.

8) 「그리고 '봉칙', '황실' 등의 문자, 새 印記 등에 관해서는 전혀 언급이 없다.」(203쪽)

→ 이미 4월 이후 훈도와의 대화 중에 이러한 표현은 하지 않기로 약정되어 있었기 때문이며, 파견된 세견선은 관례대로 얌전히 조선이 지급한 圖書를 사용하고 있었다. 따라서 1869년 12월 파견된 세견선의 서계에 이러한 문자는 들어갈 이유가 없다.

9) 「이를 표면적으로 관찰한다면, 훈도 안동준은 정부와 동래부사의 명령을 어겨가면서 대수대차사를 척퇴하고, 일한국교의 중대 위기를 초래했다고 하지 않을 수 없다. …(대원군은) …왜학훈도 안동준을 거의 자신의 사인(私人)으로 삼아서 … 동래부사 정현덕은 대원군의 유명한 심복으로… 경상도 관찰사 김세호 또한 대원군의 당여에 속했다… 정부에서는 예조에 명하여 선례를 조사하고, 서계를 개찬하여 정납하는 것을 인정하기로 했지만, 대원군은 미리 안동준에게 비밀 지령을 내려서 개찬 여부과 무관하게 …일체의 서계 수리를 거부하게 하였다. 안동준은 동래부사에게 이 비밀 지령을 은밀히 알리고 묘당의 회하를 무시하고 대수대차사를 척퇴한다는 의지를 표명했던 것이다.」(203-204쪽)

→ 있을 수 없는 일로 이간책에 해당한다. 거의 소설 수준이다. 외교 행정 업무를 이렇게 처리하는 나라가 있는가. 여기에 이르면 田保橋潔을 도저히 실증적 학자라고 부르기 어렵게 된다.

V. 제12절 「초량 왜관의 접수」

여기서는 1872년 하나부사가 대마주의 관리들을 강제 귀국시킨 상황에 대해 설명하고 있으나 역시 田保橋潔의 독단과 오류가 많이 발견되어 지적하지 않을 수 없다.

1) 「그렇지만 당시 일한 양국은 왜관의 법적 성격을 연구한 적도 없었기 때문에 왜관이라고 하면 막연하게 대마번의 부산 출장소라고 생각하고 있었던 것이다」(229쪽)

→ 과거를 무시하는 발언. 당연한 일이지만 조선의 외교 담당자들이 왜관
의 성격을 모르고 교역을 관리할 만큼 그렇게 무지하지 않았다. 아울
러 대마도의 관리들도 이를 잘 알고 있었다. 위 사항은 메이지 정부의
희망사항이었을 뿐이고 田保橋潔의 당시 상황에 대한 추체험이 빈곤
함을 보여준다.

2) 「메이지 5년 정월부터 세견선이 중단됨에 따라서 왜관의 유지비가 나
올 데가 없어져 왜관의 유지가 불가능하게 되었다.」(229쪽)

→ 세견선은 메이지5(1872)년 9월까지 파견되었음을 확인할 수 있다. 다
만 임신년조의 세견선부터 파견되지 않았음은 확인할 수 있다. 또한
왜관의 유지는 조선이 담당한다. 세견선 무역의 이익으로 왜관이 유지
되었다고 생각하는 것은 오류이다.

→ 순서가 잘못되었다. 田保橋潔은 세견선폐지→왜관유지불능→왜관정
리의 순서로 파악하고 있다. 하지만, 사실은 왜관을 정리하여 세견선
을 폐지한 것이 순서이다. 따라서 주1)은 오독이다.

3) 「9월 15일 군함 春日, 有功이 이즈하라에서 출항하여 저녁에 부산에
입항했다.」(236쪽).

→ 하나부사는 세견선에 표류민을 거느리고 16일 왜관에 도착한다. 화륜
선이 왜관에 입항하게 되는 것은 19일이다.
『동래부계록』의 입항 보고를 보면, 하나부사 일행은 15일 세견선과
표류민선을 이끌고 출발하여 16일에 도착하였다. 문정을 받고 세견선
과 동승한 표류민은 17일 왜관에 들어왔고, 하나부사는 군함에서 여러
가지 지시를 내리고 문정에 임하고 있다. 결국 19일에는 왜관 입항이
허용되었지만, 접대를 받지는 못하고 25일 출항하고 있는 것이다. 따
라서 상기의 기록은 조선의 해안방어나 입국관리시스템을 부정하는
기록이어서 엄밀한 비판이 필요하다.

4) 「관수 후카미를 외무성 9등출사에 명하여 공석이었던 관사에 임명하
였다.」(236쪽)

→ 館守와 館司는 같은 말이다. 새로 임명한 것이 아니라 유임시킨 것이다. 田保橋潔은 관수를 공석이었던 관사에 임명하였다고 표현하여 몰이해를 표출하고 있다.

5) 「관사 후카미가 직무를 집행할 수 없었기 때문에 일대관 히로세 나오유키의 명의로 …」(238쪽)
→ 원래 미급품이나 무역의 문제는 1대관 소관이다. 관사가 직무를 집행할 수 없었기 때문은 아니다. 아울러 히로세나오유키[廣瀨直行]는 1대관 카이즈모타로[海津茂太郎], 2대관 하루다초쥬로[春田長十郎]가 강제 귀국을 당하고 난 후 그 후임으로 1대관이 되었다.

6) 238쪽 별차와 1대관(廣瀨直行)의 대화 내용으로 소개된 부분은 별차와 1대관의 대화가 아니라 9월 16일 훈도와 관수의 대화 내용이다. 동래부 계록에 자세하다.

7) 「동래부사에게 상신하여 9월 16일부터 철공철시를 단행했다」고 하고 주16)을 달았는데,(238쪽)
→ 『동래부계록』9월 20일자에 철공철시를 단행했다는 기록은 없다. 원본에 없는 내용을 주를 왜 달았는지 의아하다.

8) 「표류민 13명이 왜관에서 도망치는 사건이 … 왜관에서는 그 유류물품을 통사에게 전달하는 정도로 그쳤다. 이것은 작은 사건에 불과하였지만 조선관헌의 비우호적 행위로 일본 정부의 감정을 크게 해친 것은 사실이다.」(241쪽)
→ 유류물품을 통사에게 준 것은 왜관이 아니라 조선이다. 이 사건에 대한 잘못된 이해가 보인다. 즉 표민이 조난자와 함께 도망한 것은 1873년 1월 20(양력2월 17일)일의 일이고, 조선이 표민을 검거하였다고 왜관에 알린 것은 2월 14(양력3.15)일로, 동래부는 표민의 유류물품을 왜관에 인계하고 있다. 이 사건의 전말은 다음과 같다. 1873년 1월 3명의 표류민이 송환되었지만, 왜관은 표류민을 조선에 인계하지 않고 훈

도의 입관을 요청하였다. 훈도는 표민 순부 서계가 없으므로 입관할 필요가 없으니, 그냥 수문장에게 넘기라고 하였다. 결국 표민들이 왜관에 체류하는 시간이 길어졌다. 마침 왜관 선창 부근에서 어선이 전복되는 사고가 발생하였고 왜관의 일본인 관리가 이들을 구조하여 표류민과 함께 왜관에 보호하였다. 동래부는 조난자는 즉시 동래부로 이관하도록 왜관에 요청하였지만 왜관은 훈도가 입관하여야 한다고 고집을 부렸다. 결국 표류민과 조난자들이 왜관을 탈출하는 사태가 발생하였다. 이후 왜관의 외무 관리들은 아무런 접대를 요구하지 않고 선창에서 바로 소통사에게 표민을 인계하고 소통사는 훈도를 대신하여 표민 인수증을 써 주는 형태로 무상송환이 시작되었다. 이 사건으로 일본정부의 감정이 크게 상하였다는 것도 사실이 아니다.

9) 「히로츠가 (73년) 4월 1일에 부임하여 초량공관을 관할하는 임무를 맡았다. 이는 왜관의 완전한 접수를 의미하였다」

→ 지나친 의미부여이다. 이미 왜관은 72년 9월 이후 외무성이 관리하고 있었다. 특히 표류민을 송환하였을 때, 동래부가 이를 받아들임으로써 왜관의 외무성 관리들은 일정한 지위를 확보한 것으로 간주하였다. 조선은 일본의 폐번치현의 소식을 잘 알고 있었다. 다만 일본의 쓰시마 지방관과 동래부의 관계를 설정하고자 의도하였음은 확인할 수 있어서, 대화의 상대가 외무성이냐 쓰시마 지방관이냐의 가변성을 두고 신중하게 추이를 보고 있었던 것으로 보인다.

Ⅵ. 제13절 외무성 시찰원의 파견, 통사 우라세의 시안

다보하시는 제5장을 따로 설정하여 시기를 거슬러 올라가 「일한교섭의 停頓」을 두어 조선의 책임을 추급하려고 하였다. 시대를 거슬러 1870년대의 상황으로 돌아가 보자.

앞서 언급한 바와 같이 1869년 11월을 기점으로 대마주는 일본에서 한일

관계의 담당권을 회복하고 12월에 들면서 세견1선과 2선(3선 겸대)을 보내었는데, 圖書는 이상이 없으나 路引과 서계에 대마도주의 명칭을 「좌근위소장 평조신 의달」이라고 기재되어서 개수를 명령하였었다. 훈도와 동래부사는 좌근위소장은 받아들일 수 있으나 '평조신의달'은 받아들일 수 없다고 장계를 올렸고, 예조에서도 동의하여 그 뜻을 12월 13일 내려보낸 것은 이미 살펴본 바와 같다. 1870(경오)년에 들어서서도 이러한 상황은 당분간 계속된다. 즉 1월 13일 이정암선(4-17선 겸대)과 2월 23일 3특송사선, 3월 11일 만송원선이 위격인 노인과 서계를 가지고 입항하고 있다. 이에 3월 동래부사의 강력한 경고 서한이 발송된다.이에 따라서 대마주는 4월 9일 비선을 통해 강진표민순부, 공작미연한청퇴, 및 기사조 1,2,3선, 이정암선, 4-17선 수정서계별폭 지참한 비선을 보내어 모든 문제를 해결하였다. 이로 말미암아 위 세견선에 대한 접대가 이루어지고, 이 때 막부가 멸망하였으므로 지금까지 사용하지 않았던 '康'자와 '慶'자를 사용함을 허락하고 있는 모습에서 동래부가 막부의 멸망을 인정하고 메이지 정부의 수립을 승인하는 모습도 읽을 수 있다.

1870년 5월 3일, 이양선이 나타나 초탐장 두모포만호와 부산진 제2전선장이 출동하여 막았다. 그러나 이양선(헤르타호)는 이들의 제지를 뚫고 왜관에 정박한다. 이에 중군(정한봉), 별포수별장(문헌주) 등이 정예병을 이끌고 나아가고, 동래부사도 출동하여 전쟁 직전의 상태에 이른다. 마침, 조선이 잘 아는 일본인(나카노 교타로)이 동승하고 있음을 발견하고 왜관에 문책을 하였고, 왜관 관수가 헤르타호로 가서 퇴거요구를 하여 헤르타호는 즉시 다음날 도주(퇴거)하였다. 이리하여 별 문제 없이 해결이 되었다. 나카노(中野許太郎)는 1864년에 왜관의 勤番通詞 助勤을, 1866년에는 町代官을 담당하는 등 오랫동안 왜관에 봉직하고 있었다. 메이지 정부의 성립을 전후로 하여 나가사키로 이주하여 그곳에서 통역의 일을 담당하고 있었다.

그 직후 5월 6일에는 우라세[浦瀬]가 도착하여 훈도와 면담을 하고, 양국

정부가 서로 대등한 敵主를 두고 서한에 황, 칙 등의 문자를 쓰지 않고 완전한 等對의 교제를 원한다면 받아들일 수 있다고 훈도와 합의를 하고 출발하였다. 이는 이와쿠라사절단이 유럽으로 출발하게 되었을 경우를 전제로한 오시마의 계획이었다. 그런데 이 사실이 왜관에 알려지자, 대관소의 상인들이 들고 일어났다. 결국 이는 대마 상인들을 배제한다는 전제하의 합의였기 때문이었다. 그들은 훈도가 합의를 해 준 것이 우라세의 전쟁의 위험을 앞세운 전술 때문이라고 주장하였다. 당시 대마주와 왜관의 관리들은 우라세의 합의를 배척하였고, 관수는 우라세를 징계하기에 이른다. 따라서 이 합의는 특별한 의미를 갖지 못하고 소멸되었다.

이러한 상황은 외무성에 보고되어 윤10월, 관수 番縫殿介는 세견선 무역을 계속하였다는 질책을 받아 관수에서 해임된다. 외무성은 대마주에 대한 의심을 더욱 하게 되고, 그해 11월 3일, 요시오카, 모리야마, 히로츠 등의 외무관리들이 다시 파견되었을 때 우라세는 입장이 난처해서인가 동행을 고사하였지만 결국 복직하여 그들과 함께 다시 來韓하게 된다.

여기에서 田保橋潔의 결정적인 오류는

1) 「그런데 그 때 우라세 히로시와 안동준이 예상하지 못한 사건이 발생하여 타협시안은 수포로 돌아갔다」(252쪽)라는 부분이다.

→ 5월 13일의 타협시안이 5월 3일의 헤르타호 정박으로 말미암아 수포로 돌아갔다는 해석은 이해 불가하다. 왜냐하면 독일함대가 정박했다가 떠난 이후 우라세가 도착하여 회담이 이루어졌기 때문이다. 연표를 통해서도 확인 가능하다. 순서상 우라세와의 회담이 독일함대의 출현으로 지장을 받았다는 것은 있을 수 없다. 그럼에도 이러한 근거 없는 인식은 이 책을 통해 꾸준히 복선으로 등장한다.

Ⅶ. 제14절 「외무성 파견원의 직접 교섭」(257-272쪽)

1871년 1월, 외무성 관리들은 안동준-浦瀨의 합의에 기초하여 예조에 보내는 외무경의 서한과, 동래부사와 부산첨사에게 보내는 외무대승의 서계를 가지고 건너왔고, 이 사실은 다시금 왜관 내에 동요를 일으켰다. 대관소를 중심으로한 왜관의 대마도 상인들은 조선과 외무성이 직접 교섭을 하게 되면 대마도의 무역권은 박탈당할 것이라고 파악하였기 때문에 이들과 대립하였다. 이때 외무성 관원과 함께 온 浦瀨도 대관소를 지지하였음은 주목된다[3].

이러한 상황에서 동래부와 훈도는 어떻게 문제를 해결하려고 하였을까. 당연히 그들은 어려운 상황에 빠진 대마주 상인들에게 힘을 실어주기로 판단하였다. 1871년 1월, 훈도는 앞으로 모든 일은 대마도를 통해서 응접할 것이라고 말하고, 대마번 이외의 인사들과는 회담하지 않겠다고 회담을 거부하였던 것이다.

외교의 개혁을 도모하고 있는 외무성과 무역의 이권을 유지하려는 대마주의 알력 속에서 훈도가 대마도를 통하지 않고서는 접대하지 않겠다고 명확하게 선언한 것은 대마주의 외교적 승리로 간주되어 대마도의 관리와 상인들이 화합하게 되었고[4], 한편 훈도는 더욱 효과적으로 대마 상인들을 통제할 수 있게 되었다. 세견선이 꾸준히 들어와 공무역이 진행되고 또한 표류민 송환이 이루어지고 있음은 두말할 나위가 없다.

3월 동래부는 외무성 관원이 왜관에 온 전례가 없고 따라서 외무성 관원을 면접할 수 없다는 서한을 대마주에 발송하였고 이 서한은 8월 외무성에 도달하게 된다. 동래부의 외교 감각은 예조-동래부-훈도 : 관수-대마주-외무성이 대칭으로 격을 맞추는 것이었다고 생각된다.

---

3) 花房의 복명 보고
4) 花房의 복명 보고에도 이 사실이 적시되어 있다.

田保橋潔은 이 절에서 1870년 11월 왜관에 들어온 외무관원들과의 교섭에 대해 서술하고 있다. 그런데 오해가 많다. 검토해 보자.

1) 「이 타협시안이 메이지3(1870)년 5월 독일군함의 입항으로 인하여 자연 소멸된데 …」(257쪽)
→ 안동준과 浦瀨 사이의 시안이다. 독일군함 입항 이후에 타협시안이 만들어졌음은 이미 살펴본 사항이다. 이 시안이 효력을 잃게 되는 것은 왜관의 상인들이 반발 하였기 때문이다. 독일군함의 입항과는 아무런 관련이 없다.

2) 「왜관 관수 深見는 이 서계를 동래부사에게 전달하려고 했지만 훈도 안동준은 말을 이리저리 회피하면서 응하지 않았다」(264쪽)
→ 표현의 문제가 있다. 관수 深見는 1871년 1월에 새로 부임해 왔다. 서계 전달에는 하선연과 봉진연 등 연회의 문제가 있다. 무엇보다 대마 상인들의 요구가 서계를 수리하지 않게 되는 배경이었음이 누락되어 있다. 마치 왜관의 대마상인들과 외무성 관료는 일체가 되어 행동하는데, 훈도와 동래부는 대마도 무사들만 상대하겠다는 형태는 상식적이 아니다. 오히려 대마상인과 동래부가 하나가 되고 외무성 관료들이 왕따당하는 모습이 더 사실적이다.

3) 「(1871년) 7월 29일 훈도 안동준이 갑자기 왜관에 내려와서는 …서계를 받아갔다」(265쪽)
→ 갑자기가 아니다. 1871년 폐번치현이 이루어졌다는 소식이 전해졌기 때문이다.

4) 「다만 소씨가 좌근위소장으로 가질된 것을 인정한 사실 만큼은 주의를 요하는 대목이다」(265쪽)
→ 이것을 인정하자고 한 것은 1870년 4월의 장계이고 7월에 이를 허락하였으니 이미 1년 전의 일이며, 이후의 모든 세견선은 이미 좌근위소장의 직책을 사용하였다. 즉 사용한 지 1년이 지난 상황인데 지금 주

의를 요한다는 것은 뒷북이다.

5) 「부산 왜관에서의 체재기간이 10개월에 달하자… 그때 이외의 사건이 발생」(266쪽)

→ 신미양요의 설명을 또 시기를 도치시켜서 함. 10개월에 달한 시점은 1871년 9월이다. 신미양요는 1871년 4월이다. 시기 관념이 부족하다.

6) 「오히려 이 기회를 이용하여 원년12월 이해의 현안인 대수대차사 서계의 개찬 봉납을 독촉」(268쪽)

→ 사료와 일치하지 않는다. 田保橋潔은 모든 것을 대수대차사 서계와 연결지어 설명하고 있다. 하지만 상황은 계속 변화하고 있음이 사실이다.

Ⅷ. 제15절 「일한교섭의 정돈」

1871년 8월, 관수가 외무성 관원이 종씨의 서한을 가지고 올 것이라고 훈도에게 알리자 훈도와 동래부는 이를 받아들여 바로 예조에 보고하고 있다[5]. 8월에 예고된 외무관원은 다음해 1872년 1월에 差使를 대동하고 화륜선으로 왜관에 도착 입항하였다[6].

외무관원들은 대수대차사 樋口를 귀국시켰다. 그리고 자기들만의 7인 위원회를 조직하여 조선과의 회담에 임하고 대마도 사족을 배제하였다. 이는 대관소에 대한 강한 불신의 표현이었고 대마도 상인들과 조선의 임역이 연

---

5) 『동래부계록』8, 1871년 8월 24일조. 節呈訓導安東晙別差李泌基等手本內 館守倭請見卑職等而言曰 弊邦外務省使員持島主所呈東萊釜山了書契一度 前者飛船便順付出來卽爲捧納亦爲乎等 以取見書契辭意則句語字畵旣無可拘可退之端故捧上上送事手本據同書契一度監封上送于該曹爲白乎旀

6) 1872년 화륜선 입항과정에 대해서는 졸고 「부산지역의 해안 방어와 1872년 화륜선 입항」(미발표)에서 자세히 언급하였다.

대하지 못하려는 의도였다. 差使는 관례대로 접대를 받았으며, 6차에 걸친 회담 끝에 외무관원이 폐번치현과 청일수호조규의 체결을 알리는 종씨의 서한을 제출하자, 3월 20일, 훈도와 동래부는 이를 받아들여 예조에 보고하고 있다[7]. 막부의 멸망과 메이지 정부의 성립은 알고 있었지만, 청일수호조규의 체결 소식은 중대한 정보였을 것이고 동래부 전체에 알려졌을 것이다.

하지만, 새로운 조약이 맺어지기 전까지는 대마도를 경유한 외교와 무역, 그리고 표류민 송환 체제를 유지하고자 한 것이 동래부의 계획이었다. 이러한 동래부의 계획은 당연히 무역 독점권을 잃지 않으려고 하였던 대마도의 상인들의 요청과도 깊은 관련이 있었다. 1872년 3월 4일 대마도 상인을 통해 대포 3좌, 포탄 300발, 조총 25자루, 화약 2500근, 환도 30자루를 구입한 것[8]은 대마 상인들을 포섭하는 효과가 있었을 것이며, 대마주를 한일간의 완충지대로 삼고자 하였던 동래부의 의도를 보여준다. 또한 이들이 고의로 울산에 표착하여 왜관에 입항하지 않고 바로 대마도로 귀국하는 모습에서 왜관 내 외무성 관리의 눈을 두려워하는 모습도 파악하였을 것이다.

田保橋潔은 이 절에서 71년 7월부터 72년 3월까지의 상황을 설명한다. 여기서 지적해야 할 점들은 다음과 같다.

1) 「모리야마, 히로츠 두 외무관리의 도한 … 성공가능성이 더욱 희박해

---

7) 이 날이 6차 회담이다. 이 과정은 「應接書類」(부산 시민도서관 소장, 한국학전자도서관 제공)에 자세하다. 대화의 중심은 館守 후카미가 차사 사가라를 내세우고 통사 히로세와 우라세를 동석시킨 형태로 진행되었다. 요시오카, 모리야마, 히로츠는 전면에 나서지 않고 쓰시마 출신 외무 관료들을 전면에 내세워 회담을 진행시키고 있다. 당시 최고 책임자는 요시오카[吉岡弘毅]였으므로 그의 책임하에 기록되었다고 보인다. 1월 18일부터 5월 12일까지의 교섭이 기록되어 있다. 한편 田保橋潔은 일관되게 동래부의 접대가 무례하였다는 것을 반복하고 있으나 동래부의 접대는 규정대로 착실히 진행되고 있었음은 물론이다. 접대에 흠이 없어야 상대방의 무례를 거절할 수 있다는 인식을 읽을 수 있다.

8) 『동래부계록8』

졌다. 첫 번째는 기선에 편승하여 왔기 때문…」(280쪽)

→ 기선을 타고 온 것은 부수적인 사항이다. 논점을 흐리고 있다.

2) 「만슈마루가 부산에 입항하기 전에 관수는…가까운 시일 내에 …그 배의 외형 등을 그림으로 상세히 보여주었다」(281쪽)

→ 滿珠丸이 입항하였을 때, 관수는 모르는 일이라고 잡아떼고 있다. 그리고 위 사항의 일부는 滿珠丸이 입항하였을 때 문정시의 관수의 대답이다. 미리 그 배의 외형등을 그림으로 상세히 보여주었다는 말은 어불성설이다. 어떤 배를 빌려 올 것인지 관수가 어떻게 안다는 말인가.

3) 281쪽 이후의 기술은 오류이다. 특히 「일체의 교섭을 거부했다…」(282쪽)

→ 조선의 비우호적인 모습을 강조하고 있다. 하지만 1월에서 시작하여 6차례나 교섭을 하고 있으며, 3월 20일에는 서한을 수리하고 있음이 역사적 사실이다. 조선의 외교 능력을 전혀 이해하지 못하고 있다. 또한 그 후에도 계속 교섭이 이루어지고 있다. (교섭에 대해서는 『응접류서』『응접서』가 있음).

Ⅸ. 제16절 「차사 相良의 동래부 난입」

3월 20일 청일수호조규의 조약문과 폐번치현을 알리는 종의달의 서한을 조정에 보고한 훈도가 대구 감영으로 서울로 직접 다니며 상황을 보고하고 있었음은 외무관원을 접대할 것인가 말 것인가의 탐색이었다.

5월의 난출은, 서한을 받은 이상, 동래부사가 외무관원을 면접해야 한다는 요구였다. 동래부에서도 의견이 분분하였을 것이다. 대구에서 돌아온 훈도는 난출을 허락하고 守門將과 設門將에게 명하여 문을 열어주고 있다. 동래부도 처음 외무관원의 접대를 허용하는 첫 단계로 차사를 면접할 준비를 하여 동래부사 면담시의 복장 문제를 논의하기도 하였다. 그러나 통사 최재수가 1대관 海津을 비롯한 대관소의 사람들에게 자문을 구한 결과 대마도 상인들은 기존의 무역권을 내세워 면접에 반대하였다. 그들은 아마 외무관원들의 함구령(대마도인 배제)에 대한 반발도 있었을 것이다. 결국 동래부의 의견은 바뀌어 대마도 상인들의 의견을 받아들이고 종래대로의 관계를 당분간 유지하는 것이 좋겠다고 판단, 차사의 면접을 거절한다. 그리고는 동래부사와 훈도가 난출을 막지 못하였던 것에 대해 대죄를 청함으로 교섭을 중지하게 된다.

田保橋潔은 이 절에서 위의 상황을 설명한다. 그런데 역시 당당한 대마도의 관리들과 비겁하고 나태한 조선의 임역을 묘사하고 있음은 불편하다. 거기다 훈도 안동준이 상을 당하였음에도 불구하고 除服을 명받고 다시 내려오는 상황까지도 폄하하고 있다. 조선이 얼마나 이 상황을 중시하고 있었는지 田保橋潔은 전혀 이해하지 않으려고 하는 것이다. 또한 차사가 훈도에게 명령을 하는 모습을 그리고 있다. 무엇보다 난출의 의도에 대해 묘한 해석을 하고 있음은 지적하지 않을 수 없다. 즉

1) 「난출로 인하여 동래부사와 부산첨사는 직분을 다하지 못해 의금부에 나문 감률되고 훈도와 별차는 엄곤징치된 후에 체차되어 부사 이하 새로운 담당관이 새로 부임하는 것을 기다려 국면이 호전되는 것을 기대했을 것이다.」(300쪽)
→ 말도 안 되는 해석이다. 대화 상대방이 상처를 받으면 교섭은 종료되는 것이다. 기본적인 교섭의 개념도 없이 역사를 바라보고 있는 것은 아닌가.

2) 「관왜 난출을 통해 동래부사의 책임문제를 야기하려고 한 최후의 방법」
→ 근거없는 해석, 田保橋潔의 역사를 바라보는 시각의 문제. 난출을 통해 회담을 성사시키려고 했었으며 실제로 성사 직전의 단계에 이르렀다.

3) 구 대마 관리들은 일한관계의 쇄신에 대해 완전히 절망하지 않을 수 없었다.(300쪽)

→ 대마도의 상인과 관리들은 외무 관원이 동래부와 직접 교섭하는 것을 두려워하였고 반대하였다. 그래서 난출이 실패한 것이다. 마치 대마도의 관리들이 혼신의 힘을 다해 메이지 정부의 성립을 알리고자 하였다는 서술이지만, 사실은 기존의 관계와 기득이권을 유지하고자 하였기 때문에 조선의 임역들과 같은 이해관계를 갖는다.따라서 오류이다[9].

X. 맺음말

5월 난출이 실패한 이후, 요시오카, 모리야마, 히로츠 등 외무성 관리들과 差使 사가라도 돌아가 버렸기 때문에, 왜관에는 대마도인들만 남게 되었다. 남아있는 왜관 대관소의 상인들과 동래의 商賈들은 3년간은 지금 그대로 무역을 유지해야 한다고 합의하였고, 동래부사도 새로운 조약이 맺어지기에는 3년이라는 시간이 필요하다고 판단하였던 것 같다. 동래부사는 난출을 단행한 왜관 관수 深見에 대한 접대를 3개월간 중지하고, 1대관으로 하여금 관수를 대신하도록 조치하는 등 왜관에 대한 통제를 더욱 강화하였다. 대관소의 상인들은 조선과의 독점적 무역을 유지하기 위해 모두 조선의 주장에 동조하여 館守의 명령을 듣지 않았고 館守 후카미는 조선으로도 대접을 받지 못하고 대마 상인들로부터도 무시당하는 입장이 되어 외무성에 어려움을 호소하고 있다.

이 상황을 심각하게 받아들인 외무성은 하나부사의 출장을 명령하였고,

---

9) 花房義質의 복명보고에도 「차사 欄出하였을 때 처음 호의적으로 대우하여 면담시 복장문제를 논의하기도 하여 부사면담시 편복 가능하다고 하여 면담이 이루어지는 듯 보였으나, 최재수 대관소에 질의하였을 때, 대마상인들이 대관소는 관계 없다고 정경분리를 주장하여 결국 동래부사가 거절하기에 이르렀다」고 기술하고 있다.

9월 하나부사는 마지막 세견선인 신미조 2특송선에 표류민을 탑승시켜 동행시키고 화륜선 2척으로 왜관에 입항하였다[10]. 하나부사는 대마도의 주선에 대해 비판적이었고, 세견무역을 폐지하기 위해서는 대관소에서 대마 상인들을 귀국시킬 수밖에 없고, 조선을 설득시키는 데에는 대마도와 대마도 상인들이 오히려 방해가 된다고 인식하였다. 또한 대마도 상인들의 말과는 달리, 代官所에서 대마 상인들을 귀국시킨다고 해서 조선이 왜관을 폐쇄하지는 않을 것이라는 희망적인 판단도 있었다. 따라서 그는 1대관에게 명하여 대마도가 조선에 지급해야 할 물품을 지급하도록 제안하여 무역의 유지와 외교적 단절 상황을 피하고, 표류민을 송환함으로 우호 지속을 표현하였던 것이다. 또한 조선이 준 圖書를 사용한 路引을 소지함으로 조선의 국법을 준수하는 모습을 보이는 것도 잊지 않았다. 하지만 이로 말미암아 대관소가 폐지되었고 세견선이 중지되었으며 서계를 보내지 않게 되었으므로, 기유약조 체제는 붕괴하였다.

물론 이 조치는 물론 조선과의 협의에 의한 것이 아니었기 때문에 동래부의 당혹감과 외교적 결례에 대한 불쾌감은 상당하였을 것이다. 동래부로서는 일방적인 약조 파기를 문제 삼아 왜관을 폐쇄하고 대마인 이외의 일본인들을 쫓아내거나, 새로운 조약을 맺어 교섭의 상대로 외무관원을 선택하여야 하였다. 하지만, 어느 것이나 쉬운 선택은 아니었다. 기유약조의 취지와 기존의 관례 즉 대마주 이외의 일본인의 허접을 금한다는 원칙에 따라 왜관을 폐쇄하고 일본인을 쫓아내는 것은 단교를 의미하며, 중앙의 명령 없이 단행할 수 있는 행동은 아니었고 일본과의 외교·무역을 담당해 왔던 동래부 존재의 의의를 스스로 허무는 일이 될 터였다. 게다가 무역의 필요성과 표류민을 받아들이는 창구가 필요하였음은 현실적으로 왜관을 폐쇄할 수 없는 중요한 이유가 되었다. 그렇다고 새로운 조약을 맺는 것 역시 동래

10) 1872년 화륜선 입항과정에 대해서는 졸고 「부산지역의 해안 방어와 1872년 화륜선 입항」에서 자세히 언급하였다.

부가 결정할 사항이 아니었다. 결국 동래부는 현재의 상황을 중앙에 보고하고, 중앙정부의 지시에 따라 원칙적인 행동을 할 수밖에 없었을 터였다.

당시 동래부로서는 일본 외무성에 의해 조약이 무시된 상황에서 전쟁의 위기를 관리해 나가는 어려운 상황에 처하게 되었다. 대마인 퇴거 이후, 외무성 관리의 주재를 묵인하면서 이루어지는 표류민 송환과 무역, 그리고 외교적 접촉은 어떠하였을까. 그리고 왜관에 대한 관리와 통제는 어떠하였을까. 이 부분 역시 재검토가 필요하며 연구자들의 검토를 기다리는 과제이다.

2015.8 (『한일관계사연구51』)

제3부

개국을 향한 길

제1장 기유약조 붕괴 이후의 倭館

I. 머리말

1872년 9월, 조선과의 외교 및 무역을 중앙 정부가 장악하기 위해서 하나부사[花房義質]는 舊對馬州 부채를 처리하고 왜관으로 건너가 왜관에 있었던 대마도 상인(대관소 상인)들을 귀국 조치시켰다. 이때 입항을 위해 동행하였던 신미조 2특송선이 마지막 세견선이 되었으며, 이 배로 송환해 온 표류민이 표민순부 서계 없이 들어온 첫 송환 사례가 됨은 주목된다.

이 조치는 물론 조선과의 협의에 의한 것이 아니었기 때문에 동래부의 당혹감과 외교적 결례에 대한 불쾌감은 상당하였을 것이다. 동래부로서는 일방적인 약조 파기를 문제 삼아 왜관을 폐쇄하고 대마인 이외의 일본인들을 쫓아내거나, 새로운 조약을 맺어 교섭의 상대로 외무관원을 선택하여야 하였다. 하지만, 어느 것이나 쉬운 선택은 아니었다. 기유약조의 취지와 기존의 관례 즉 대마주 이외의 일본인의 허접을 금한다는 원칙에 따라 왜관을 폐쇄하고 일본인을 쫓아내는 것은 단교를 의미하며, 중앙의 명령 없이 단행할 수 있는 행동은 아니었고 일본과의 외교·무역을 담당해 왔던 동래부 존재의 의의를 스스로 허무는 일이 될 터였다. 게다가 무역의 필요성과 표류민을 받아들이는 창구가 필요하였음은 현실적으로 왜관을 폐쇄할 수 없는 중요한 이유가 되었다. 그렇다고 새로운 조약을 맺는 것 역시 동래부가 결정할 사항이 아니었다. 결국 동래부는 현재의 상황을 중앙에 보고하고, 중앙정부의 지시에 따라 원칙적인 행동을 할 수밖에 없었을 터였다.

일본 외무성은 하나부사의 입항을 기점으로 세견선 파견을 엄격하게 통제하였고 대관소를 폐쇄하였기 때문에 이로 말미암아 기존의 공무역은 단절되었다. 세견선이 없으므로 매년 마련하였던 공목665동45필과 공작미 13,333석은 판매처를 잃었다[1]. 뿐만 아니라 세견선, 표류민 송환선, 差倭가 올 때 마다 행하였던 기본적으로 4차례의 宴享[2]과 그들이 머무르는 동안 지급하였던 料米를 비롯한 비용 등도 용도를 잃었다[3].

이러한 상황은 일본이 새로운 조약을 맺기 전에 기유약조 체제를 일방적으로 파기하였던 것에서 유래한다. 당시 동래부로서는 일본 외무성에 의해 조약이 무시된 상황에서 전쟁의 위기를 관리해 나가는 어려운 상황에 처하게 되었다.

대마인 퇴거 이후, 외무성 관리의 주재를 묵인하면서 이루어지는 표류민 송환과 무역, 그리고 외교적 접촉은 어떠하였을까. 그리고 왜관에 대한 관리와 통제는 어떠하였을까. 본 논문의 기본적인 관심은 여기에 있다.

본 발표는 제Ⅱ장에서 대마도인 퇴거의 과정에 대해 살펴보고자 한다. 이를 통해 여태까지 일본정부의 행동을 정당해 온 일본측 사료와 기존의 연구를 탈피하여, 한일 양국의 외교적 갈등을 객관적으로 고찰함과 동시에 당시 메이지 정부의 외교적 책임을 추궁할 수 있을 것이다. 제Ⅲ장에서는 동래부의 왜관 관리 모습과 군사훈련의 모습을 살펴볼 것이다. 이는 기존의 연구에서는 의도적으로 무시해 왔던 부분이지만 이러한 군사 훈련이 메이지 정부로 하여금 섣부른 침략 전쟁을 주저하게 만들었던 것도 사실임을

---

1) 참고로 1871년 말에는 미급공목 187동 4필 14척, 미급 공작미 3,533석5두였고 이를 1872년에 다 지급하였다. 1872년 말에는 임신조 8송사가 진상하지 않았으므로 먼저 준(선위입급) 공목과 공작미를 제외한 공목 557동 4필 17척과 공작미 11,333석5두가 남았다.(『동래부계록』12월 30) 참고로 공목과 공작미는 書契色에서 담당한다.(『동래부사례』 22書契色)

2) 하선다례(서계봉상), 하선연(진헌물 봉상), 예단다례(회답서 전급), 상선연(귀환시), 과 종류에 따라 路引宴, 別宴도 있다.

3) 여기에 대한 비용에 관해서는 『동래부사례』 25왜관, 26釜倉色에 자세히 설명되어 있다.

부각할 수 있을 것이다. 제Ⅳ장에서는 표류민 송환의 변화를, 그리고 제Ⅴ
장에서는 무역의 변화를 살펴보고자 한다.

Ⅱ. 대마도인 퇴거 과정

왜관에서 대관소의 인원들이 강제 철수된 의미는 무엇일까. 일본 정부의
입장에서 보았을 때, 이는 막부말기 이래 추진되었던 외교 일원화의 필요성
에 의한 것4)으로, 1862년 移封運動을 통해 논의되기 시작하여 메이지 정부
의 성립 이후 폐번치현과 대마주 처리를 통해 강하게 추진되었던 것이었다.
조선의 입장에서 보았을 때, 새로운 조약을 맺지 못하고 기유약조의 주체인
대마주가 소멸한 것이며 세견선이 철폐됨으로써 공무역이 정지되는 상황이
전개된 것이어서 일방적으로 기유약조를 파기당한 모습이다.

동래부로서도 그 동안의 과정을 통해 어느 정도는 예상하였지만 그렇게
빨리 일방적으로 무례하게 처리하지는 못할 것으로 생각하였던 것 같다. 아
마 그간의 교섭 과정에서 대마주가 정권이 바뀌었지만 자기들이 계속해서
무역에 종사할 것이라고 주장하였기 때문으로 생각된다. 객관적으로 보아
도 대마도가 지구상에서 사라져버린 것이 아닌 이상 폐번치현으로 대마태
수가 없어졌다하더라도 대화와 타협에 의해 대마도의 지방관이 대마주 태
수의 역할을 담당할 수 있을 것을 예상하였던 것으로 추측된다.

대마도인 퇴거 과정에 대한 기존의 연구는 일본의 입장에서 일본 정부의
행동을 정당화하기 위해 일본 사료에 의한 일면적인 고찰이어서 상당한 억
지와 오류가 있다. 기존의 연구를 재검토하는 데에 『동래부계록』과 『館守
每日記』가 많은 도움이 되었음을 언급해 둔다.

---

4) 중앙 정부의 외교권 장악에 대해서는 졸고 「막말·명치초 대마번 처리에 대한 고찰」(졸저
『19세기 후반의 대마주와 한일관계』 2부1장, 2003년 국학자료원)을 참고바란다

1868년 12월 19일, 대수대차사 히구치데츠시로[樋口鐵四郎]가 부산에 도착한다. 그는 애초에 막부장군 요시노부의 습직을 조선에 알리는 관백사위고지 대차사로 임명되어 있었다가 급히 왕정복고를 알리는 대수대차사로 파견된 것이었다. 막부의 멸망과 메이지 정부의 성립을 알리는 것도 쉬운 일이 아닐 터였다. 왜냐하면 그 전해인 1867년 막부의 사절 파견을 배경으로 교역의 확대를 주장하였던 전력5)이 있기 때문에 바로 막부가 망하였다고 메이지 정부에 충성을 맹세하는 모습은 스스로 생각해도 껄끄러울 터이었다. 게다가 조선이 거부할 것이 뻔한 信印사용과 조선의 지배에서 벗어나는 어려운 교섭을 부여받았다. 이는 결코 강하게 교섭할 수 있는 상황이 아니었다. 더구나 현실적으로 조선과의 교역을 통해 명맥을 이어가는 대마주로서는 조선의 노여움을 사서 무역이 정지되는 일은 반드시 피해야 하는 일이었다. 따라서 대차사의 활동은 매우 신중하였을 것임은 충분히 예상된다. 그래서 그 해 12월에는 특별한 접촉이 없었다6).

해가 바뀌어 1월 1일 관례적으로 훈도가 왜관을 점검하고 1월 3일에는 부래부사와 부산첨사가 군관(哨官)을 보내어 새해 축하와 관수를 위로7)하고, 館守는 호위무사(若黨)를 성신당에 보내 동래부사와 훈도·별차에게 새

---

5) 강신대차사(仁位孫一郎)의 활동이 그것이다. 또한 그 후에도 立儲대차사(島雄益城), 大計대차사(村岡相模)가 연이어 도착하고 大計대차사 봉진연이 1868년 2월 26일, 회답서계 전달(예단다례)이 3월 18일이었다.

6) 田保橋潔은 다음과 같은 결정적인 오류를 범하고 있다. 첫째는 1868년 12월에 훈도가 대수대차사를 거부하였다고 하면서 그 증거로 1869년 12월의 이야기를 기록하고 있는 것, 둘째는 마치 대수대차사가 주도권을 잡은 것처럼 훈도를 질책하고 심지어는 훈도를 감금하기도 하며 훈도는 이리저리 병을 핑계로 피하는 모습으로 묘사하는 것, 셋째는 또한 재판서계와 대차사 서계를 다른 것으로 설명하고 있는 것, 넷째는 대마도의 간전관(통역관)과 훈도를 동격으로 보고 관수를 상급의 지위로 인식하고 있다는 점 등이다. 관수와 훈도는 예법에 따라서 동격이다. 당시는 훈도가 관수와 대차사를 질책하는 상황이었다.

7) 이것이 규정된 관례임은 『동래부사례』33 軍官廳에 「每正月初三日 館守倭問慰以哨官定送事」라 되어 있는 데에서 알 수 있다.

해 인사를 하였다[8]. 그리고 4일, 훈도와 별차가 새해 인사차 왜관에 입관하였고 이때 처음으로 대수대차사와 대면하였고, 1월 6일 임관(훈도와 별차)이 간사관 川本九左衛門이 첫 대면을 하였다고 기록되어 있다[9]. 대차사 樋口는 정월 25일 왕정복고의 사실을 왜관에 알리고 막부의 표찰을 걷어내고 있다[10]. 이 때 대차사가 왕정복고의 사실을 알리고 훈도에게 서계의 수리를 교섭하였던 것 같다.

훈도는 1월 29일 대수대차사 서계 등본을 정부에 보고하였고, 2월 29일 대차사 서계에 관해 서계를 수리하지 말라는 정부의 지시가 내려와 훈도가 이 서계는 수리할 수 없다는 뜻을 전한다. 3월 4일 관수가 이에 불복하는 반박서를 훈도에 제출하였고, 3월 13일 훈도는 대마도를 훈계하는 3개조를 제시하여 대수대차사 서계를 수리할 수 없는 이유를 설명함으로써 외교적으로는 상황이 종료되었다고 파악할 수 있다. 그러나 樋口는 귀국할 수 없었다. 거절당하였다고 깨끗이 물러나면 되는 상황이 아니었기 때문이다. 따라서 일본의 정세 변화에 촉각을 세우며 왜관에 계속 머무르게 되는 것이다.

4월 2일 입항한 제주표민영래선과 무진조 부특송사선이 서계와 노인에 「좌근위소장평조신」이라는 관직과 「平朝臣義達章」이라는 信印을 사용하는 사태가 발생한다[11]. 이 사실은 당연히 예조와 의정부 삼군부에 보고되

---

8) 이 역시 관례임은 『館守毎日記』의 기록을 통해서 알 수 있다.

9) 『관수매일기』 1월 4일, 6일조. 한편, 田保橋潔은 1869년 12월의 대화 내용을 1868년 12월의 대화로 오해하여 기술하고 있어서 주의를 요한다. 살펴본 바와 같이 첫 면담이 다음해 1월임은 주의해 둘 필요가 있다.(전게서 제8절「대수대차사 파견」).

10) 『관수일기』(1월 25일조) 王政御一新に付 從 朝廷被仰出之御旨に依 御國元之儀は御制札御掛改相成候、就夫爰元之儀も此節　御一新之段被及御告知候付、外向之驅引も有之不日御揭示之筈に候間、此迄之御制札取除置候樣可被取計候、以上.
正月 25日 樋口鐵四郎

11) 『동래부계록6』 1869년 4월 4일조.
漂民順付書契別幅 駕船路引 依例呈納是如乙仍于取見則 其前面以左近衛少將對馬守平朝臣書塡其下以平朝臣義達章圖書着來 極涉駿乘大違規例一併退却不捧 改書呈納之意同倭及館守倭處嚴辭責諭而

었고, 동래부는 엄중히 왜관에 경고하고 퇴거시켰다. 이 사실은 동래부로 하여금 대마주를 의심하게 만들었다. 이런 상황에서 5월 13일 일본의 외국 관은 대마주에 위임하였던 외교 사무를 접수하겠다고 대마번에 통고하여, 대마번은 한일 양국 양쪽에서 거부되는 위치로 떨어지게 된다.

6월 9일에는 대구감영에서 군관들이 파견되어 왜관을 시찰하였다. 이는 다분히 군사적인 압력이었다. 위기감을 느껴서인가 6월 19일 왜관에 입항한 기사조 2특송사선 부터는 기존의 圖書와 직함을 사용한 서계와 별폭을 지참하여 평소의 모습으로 회귀하였고 표류민도 관례대로 송환하고 있다[12]. 한편, 東京에서 외무성은 9월 23일, 오시마의 상신에도 불구하고 종씨의 가역파면과 대마주를 매개로 하는 외교관계를 끝내기로 확정한다. 대마주의 위기였다. 對馬州는 혼신의 힘을 다하여 외교전을 전개하였고 특히 10월 사이토가헤(齊藤佳兵衛)의 명의로 항의하고 있다.

한편, 10월 22일 의정부에서는 대수사의 퇴거를 촉구하는 의정부 관문을 동래부로 내려 보냈고 24일 동래부사는 전령으로 이를 알렸다. 이는 최후통첩과 같은 것이었다. 동래부는 10월 28일 동래부 관원을 왜관에 들여 보내어 시찰을 하여 왜관 통제를 강화하는 모습을 보인다. 이 시기가 對馬藩으로서는 고통스러운 시기였을 것이다.

이러한 혼란은 11월에 접어들면서 조금씩 해결의 모습을 보인다. 11월 10일 태정관이 대마번의 항의를 받아들였던 것이다[13]. 이 지령에 따라 왜관은 다시금 활기를 띠게 된다. 표류민 송환도 선례에 따르고 세견선과 무역을 장려하며, 문인(路引)도 그대로 대마도주가 발급하게 된 것은 앞으로

---

12) 『동래부계록6』에 입항 선박이 자세히 보고되고 있다. 한편, 비선의 경우는 여전히 기존의 도서와 직함을 사용한 路引을 지참하고 있어서 上送하고 있다.

13) 그 내용을 보면, 1.대수대차사의 진퇴는 조선의 신의를 잃지 않도록 조치할 것. 2. 표류민 송환은 선례에 따를 것. 3. 세견선은 그대로 둘 것. 4. 왜관 관리는 구례를 따를 것. 5. 조선 무역은 더욱 장려할 것이며, 세견선도 존속시킬 것. 6. 문인(路引)은 옛 관례대로 종씨가 발급할 것 등이었다.

큰 변화가 없다는 것이며 조선과 담판할 수 있는 재량권을 확보한 것으로 파악된다. 또한 조선과의 외교 담당에서 재신임을 받은 것으로 간주되었다. 대마번은 조선에 대해서도 옛날 그대로 외교와 무역을 허락받았음을 알렸다. 기존의 조약을 준수하는 한, 일본에서의 정권 교체는 큰 문제가 아니었을 것이기에 조선으로서도 문제가 해결되었다고 판단하였을 것이다.

그런데, 12월 2일, 당년조 1선, 2선(3선겸대)이 왜관에 입항하였는데 서계의 圖書는 그대로 조선이 준 도장을 사용하고 있지만, 대마도주의 명칭을 '좌근위소장평조신'의 명칭을 고집하여 문제가 된다. 훈도는 이를 척퇴시키고, 의정부와 삼군부에 보고하였다[14]. 이 때 훈도는 메이지 정부의 성립을 기정사실로 보고하고, 좌근위소장의 직위 사용은 허락하되 평조신은 허용하지 않는 것이 좋겠다고 상신하고 圖書는 이전과 변함없이 사용하고 있음을 보고하고 있다. 이렇게 메이지 정부의 성립으로 인한 외교적 충돌은 수습되는 듯이 흘러간다.

그럼에도 불구하고 1870(경오)년에 들어서도 이러한 상황은 계속된다. 즉 1월 13일 입항한 이정암선(4-17겸대), 2월 23일 입항한 3특송선, 3월 11일 입항한 만송원선이 그대로 '좌근위소장평조신'의 이름으로 서계를 가져오는 것이다. 이는 1870년 2월 22일 외무성 관리들이 초량왜관에 도착, 20여 일간 왜관에 머물면서 조사하고 3월 상순에 귀국한 것과 관련이 있다고 생각된다. 물론 그들 외무성 관원의 도한은 대마도의 격렬한 반발 속에서 이

---

14) 관수왜가 말하기를 [폐방에는 이변이 많았으며, 작년 11월에는 明治로 개년하였고, 폐주 태수도 陞資하여 서계와 路人에 좌근위소장 평조신을 칭하였습니다]고 하므로, 일책하기를 서계의 문자는 자기 마음대로 하는 것이 아니므로 전례에 어긋나서 받아들이지 않고 개서할 것을 관수왜 및 정관왜에게 책유하고, 아울러 서계를 고쳐 오도록 책유하였습니다. 도서는 전과 다름이 없었습니다. 또 이번에 대마도주 평의달이 보낸 서계 중에 좌근위소장이라는 것은 혹 可援之例이겠습니다만, 평자 밑에 조신 2자는 일찍이 없었던 대위격이므로 임역들에게 명하여 엄히 책유하도록 하여 속히 개수 정납하도록 하였습니다. 關邊情을 (보고하기 위해) 따로 (서계의) 등본을 의정부 삼군부에 상송합니다.

루어졌다. 「그들이 대마도에서 도한할 즈음에는 그 일행이 승선한 선박에 발포하는 자까지 나타났을 정도였다」[15]라고 파악한 부분은 주목된다.

연속되는 違格의 路引과 書契가 들어오자 조선 조정의 명령을 이행하지 않는 것에 대해 3월 동래부사의 강력한 경고 서한이 발송되었다. 대마주는 4월 9일 비선을 통해 강진표민순부, 공작미연한청퇴, 및 기사조 1,2,3선, 이정암선, 4-17선의 서계와 별폭을 전부 수정한 서계별폭을 지참한 비선을 보내어 조선 조정의 명령에 따른다. 이에 따라서 훈도와 동래부는 표민순부서계를 上送하고, 접위관을 선정해 달라고 요망하고 있다. 이 때 막부가 멸망하였으므로 지금까지 사용하지 않았던 '康'자와 '慶'자를 사용한 서계를 허락하고 있는 모습에서 동래부가 막부의 멸망을 인정하고 메이지 정부의 수립을 승인하는 모습도 읽을 수 있다.

7월 11일에는, 기사조 1선,2선, 3선, 이정암, 4-17선 하선다례가 다음날인 7월 12일에는 영해표민영래차왜(橘廣親), 제주표민영래차왜(平德隣), 공작미청퇴재판차왜(橘幸邑) 하선다례(접위관양산군수)가 설행되었다. 이리하여 메이지 정부의 성립은 동래부와 조정에서 공론이 되었고 8월 7일에는 의정부의 명으로 예조의 지시가 내려와 좌근위소장의 직책을 서계에서 사용할 수 있도록 허락하고 있다.

이에 앞서 5월에 새로운 외교 관계의 모색이 이루어지고 있었음을 언급해 두자. 1870년 5월 3일, 독일군함 헤르타호가 부산항에 정박하였다가 떠난 직후, 浦瀨最助가 도착하여 5월 13일 훈도와 면담한 결과, 양국 정부가 서로 대등한 敵主를 두고 서한에 황, 칙 등의 문자를 쓰지 않고 완전한 等對의 교제를 원한다면 받아들일 수 있다고 기본적인 합의를 하였던 것이다. 그러나 이는 대마 상인들을 배제한다는 전제하의 합의였다. 당시 대마주와 왜관의 관리들은 조선과의 외교 무역을 계속 장악하고 세견선을 보낼 의도

---

15) (『조선교제시말 권1』, 征韓論의 舊談夢 41-42쪽). 이는 옛날 포사드니크호 함장 비릴레프와 회담하기 위해 대마도에 내려온 小栗忠順이 겪었던 상황을 떠올리게 한다.

였기 때문에 우라세의 합의를 배척하였고, 관수는 우라세를 징계하기에 이른다. 따라서 이 합의는 특별한 의미를 갖지 못하고 소멸되었다[16].

이러한 상황은 외무성에 보고되어 윤10월, 관수 番縫殿介는 세견선 무역을 계속하였다는 질책을 받아 관수에서 해임된다. 외무성은 대마주에 대한 의심을 더욱 하게 되고, 그해 11월 3일, 요시오카, 모리야마, 히로츠 등의 외무관리들이 다시 파견되었을 때 우라세는 동행을 고사하였지만 결국 복직하여 그들과 함께 다시 來韓하게 된다.

외무성 관리들은 안동준-浦瀨의 합의에 기초하여 예조에 보내는 외무경의 서한과, 동래부사와 부산첨사에게 보내는 외무대승의 서계를 가지고 건너왔고, 이 사실은 다시금 왜관 내에 동요를 일으켰다. 대관소를 중심으로 한 왜관의 대마도 상인들은 조선과 외무성이 직접 교섭을 하게 되면 대마도의 무역권은 박탈당할 것이라고 파악하였기 때문에 이들과 대립하였다. 이때 浦瀨도 대관소를 지지하였음은 주목된다. 이러한 상황에서 훈도는 어려운 상황에 빠진 대마주 상인들에게 힘을 실어주기로 판단하였다. 1871년 1월, 훈도는 앞으로 모든 일은 대마도를 통해서 응접할 것이라고 말하고, 대마번 이외의 인사들과는 회담하지 않겠다고 회담을 거부하였던 것이다.

외교의 개혁을 도모하고 있는 외무성과 무역의 이권을 유지하려는 대마주의 알력 속에서 훈도가 대마도를 통하지 않고서는 접대하지 않겠다고 명확하게 선언한 것은 대마주의 외교적 승리로 간주되어 대마도의 관리와 상인들이 화합하게 되었고[17], 한편 훈도는 더욱 효과적으로 대마 상인들을

---

16) 田保橋潔은「그런데 그때 우라세와 안동준이 예상하지 못한 사건이 발생해서 타협시안은 수포로 돌아갔다. 5월 3일 입항한 독일군함 헤르타호 사건이 그것이다.」라고 하여 타협시안이 수포로 돌아간 이유를 독일함대의 정박에서 찾고 있다. 하지만 이는 어불성설이다. 왜냐하면 독일함대의 정박이후 우라세가 도착하여 회담이 이루어졌기 때문이다. 순서상 우라세와의 회담이 독일함대의 출현으로 지장을 받았다는 것은 있을 수 없다. 그럼에도 이러한 근거 없는 인식은 일반화되어 있다.
17) 花房의 복명 보고에도 이 사실이 적시되어 있다.

통제할 수 있게 되었다. 세견선이 꾸준히 들어와 공무역이 진행되고 또한 표류민 송환이 이루어지고 있음은 두말할 나위가 없다.

다음해(1871년) 신관수 후카미로쿠로(平正景)가 1월 28일 외무성 관원이 되어서 왜관에 도착하지만 특별한 변화는 보이지 않는다. 3월 동래부는 외무성 관원이 왜관에 온 전례가 없고 따라서 외무성 관원을 면접할 수 없다는 서한을 발송하였고 이 서한은 8월 외무성에 도달하게 된다. 그럼에도 불구하고 8월, 관수가 외무성 관원이 종씨의 서한을 가지고 올 것이라고 훈도에게 알리자 훈도와 동래부는 이를 받아들여 바로 예조에 보고하고 있다[18]. 8월에 예고된 외무관원은 다음해 1872년 1월에 差使를 대동하고 화륜선으로 왜관에 도착 입항하였다[19].

외무관원들은 대수대차사 樋口를 귀국시켰다. 그리고 자기들만의 7인 위원회를 조직하여 조선과의 회담에 임하고 대마도 사족을 배제하였다. 이는 대관소에 대한 강한 불신의 표현이었고 대마도 상인들과 조선의 임역이 연대하지 못하려는 의도였다. 差使는 관례대로 접대를 받았으며, 6차에 걸친 회담 끝에 외무관원이 폐번치현과 청일수호조규의 체결을 알리는 종씨의 서한을 제출하자, 3월 20일, 훈도와 동래부는 이를 받아들여 예조에 보고하고 있다[20]. 막부의 멸망과 메이지 정부의 성립은 알고 있었지만, 청일수호조규

---

18) 『동래부계록』 8, 1871년 8월 24일조.
   節呈訓導安東暶別差李泌基等手本內 館守倭請見卑職等而言曰 弊邦外務省使員持島主所呈東萊釜山了書契一度 前者飛船便順付出來即爲捧納亦爲乎等 以取見書契辭意則句語字畵旣無可拘可退之端故捧上上送事手本據同書契一度監封上送于該曹爲白乎旀

19) 1872년 화륜선 입항과정에 대해서는 졸고 「부산지역의 해안 방어와 1872년 화륜선 입항」(미발표)에서 자세히 언급하였다.

20) 이 날이 6차 회담이다. 이 과정은 「應接書類」(부산 시민도서관 소장, 한국학전자도서관 제공)에 자세하다. 대화의 중심은 館守 후카미가 차사 사가라를 내세우고 통사 히로세와 우라세를 동석시킨 형태로 진행되었다. 요시오카, 모리야마, 히로츠는 전면에 나서지 않고 쓰시마 출신 외무 관료들을 전면에 내세워 회담을 진행시키고 있다. 당시 최고 책임자는 요시오카[吉岡弘毅]였으므로 그의 책임하에 기록되었다고 보인다. 1월 18일부터 5월 12일까지의 교섭이 기록되어 있다. 한편 田保橋潔은

의 체결 소식은 중대한 정보였을 것이고 동래부 전체에 알려졌을 것이다.

하지만, 새로운 조약이 맺어지기 전까지는 일본의 정권 교체에도 불구하고 대마도를 경유한 외교와 무역, 그리고 표류민 송환 체제를 유지하고자 한 것이 동래부의 계획이었다. 이러한 동래부의 계획은 무역 독점권을 잃지 않으려고 하였던 대마도의 상인들의 요청과도 깊은 관련이 있었다. 1872년 3월 4일 대마도 상인을 통해 대포 3좌, 포탄 300발, 조총 25자루, 화약 2500근, 환도 30자루를 구입한 것[21]은 대마 상인들을 포섭하는 효과가 있었을 것이며, 대마주를 한일간의 완충지대로 삼고자 하였던 동래부의 의도를 보여준다. 또한 이들이 고의로 울산에 표착하여 왜관에 입항하지 않고 바로 대마도로 귀국하는 모습에서 왜관 내 외무성 관리의 눈을 두려워하는 모습도 파악하였을 것이다. 훈도가 대구 감영으로 서울로 직접 다니며 상황을 보고하고 있었음은 외무관원을 접대할 것인가 말 것인가의 탐색이었다.

5월의 난출은, 동래부사가 외무관원을 면접하라는 요구였다. 대구에서 돌아온 훈도는 난출을 허락하고 守門將과 設門將에게 명하여 문을 열어주고 있다. 동래부도 마지못해 외무관원의 접대를 허용하는 첫 단계로 차사를 면접할 준비를 하여 동래부사 면담시의 복장 문제를 논의하기도 하였다. 그러나 통사 최재수가 1대관 海津을 비롯한 대관소의 사람들에게 자문을 구한 결과 대마도 상인들은 기존의 무역권을 내세워 면접에 반대하였다. 그들은 아마 외무관원들의 함구령에 대한 반발도 있었을 것이다. 결국 동래부의 의견은 바뀌어 대마도 상인들의 의견을 받아들이고 종래대로의 관계를 당분간 유지하는 것이 좋겠다고 판단, 차사의 면접을 포기하고 외무관리들의 귀국을 종용하였던 것이다. 그리고는 동래부사와 훈도가 대죄를 청함으로 교

일관되게 동래부의 접대가 무례하였다는 것을 반복하고 있으나 동래부의 접대는 규정대로 착실히 진행되고 있었음은 물론이다. 접대에 흠이 없어야 상대방의 무례를 거절할 수 있다는 인식을 읽을 수 있다.

21) 『동래부계록8』

섭을 중지하게 된다.

난출이 실패한 이후, 요시오카, 모리야마, 히로츠 등 외무성 관리들과 差使 사가라도 돌아가 버렸기 때문에, 왜관에는 대마도인들만 남게 되었다. 남아있는 왜관 대관소의 상인들과 동래의 商賈들은 3년간은 지금 그대로 무역을 유지해야 한다고 합의하였고, 동래부사도 새로운 조약이 맺어지기에는 3년이라는 시간이 필요하다고 판단하였던 것 같다. 동래부사는 난출을 단행한 왜관 관수 深見에 대한 접대를 3개월간 중지하고, 1대관으로 하여금 관수를 대신하도록 조치하는 등 왜관에 대한 통제를 더욱 강화하였다. 대관소의 상인들은 조선과의 독점적 무역을 유지하기 위해 모두 조선의 주장에 동조하여 館守의 명령을 듣지 않았고 館守 후카미는 조선으로도 대접을 받지 못하고 대마 상인들로부터도 무시당하는 입장이 되어 외무성에 어려움을 호소하고 있다.

이 상황을 심각하게 받아들인 외무성은 하나부사의 출장을 명령하였고, 9월 하나부사는 마지막 세견선인 신미조 2특송선에 표류민을 탑승시켜 동행시키고 화륜선 2척으로 왜관에 입항하였다[22]. 하나부사는 바로 이 대관소의 상인들이 외무성의 정책을 방해하고 있다고 인식하고, 이들이 무역을 독점하기 위해 조선을 움직여 외무성과의 대화의 자리에 나오지 않게 방해하고 있다고 판단하였다. 따라서 하나부사는 도착하는 즉시 왜관에서 대관소의 사람들을 모두 문책 귀국시켰다.

하나부사는 대마도의 주선에 대해 비판적이었고, 세견무역을 폐지하기 위해서는 대관소에서 대마 상인들을 귀국시킬 수밖에 없고, 조선을 설득시키는 데에는 대마도와 대마도 상인들이 오히려 방해가 된다고 인식하였다. 또한 대마도 상인들의 말과는 달리, 代官所에서 대마 상인들을 귀국시킨다고 해서 조선이 왜관을 폐쇄하지는 않을 것이라는 희망적인 판단도 있었다.

---

22) 1872년 화륜선 입항과정에 대해서는 졸고 「부산지역의 해안 방어와 1872년 화륜선 입항」(미발표)에서 자세히 언급하였다.

이러한 인식 아래에서 1대관에게 명하여 대마도가 조선에 지급해야 할 물품을 지급하도록 제안하여 무역의 유지와 외교적 단절 상황을 피하고, 표류민을 송환함으로 우호 지속을 표현하였던 것이다. 또한 조선이 준 圖書를 사용한 路引을 소지함으로 조선의 국법을 준수하는 모습을 보이는 것도 잊지 않았다.

동래부로서는 한일 양국간의 갈등 통제와 출입국 선박의 감시와 세견선 무역, 그리고 표류민 송환이 가장 중요한 업무였다. 대마도인의 퇴거로 말미암아 세견무역이 중지되고, 영래차왜와 서계가 없이 표류민이 송환되기 시작하였다. 분명히 주권이 침해되었지만 딱히 응징할 방법이 없는 상황이 전개되었고, 또한 아차하면 300년간의 우호가 깨어져 전쟁이 발생할 수도 있는 위기 상황이 바로 동래부가 관리해야 할 현실이었다. 또한 대관소를 통한 전매가 없어지고 상인들이 자유롭게 상행위를 하는 상황, 대관소가 무역에 간여하지 않음으로 동래부가 대관소를 통제할 카드를 상실하게 되어 오로지 동래의 商賈를 통제함으로써 무역을 관리해야 하는 현실에서 잠상에 대한 통제 이 역시 동래부가 관리해야 할 현실이었다.

왜관에서 대마도인이 퇴거한 것[23]은 기유약조 체제가 붕괴되었음을 의미하는 것이었다. 이후 왜관에서는 철저한 신경전과 탐색전, 그리고 情報戰이 전개되었음은 말할 나위가 없다.

---

23) 왜관에서 대마도인이 퇴거한 것에 대해 일본에서는 「왜관접수」라는 표현을 사용한다. 대마인들이 사용하던 왜관에서의 외교 무역권을 외무성이 접수하였다는 의미이다. 하지만 왜관에 대한 관리는 동래부가 장악하고 있었기 때문에 적절한 표현이 아니다. 동래부는 더욱 왜관에 대한 감시와 통제를 강화하였음은 물론이다.

III. 동래부의 왜관 관리와 군사훈련

동래부의 왜관 관리는 어떠하였을까. 대관소가 철수한 이후 출입국 관리는 변함이 없다. 즉, 왜선이 수종(水宗)을 넘어오는 것을 발견한 황령산 봉군이 부산진과 동래부에 알리면, 두모포만호가 전선을 이끌고 나아가 인솔하여 왜관에 입항시키고, 훈도는 이들을 문정하고 路引을 예조에 上送하면서 보고한다. 이들이 떠날 때에는 부산진에서 路文을 발급하여 출발시키며 이들이 떠난 사실은 부산진과 구봉 봉군이 확인하여 보고하는 시스템이었다.

그런데 이러한 출입국 관리 시스템에 약간의 변화가 보인다. 그것은 大船이 飛船의 路引을 지참하고 들어오게 되는 것이다. 1872년 11월 9일, 옥포에 표류하였던 大船이 비선의 路引을 가지고 있었던 것이 그 시초이다. 그리고 11월 11일, 11월 14일 연이어 大船이 飛船 路引으로 들어와 훈도는 즉시 퇴거하도록 관수왜에게 책유하고, 이를 朝廷에 보고하여 즉시 퇴거하도록 조치하였다고 보고하고 있다.

그 후 12월 15(양력1월 13)일 대중소선을 모두 飛船 路引으로 도항하기로 합의[24]를 보았다고 모리야마는 보고하고 있다. 그래서인가 그 이후 동래부 계록에 路引을 퇴각 시킨 기사가 보이지 않는다. 동래부가 이를 합의해 준 이유가 무엇일까. 표류민 송환과 무역의 유지를 위해 어쩔 수 없는 상황으로 보이지만 아무튼 큰 변화라 말할 수 있다.

12월 28(1월 26)일 모리야마는 동래부가 番船을 두고 왜관 수비병을 증강시키고 있으며 이에 항의를 하자 동래부사의 명이라고 항의를 거절하였다고 기록하고 있다. 이때부터 왜관에 대한 동래부의 감독이 보다 철저해지고 있다고 말할 수 있다.

1873년에 들어와 관례대로 1월 1일에 훈동 안동준과 별차 현풍서는 왜관을 점검 수리하고 있다. 동래부의 감독에도 불구하고 공무역의 단절은 사무

---

24) 모리야마의 보고. (1월 13일)

역, 그리고 잠상이 활개를 치는 상황을 만들어 내었다. 일본에서 구리가 들어오는 것은 조선으로서도 꼭 필요한 일이었고, 사무역도 대마 상인들이 중심이 되어 이루어지고 있었기 때문에 동래부로서도 묵인하지 않을 수 없었던 것으로 보인다. 왜관에는 館直이 30명 정도 매일 입관하여 순찰을 하고 있었다.

한편, 왜관 앞 船艙이 겨울에 파손되어 왜관의 奧義制가 동래부에 수리를 요청하였다. 그러나 배소통사 박기종이 이는 임소에서 처리할 사항이라고 전달하겠다고만 하고 수리를 하지 않고 있다가 3월 11(양력4.7)일 奧義制가 왜관의 비용으로 즉 일본 비용으로 수리를 하겠다고 주장하자 3월 23(양력4.19)일 동래부에서 선창 修復을 명받았다고 말하고 수리를 해 주고 있다. 奧義制는 이 사실을 일본이 수리를 하게 되면 나중에 분쟁이 발생할 우려가 있기 때문에 해 준 것으로 이해하고 있다. 사실 船艙은 조선이 꾸준히 관리해 온 사항이었다.

대마도의 滯品은 3월 29(양력4.25)일 처리가 끝났고 나머지 잔품은 상인들에게 불하하였다고 廣津은 보고하고 있다. 조선이 대마도의 부채를 외무성으로부터 받아들였다는 것은 주목된다. 이를 지금까지 받아들이지 않은 이유가 대마주의 부채는 대마주로부터 받겠다는 시위였기 때문이다.

2월 17, 18(양력3.15-16)일 東萊大調練이라는 대규모의 훈련이 시행된다. 이는 육군 훈련이었다고 보인다. 그리고 4월 16-17(양력5.12-13)일에는 수군 대훈련이 벌어지고 있다. 그리고 8월에는 초량객사를 수리하여 일본과의 문호는 열려있음을 과시하기도 하였는데 이 장에서는 그 각각의 모습에 대해 소개하도록 하자.

1. 東萊大調練(2월 15-16일)

2월 15-16일의 훈련에 대해 廣津의 보고를 통해 살펴보자.

본월 15일 부산성 밑 개운진에 오전 10시경 발포사격연습이 있었다. 이날 구름이 끼고 안개가 자욱하여 遠望이 어려웠지만, 망원경으로 보니 赤衣, 靑衣, 白衣를 입은 병사들이 2천 5-6백명이 깃발을 흔들며 훈련을 하고, 그 중 길이 1칸반, 폭2칸반이나 되는 백기에 '帥'자의 큰 문자를 기록한 것도 보이고, 野陳을 펼친 모습이었다. … 오후에 포성이 점차 증가하여 저녁무렵에는 대포 연발 사격의 포성이 격렬하였다. 오후 6시에서 10시까지 바닷물에 비칠 정도로 3-4천개의 횃불이 타오르고 때때로 불화살이 날아가는 모습이었다. 절영도 부근에서도 2-30개의 횃불을 밝히고 있음이 탐색되었다. 개운포진까지 내려온 것은 훈련이 익숙한 것으로 보인다. 동래부사와 부산 첨사는 물론 근처의 수영, 병영의 첨절제사등도 참가하였고, 某에서 600명, 승작대에서 300명, 부산에서 700명, 다대포에서 500명이 참가하였다는 것은 朝市에서 들은 이야기로 내(廣津)가 본 바로도 그만큼 되었다. 나중에 최재수가 입관해서 말하기를 동래, 금정, 산성, 부산, 다대포, 서생, 두모진, 개운진 등에서 각각 출병하여 총수는 1만인이 되었다고 협박조로 말하였다. … 훈련은 끝나고, 3월 17일부터는 館直이 3-40명이 입관하였다. 최재수가 말하기를 조선에서는 대포가 요즘 왕성하게 만들어지고 있다고 한다.

이러한 훈련이 행해지는 이유에 대해 廣津은 대마 상인의 말에 일본이 함대를 보내어 올 것임이 틀림없다고 하므로, 조선도 이에 대비하기 위한 훈련이라고, 즉 조선도 충분한 준비가 있음을 왜관 내에 알리고자 하는 뜻이라고 파악하고 있다. 그러면서도 이 훈련에 대해 '훈련이 끝나면 농민은 村里로 돌아가고 승려는 寺院으로 돌아갈 뿐이며, 훈련도 古風의 복습에 불과하다. 吳子 인지 孫子인지가 말하는 '不動如山'이라는 훈련이라고 한다.'라고 하여 훈련의 모습을 폄하하는 보고를 보내는 것도 주목된다. 이 와중에도 잠상이 활개를 치고 있음은 흥미롭다. 위의 2천 5-6백명의 군사동원(최재수의 말로는 1만명)과 관련하여 『동래부사례』의 軍摠을 도표로 만들어 보면 다음과 같다.

		합	내용
軍校	본진	3911명	中軍1명, 천총1명, 파총2명, 초관(哨官)14명 지구관(知穀官)2명, 기패관(旗牌官)82명, 속오군 756명, (속오)별대60명, 牙兵軍 684명, (아병)별대 50명, 복마39필, 각청표하군185명, 刑命手 4명, 軍牢 22명, 使令26명, 취타수 19명, 細樂手14명, 승작대101명, 별군관290명, 별기위 230명, 수성군관 400명, 별무사군관 200명, 친병위300명, 작대200명, 도훈도36명, 산성군관 200명, (산성)표하군30명, 旗鼓官2명
	양산	460명	파총1인, 초관3인, 기패관10인, 속오군338명, 별대68명, 복마21필, 별기위 40명
	기장	135명	초관1인, 기패관4인, 속오군 88명, 별대12명, 복마6필, 별기위30명
	계		4506명
납포군		1297명	충익위10명, 선무군관20인, 분방군276명, 왜헌 진상영거군 25명, 유황군300명, 보군군관20명, 나졸취관군6명, 사첩발군150명, 5처 봉군 500명
私募君		1302명	삭선 진상군 174명, 교생 70명, 원생 20명, 향교소속70명, 충렬사소속 30명, 가향소10명, 향청소속16명, 중군소동 4명, 각청 소동 16명, 장관청보인 18명, 집사청보인 4명, 인리보인 168명, 통인보인 70명, 별기위보인 230명, 도훈도보인 8명, 궁인4명, 矢人1명, 한약2명, 軍牢보인14명, 사령보인52명, 악공보인14명, 鎖匠4명, 京商人1명, 冊匠2명, 鋪陣匠2명, 唐革匠2명, 茶匠3명, 목수4명, 引鋸匠3명, 冶匠(대장장이)4명, 刻手(조각)僧1명, 소통사30명, 왜관직30명, 훈별소동 30명, 각제단직 7명, 연향집수 30명, 조과집수10명, 사기직(그릇)4명, 盤直 4명, 食鼎直1명, 多大牧子軍 104명,
군교 총계			7105명

납포군과 사모군을 제외한 병력 4,500명에서 2천 5-6백명이 동원된 것으로 관찰되었다면 총동원이라고 말할 수 있겠다. 그리고 밑줄 친 대포 연발의 사격 포성이 격렬하였다고 한 부분은 주목된다. 1873년 2월의 단계에서 동래부의 소장 무기는 어느 정도였을까. 『동래부사례』는 1867년의 무기보유현황을 보여준다. 즉 軍器所의 무기를 정리해 보면,

本所(군기소)	軍器
	黑角弓 761장, 校子弓 662장, 竹弓 10장, 間角漆弓 60장, 弓弩 1장, 手弩 1장, 片箭弓弩 1장, 手弩弓 10장, 手弩弓箭 8부(매부 30개), 鳥銃 1954자루(989자루는 守城廳上), 千步武字銃[25] 16자루, 화약 3130근14냥8전9분중(2458근9냥7전은 守城廳上), 鉛丸 47만85개중(19만2500개는 守城廳上), 水鐵鉛丸 3200개, 長箭 1188부22개(30개가 1부임), 長銃 鉛丸 484개, 片箭 774부12개, 不羽箭 1만9천750개, 柳葉箭 30개, 鐵鏃 22개, 長鎗 1016자루 중(600자루는 守城廳上), 環刀 793자루 중(400자루는 守城廳上), 作隊鎗 1107자루, 鐵甲冑 6부(掩心 57부), 造裝甲冑 10부, 菱鐵[26] 3418개, 拒馬賊 27좌, 鞭棍 330자루 중(300자루는 別騎衛廳上), 佛狼機[27] 1좌(무게 103근), 子砲 5좌, 火繩[28] 330沙里, 石硫黃 19근12냥9전8푼4리, 염초(焰硝) 357근15냥4전, 三穴銃[29] 12자루, 桶兒[30] 674개, 掩頭 59부, 掩心 57부, 腰帶 57부, 木瓢子[31] 1478좌, 漏水桶 1좌, 북(皷) 9좌, 꽹과리(鐺錚) 6좌, 솔밭(방울) 2좌, 톱(鋸) 3좌, 저울(秤子) 2좌, 밥솥(食鼎) 1좌, 청동북 1좌, 細樂 2쌍, 낙인철 2좌, 청동 아궁이(爐口) 1좌, 철제 촛대(燭籠) 15쌍, 小鉅刀 1자루, 큰 북 1좌, 천리경 1면, 방패 60립, 자(尺量) 1개, 軍幕 1비, 鐵獐足[32] 2개.
山城 軍器	
	鉛丸 14만 3백4개, 화약 2923근12냥, 校子弓[33] 156張, 黑角弓 100張, 조총 260자루, 長箭 1500개, 냄비 100부, 耳藥桶 100개, 火繩 100사리[34].
僧將次知秩	
	유황 2753근 6냥, 焰硝 7근7냥9전, 間角弓[35] 5장, 長箭 150개, 無羽箭 3,000개, 흑각궁 5장, 교자궁 411자루, 조총 103자루, 장창 342자루, 鎗 20자루.

---

25) 조총을 개량하여 만든 총, 총신이 길고 무겁지만 사거리가 길어 방어용으로 적합하였다.

26) 마름쇠 : 도둑이나 적을 막기 위해 땅에 흩어 두던, 날카로운 가시가 네다섯 개 달린 쇠못

27) 서양식 대포. 임진왜란 때 들어왔다고 알려져 있으나, 시청 신청사 건축부지에서 발견되어 명종때 이미 만들어 사용되었음이 입증되었다. 병인양요, 신미양요에서도 사용되었다.

28) 화약 심지.

29) 삼안총이라고도 부른다. 한 번에 세발을 발사할 수 있는 총이다.

30) 반으로 쪼갠 대나무통 - 애기살(片箭)을 쏘는 데 사용하였다고 한다.

31) 표주박, 바가지.

32) 과녁에 박힌 화살을 뽑는 도구. 노루발.

33) 물소 뿔 대신에 저리갈나무와 대나무를 사용하여 쇠심줄로 묶어서 만들었다. 저렴하게 만들 수 있고 날씨와 관계없이 사용가능하여 효율이 높았다.

34) 사리 : 실, 국수 등 헝클어지지 않도록 감은 뭉치.

35) 각궁보다는 약간 길고 큰 활보다는 작은 활을 칭함

이 된다. 대포라고는 佛狼機 1좌가 있을 뿐이다. 근대식 무기로는 조총 1,954정, 천보무자총 16정, 三穴銃 12정이 보일 뿐이다. 그렇다면 1867-1873년 사이에 많은 대포가 비치되었던 것일까. 참고로 지난 1872년 3월 대마도 상인들을 통해 대포3좌와 조총25정을 구입한 것은 살펴본 바와 같다.

2. 왜관의 團束과 수군 훈련(4월 17일)

4월이 되면서 왜관의 분위기가 바뀐다. 4월 5(양력5.2)일 별군관의 우두머리가 별군관을 이끌고 선창 및 석담을 시찰하고 4곳의 복병장을 체포하고 소총부대 100여명을 곳곳에 배치하여 잠상을 단속하기 시작한 것이다. 뿐만 아니라 서문장과 수문장이 체포되어 연행되었다. 廣津은 이를 미츠이 상인이 도착한 것에 대한 엄중한 경고 조치라고 파악하고 있다[36]. 4월 17(양력5.13)일에는 절영도에서 수군 훈련이 있었다. 조선은 훈련 모습을 왜관 외무성 관리들에게 보여주고 있는데, 이는 전쟁을 미연에 방지하기 위한 대책이었다. 여기에 대해 살펴보도록 하자.

관람에 초대받은 왜관 외무성 관리의 보고서[37]를 통해 훈련모습을 살펴보고자 한다.

> 5월 13(음력 4월 17)일 10시경 400석급 戰船(승선인 900인)에 다대포 첨사가 각종 깃발로 지휘하며, 소맹선(구축함-引船) 30척(승선인 20인-8인), 대맹선(순양함-隨陪船) 5척(승선인 30-20인 군관, 소총병 승선 때때로 발포함)을 이끌고 왜관 앞을 서서히 행진하여 부산진 앞바다에 정박하였다.
> 오후 1시경 300석급 戰船이 15척의 引船(구축함)을 이끌고 요란하게 노를 저어 왜관에 이르러 牧島에 정박하자, 부산에서 중앙에 동래부사가 戰船

---

36) 3월 25(양력4.21)일 왜관에 도착하였고, 관수 廣津은 공평하게 장사할 수 있도록 조치하면서 조선 상인들이 받아줄지 우려된다고 보고하고 있다(<進제3호> 4.25)
37) <별지> 牧島 조선 수군의 훈련 모습. 2일차.

두 척을 나란히 연결하여 널판으로 연결하고 그 위에 장막을 드리우고 50척 정도의 引船(구축함)과 隨從船(순양함) 7-8척을 이끌고 나타났다. 그 오른쪽에 다대포첨사의 배가, 왼쪽에 부산첨사의 배가 引船과 함께 앞에서와 같이 본선의 나팔소리 요란하게 때때로 소총을 쏘면서 의기양양하게 왜관 가까이 접근하여, 부사가 승선한 배에서 30인 정도의 傾城이 5-6인씩 좌우의 현에서 음악에 맞추어서 別曲이라고 칭하는 춤을 추고 관(왜관)민이 이를 바라보았다. 크게 과시하고자 하는 모습이었다. (생략)

이상에서 훈련에 참가한 수군의 진용을 살펴볼 수 있는데, 이를 도표로 만들어 보면 다음과 같다.

인솔자	戰船	大猛船	小猛船
다대포첨사	1	5	30
동래부사	2	8	50
부산첨사	1	5	30
선두(두모포만호?)	1	0	15
계	5척	18척	125척
총계	148척		

당시 좌수영에 전선이 4척, 포이진에 1척, 부산진에 2척, 개운진, 두모진에 각1척, 서생포진에 1척, 다대포진에 2척, 그리고 울산과 기장에 각 1척이 있었다. 그렇다면 좌수영과 울산, 기장의 수군은 움직이지 않았고, 부산진과 다대진의 수군 합동훈련이라고 파악된다. 부산진 다대진 첨절제사 관할 戰船 총 8척 중에서 5척이 참가하고 있음을 알 수 있다. 수군훈련에 좌수영 수군통제사와 수영소속 戰船이 참가하지 않은 점과 동래부사가 참가한 것은 특이하다.

3. 초량객사의 수리와 殿牌

미츠이 상인이 돌아간 후에도 당분간 잠상 단속이 엄하여 상선 도항이 감소하였지만, 6월(양력7월)에는 다시금 잠상이 활개를 치고 있는 모습을 보인다. 7월(양력 8월)에는 초량객사의 공사가 결정되어 8월 1(양력 9.22)일 殿牌를 부산진으로 옮겨 공사를 하고 8월 30(양력 10월 20일) 전패를 다시 還安하고 있다. 당시의 상황에 대해 廣津은

> 지난 9월 22(음 8월 1)일 외대청 수리를 위해 전패를 부산성으로 이전하는 모습을 관내 상인들이 구경을 해서, 奧義制, 束田, 住永 등도 사람들과 같이 구경함. 殿牌를 홍색 비단으로 싸서 가마에 태워 전후좌우로 깃발을 걸고, 銃隊·槍隊·鼓笛隊를 인솔하여 동래부사를 비롯 다대포·부산·기타 각 진의 첨사들이 배종하여 총원 5-600명이 됨. 갑옷을 입은 사람도 있었고 대체로는 입지 않았음. 그 중 僧隊도 있었는데 일반 병사와 다를 바 없었음. 오후3시경 끝남. 10월 20(음력8월 30)일 수리가 끝나고 다시금 전패가 돌아옴. 이날도 병사들의 훈련이 있으므로 奧義制등 관람함. 전과 마찬가지이지만 인수가 늘어나 1200-1300명의 병사들이 옴. 전패를 옮기고 총대·창대·기수단 등이 3-4회 좌우로 달리고 훈련함. 오의제등이 관람하는 곳에 배소통사 朴士元이 와서 임소에 들려줄 것을 요청함. 한잔 하고 나가는 길에 동래 소고기와 술1병을 가지고 와서 같이 마심. 관람한 왜관 상인들에게 동래부사의 명으로 임소에서 잔치가 있었음. 술과 소고기를 왜관에 나누어 주기도 하였음. 22일 배소통사 김채길이 인사로 用所에 출두하여 住永을 면회함[38].

라고 보고하였다. 객사를 수리한다는 것은 일본과의 외교관계를 계속 유지하겠다는 의도를 표현한 것이며, 전패를 還安하고 왜관의 상인들에게 임소에서 잔치를 베풀고 또 술과 소고기를 나누어 준 상황은 조선의 의도를 명확히 전달하고 있다고 할 것이다. 또한 동래부사, 부산첨사, 다대첨사 등

---

38) [일본외교문서] 제6권 309쪽 137문서

각 진의 첨절제사를 비롯 5-600명의 군세가 殿牌를 모시고 또 1200-1300명의 군세가 殿牌를 모셔오는 모습은 군사적인 압력도 겸하였을 것으로 생각된다.

1873년에도 표류민은 계속 송환되고 있었다. 그러면 장을 바꾸어 표류민 송환의 변화를 살펴보자.

Ⅳ. 표류민 송환의 변화

기존의 기유약조 체제에 따르면 표류민이 발생하게 되면 해당 지역에서 표류민을 구호하고 지역 영주가 배를 수리하여 대마주로 보내는데 표류민에 대한 구호는 무상으로 행해졌다. 대마주에서는 이들을 조선으로 돌려보내었는데, 대마도주가 영래차왜를 임명하여 서계를 가지고 오면 조선은 이들을 극진히 접대하고, 향접위관을 임명하여 하선다례, 하선연, 예단다례, 상선연까지 베풀었다. 표민이 파선하였을 경우는 배를 빌려서 왔는데(차기선) 『동래부사례』를 보면, 駕船則價米라 하여 대선40석, 소선30석을 지급하고 있다[39].

그런데 1872년 9월 하나부사가 영암표민 9명과 제주표민 4명 계 13명의 표류민을 이끌고 오면서부터는 표민영래 서계를 가져오지 않았으므로, 조선에서는 이를 접대할 명분과 조항이 없어지게 되었다. 그리하여 훈도는

漂民領來也例有差倭齎來書契　而不爲呈納者有違約條事甚乘當是白乎矣　既無差倭又無書契則所贈宴禮單雜物磨鍊一款　自當勿論是白遣[40]

---

39) 외무성 보고서에서는 駕船料로 조선정부가 30俵, 훈도가 12俵를 따로 제공하였다고 기록하였다.
40) 『동래부계록8』 9월 20일자.

표민영래시에는 (영래)차왜가 서계를 가지고 오는 데, 이 서계를 呈納하지 않는 것은 약조에 심히 어긋난 일입니다. 차왜가 없고 서계가 없으니, 연향 예단 잡물을 마련한다는 조항도 논할 바가 없어졌습니다.

라고 보고하였다. 표류민 송환에 따른 연향과 예단 마련, 그리고 잡물 지급 조항이 무의미하게 되었음을 훈도가 보고하고 있는 것이다. 기유약조의 조항 중에서 가장 먼저 효력을 상실하게 되는 것이 표류민 송환 즉 표차왜에 관한 조항이었다.

임진왜란 이후 조선과의 국교 수립에는 부로인을 송환한 것이 큰 요인이 되었음은 주지의 사실이다. 따라서 대마도인이 퇴거한 이후, 표류민을 계속 송환하는 것은 왜관에서 외무성 관리들이 쫓겨나지 않기 위해서, 왜관 폐쇄를 막기 위해서 필요불가결한 일이었을 것이다. 더구나 표민순부서계를 작성하지 않는 상황에서는 표민 송환에 문제가 발생해서는 안 되었다.

모리야마는 1872년 11월 17일 대마도에 조선인 어부 3명이 표착하자, 이 기회를 이용하여 왜관 인수를 촉진하고 왜관에 외무성 관원이 주재하는 것을 기정사실로 삼고자 한다고 보고하고 있다[41]. 조선이 표류민을 받아들이고 영수증을 준다면 이는 외무성 관원이 주재를 묵인한 것이 된다고 파악하고 있는 것이다. 표류민 송환이 성공적으로 이루어진다면, 이는 나가사키현의 공관으로 왜관을 자리매김 한 것이라 간주할 수 있다는 것이다.

1873년 1월 19일 飛船 路引을 소지한 대선으로 남해표민3명이 서계가 없이 들어온다. 훈도는 관례대로 왜 서계를 가져오지 않았는가를 힐문하였고, 일본측은 외무성의 公幹이 처리되지 않아서 서계를 왕복할 수 없다는 명령에 따른 것이라고 대답하고 있다[42]. 그런데 이 표류민들이 모두 탈출

---

41) 『조선외교사무서』5-359
42) 同倭及館守倭處詰問曰 漂民旣已領來則書契何不齎來耶 答以爲漂民領來例有書契而前以外務省公幹未就事凡係書契不爲往復之意近有弊邦命令 故不爲齎來而詰問至此無以爲辭是如爲乎(『동래부계록8』1873년 2월 5일자)

해버리는 사태가 발생하였다. 동래부는 이들을 2월 14일에 체포하여 국법에 의해 처리하겠다고 통보하고 표류민 물품을 왜관에 인계하였다[43].

4월 2일(양력 4월 28일)에는 비선 노인을 갖는 차기선(駕船)과 강진표류민선이 의주표민4명과 시체3구, 그리고 강진표민6명이 송환된다. 이 때에도 관례적으로 똑같은 문정과 관수에 대한 힐책과 대답이 반복된다. 즉,

> 漂民旣已領來則書契何不齎來是旀 本船又爲駕來則路引何不載持耶 答曰以爲漂民書契駕船路引前以外務省公幹未就事已有弊邦命令 故竝不得持來 而詰問至此無以爲辭是如爲乎[44]

그런데 이번의 송환에는 흥미로운 점이 두 가지 있다. 하나는 이전에는 1대관소에서 별차가 표류민을 인수하고 인수증을 발급하였으나, 이때부터는 항구에서 바로 인수하고 별차가 아닌 소통사가 표류민을 인수하는 주체가 되고 있음은 주목된다. 이는 표류민 송환의 격을 떨어뜨린 것이다[45]. 이는 외교 의례에서 표민순부서계가 없기 때문에 발생한 일이라고 해석된다. 또 하나는 이들이 표류해 갔을 때, 자비로 船體를 수리하였다는 것이다. 이것이 사소한 외교적 문제로 등장한다. 이 과정에 대해 조금 자세히 살펴보자.

1. 메이지 정부의 조선 표류민 송환의 변화.

무진(1867)년 6월에, 메이지 정부는 조선국 표류민은 모두 나가사키로 보낸 후, 대마도를 통해 조선으로 가도록 명령하였다. 그리고 1871년 조선표

---

43) 여기에 대해서도 田保橋潔은 악의적 해석을 하고 왜관이 동래부로 넘겨준 것으로 잘못 해석한다.
44) 4월 15일자
45) 관수 廣津의 보고를 보면 "이전에는 1대관소에서 표류민을 인도하였으나 이제는 항구에서 廣瀨, 奧, 束田, 住永 등이 출장을 나가서 표민 문정서를 첨부하여 소통사에게 인계하고 소통사의 수령증을 받도록 하였습니다."(廣津 보고 제26호)

류민도 청국에 준하여 처리한다는 규정이 정해졌다. 이는 표류민선이 손상되었을 때, 수리비용을 표민이 낼 수 있으면 내도록 하고, 스스로 떠날 수 있으면 가도록 정한 것이었다. 그러나 세견선이 존재하는 동안은 이 제도는 지켜지지 않았고, 기존의 관례에 따라 대마도에서 영래차왜가 임명되어 표류민을 호송하였다. 그런데 앞서 살펴본 바와 같이 하나부사가 입항할 때 영래차왜가 없고 서계가 없는 표류민 송환이 시작되었고, 그 후 비선을 통한 표류민 송환이 이어졌다. 표류민 송환도 나가사키현령이 담당하게 되었다. 1873년 4월, 長崎현령 宮川房之는

> 조선인 표류민 송환에 대해서는 지금까지 논의가 분분하였지만, 결국 조선 출장 관원에게 물품 전부를 건네주면 되겠는지 지휘를 바랍니다.[46]

라고 하여 자신이 표류민 송환을 담당하게 되었음을 밝히고 있다. 이어 1873년 6월(양력7월), 태정관 1105호를 통해 표류민 관련법이 개정된다. 그 내용은

> 무진(1867)년 6월에, 메이지 정부는 조선국 표류민은 모두 나가사키로 보낸 후, 대마도를 통해 조선으로 가도록 명령하였는데, 지금부터는 나가사키가 가까운 지역은 나가사키로, 대마도가 가까운 지역에서는 대마도출장소로 바로 보낸다. 또한 1871년 조선표류민도 청국에 준하여 처리한다고 해서 표민선을 수리비용을 표민이 낼 수 있으면 내도록 하고 떠날 수 있으면 가도록 정했는데[47], 호송을 하도록 하며 비용은 당분간 다시 해당 관청이 부담하도록 한다.

는 것이다. 이렇게 변하는 과정을 왜관에서의 교섭을 정리하면 다음과 같다.

---

46) 『외교사무서』6, 541쪽.
47) 이를 기준으로 강진표민선이 표착하였을 때 수리비를 표민이 부담하도록 하였던 것이다.

4.2(양력 4.28)	: 나가사키에서 송환된 표류민을 항구로 나가 배소통사에게 인도하여 　수령증을 받음
4.9(양력 5.5)	: 최재수 등 소통사들이 찾아와 표민선 수리비를 표민이 부담한 것에 대해 　논의.(廣津28호 보고)
4.11(양력 5.7)	: 정의표민등 11명을 배소통사에게 인도함. 駕船料 문제를 질의함.(廣津 보고)
5.3(양력 5.28)	: 이즈하라 출장소 폐지로 말미암아 吹噓(路引) 발급업무를 나가사키 　출장소에서 취급하도록 함.
6.11(양력 7.3)	: 표류민 취급 규칙 개정안 상신(태정관 회신은 8.4)
6.17(양력 7.9)	: 조선 배 수리비 5엔을 다시 초량관으로 돌려주라는 명령이 내림.
7.22(양력 9.13)	: 표민선 수리비를 반납함 : 39냥5전5푼 = 일본돈 5엔4전(1엔은 7냥4전) 　배소통사 김채길이 수령함.

이로써 표민 송환은 다시 구례로 복귀하고 있음을 알 수 있다.

4월 11(양력 5월 7)일에도 비선2척에 정의표민 11명이 들어온다. 이때에도 똑 같은 문정과 힐문이 이어진다. 즉,

　　漂民書契與駕船路引之誘以外務省公幹未就不爲齎來者狡倭情狀去益痛
　　惡故令任譯等連加責論於館守倭處爲白乎旀[48]

이를 보면, 표류민을 송환해 오는 배에 대해서 대가를 지급하지 않으므로 서계를 가지고 오도록 압박을 가하는 전략이 읽혀진다. 또한 훈도와 별차가 외무성 7등 출사인 히로츠[廣津弘信]를 관수로 인정하고 강하게 질책하고 있었음을 알 수 있다.

히로츠는 그 다음날

　　어제 11명의 표류민이 호송되어 바로 소통사를 불러 1대관이 임소에 보내는 편지를 보내고 소통사가 수령증을 가지고 와서 표류민을 인도하였고, 소통사가 매우 감사하다는 뜻을 표하였습니다. 그런데 과거 표민차선인 경우는

---

48) 4월 15일자

조선정부가 駕船料라 칭하여 쌀 30俵, 훈도가 쌀 12俵를 주었다고 하는데, 지금은 표민영래차사가 없고 서계가 없다고 훈도가 입관하지도 않고 조선측이 모른척합니다. 선 수리비용과 借船 비용을 어떻게 해야 할 것인지요.

라고 하나부사에게 질의하고 있다. 표류민 송환 비용에 대해 난처해 하고 있는 모습이 읽혀진다. 동래부는 일본이 언제까지 이렇게 일방적으로 송환하는지 지켜보면서 기다릴 심산인 것 같다. 계속 송환비용을 받기 위해서는 표민순부서계를 가지고 오라고 독촉하는 형태로 진행되는 것은 흥미롭다.

5월 5(양력5.30)일에도 비선3척과 정의표민선에 경기표민 1명과 평안도삼화표민 4명, 전라도旌義표민 3명 계 8명을 송환해 왔으며, 상황은 같았다[49].

6월 26(양력7.18)일에는 영광표민선을 이끌고 온 비선이 함께 남천포로 표착하는 사건이 일어난다. 표민은 5명이었다. 이들은 포이포만호 金敬孚의 수호를 받아 좌수영 왜학 김철인의 문정을 받았다. 포이포만호는 다음날 오륙도까지 이 배들을 호송하여 부산진 2전선장에게 인계하였고, 2전선장은 이들을 왜관으로 이끌고 들어간다. 왜관에서 훈도와 별차의 문정이 있었음은 물론이다[50].12월 12(74. 1. *)일에는 비선4척과 長鬐표민선 1척이 부산진 2전선장 具桓旭의 인솔로 입항한다.

이상 표류민 송환 상황을 도표로 만들어 보면 다음과 같다.

입항일자	人數	
1월 19일	남해표민 3명	
4월 3일	의주표민4명+시체3구, 강진표민 6	강진표민선
4월 11일	정의표민 11명	
5월 5일	경기표민1, 평안도 삼화표민 4명, 정의표민 3명	정의표민선
6월 26일	영광표민 5명	영광표민선
12월 12일	장기표민 5명	장기표민선
	계 42명+시체3구	

---

49) 5월 6일자.
50) 『동래부계록8』 6월 28일자.

즉, 1873년에는 표류민 송환이 6차례에 걸쳐 42명과 시체3구가 송환되었으며, 표류민선도 4척이나 수리가 되어서 들어왔음을 알 수 있다. 그리고 표류민 송환에 대한 답례는 이루어지지 않고 있었던 것이다.

물론, 이러한 상황은 수시로 중앙정부 특히 예조로 보고되고 있음은 물론이다. 예조에서는 표류민을 송환하면서 서계가 오지 않고 있음과 문정 내용을 계속 보고받고 있었다.

V. 무역의 변화

증기선 철수이후, 9월 28일 신미조 2특송사 2호선이 공작미와 공목을 싣고 떠나가고 이후로는 세견선은 들어오지 않는다. 또한 대관소가 철수되어 공무역은 이루어지지 않게 되었고 다만 비선만이 꾸준히 들락날락 하게 된다. 왜관에서는 조시와 개시가 평상시와 마찬가지로 이루어졌다. 결국 무역은 비선을 통해 이루어지고 있었고, 비선이 작으므로 大·中船·小船을 모두 비선으로 간주하여 출입증(路引)이 발급되고 무역이 이루어진 것이 특징이다.

그렇다고 공무역이 전혀 이루어지지 않은 것은 아닌 듯하다.

앞서 살펴보았듯이, 1871년 말에는 미급공목 187동 4필 14척, 미급 공작미 3,533석5두였고 이를 1872년에 다 지급하였다. 1872년 말에는 임신조 8송사가 진상하지 않았으므로 먼저 준(선위입급) 공목과 공작미를 제외한 공목 557동 4필 17척과 공작미 11,333석5두가 남았다.(『동래부계록』12월 30) 1873년 말에는 이 공목이 114동 40필 17척, 공작미가 4,813석5두가 남았다고 보고하고 있다. 즉 공무역으로 공목이 442동 14필이 소모되었고, 공작미가 6,512석이 소모되었음을 알 수 있다.

한편, 왜관 관수 廣津의 보고를 보면 다음과 같은 무역액이 기록되어 있다.

월(양력임)	조선→일본	일본→조선
3월중	목면988필을 비롯 2215관217문	丁銅9300근을 비롯 5217관805문
4월중	콩, 팥, 쌀, 목면 등 4036관307문	丁銅, 古銅을 비롯 4513관200문
7월중	목면, 우피 등 5043관	丁銅, 古銅, 당목면을 비롯 4719관
10월중	우피(5910관), 목면(607관)등 8125관 150문	당목면(1419)정동(2027)등 6529관830문
1874년 1월중	우피, 인삼, 목면, 전해서 등 4629관 800문	당목면, 정동 등 2293관692문

이 표에서 주목되는 점은 첫째로 조선에서 일본으로의 수출이 급격하게 증가하고 있는 것(2215→8125)에 비해서 일본에서 들어오는 액수가 큰 차이가 없는 것(5217→6529)이 특징이다. 둘째로는 조선에서 일본으로의 수출품에서 우피가 급증하고 있고 일본에서 들어오는 수입품 중 당목면이 급격하게 늘고 있음이 주목된다. 앞으로의 연구가 기대된다.

또 한 가지 흥미로운 것은 무기 수입 시도이다. 비록 성공하지는 못하였지만 그 과정을 살펴보면 다음과 같다.

5월 6(양력5.31) 廣津, 최재수가 왜관에 대포를 구입해 줄 것을 요청하여 보고하였더니 외무성이
　　　　　　　 육군성에 의뢰한 결과 야마가타[山縣有朋]중장이 山砲 중에서 팔아도 무방하다
　　　　　　　 는 견해를 피력
6월 8(양력6.30) 외무성이 육군성으로 공문(1035호)을 보내 조선에 수출할 대포를 대마도로 보내
　　　　　　　 주기를 요청함.
6월 15(양력7.7) 외무성, 육군성에서 山用砲 6문을 구입하고, 또 왜관에 필요한 7연발 소총 30정,
　　　　　　　 피스톨 10정을 구입함.
6월 16(양력7.8) 대포의 가격을 결정함 (4근포 70엔=518냥/문, 탄약 75전=5.5냥/발)
윤6월 15(양력8.8)일 외무성이 廣津에게 조선이 청구한 대포 6문과 피스톨10정, 7연발총 30정을
　　　　　　　 보낼 터이니 대포는 건네주고 나머지는 공관에 장식하여 필요하다면 판매하
　　　　　　　 라고 지령.
7월 21(양력9.11) 13등 출사 야마노시로[山之城祐長]가 대포를 싣고 이즈하라에 도착
8월 11(양력10.2) 조선이 주문한 대포와 탄약을 실은 八幡丸이 파선되어 침수됨.

정한론이 일어나고 있었던 시절에 조선에 무기를 판매하기로 결정하고 보내고 있었던 상황은 매우 흥미롭다. 즉 윤6월 11(양력8.3)일에 西鄕隆盛이 정한의견서를 제출하였고, 25(양력8.17)일에 각의에서 西鄕의 조선파견

을 결정하였으며, 7월 22(양력9.13)일에 岩슘사절단이 귀국하여 9월 4일(양력10.24) 사절파견을 무기한 연기시킴으로 5명의 참의가 사직하는 정한론 정변(明治6년의 정변)이 발생하였던 것이다.

조선으로서는 일본으로부터 무기 구입을 의뢰함으로 72년 대마주 상인에게 무기를 구입하였던 전례를 통해 일본의 의중을 떠 보고자 하였을 터이고, 일본은 사절 파견과는 별개로 무기를 판매함으로써 일본의 무력적 우위를 알리고자 하였을 것이라 추론된다.

1874년에 들어와서 소통사 최재수가 20만냥을 왜관에 빌려주려는 계획이 좌절된다. 여기에 대해 살펴보자.

양력 1.23일, 배소통사 최재수등 4인이 왜관 상인 20인을 불러모아 2만관문(27,000엔)을 빌려주겠다고 제안한다. 이자는 1푼이며, 무기연기가 가능하고 동료에게 전달도 가능하다는 파격적인 조건이었다. 이에 상인들 사이에 약정서가 교환된다.

1.28 : 奧義制가 대마에서 왜관에 돌아와 이 사실을 알게 됨. 이는 세견선 물품을 빌려주어서 종씨가 진상하였던 물품을 구입하려는 속셈으로 판단하고, 상인들을 장악하려는 의도라 봄.

2.2 : 奧義制, 약정서를 파기시킴.

2.6 : 최재수 왜관에 입관하여 任所를 철수시킬 것이라고 협박함.

2.9 : 최재수 입관 1대관 奧義制와 면담.[부속서3. 526쪽]

최재수 1대관이 대부를 막은 이유를 힐문함.

오의제 - 얼버무림

최재수 - 束田의 집으로 가서 탄식

작년이래 세견선이 폐지되고 공사무역이 중단되어 지금은 오로지 상인의 교역만으로 양국의 隣誼가 유지되고 있음. 어떻게든 상로를 열어서 번영을 도모하지 않으면 양국의 우의가 단절될 것으로 판단하고 이를 위해 제안한 것이다. 그런데 파담이 되어 실망이 크다. 게다가 1대관이 정지시켰다고 한다. 유감이다. 내가 믿었던 상인20인도 이처럼 믿을 수 없으니 거래를 중지하고 지난번에 받은 布海苔값을 반납하겠다. 이제부터 입관할 일도 없고 교역이 중단되면 임소에 거주할 일도 없다. 만날 일도 없을 것이다.

束田 - 정부의 명령으로 외국인에게 돈을 빌리지 말라는 지침이 있어서 그랬다. 그렇다고 거래를 끊는다는 것은 너무하지 않은가.

이렇게 진행되던 상황에서 4월 동래부사가 박제관으로 교체된다. 그리고 동래부사는 충청도로 유배되었다는 소식이 왜관에 전해진다. 이제 다시 왜

관의 모습은 격변해 간다. 동래부사 교체 이후의 왜관에 대해서는 별고에서
논하기로 한다.

Ⅵ. 맺음말

이상 본 발표에서는 왜관에서 대마도인이 퇴거하는 과정을 살펴보고, 대
마도인 퇴거 이후의 왜관의 관리와 군사훈련에 대해, 표류민 송환에 대해,
그리고 무역에 대해 대략을 살펴보았다. 각각의 사항은 보다 구체적으로 개
별적인 논문으로 작성되어야 마땅하다. 다만 본 발표에서는 기존의 연구의
한계를 벗어버리고 전체적인 윤곽을 찾아내어 앞으로의 연구의 지침으로
삼고자 하는 시도이다. 전체적인 윤곽 속에서 흥미로운 사항들을 적시할 수
있었던 것도 기쁘게 생각한다. 우리 학회 많은 연구자들이 이 부분에 천착
하여 한일관계사의 공백기에 해당하는 메이지 정부의 성립에서 강화도 조
약에 이르는 시기 한일관계의 변화에 대해 좋은 논문들이 나올 수 있기를
기대한다.

제2장 개항기 한일관계사의 재조명

Ⅰ. 머리말

승자로 등장한 새로운 정치 권력은 자신의 정당성을 주장하기 위해 과거 권력을 부정하고 헐뜯는 경향을 보인다. 메이지 정부 역시 막부를 타도하고 성립하였기 때문에, 과거 권력을 폄하하였다. 그 중요한 내용은 막부의 지배체제가 백성을 억압하는 미개한 것이지만 메이지 정부의 지배체제는 백성을 위한 개명적 정책이라는 것, 그리고 막부의 개항 정책은 서양의 압력에 굴복한 반민족적이고 비겁한 것이지만, 메이지 정부의 개항 정책은 만국공법에 따르고 만국대치의 상태에서 부국강병을 위한 것이라는 주장이었다. 또한 메이지 정부의 정책에 대한 강력한 저항을 사장시키고 군민일체가 되어 한마음 한뜻으로 근대화에 매진하였다는 역사상을 주입한 것도 천황제를 바탕으로 반대파를 탄압하고 유사(有司)들의 전제정권을 유지하기 위한 장치였다. 이러한 메이지 정부의 역사관에 대해서는 많은 비판적인 연구1)가 이루어졌고, 지금은 에도시대를 근대화의 기반으로 높이 평가한다. 민중이나 호농층의 사상적 성숙, 민중사상의 고양 등에 관한 연구 역시 전통사회의 장점을 부각시켰기 때문에 메이지 정부의 역사관과는 차별성을 갖는다.

---

1) 대표적으로는 井上勝生『開國と幕末変革』(講談社、日本の歷史18, 2002년 1刷)이 參考된다. 문고본으로 『幕末・維新』(岩波新書、1042)가 있으며 이 책은 이원우에 의해 번역되어 어문학사에서 같은 이름으로 2013년 출간되었다. 한편, 보고자는 이에 앞서서 「이노우에 카츠오의 『幕末・維新』의 사학사적 의미」(『한일관계사연구 45집』, 2013년 8월)로 서평을 발표한 바 있다.

특히 본 장에서 주목하고자 하는 것은, 첫째로는 개국(개항)에 관한 일본
사의 이해이다. 기존의 견해는 막부 관리들이 서양의 무력에 굴복하여 비겁
하게 개국을 하였다고 한다. 그러나 존왕양이를 내세운 메이지 권력자들이
민중을 억압하면서 '양이'를 포기하고 친서양 정책을 관철한 것에 대해서는
갑자기 기준이 달라진다. 최근의 연구는 반대 여론을 극복하고 개국을 단행
한 막부 관리들이 매우 유능하였다는 견해가 사료를 통해 제기되고 있다.
조선의 개항사에 참고될 부분이 적지 않을 것이라 생각한다.

두 번째는 메이지 정부의 역사관이 일본의 대외 침략에 대해 정당성을
부여하는 작업으로 진행되었다는 점이다. 대외팽창 정책을 국시로 내세웠
음에도 이를 감추고 조선에 호의를 가지고 국교 수립을 요청하였다는 기술
이나, 조선이 거절하였기 때문에 어쩔 수 없이 정한 여론이 발생하였다는
기술, 운요호 사건을 국제법에 무지한 조선의 폭거로 선전한 것 등은 조선
과의 전쟁에 대비하여 대외 침략의 명분을 만들고 침략의 정당성을 홍보하
기 위한 것이었다. 조일수호조규를 일본에 의한 조선 개국 조약으로 선전하
거나, 조선의 안녕과 발전을 위해 일본이 혼신의 힘을 기울였다는 기술도
메이지 정부의 외교 정책을 뒷받침하는 역사관을 보여주며 사실과는 차이
가 있다. 그러나 일본 에도 막부와 마찬가지로 조선 역시 전통의 관성에서
외부 세계를 이해하려 노력하고, 수백 년간 지속되어온 자신의 정체성과 세
계관을 유지하면서, 근대를 향한 자생적 노력을 경주하였을 터이었다.

메이지기 역사관은 승자의 입장에서 이러한 전통의 미덕을 멸시하고, 근
대를 향한 조선의 자생적 노력을 폄하하는 방향으로 채색하였다. 그리고 이
러한 메이지 역사관은 식민지기 사관으로 연결2)되어 아직까지도 성공적으
로 기능하고 있다고 판단된다. 메이지 정부가 자국 권력의 해외팽창 정책의
정당성을 주장하기 위해서 이웃 나라를 폄하하였음은 자국에 대한 자부심

---

2) 졸고, 「한·일 역사갈등의 뿌리를 찾아서 - 한일관계의 변화와 총독부 간행 조선사
   기술 검토를 중심으로」(『한일관계사연구40집』, 2011년 12월)

과 연결되어 있으므로 자연스러운 일일지도 모른다. 그러나 폄하를 당한 입장에서는 이를 허용해서는 안 된다. 이러한 폄하를 밝혀내지 못하면 역사의 왜곡을 해결할 수 없으며 역사학의 광복을 이루지 못하는 것이 아닐까 생각한다3). 이하 장을 바꾸어 한일관계사를 다시 검토해 보자.

Ⅱ. 만들어진 한일관계사의 비판적 검토

메이지 권력은 조선 지배를 정당화하기 위해 조선 지배층이 무능하고 부패하였음을 강조하였다. 그리하여

> 메이지 정부는 성립 후, 양국의 우호를 증진하기 위해서 서한을 보내었으나 사소한 자구에 연연한 조선의 외교 라인과 대원군의 쇄국정책, 그리고 훈도의 농간으로 접수되지 못하였다. 이로 말미암아 일본에서는 정한론이 발생하였고, 결국은 운요호 사건을 계기로 힘에 의해 조일수호조규를 체결하여 조선을 개국의 길로 이끌었다.

는 역사상을 만들어 내었다. 이러한 인식은 총독부 시절의 역사 교과서 기술에서 보이며 약간의 차이는 있어도 오늘날 한국 교과서에도 일반적이다4). 여기에는 일본(메이지기 권력)이 호의를 베풀었음에도 이를 거부하는 조선의 어리석음과 무례함, 그리고 훈도의 일탈과 독단이 가능한 조선 외교

---

3) 이러한 폄하를 받아들인 과정 역시 정치적 작용이라고 이해된다. 즉 왕조 지배의 종식과 공화제의 급격한 성립을 위해서는 조선왕조에 대한 폄하를 구태여 정정할 필요가 없었던 것으로 이해된다. 다만 일본의 폭력적 협박과 불평등조약이었음이 여기에 채색되었다. 하지만 이제는 선조들에 대한 정당한 평가가 필요한 시점이 되었다고 생각한다.

4) 우리 교과서에는 일본의 제국주의적 침략성과 조일수호조규의 강압성, 그리고 불평등성이 강조된다.

라인의 기강 문란이 강조되고 있다. 또한 조선의 결례로 말미암아 일본에서 정쟁(메이지7년의 정변)이 발생하였으며 그 책임도 조선에 있다고 주장하였다. 더 나아가서는 조일수호조규를 운요호 사건의 결과로 표현하여 포함외교에 의한 쇄국에서 개국으로의 선회라고 단순화시켜 일본의 지도적 지위를 강조하고 있음을 알 수 있다. 이를 비판적으로 검토하고 사실을 복원해보자.

1. 메이지 정부가 성립되고 한·일간의 갈등이 시작된 이유

쇄국 하에서도 조선은 중국과 일본과의 외교를 소중히 여기고 있었다. 당시 조선은 일본에 대해 쇄국하지 않았음이 사실이다. 왜관에는 500명에 가까운 일본인이 머무르고 있었고, 1866년 10월 병인양요에 대한 소식을 중국과 일본에 알리고 있음도, 1867년 막부가 사절 파견을 계획하였을 때, 왜관에 들어온 강신대차사를 접대한 사실[5]을 통해서도, 그리고 메이지 정부의 성립 이후에도 세견선과 표류민선에 대한 접대가 계속되었던 사실에서도 조선은 한일관계를 소중히 생각하고 있었음을 확인할 수 있다.

메이지 정부를 성립시킨 메이지 권력자들은 막부와 조선과의 외교 관계 즉 도쿠가와가[德川家]의 우호외교를 비판하고 도요토미 히데요시[豐臣秀吉]의 조선 출병을 일본의 국위를 빛낸 쾌거라고 이해하고 있었으며 신공왕후의 삼한정벌과 임나일본부에 대한 열정을 갖고 있었으며 조선을 일본의 속국으로 자리매김하고자 하였다[6]. 성립 초부터 대외 팽창을 소리 높여

---

5) 메이지 역사관에 의하면 강신대차사의 서계도 거부된 것으로 묘사되고 있다. 하지만 6월 훈도와 동래부사가 교체되고 8월에는 경접위관이 파견되어 9월 4일 하선다례, 9월 16일 봉진연, 10월 10일 회답서계 수령 등 연향설행과 서계 봉납 모두 이루어지고 있다. 조선의 거절로 사절파견이 이루어지지 못하였다고 서술하는 것은 부당하다.

6) 정한론에 관한 많은 연구가 사실을 밝혀준다. 최근의 연구로는 방광석, 「메이지 유

주장하고 있었던 메이지 권력자들이 "양국의 우호 증진을 위한 호의로 서한을 보내었다"는 기술은 사실과 어긋난다.

메이지 권력은 막부시절의 우호관계를 '구폐'라고 규정하고 침략 대상 국가로 설정하였다. 서양 열강이 침략하기 전에 일본이 손을 써야 한다는 주장은 당시 일반적이었다. 대마주 역시 이러한 시대 상황에 발맞추어 에도 막부 시절의 한일관계는 일본의 치욕이라고 규정하고 외교 개혁이 필요함을 신정부에 주장하였다[7]. 천황 즉위의 예가 거행된 후, 대수대차사를 파견하여 대마주 태수의 직함을 멋대로 올리고 조선이 준 도서(도장)를 사용하지 않고 메이지 정부가 준 新印을 사용하며, 路引(입항증명서)도 수신인을 동래부사·부산첨사가 아니라 각도 각 방어사로 지정하겠다고 조선을 도발하는 태도를 취하였음은 주목해야 한다. '사소한 자구에 연연하여' 조선이 거부한 것이 아니었다. 메이지 정부는 대마주를 이용하여 조선에 복속을 요구하고 있는 것이라 이해할 수 있다. 당시 일본에서는 평화적으로 문제를 해결하려는 사람들조차 조선의 국왕과 일본의 태정대신을 동격으로 상정하고 천황은 그 위의 존재로 자리매김하고자 하였다. 두 나라 사이의 갈등에는 명호(名號)의 문제가 존재하였다. 그리하여 국권확장을 국시로 내세운 메이지 지도자들은 만일 조선이 쓰시마의 제안을 거절하고 조선이 대마주를 응징하여 기존 외교관계가 파탄을 맞이하고 대마주가 타격을 입으면 대규모의 지원을 하겠노라고 약속하였다. 대수대차사가 조선에 도착하기 전에 이미 대마주의 후견인을 자임하고 있었던 기도[木戸孝允]가 정한을 역설하는 상신서를 제출한 것이나, 69년 2월 조선을 공격하여 부산 일대를 점령하자고 건의한 것은, 초기 메이지 정부의 대조선 인식을 보여주는 것으로

신 지도자의 팽창적 대외인식」(『메이지유신 150주년 관련 한일전문가 세미나 자료집』 2017년 11월)이 있으며, 현명철, 「막말 유신기의 조선관」(『일본사의 변혁기를 본다』 김용덕 엮음. 지식산업사, 2011년, pp167-199)을 참고 바란다.

7) 1868년 윤4월 6일의 봉답서 별지(『朝鮮外交事務書』 p83-p90

메이지 초기 권력이 조선과의 화친을 목표로 하고 있지 않았고 조선 복속을 우선하였음을 웅변해준다8).

이러한 대마주의 요구를 조선이 받아들일 수 없음은 당연한 일이었다. 조선은 이 요구가 터무니없는 것임을 설득시키고 개정해 오도록 책유하였다. 따라서 이를 '사소한 자구 문제'로 거부하였다고 매도하거나 쇄국 때문에 거부하였다는 주장은 타당하지 않다. 조선은 양국의 화친을 거부한 것이 아니라 양국의 우호를 위하여 도발적인 요구를 수정해 오도록 책유한 것뿐이었다.

객관적으로 살펴보면, 조선 후기 260여 년간 이어져 오던 조선과 일본과의 외교 관계는 막부의 멸망과 메이지 정부의 수립, 그리고 내부의 문제를 대외팽창으로 해결하려던 메이지 정부 지도자들의 성향과, 이러한 의도를 천재일우의 기회로 이용하려는 대마주의 전략9)으로 '구폐'로 규정되었다. 결국 메이지 정부 수립 후 발생한 한·일간의 외교적 문제는 기존의 외교 관계를 '구폐'로 규정한 메이지 일본과 기존의 외교 관계를 '성신지교'로 파악하여 이를 유지해야 한다고 생각한 동래부의 갈등이었다. 따라서 조선 외교에 책임을 돌려온 지금까지의 인식은 정당하지 않음을 알 수 있다. 동래부는 힘과 전쟁의 위협을 내세운 일본의 압력에 인내에 인내를 거듭하면서 외교적 파탄을 피하여 양국의 외교를 지속하였던 것이 실상이었다.

『동래부계록』과 『관수매일기』를 보면, 대차사 파견 이후에도 동래부는 격식에 어긋나는 서한인 경우 접대를 하지 않았으나, 서한을 고쳐오면 바로 접대를 허락하는 등 성리학에 입각한 예의를 다하였다. 세견선과 표민영래선에 대한 접대는 꾸준히 행해졌다. 전쟁의 구실을 주지 않으면서도 국체를

---

8) 현명철『19세기 후반의 대마주와 한일관계』국학자료원, 2003년. p182-187참고.
9) 대수대차사 樋口鐵四郎는 12월 24일 왜관 무사들에게 번주의 직함과 자신의 사명을 전하면서, "今般朝鮮國御職務御家役に被命、尙旧弊一洗之御嚴令被蒙仰、實に千載之御國運御到來共可申哉."라고 언급하고 있다. (『館守每日記』1868년 12월 24일조)

유지하는 의연한 대응이었다. 69년 3월에서 4월까지 신인을 사용한 선박이 들어와 경고를 받고 곧바로 서계를 수정해서 보내었기에 뒤늦게 접대를 한 경우와, 1869년 12월에는 도서는 그대로지만 직명을 좌근위소장평조신의달로 고친 서계를 고집하는 세견선이 들어와 논쟁 끝에 70년 4월 수정하여 가져왔기에 뒤늦게 접대를 허락한 일 등 몇 차례의 굴곡은 있었지만 접대는 꾸준히 이루어졌다.

외교적 문제의 발생이 동래부의 외교적 무능력과 배타성, 대원군의 쇄국정책, 그리고 훈도의 부패 때문이라는 주장은 정치적 선전이며 사실이 아니다. 특히 1868년 12월 대수대차사가 도착하자 훈도가 그 자리에서 서계를 받을 수 없다고 거절하였다는 말은 전혀 근거가 없고 조선의 외교를 폄하하기 위한 악의적 선전이다[10]. 외교는 절차와 의례가 소중한 것이었다[11].조선은 격식에 맞는 서한을 가지고 온 손님들에게는 성리학에 입각한 예의를 다하여 세견선과 표민영래선을 접대하면서 대마주를 달래면서, 한일간의

---

10) 田保橋潔는 68년 12월 18일 훈도가 거절하였다고 주장한다. 하지만 대수대차사가 도착한 것은 12월 19일이며, 당일 서한은 필사되어 가별차에게 전해진다. 대수대차사가 자신의 사명을 왜관원들에게 알린 것이 12월 24일이었다. 임관과의 초대면은 다음해 1월 4일이었고 1월 6일 간사관 川本九左衛門과 임관과의 초대면에서 처음으로 외교개혁에 대한 용건이 언급되었다. 이 상황은 같은 날 출범한 鰐浦飛船을 통해 "幹事官川本九左衛門任官初對面御重用件之緖相發候事。"라고 대마주에 보내진다. 1월 25일 서계 등본이 동래부로, 29일 예조로 보고되었으며 2월 29일 서계를 수리하지 말라는 의정부의 관문이 내려와서 서계는 수정해 오도록 거부되었음이 사료로 확인된다. 도착 당일 서계를 거절한다는 것은 조선의 무례를 과장하기 위한 악의적 선전이다.

11) 서계의 수리는 매우 엄정한 절차가 있다. 차사가 도착하면 바로 별차가 필사된 서계를 받는다. 이 때 왜관에서는 勤番通詞와 五人通詞가 합석하며, 東向寺의 書役이 필사한다. 특별한 문제가 없으면 동래부는 바로 예조에 보고하여 접위관을 요청하고 접위관이 내려와서 연회를 베풀고 서계를 접수한다. 이정암 폐지 이후 서계의 발송과 접수 과정에 관하여는 藤本健太郎,「慶應年間における以酊菴輪番制の廢止と日朝間外交文書往復体制の再編」,(『조선후기 왜관 연구의 새로운 방향』 동북아역사재단 2016년 11월 18일)이 참고된다.

완충역할을 다해 줄 것을 요구하였다. 반면 격식에 어긋난 서한을 소지한
경우는 퇴각시켜서 수정을 요구하였고 수정해 오면 다시 접대를 허용하는
원칙을 유지하였다는 점은 강조되어야 한다.

조선정부와 동래부는 전통의 관성에서 일본의 변화를 이해하려 노력하였
고, 수백 년간 지속되어온 자신의 정체성과 세계관, 그리고 일본과의 우호관
계를 유지하려 했다. 대마주의 세견선과 표민영래선은 근세 외교 시스템이
일본 외무성에 의해 일방적으로 폐기되는 1872년 9월까지 꾸준히 접대를 받
고 있었다. 결국 메이지 정부의 대외팽창 정책과 이를 이용하려는 대마주의
전략으로 한일간의 갈등이 일어났으나 동래부는 인내를 거듭하면서 외교적
파탄을 피하고 양국의 외교를 지속시키려고 하였음을 확인할 수 있다.

2. 기존 외교 관계(근세 외교 시스템)의 폐기와 한일관계

1871년 폐번치현으로 대마번이 소멸하자 대마번을 매개로 하였던 근세
한일관계는 새로운 위기에 봉착한다. 일본 외무성은 세견선 무역은 조공무
역이므로 일본의 치욕이라고 판단하여 세견선 파견을 중지하도록 쓰시마
[對馬] 지사(知事)에게 요구하였으며, 지사 역시 이를 근거로 원조를 요청
하여 댓가를 받았으므로 이에 저항할 입장이 아니었다. 반면 구쓰시마번 상
인들은 기득이권을 지키고자 몰래 세견선을 보내어 무역을 계속하였다. 그
뿐만 아니라 조선에 호소하여 앞으로도 계속 대마 상인들이 무역을 담당할
수 있도록 해 달라고 요청하였다. 동래부의 상고(商賈)들도 여기에 동조하
였다. 이 요청을 받아들여 동래부는 앞으로도 대마 상인을 통한 (외교와) 통
상을 원한다는 서한을 쓰시마 지사(외무대승)에 발송하기도 하였다.

조선과 구(舊)대마번 상인들의 결탁을 우려한 외무대승 하나부사는 1872
년 9월 왜관에 건너와 일방적으로 세견선의 폐기와 대관소 폐지, 대관들의
강제 귀국과 재판에 회부 그리고 표류민 송환에서 영래서계의 폐지를 단행

하였다. 이로써 양국의 전통적 외교 의례 즉 조선후기 한일관계 시스템의 붕괴는 현실화되었다. 폐번치현을 단행한 메이지 정부의 입장에서 외교권을 외무성이 장악하는 것은 당연한 수순이겠지만, 조선의 이해를 얻지 못한 이유에 대해서는 다시 검토할 필요가 있다.

동래부는 이 조치에 항의하여 원상회복을 요구하였고, 기존 외교 시스템을 붕괴시키는 것은 일본에 우호 의지가 없는 것이라고 일본의 의도에 위구심을 표하였다. 동래부는 폐번치현이 이루어져 일본이 봉건제를 폐지하고 군현제를 실시하였다고 해도, 쓰시마의 지방관과 동래부가 중심이 되어 기존의 관계가 지속되어야 한다고 주장하였다. 그 와중에도 외교적 절충은 단절되지 않고 이루어졌고 입항 선박에 대한 문정도 관례대로 행해졌음은 주목되어야 한다. 또한 공작미와 공목을 준비하고 있음[12]을 보면 일본이 기존의 외교 시스템에 복귀할 것이라 기대한 것 같다. 세견선 무역은 일본에 더 큰 이익을 보장하였기 때문이었다. 왜관의 외무성 관원들 역시 왜관의 폐쇄를 피하고자 하였기에 조선의 출입국 국법을 준수하여 도서를 날인한 선박을 왕래시켜 문정에 순응하였으며, 표류민을 조건 없이 송환함으로 명분을 축적시켜나갔다. 다만 대·소 모든 선박이 비선 노인을 갖고 입출항하도록 합의된 것은 외교 현장인 부산에서 나타난 새로운 모습이었다.

일본이 서계를 보내지 않게 된 이후 왜관에서의 접대 의식(하선다례, 봉진연, 상선연 등)은 행해지지 않았다. 표류민 송환에 따랐던 접대도 서계가 없기에 이루어지지 않았다. 송환을 하고 안하고는 알아서 하라는 강경한 대응이었다. 표류민 송환을 중시하였던 기존의 정치·외교적 입장에서 보면, 초강경 대응이라고 보인다. 하지만 이러한 압박에도 불구하고 왜관에 들어온 일본 외무성 관원은 접대에 아무런 미련이 없다고 주장하고 외무성의

---

12) 1872년과 1873년도분 공작미가 반출되지 않아서 쌀이 썩는 문제가 발생한다. 그리하여 이를 舊대마도 상인들에게 저리로 빌려주려는 시도도 있었으나 실패하고, 결국 일반인에게 빌려주었다가 '공금유용'으로 훈도 안동준이 처벌받는 요인이 되었다.

지시를 받아 보답 없는 표류민 送還을 강행하였다[13]. 선창에서 소통사에게 표류민을 인도하는 약식 송환이었다.[14] 외교적 응답도 소통사를 통해 훈도의 의향이 전해졌다. 메이지 정부는 푸대접에 불만을 표하면서도 우호와 인도적 견지에서 표류민을 송환하였으며 이는 경제적 군사적 강국임을 과시하고 사소한 이익에 휘둘리지 않는다는 입장을 확실하게 보여주는 효과를 얻게 되었다. 이때가 되면 점차 묘하게 일본이 명분에서 우위에 서게 되는 모습도 보인다.

동래부는 무역과 조시를 계속함으로써 왜관을 유지시켰고, 땔감을 공급하고 선창을 수리해 주는 등 전쟁의 명분을 주지 않으려고 노력하였다. 왜관의 외무성 관원은 일본 내에서 정한의 여론을 전하고 특히 사가[佐賀]의 난을 전하면서 이를 진압한 것은 우호를 유지하고자하는 외무성의 뜻이라고 주장하면서 조선이 전향적으로 나서야 한다고 새로운 외교 관계를 요구하였다. 동래부는 일본이 기존 외교 시스템에 복귀하기를 기다린다고 통고하고 그 전에는 아무런 접대를 할 수 없다고 임소를 철수시켰다. 훈도와 별차의 입관은 서계가 와야 이루어진다는 의지의 표명이었다.

세견선이 폐지되고 외무성 관리들이 왜관에 들어온 후에도 왜관은 동래

---

13) 이 시기 표류민 송환이 계속되고 있었음은 정성일 「표류민 송환체제를 통해 본 근현대 한일관계 : 제도사적 접근」(『한일관계사연구17집』, 2002년), 「근대 조선과 일본의 해난 구조 제도와 국제관계」(『동북아역사논총28』 2010년과 이훈 「‘표류’를 통해 본 근대 한일관계 - 송환 절차를 중심으로-」(『한국사연구123』, 2003년) 참고.

14) 관례적으로는 표류민이 도착하면 관수가 도금도왜(橫目頭)에게 명하여 표류민들을 1대관에 호송하고, 1대관은 표류민 송환 서계의 내역과 표류민의 진술이 일치하는지를 확인하여 훈도와 별차에게 확인시킨 다음 다시 관수에게 인술한다. 관수가 출석한 자리에서 임관(훈도·별차)은 관수에게 표류민 인수증(請取書、覺書)을 넘겨주고 표류민을 인수하며, 표류민을 송환한 표차사 정관과 만날 날짜를 정하고 향접위관을 조정에 요청하여 향접위관이 절차에 따라 이들을 접대하였다. 이때가 되면 서계가 없으므로 모든 접대가 중지되었고 대관소도 폐지되었으므로 아무런 접대 없이 그냥 선창에서 소통사가 인수증을 써 주고 표류민을 넘겨받았다. 표류민이 훈도-부산진-동래부의 문정을 받고 고향으로 송환되는 과정은 전과 같았다.

부의 관할 관청(접대소)이었고 동래부가 담장을 수리하고 선창을 보수하고 있음에도 변화가 없었다. 조선의 입장으로는 무역을 위해 대마도인들에게 빌려 준 접대소에 외무성이 대마도인 들을 몰아내고 자리를 잡은 모습이었을 뿐이며, 폐번치현의 소식을 알고 있었기 때문에 문제시하지 않았다. 다만 동래부는 누가 오든지 조선의 국법과 조약에 따라야 한다고 고집하였다. 조선은 우호를 소중히 생각하고 있지만 다만 지금은 서계가 없고 대관소가 없기 때문에(조선의 국법과 조약을 지키기 않고 있기 때문에) 접대는 할 수 없다고 주장하였다. 서로 추이를 관망하는 상황이 지속된 것이다. 조선은 신생 메이지 일본을 이해하려고 노력하였지만, 막부의 멸망과 메이지 정부의 수립, 그리고 대마주의 소멸이라는 일본의 변화를 인정하기에는 좀 더 시간이 필요하였다.15) 또한 외무성 관원의 말도 개인의 성향과 시간에 따라 차이가 심하여 동래부로서는 액면 그대로 신뢰하기 어려웠다. 따라서 일본의 정치적 안정이 이루어질 때까지 서두르지 않으려는 동래부의 판단이 이해된다. 대마도인들이 돌아간 후 왜관은 점차 쇠퇴하는 모습을 보인다. 인원수도 500여명에서 70여명으로 줄어든다. 폐가(廢家)도 증가하였다. 학계 일부에서는 이를 "왜관 침탈" 혹은 "왜관 강점"이라고 표현한다. 일본의 침략성을 강조하려는 주장이다. 하지만 이는 사실이 아니다. 동래부는 외무성 관료가 왜관에 들어오는 것을 거부하거나 막지 않았음을 이해해야 한다. 입항시의 문정은 관례대로 시행되고 있었으며 출항시에 路文의 발급도 엄

---

15) 하나부사의 복명보고「一新報知以來尋交商量 / 手續概略」(전계사료)에도
　一, 차사가 귀국한 후, 피아 통사들 사이에 이야기하기를, 이제 차사도 돌아갔고 답신의 기한도 정해지지 않았다. 게다가 차사는 종씨의 사람(家人)이므로 훈도에게 서한을 보내어 3년을 기한으로 대답을 듣고자 한다고 요청하고, 그 3년간은 무역을 옛날 그대로 수행하면 대마주에도 이익이고 조선에도 이익이므로 주선에 진력하자고 타협하였습니다.
　라고 되어 차사가 훈도에게 3년을 기한으로 무역을 그대로 유지하자고 요청하였다고 판단하여 재판에 회부하였다.

격하게 시행되고 있었음은 이를 반영한다.

이즈음 왜관에서는 치열한 정보전이 전개된다. 동래부는 만일의 사태에 대비하기 위한 훈련을 거듭하였으며 조선이 만만한 나라가 아니라는 것을 보여주고자 하였다. 서로 정보를 얻고자 노력하고 있었으며 외무성은 동래부에서 표류민을 가장하여 일본에 침투하여 탐색하는 일도 있다고 의심하고 있었음도 주목된다. 외무성도 동래상인과 소통사를 통하여 조선의 내정과 국방에 대해 끊임없이 정보를 얻고 이를 외무성에 보고하고 있었다.

왜관의 외무성 관료는 일본의 요구를 받아들이지 않으면 전쟁의 가능성이 있다고 언급하며 조선의 국방력으로는 일본을 당해낼 수 없다고 협박하였다. 또한, 전쟁이 발생하게 되면 모든 것은 조선의 책임이라고 주장하였다. 동래부는 여기에 동의하지 않았다. 동래부는 예전이나 지금이나 우호를 원하고 있지만, 만일 일본이 공격해 온다면 모든 힘을 다해 싸울 준비도 되어 있다고 주장하였다. 왜관의 舊대마 상인들도 메이지 정부가 전쟁을 준비하고 있다고 전하였다. 점차 긴장감은 높아지고 있었다. 흥미로운 것은 1873년 정한론 정변 와중에도 조선이 일본에 대포의 구입을 요청하고 외무성이 육군성을 거쳐서 대포(山砲) 판매를 허락하였던 사실이다. 아마 조선은 일본의 반응을 보려고 구입을 의뢰하였던 것이고, 일본은 우호적 모습 - 침략의 의도가 없음을 보여주고 또한 일본 무기의 강성함을 과시하려는 목적에서 허락한 것이라 생각된다. 외교 현장은 명분과 실속을 둘러싼 전략과 전술로 변화무쌍함을 알 수 있다. 조선 의정부에서도 여러 차례 일본과의 관계를 논의하고 해결책을 모색하고 있음이 확인된다.

3. 한일 우호 관계 회복 모색과 좌절-전쟁의 위기

조선후기 한일관계 시스템이 붕괴된 후, 한일 양국이 서로 갈등 관계에 빠지고, 그 갈등의 원인을 상대방에 책임을 돌리며 점차 분위기가 험악해지게 되었다. 이는 전쟁을 피하고자 하였던 양국 사람들에게는 불편한 상황이었음은 당연하다. 더구나 1874년 일본의 타이완을 침공한 후 그 다음은 조선과의 전쟁이라는 정보가 횡행하였다. 이를 해결하고 두 나라 사이의 교섭을 재개하기 위한 합의가 고종 친정 이후 모색되었다[16]. 왜관에서 암행어사의 부관(대범곡)과 일본 외무성 관료(모리야마 시게루) 사이에 양국의 우호가 단절된 이유와 해결 방안에 대해 심도 있게 논의되었고, 대등한 외교를 유지한다는 합의를 바탕으로 신임 훈도 현석운과 별차 현제순이 부임하면서 해결책이 도출하기도 하였다(1874년 9월). 그러나 모리야마는 힘에 의한 강경한 외교를 주장하여 이 해결책은 의례 문제로 결렬되었다[17]. 모리야마는 전쟁을 통해 더 유리한 조약을 맺어야 한다고 주장하였다. 이후 일본은 힘을 과시하기 시작하였다.

부산에는 드디어 일본 군함이 조선의 국법을 어기고 입항하기 시작하였다. 표류민을 동반하거나 노인(입항증명서)을 소지한 배를 동반하지도 않은 입항이었다. 그들은 단속에 나선 부산진의 전선(戰船)을 얕보았으며, 조약이 없으므로 조약을 어긴 것도 아니라고 우기고 만일 조선이 공격한다면 전쟁을 불사하겠다는 태도를 보였다. 문정하기 위해 승선한 훈도 일행 앞에서 군사훈련을 하는 일도 있었다. 주권의 침해이며 도발이었다. 언제 전쟁이 발생할지 모르는 상황이 지속되었다. 해군의 우열은 명백하였다. 전투가 벌어지면 조선은 일단 내륙으로 후퇴하여 싸울 수밖에 없음을 동래부와 좌수영은 숙지하고 있었다. 고종 친정 후 조선 조정은 일본과 우호를 유지하라고 지시하였다. 동래부는 일본 관리들을 달랬다. 먼저 전단을 벌여서는 안 된다는 지시가 있었기 때문으로 보인다. 조선이 전쟁을 피하고자 함을

---

16) 장순순, 「고종의 친정과 조일 교린관계의 재개 노력」(『조선후기 왜관 연구의 새로운 방향』 동북아역사재단 발표문, 2016년 11월) pp169-192.
17) 김흥수 「1875년 조일교섭의 실패 요인」(『한일관계사연구45』, 2013년8월) 및 「모리야마 이사관의 파견과 운요호의 시위운동」(『한일관계의 근대적 개편 과정』 서울대출판부, 2010년) p365-380참고.

파악한 일본의 태도는 점차 과감해져 부산항에서 예포를 발사하기도 하였고 나아가 1875년 9월에는 서해안을 북상하여 운요호 사건을 일으켜 영종진을 파괴하는 등 전쟁을 도발하였다[18]. 그리고 그 책임을 강화도 수병이 선제 발포하였기 때문이라고 돌렸다. 전쟁의 위기는 더더욱 현실화되었다.

일본은 운요호 사건을 일으킨 후, 조선이 왜관을 폐쇄할 것으로 생각하여 왜관에서의 철수를 준비하고 전쟁 여론을 불러일으켰다. 전쟁을 통해 그동안의 외교적 교섭을 무시하고 일본이 원하는 조약을 일거에 맺고자 하였던 전략이었다. 운요호사건에 대한 여론 조작으로 일본 내에서 반한감정이 증폭되었고 전쟁의 여론도 비등하였다. 하지만 이는 국제적인 관심을 불러일으켰으며, 일본 내부의 반발도 만만하지 않았다. 단시간 내에 승리할 수 있다는 확신이 없었고 청나라의 개입 가능성, 조·청 연합군과 전쟁을 벌이게 되었을 때 일본 내부의 분열과 서양 열강의 여론 등도 고려되었다. 무엇보다 조선 조정이 인내를 갖고 평화적 해결을 모색하였으며 왜관을 폐쇄하지 않았기에 전쟁의 명분이 부족하였다. 이 시점에서 구로다 사절의 파견이 이루어졌다. 구로다 사절 파견을 오랜 외교적 갈등의 연속에서 파악하지 않고 바로 운요호 사건과 직결시키는 것에 대해서는 적절한 비판이 필요하다.

4. 조일수호조규 - 극적인 우호관계의 성립

1876년, 6척의 호위함을 이끈 구로다 사절이 도한하였고, 시모노세키에

---

18) (양력) 1875년 5월에는 운요호가 6월에는 第二丁卯호가 입항하였으며, 丁卯호는 문정을 위해 훈도와 수행원 18명이 승선하였을 때 군사훈련을 실시하여 무력을 과시하였다. 운요호 사건(9월)이 일어난 후 10월 3일에는 일본 군함 春日이 입항하였고, 27일에는 孟春함이 입항하여 예포와 답례포를 발사하였으며, 11월 9일에는 일본 해군 병사가 설문을 벗어나 초량리로 난입하여 조선의 대응을 도발하였으며 12월 13일에는 일본 해병대 58명이 무장을 하고 설문 밖으로 나와 조선 병사들과 충돌을 일으켜 조선인 12인이 중경상을 입는 사태가 발생하는 등 전쟁을 기정사실화하려고 도발하였다. 그야말로 언제 전쟁이 벌어져도 이상하지 않은 상태가 계속된다.

는 전쟁 준비를 갖춘 부대가 대기상태에 있었다. 구로다 사절이 무력시위를 하면서 서해안을 북상하였기에 강화부는 비상사태에 돌입하였다. 서해안 각지의 지방관들이 문정 결과를 보고하였다.

부녀자들과 노약자들이 전부 대피하고 계엄이 내린 상황에서 어영대장 신헌과 구로다와의 첫 회담이 2월 11일 열렸다. 서로 전쟁을 각오한 상태에서의 회담이었다. 어려운 회담이 될 것으로 예상되었으나 예상외로 회담은 순조롭게 진행되었다. 2월 27일 강화도 첫 회담이 시작된 지 16일 만에 연무당에서 조인이 이루어진다. 순조롭게 진행된 이유는 오랜 시일에 걸쳐 이루어진 동래부에서 협상이 있었기 때문에 서로의 입장을 잘 이해하였던 점을 우선 들 수 있다.

그동안 협상이 어려웠던 이유는 '명호의 문제'였다. 일본은 황제를 자칭하였기 때문에 생긴 문제였다. 그런데 근대 국제법은 국가의 평등권을 인정하고 있었다. 이는 19세기 중엽이 되어서 확립되어 국가 상호 외교 의례를 엄격하게 규정하였다. 따라서 그동안 일본이 조선을 하위의 국가로 두고자 하였던 시도는 전근대적이고 시대착오적인 것이 되어버렸다. 조선이 요구하는 적례(대등지례)는 국제법의 지지를 받게 된 것이다. 따라서 구로다 사절단은 조선측이 요구하는 내용을 대부분 수용하여 수정에 동의하였다[19]. 대표적인 것이 '대일본국 황제 폐하와 대조선국 국왕 전하 사이의 조약' 이라는 표현이 '대일본국과 대조선국 사이의 조약'으로 바뀐 것이었다. 이 문제가 해결되었기 때문에 나머지는 일사천리로 진행되었다. 신헌과 구로다는 '한일 양국은 서로 우호를 소중히 여기며 그동안의 갈등은 동래부와 대마도가 사이에서 양국 정부의 정확한 의도를 전달하지 못하였기 때문'이라고 규정하고 이렇게 직접 만나서 모든 오해를 해소하고 우호를 확인하게

19) 윤소영은 「조일수호조규의 역사적 위치」(『한일관계사연구18집』, 2003)에서 조일수호조규가 강압에 의해 체결된 불평등조약이라는 기존 견해를 부정하고 조선이 주도적으로 체결한 조약으로 정치적 평등성을 인정한 것임을 부각시켰다.

된 것은 다행한 일이라고 하였다[20].

조일수호조규는 전쟁을 각오한 상태에서 맺어진 조약임은 분명하나, 일본의 위협에 굴복하여 맺어진 조약이라는 인식은 당시 접견 대관을 비롯한 조선 대표들에게는 전혀 없었다[21]. 또한 개항조약이라고 하는 것도 과대평가이며 일본의 희망이 담겨진 평가였다.[22] 조일수호조규가 조선이 개국으로 나아가는 데에 중요한 계기가 되었음을 부정할 수 없지만, 조일수호조규 그 자체를 개항조약으로 표현하는 것은 지나친 평가이다[23].

그 후 일본은 이 조약을 충분히 활용하면서 세계의 흐름을 앞세워 점차 많은 변화를 조선에 요구·설득하였고, 조선은 국교회복에 만족하면서 거부하고 때로는 선택적으로 받아들이다가 1880년 2차 수신사 김홍집이 승려

---

20) 회담이 성립한 후 제1차 수신사 김기수가 일본 외무성에 들고 간 예조참판의 서한에는 "…바다가 사이에 막혀 멀리 떨어져 있으매 傳聞된 말이 그릇되기가 쉬우므로 두 나라가 서로 의심하여 이것이 벌써 여러 해 되었으니 인교의 구의를 생각할 적마다 개탄을 금치 못하였습니다. 다행히도 귀국 대신이 우리나라에 와서 본방의 대신과 명백히 담판하여 다시는 장애될 일이 없게 되었으니 마치 비바람이 지나간 난초 밭에 꽃향기만 여전한 것과 같습니다. 지금부터 구의를 두텁게 하고 영구적인 우호를 계속한다면 기쁨이 한량없겠습니다."(『일동기유 4권』(전게서) 文事, 214쪽) 라고 하여 당시의 상황인식을 보여주고 있다.

21) 신헌 『심행일기』, 김종학 옮김, 푸른역사, 2010년.
또한 제홍일은 미야모토 코이치를 중심으로 연구를 계속하여「근대 여명기 일본의 조선정책과 宮本小一」(『역사와 세계』37, 2010년)를 통해 일본이 소극적이고 온건하였음을 실증하여 조일수호조규가 위협을 통해 맺어진 것이라는 기존의 연구를 비판하였다.

22) 박한민은 『조일수호조규 체제의 성립과 운용 연구』(2017 고려대 박사학위논문)에서 조일수호조규를 양국 관계를 새로 설정해 나가는 출발점으로 간주하였으나 1883년 조일통상장정이 체결될 때까지 오랜 시간에 걸친 사안별 교섭을 통해 새로운 관계가 성립되며 이 과정에서 대립도 있었지만 때로는 협조와 공동대처도 이루어지고 있음을 밝혔다.

23) 이근관은 「조일수호조규(1876)의 재평가 - 전통적 동아시아 국제질서의 시점으로부터 -」(『서울국제법연구』11-1, 2004년에서 전통적인 동아시아 국제질서의 틀 안에 묶어두려고 했던 조선의 의도를 부각시켜 개국이나 개항등의 패러다임의 변경이 있었다고 보기 어려우며 전통적 질서의 연속성을 강조하였다.

이동인을 대동하고 황쭌셴의 『조선책략』을 가지고 귀국 복명하면서, 드디어 어전회의를 통해 개국이 논의되고 서양과의 문호 개방 정책으로 크게 변화하게 됨이 사실이다.

그렇다면 조일수호조규가 "일본의 압력에 굴복하여 맺은 불평등한 개항 조약"이라는 인식은 수정되어야 한다. 어떻게 수정되어 교과서에 기술해야 할 것인지 우리 학계의 衆智를 모을 필요가 있다.

Ⅲ. 맺음말

이상 메이지 정권의 성립에서 조일수호조규에 이르기까지 개항기 한일관계사를 큰 틀에서 복원하여 보았다. 결과 지금까지 통용되어 온 메이지기에 만들어진 역사관과는 상당한 거리가 있음을 알 수 있다. 이를 정리하면 다음과 같다.

첫째, 메이지 정부가 성립되고 한·일간 갈등이 시작된 이유는 메이지 권력의 팽창 정책과 이를 이용한 대마주의 전략에 기인하며 조선은 전통적 우호를 유지하고자 노력하였다.

둘째, 기존 외교 시스템(근세외교시스템)이 붕괴된 다음에도 왜관을 통해 표류민은 송환되었으며 입항에 대한 문정과 출항에 대한 노문(路文)의 발급 등 기본적 외교 통로는 유지되었으며 왜관의 관리 역시 동래부가 담당하였다.

셋째, 고종 친정 이후 교섭이 진전되고 합의가 이루어졌으나 조선이 전쟁을 회피하고 있음을 파악한 일본은 오히려 더 강경입장으로 선회하여 이를 파기하고 전쟁을 통하여 더 유리한 조약을 맺고자 전쟁의 위기를 조성한다. 부산항에서의 군사훈련과 운요호 사건이 대표적이다.

넷째, 조일수호조규는 극적인 우호관계의 성립이었다. 전쟁을 각오한 상태에서 맺어진 조약임은 분명하지만 일본의 위협에 굴복한 조약도 아니었고 강제로 맺어진 개항조약도 아니었다. 전쟁을 피하기 위한 조약으로서는 상당히 선방한 조약이었고, 개항 전 단계에 자리매김할 수 있다.

이상의 사실 복원을 통해 메이지기에 만들어진 역사관과 사실은 상당한 거리가 있음을 제시해 보았다. 쟁점 사항에 대해 치밀한 논증이 필요한 부분이 있다. 이 부분은 앞으로의 과제로 제안한다. 이제는 객관적 사실에 기초한 연구가 그리고 조선의 입장과 판단을 배려한 연구가 필요하다. 이는 메이지에 형성된 역사 왜곡을 조금씩 해결하는 과정이 아닐까 생각한다. 아울러 "한·일간의 역사화해"라는 말이 화두가 되고 있으나 이를 해결하기 위해서는 우리 선조들에 대한 정당한 평가가 선행되어야 할 것으로 생각한다. 우리 학회 근대사 전공자들의 치열한 토의를 통해 衆智를 모아 교과서의 기술이 바뀌기를 기대해 본다.

제3장 조일수호조규의 재검토

I. 머리말

지금까지 조일수호조규는 최초의 근대적 조약이며, 이로 말미암아 조선이 개항되었고 그 조약은 불평등한 것이라는 인식이 일반적이었다. 최초의 근대적 조약, 쇄국에서 개항으로 이끈 조약, 함포외교에 의해 굴복한 조약, 준비되지 않은 개항이었기에 불평등한 조약으로 교육받았고 또 가르치고 있다. 교과서의 기술도 이와 마찬가지이다. 과연 이러한 인식은 어느 정도 타당한 것인지 당시의 상황을 복원하면서 재검토해 보고자 한다.

최근에 조일수호조규에 대한 재검토가 조심스럽게 진행되고 있다. 조일수호조규 체결의 국제적 요인과 조선 측의 주체적 요인을 분석한 윤소영은 조일수호조규가 불평등한 조약이 아님을 강조하였다[1]. 이는 8년에 걸친 조선과 일본의 교섭, 즉 막부의 멸망과 메이지정부의 수립으로 시작된 새로운 교섭 쟁점이 양국의 정치적 대등성을 확보하는 것이었음에 착안한 논지였다. 이태진은 조약 체결과정에서 고종의 역할을 부각하여 조일수호조규가 일본의 강요에 의해 맺어진 것이 아니라 조선 정부가 능동적으로 맺은 요인이 더 강하였다고 하였다. 그리고 일본이 제시한 12개조에 대해 조선이 9개조에 걸쳐 대소의 문구 수정을 요구하고 관철시킨 것, 그리고 교섭이 매우 순탄하게 진행된 것은 군주 고종의 확고한 결의가 있었기 때문이라고 파악하였다[2]. 제홍일은 조약체결과정에서 조약교섭의 실질적 책임자인 미

---

1) 윤소영, 「조일수호조규의 역사적 위치」(『한일관계사연구』18, 한일관계사학회), 2003.
2) 이태진, 「1876년 조일수호조규의 명암」(『한국사 시민강좌』36, 일조각), 2005.

야모토 오카즈(宮本小一)의 조선관에 분석을 집중하여 일본이 소극적으로 조일수호조규에 임하였다고 하고, 조선을 '개국'시켰다는 평가는 실체가 없는 이미지에 불과하다고 논하였다[3]. 한편, 조일수호조규에 대한 후대의 인식을 분석한 츠키아시 다츠히코(月脚達彦)는 최혜국대우 규정과 협정관세 규정이 없는 조일수호조규는 '불완전한 불평등 조약'이며 이 조약을 굴욕적인 불평등 조약이라고 보는 인식은 체결당시는 물론 3·1운동 시까지도 일반적이지 않았다고 지적하였다[4].

조일수호조규의 성격을 당시의 상황에서 복원 검토해 보면, 당시 조선은 이를 막부 시절의 우호 관계를 회복(중수구교)한 조약이라고 평가하였고, 메이지 일본은 무위를 보여주어 쇄국 조선을 개항시킨 조약이라고 선전하였다. 내용적으로는 세부적인 사항 일체를 훗날의 협상(수호조규부록과 통상장정)으로 넘긴 점에서 큰 틀에서 정치적 선언 성격의 조약이라는 평가가 점차 일반적이 되고 있다.

조일수호조규의 특징을 살펴보면 다음과 같다. 첫 번째 특징은 조일수호조규의 체결이 전쟁의 갈림길에서 맺어진 조약이라는 점이다. 일본정부는 구로다[黑田] 사절을 보내면서 교섭 결렬에 대비하여 전쟁 준비를 완료할 것을 결정하였고, 아울러 서양 열강이 국외 중립을 선언하며 전쟁이 일어나면 국제법에 따라 일본의 "의거"임을 부각하도록 하였다. 이에 따라서 조선정토사단(朝鮮征討師團)이 구성되어 수뇌부가 임명되었다. 출병 시의 기지인 시모노세키[下關]로 육군경 야마가타 아리토모[山縣有朋]를 비롯한 수뇌부가 집결하였다. 출병은 교섭 결렬 3일 이내로 정해졌다. 구로다 사절단은 1876년 1월 6일 도쿄[東京]를 출발하여 호위함대 6척과 병력 800여 명을 거느리고 부산에 정박하였다가 조선 서해안을 측량하면서 올라가 25일

---

3) 제홍일, 「명치초기의 조선정책과 강화도사건 - 宮本小一을 중심으로 -」

4) 月脚達彦, 「近代朝鮮の條約における '平等' と '不平等' ― 日朝修好條規と朝米修好通商條約を中心に」(『東アジア近代史』 13), 2010.

남양부 도리도 앞바다에서 회합하였고, 2월 4일에는 항산도에 정박하여 무력을 과시하였다. 조선의 지방관은 일본 함대가 정박하는 곳마다 문정을 하고 상황을 서울로 보고하였다. 조선 조정은 강화부의 방어를 엄히 하였으며 부녀자들과 어린이들을 모두 피난시켰다. 전쟁에 대비하여 전국의 포수들을 소집하고 병력을 수도 방위로 재편한 것은 물론이었다.

두 번째 특징은 그동안의 긴장을 비웃듯 회담은 예상외로 순조롭게 진전을 이루었다는 점이다. 2월 11일 1차 회담에서 2월 27일 조인에 이르기까지 16일 만에 전 12관으로 구성된 조일수호조규가 맺어졌는데 큰 대립이나 위기는 없었다. 조일수호조규의 체결과정이 예상과는 달리 매우 순조롭게 진행된 이유는 가장 큰 걸림돌이었던 '명호의 문제' 즉 황제의 나라 일본과 국왕의 나라 조선이 어떻게 대등한 조약을 맺는가의 문제가 근대 국제법에 의해 해결되었기 때문이었다. 근대 국제법은 국가의 강약에 관계없이 국가의 평등권이 인정되었기 때문이다. 만일 명호의 문제가 해결되지 못하였다면 조선은 끝까지 항전했을 터였다. 일본은 6척의 호위함과 800여 명의 병사를 거느리고 또, 시모노세키에 대기 병력을 준비한 상태임에도 불구하고 회담 초반부터 조선이 요구한 수정제의를 쉽게 수용하였다. 조약이 맺어지고 난 후, 신헌은

> 한 가지 괴이한 것은 저 나라에서 우리나라와 통상한 후에 무슨 이득이 있어서 수고와 비용을 아끼지 않고 이렇게 거창한 일을 시행했느냐는 점이다. 이미 서로가 영구히 우의를 돈독히 하기로 약조하였으니 명호(名號)를 따지기 위해서 침핍한 일은 아닐 것이요, 또 각국의 호시에 이미 완성된 규칙이 있으니 상세(商稅)에 편중된 뜻도 아니었을 것이다.[5]

라고, 가장 우려했던 점이 명호의 문제요 다음으로는 무역에 대한 점이었음

---

5) 김종학 옮김. 신헌, 『심행일기』(부록 「심행잡기」 12), 331-332쪽.

을 알 수 있다. 일본이 무력을 동원하여 이와 같은 어려운 주문을 할 경우에는, 때에 따라서는 전쟁도 각오하였으나 곤란한 요구 없이 쉽게 해결된 상황을 괴이하게 여기고 있다. 제1차 수신사 김기수가 가지고 간 예조판서의 서한에는

> …갑자기 어떤 사정으로 피차간에 서로 의심하게 되었으나, …근래 귀국 대신이 바다를 건너 방문하여 … 여러 해 쌓여왔던 의심이 하루아침에 풀리게 되었으니 얼마나 상쾌하고 얼마나 다행인지요.[6]

라고 하여 조일수호조규가 맺어진 만족감을 표현하고 있다. 여러 해 쌓여왔던 의심이 무엇인지 확인하기 위해 조일수호조규의 배경을 다시금 복원해 보자. 그리고 조일수호조규의 내용을 구체적으로 살펴보고 그 의미를 새롭게 검토해 보자.

Ⅱ. 조일수호조규 체결의 배경

조선 후기, 조선은 일본 에도막부와 통신사외교로 상징되는 우호적인 관계를 유지하고 있었다. 이를 양국 외교담당자들은 성신지교(誠信之交)라고 불렀다. 그러나 막부 말기, 일본의 개항과 반막부 세력의 성장에 따라서 일본에서는 대조선 외교에 대한 비판이 일어났다. 그동안의 관계는 대마주가 조선에 '조공'을 하는 형태로 이는 일본의 치욕이라는 것이었다. 반막부 세력은 막부 외교 실책 중 하나로 간주하여 막부 공격의 빌미로 삼았다. 메이지 성립기 일본 내부에서는 막부 vs 반막부의 갈등이 심각하였다. 개항으로 말미암아 조선과의 무역이익이 급감하여 경제적 파산에 직면하였던 대마주

---

6) 김기수, 『일동기유』(구지현 옮김, 보고사), 권4, 문사, 169-170쪽.

는 이러한 대립을 이용하고자 하였다. 즉, 경제적으로 자립할 수 없었던 번의 구조가 이러한 한일관계(치욕)를 초래하였기 때문에 대마주에 대한 원조가 시급하다고 주장하고 안정된 지행(토지)을 요구하는 논리로 활용하였다. 도요토미 히데요시[豊臣秀吉]에 대한 높은 평가와 맞물려 소위 '막부 말기의 정한론'이 일어난 것은 이러한 정치 변화의 산물이었다.

막부가 무너지고 난 후, 메이지 정부는 막부 시절의 대조선 외교 관계를 '구폐(막부 시절의 폐단)'로 명확히 규정하였다. 신생 메이지 정부는 대마주에 명하여 왕정복고를 알리는 동시에 구폐를 척결하도록 지시하였다. 대마주는 조선이 준 감합인(도서)을 반납하고 메이지 정부가 주조한 신인(新印)을 찍은 노인(路引-도항증명서)을 발급하는 한편, 대마도주의 외교적 지위를 격상함으로 조공 관계라는 비난을 없앨 수 있다고 생각하였다. 물론 여태까지와 마찬가지로 조선과의 외교 무역권은 그대로 유지하려는 생각이었다.

1868년 12월, 대마도주는 왕정복고를 알리는 대차사를 파견하였다. 대차사는 노인(路引-도항증명서)과 서계에 조선이 준 도장이 아닌 메이지 정부가 주조한 신인(新印)을 사용하겠다는 것과, '대마주 태수 평의달'의 직함을 '좌근위소장 대마주태수 평조신의달'로 변경하겠다는 것, 대마도주가 예조참판과 등대하겠다는 등의 내용이 포함되어 있었다. 그 이유로는 왕정복고를 들었음은 당연하다. 나아가 지금까지의 외교-무역 관계를 '사교(私交-사사로운 교제)'였다고 규정하고 메이지 정부의 엄명이므로 자신들의 주장을 조선이 받아들여야 하며 이를 거절하게 되면 전쟁이 발생할 수 있다고 위협하였다. 지금까지의 외교를 '사교'라고 주장한 대마주의 발언은 동래부를 격앙시켰다. 자칭 황제국인 일본과 왕국인 조선 사이의 명호(名號)문제의 발생이다. 동래부는 '황'과 '칙'을 칭하는 것은 국내에 한정되는 것이며, 외국에 강요할 수는 없다고 기존의 적례(대등지례)를 관철하고자 하였고, 대마주는 이를 거부하였다. 동래부는 대마주에 대한 경제적 응징도 검토하였으나 도발에 말려들어서는 안 된다는 것과 변혁기에 대마주의 효용 가치를 생각하여 오히려 달래고 포용하는 전략을 구사하였다.

대수대차사 서계 수리를 둘러싼 갈등은, 기존의 외교 관계를 '성신지교'라 생각하고 이를 유지해야 한다는 동래부와, 기존의 외교 관계를 '구폐'라고 규정하여 이를 바꾸고자 하였던 대마주의 대립이었다. '메이지 정부가 국교수립을 요청하였지만, 동래부가 쇄국을 내세워 거부하였기 때문에 대립이 생겼다'라는 왜정시대 이래의 이해는 정치적 선전으로 사실과 다르다.

동래부는 메이지 정부의 태도와 막부 붕괴 소식에 당혹해하였다. 동래부는 대마주의 요구가 이치에 맞지 않는다고 달래면서, 전통적 교린을 강조하여 서계의 수정을 책유하였다. 정권이 바뀌어도 외교 관계는 변함없이 유지되어야 한다고 주장하였다. 동래부는 격식에 맞는 서한을 가지고 온 세견선과 표민영래선에 대해서는 전통적 관례에 따른 융숭한 접대를 해주는 한편, 격식에 어긋난 서한을 소지한 세견선과 표민송환선은 접대를 하지 않고 관례에 합당한 서한을 가져올 때까지 무시하는, 원칙에 입각한 전략을 택하였다. 경제적 어려움에 부닥쳐 있었던 대마주는 굴복하지 않을 수 없었다. 접대를 받지 못하는 것은 바로 경제적 손실을 의미하였기 때문이다. 이리하여 메이지 정부가 성립하고서도 대마주는 전통적인 도서(인)를 사용한 노인과 서계를 세견선과 표류민선에 발급하여 전통적인 관례를 유지하였다. 메이지 정부 외무성 내에서는 대마주가 정부의 지시를 이행하지 못하고 있다는 비판이 생겨났다. 이러한 비판은 대마주에 대한 불신과 더불어 또 일본의 황위를 인정하지 않는 조선에 대한 분노로 변화하여 반한감정이 더 높아졌다.

1871년 폐번치현 이후, 일본 외무성은 세견선 폐지에 대한 보상을 지급하여, 외교에 관한 일체를 외무성이 장악하였다. 대마주에는 외무성 출장소를 설치하였으며 조선과의 외교 단절을 피하려고 전 대마주 번주인 소 요시아키라[宗義達]를 외무대승으로 임명하였다. 조선과의 외교 창구가 외무성으로 한정된 것이었다. 한편 왜관의 대마주 상인들은 폐번치현 후에도 조선과의 무역을 독점적으로 계속 유지할 방안을 모색하였고 동래부의 상인들도 이를 지지하였다. 봉진과 중답의 형식을 갖는 공무역(세견선 무역)은 외무성의 눈을 피하여 한동안 지속되었다. 세견선 무역이 지속되고 있음을 찰지(察知)한 외무대승 하나부사는 1872년 9월 왜관에 건너와 전격적으로 세견선의 폐기와 대관소 폐지, 대관들의 강제 귀국과 재판에 회부, 그리고 표류민 송환에서 영래서계의 폐지를 단행하였다. 이로써 양국의 전통적 외교 의례 즉 조선 후기 한일관계 시스템은 일본에 의해 일방적으로 붕괴하였다.

동래부는 왜관에 들어온 일본 외무관료에 대해 일본이 봉건제를 폐지하고 군현제를 시행하였다고 해도 한일관계 시스템은 이전의 모습으로 복원할 수 있으며 또 복원해야 한다고 주장하였다. 군현제 하의 대마주 지방관청과 동래부가 외교와 무역을 담당하는 것이 타당하다는 주장이었다. 왜관에 외무성 관리들이 들어온 것도 폐번치현의 소식을 알고 있었기 때문에 쫓아내지는 않았다. 왜관 폐쇄 카드를 보이면서도 동래부는 조선의 국법과 조약에 따른다면 누구라도 접대할 것이라고 천명하였다.

왜관의 외무성 관리는 세견선 폐지는 국가의 명령이기 때문에 타협할 수 없다고 주장하였고 무역에 서계는 필요가 없다고 주장하였다. 나아가 자유무역을 주장하였다. 동래부는 세견선이 오지 않으면 접대를 하지 않겠다고 맞섰다. 세견선 무역은 일본에 더 큰 이익을 주는 것이기 때문에 결국은 일본이 굴복할 것을 기대한 것이다. 외무성은 표류민 송환에도 영래차왜와 서계를 보내지 않았다. 따라서 불가피하게 표류민 송환에 대한 접대도 폐지되었다. 무상 송환이 시작된 것이었다. 세견선의 폐지와 표류민 송환에서 서계가 없어진 것은, 왜관의 중요한 기능인 접대 기능이 마비되었음을 의미하였다. 결국 임관(훈도와 별차)들은 임소에서 철수하였으며, 소통사만이 남아서 외무성 관료들과 협상을 하고 동래 상인들이 그동안의 인맥을 활용하여 무역하는 모습이 전개된다. 즉 외교 관계의 격이 낮아진 것이다.

왜관의 외무성 관원들은 침략의 거점인 왜관을 유지하라는 외무성의 명령에 따라 우호를 표방하였다. 조선의 출입국 국법을 준수하여 조선이 준 도서를 찍은 노인을 발행하여 선박을 왕래시켰고, 선박들은 조선의 문정에 순응하였으며, 접대를 받지 못하는 중에도 표류민을 꾸준히 송환함으로 명분을 축적해나갔다. 다만 모든 선박이 비선 노인을 소지하여 입항하였음은 주목된다. 비선은 서계가 필요 없었으며, 접대가 없었기 때문이다. 외무성 대마주 출장소는 모든 선박에 비선 노인만을 발급하였다. 왜관의 외무성 관원들은 조선이 요구하는 전통으로의 회귀는 불가하며 접대를 원하지 않는다는 태도를 보였다. 경제적 약자가 아님을 과시한 것이다. 아울러 조선은 군사적으로 일본의 상대가 되지 않음을 보여주고자 노력하였다.

조선은 신생 메이지 일본을 이해하려고 노력하였지만, 막부의 멸망과 메이지 정부의 수립, 그리고 대마주의 소멸이라는 일본의 변화를 인정하기에는 좀 더 시간이 필요하였다. 대마도 사람들이 돌아간 후 왜관은 점차 쇠퇴하는 모습을 보인다. 인원수도 500여 명에서 70여 명으로 줄어든다. 폐가(廢家)도 증가하였다. 일본에서는 정한론 정변(1873년)과 사가(佐賀)의 난을 거쳐 타이완 침공을 단행하였으며, 조선도 이 정보를 심각하게 받아들였다.

일본의 타이완 침공은 당연히 청·일 양국의 대립을 초래하였다. 이 대립을 서양 열강 특히 영국은 환영하였다. 주청 영국공사 웨이드는 일본을 편들어 중개에 나섰다. 결국, 청국은 영국의 압력에 굴복하여 '일본의 출병이 백성을 보호하기 위한 정당한 행동'이라고 인정하고 배상금 50만 냥을 지급하여 타협하였다. 국제법적으로 유구민이 일본 백성으로 간주된 것이며, 유구 처분의 법적 근거가 마련된 것이었다. 웨이드는 전권 대신 오쿠보 도시미치[大久保利通]에게 "일본의 위엄을 청국 정부에 보여준 쾌거이다. (중략) 일본이 일본다움을 서구에도 잘 보여주었다(중략). 조선에 착수할 때는 원조하겠다"라고 조선에 진출하도록 충동질하고 있었다. 영국은 러시아가 조선반도를 제압할 경우를 경계하고 있었다. 그리하여 빠른 시기부터 일본을 영국의 세계전략에 포함하려고 하였다. 병인양요와 신미양요로 조선을 개항시키는 데 실패한 서양 열강은 일본이 조선을 개항시키기를 기대하였다.

점차 일본과의 긴장이 높아지고 있었다. 왜관에서는 여전히 한일 양국이 갈등 관계에 빠지게 된 원인을 상대방의 책임으로 돌리고 있었다. 메이지 정부의 강경파는 여론 조작을 통하여 조선과의 전쟁이 불가피하다고 선동하였고 일본의 지식인들도, 심지어는 서양열강도 이에 동조하였다. 점차 분위기는 험악해지고 전쟁은 가시화되고 있었다. 이를 해결하고 두 나라 사이의 교섭을 재개하기 위한 합의가 고종 친정 이후 모색되었다. 고종은 서양 열강의 동향과 일본의 변화에 관해 관심이 있었으며 청나라에서 귀국한 사절들을 통해 정보를 획득하고 있었다. 고종은 신임 동래부사와 훈도에게 전쟁을 피하고 우호를 회복하도록 주문하였다.

이러한 분위기를 바탕으로 왜관에서 암행어사의 부관(대범곡)과 일본 외무성 관료(모리야마 시게루) 사이에 양국의 외교가 단절된 이유와 해결 방안에 대해 심도 있게 논의되었고, 대등한 외교를 유지한다는 합의를 바탕으로 신임 훈도 현석운과 별차 현제순이 부임하면서 해결책이 도출하기도 하였다(1874년 9월). 금위대장 조영하도 친서를 모리야마에게 보내어 도해역관의 파견을 제안하기도 하였다. 그러나 모리야마는 강경파였으며 대등한 외교보다는 전쟁을 통한 일본 우위의 조약 체결을 우선하였다. 조선이 양보할 때 더 몰아붙여야 한다고 생각하였다. 한일 양국의 인식에 큰 차이가 있었음은 당연한 일이었다. 현석운-모리야마의 타협이 겨우 이루어져 이에 따라서 일본은 조선에 서계를 보내왔으나 이 서계는 양국간의 합의를 준수하지 않은 것이었으며 당시의 국제법에도 어긋난 것이었다. 근대 국제법은 국가의 강함과 약함에 관계없이 국가의 평등권이 인정되었다. 국가 상호의 외교 의례도 19세기에 들어서서는 엄격하게 정해진 것이다. 그러나 일본이 조선에 보낸 서계는 아직도 전근대적인 우월감을 바탕으로 한 것이었다. 조선 국왕을 일본 태정대신과 동격으로 삼아 조선을 하위의 국가로 자리매김하고자 한 것은 조선에 사대를 요구한 것과 다름없었다. 외무대승 종의달의 서계도 일방적으로 조선이 대수대차사 서계를 접수하지 않은 것에 대한 원망과 비난, 접수하지 않은 것이 간악한 무리가 중간에서 옹폐한 것이라는 인식, 도서의 반납, '대일본', '황상'의 자구 사용, 훈도를 넘어서 왜관 관수와 동래부사의 등대, 종의달이 예조참판과 등대하려고 하는 등 대수대차사를 통해 이루려고 하였던 욕심을 그대로 드러내어 지난 합의를 무시한 내용이었다. 게다가 모리야마가 전통적 서계접수 의례를 무시하겠다고 주장하였다. 동래부는 비록 서계 접수를 명받기는 하였으나 동래부의 재량으로는 도저히 받아들일 수 없으므로 중앙의 지휘를 얻어야 한다고 접수 연기를 요청하였다. 모리야마는 서계가 즉시 수리되지 않은 것에 분노하여 접수 연기는 외교관계를 거절한 것이며 일본에 치욕을 준 것이라고 주장하였다. 그는 전쟁의 구실을 얻은 것으로 간주하는 보고를 하였다. 이후 일본은 모리야마의 강경책을 받아들여 전쟁을 통한 해결을 도모하게 되었다.

부산에는 드디어 일본 군함이 조선의 국법을 어기고 입항하기 시작하였다. 그들은 단속에 나선 부산진의 전선(戰船)을 얕보았으며, 조약이 없으므로 조약을 어긴 것도 아니라고 우기고 만일 조선이 공격한다면 전쟁을 불사하겠다는 태도를 보였다. 해군의 열세는 명확하였다. 부산진과 좌수영의 전선은 일본의 군함을 감당할 수 없었으므로 전쟁이 일어나면 일단 내륙으로 후퇴하여 육상에서의 전투로 돌입할 수밖에 없는 실정임을 서로 잘 알고 있었다. 전쟁하고자 하였던 일본과 전쟁을 회피하고자 하는 조선정부의 입장이 명확히 나타나는 시기였다. 정부로부터 먼저 전단을 벌여서는 안 된다는 명령을 받은 동래부는 이들을 달랬다. 조선이 전쟁을 피하고자 함을 파악한 일본의 태도는 점차 과감해져 (양력) 1875년 5월에는 운요호가, 6월에는 다이니테이보[第二丁卯]호가 왜관 앞바다에 입항하였으며, 테이보[丁卯]호는 문정을 위해 훈도와 수행원 18명이 승선하였을 때 군사훈련을 하여 무력을 과시하기도 하였다. 부산진의 전선과 두모포·개운포 전선이 권위를 잃고 조선 수군이 전의를 상실하는 시기였다. 나아가 1875년 9월에는 운요호가 서해안을 북상하여 강화도 앞바다에서 영종진을 파괴하는 등 전

쟁을 도발하였다.(운요호사건)

일본은 운요호 사건을 보고받고, 조선이 왜관을 폐쇄할 것으로 생각하여 왜관에서의 철수를 준비하고 전쟁 여론을 불러일으켰다. 10월 3일에는 일본 군함 카스카[春日]함이, 27일에는 모슌[孟春]함이 부산에 입항하여 예포와 답례포를 발사하였으며, 11월 9일에는 일본 해군 병사가 설문을 벗어나 초량리로 난입하여 조선의 반응을 살피고, 12월 13일에는 일본 해병대 58명이 무장을 하고 설문 밖으로 나와 조선 병사들과 충돌을 일으키는 등, 전쟁을 기정사실로 하려고 도발하였다. 조선이 무력을 사용하기를 바란 행동이었다.

운요호 사건에 대한 왜곡된 정보로 전쟁불가피론(정한여론)이 일본 열도를 뒤덮었다. 하지만 단시간 내에 승리할 수 있다는 확신이 없었고 전쟁 명분이 부족하다는 점, 청나라의 개입 가능성, 조-청 연합군과 전쟁을 벌이게 되었을 때 장기전에 대한 부담감, 그리고 일본 내부의 분열과 서양 열강의 여론 등을 고려한 온건파의 주장도 강력하였었다. 무엇보다 조선 조정이 인내를 갖고 평화적 해결을 모색하였기에 평화적 해결 방안은 남아있었다. 조선은 왜관을 철폐하지 않았으며, 일본을 비난하지 않았다. 왜관이 존재하는 한 일본이 바로 병력을 내보내는 것은 옳지 않다는 견해가 대두되었다. 왜관에서 보낸 외무관리들의 보고도 극단적인 방법이 필요하지 않다고 하였다. 전쟁을 위해서는 더욱 합당한 구실이 필요하였다. 조선에서도 척왜론이 등장하여 전쟁이 불가피하다는 여론도 있었으나 조정은 전쟁은 최후의 수단이며 마지막까지 인내하고 먼저 전쟁을 일으키지 말 것을 강력히 명령하고 있었다.

이 시점에서 전권 변리 대신 구로다 사절의 파견이 이루어졌다. 변리 대신이라고 함은 작년 일본이 서계를 보냈으나 조선이 모리야마를 응접하지 않은 이유와 운요호 사건이 발생한 이유를 변리하기 위함이라고 밝혔다. 이는 국사(國使)를 파견하지 않고 전쟁을 벌이는 것이 타당하지 않다는 의견이 반영된 것이며 1868년 메이지 정부의 성립 이래 국사(황사) 파견론이 드디어 실현된 결과이기도 하였다. 국사가 파견되어 수호요청이 거부되면 전쟁으로 직결된다는 것이 당시의 여론이었다. 구로다의 파견을 오랜 외교적 교섭 과정의 연속에서 파악하지 않고 오직 운요호 사건과 직결시키는 것에 대해서는 적절한 비판이 필요하다.

Ⅲ. 체결 과정

구로다 사절 파견에 앞서서 관수의 역할을 담당한 바 있었던 외무관리 히로쓰 히로노부[廣津弘信]가 부산에 도착하여 훈도에게 일본 정부가 전권 변리 대신을 파견한다고 전하였다. 훈도는 즉시 상경하여 이 사실을 조정에 알렸다. 구로다 사절단은 1876년 1월 6일 도쿄[東京]를 출발하여 부산에 정박하였다가 25일 남양부 도리도 앞바다에서 회합하였고, 2월 4일에는 항산도에 정박하여 무력을 과시하였다. 호송함선은 6척으로 병사는 800여 명에 이르렀다. 또한 시모노세키에는 대기병력이 준비되어 회담이 결렬되면 바로 전쟁에 투입될 준비가 갖추어졌다. 조선 역시 전쟁 가능성을 무시할 수 없었기에 강화부의 방어를 엄히 하였으며 부녀자들과 어린이들을 모두 피난시켰다. 일본군이 서울로 진입할 가능성에 대비하여 전국의 포수들을 소집하고 병력을 수도 방위로 재편한 것은 물론이었다. 일본이 얼마나 곤란한 요구를 해 올 것인지가 초미의 관심이었다. 2월 5일 모리야마가 응접 절차와 숙소문제를 사전협의하기 위해 상륙하여 접견 부관 윤자승과 예비회담을 했다. 윤자승은 이미 묘당의 지시를 받고 있었으므로 사절단의 숙소를 마련해 주었으며 땔감과 작목 등도 모두 아끼지 않고 제공하였다. 설령 전쟁이 발발하더라도 예의는 다하여 구실은 주지 않겠다는 의도였다. 이는 74년 이래 조선의 일관된 태도였다.

2월 11일 제1차 회담이 열렸다. 구로다는 모두 발언에서 "양국에서 대신을 파견한 것은 대사(大事)를 변리하기 위한 것이며, 또 구호를 중수하기 위한 것"이라고 회담 의제를 밝혔다. 대사란 운요호 사건에 대한 책임과 외무성 서계가 수리되지 못한 책임 문제를 따져보자는 것이었다. 구로다는 먼저 운요호 사건을 언급하였다. 일본 국기를 게양한 일본 함대를 조선이 공격한 것은 조선에 책임이 있다는 논리였다. 그러나 신헌은 예법을 무시하고 사전 통고 없이 조선의 방수지역을 무단 침범한 운요호에 책임이 있다고 반박하였으며 영종진을 파괴한 책임을 추궁하였다. 이 사실은 국제법적으로 보더라도 운요호의 과실이 명백하였기 때문에 구로다는 더는 언급할 수 없었다. 그래서 두 번째 문제 즉, 작년 외무성 서계를 받지 않은 사실에 대해 추궁하였다. 이에 대해 신헌은 "여러 가지 이유와 오해가 있었기 때문이며, 이제 조약을 맺으려는 자리이므로 논쟁을 반복할 필요는 없으니 거슬러 제기하지 말자'라고 덮어버린다. 그동안 외교적 갈등에 대해 시비를 가리는 것은 싸움만 더 커질 것이기 때문에 일본도 이해하였다. 두 가지 대사를 더 따져 볼 이유가 없어졌으므로, 이제 남은 것은 중수구교를 이루는 것뿐이었다. 구교를 회복하는 데 조선이 양보할 수 없는 선이 명호의 문제였다. 설령 전쟁을 감내하더라도 조선을 일본의 하위에 두는 조약은 맺을 수 없었다.

다음날 2월 12일 제2차 회담이 열렸다. 이날 모리야마가 부산에서의 교섭 경위를 적은 문서를 들고 와서 설명하였고 구로다도 메이지 6년의 정변(정한론 정변, 1873년)과 사가의 난(1874년)을 언급하면서 전쟁을 피하기 위해서는 조약이 맺어져야 하는 당위를 역설하였다. 그리고는 13개 조관으로 된 조규 초안을 제시하였다. 역시 명호의 문제는 피할 수 없었다. 조규 초안은 조약 체결권자를 '일본 황제 폐하'와 '조선국왕 전하'로 적시하고 있었기 때문이다. 신헌은 이는 대등하지 않으므로 각각 '일본국'과 '조선국'으로 고쳐야 한다고 주장하였다. 조규 초안은 바로 정서되어 조정으로 보내어졌다.

2월 19일 신헌은 문병을 온 미야모토[宮本]와 노무라[野村]를 만나 조규 초안의 각 조관을 심의하였다. 일본 대표단도 조선에서 문제를 일으키기를 원치 않았고 국제법에 대한 이해가 있었기 때문에 명호의 문제는 예상외로 쉽게 일본이 양보하였다. 이로 말미암아 조약 심의과정은 비교적 순탄하였다. 정부에서 초안을 검토한 공식 문서는 20일 도착하였다. 신헌이 요구한 바와 정부가 요구한 바가 거의 같았다는 사실은 흥미롭다. 조규 책자를 정서할 때가 되어서 일본이 국왕의 친필서명을 요구하여 난관에 부딪쳤다. 이역시 강경파 모리야마의 오해와 책동이라고 판단한 신헌은 모리야마를 배제하는 데 성공하여 결국 2월 27일 연무당에서 신헌과 구로다가 조약에 서명하였다. 2월 11일 1차 회담이 열린 후 16일 만의 일이었다. 일본 사절은 28일 강화부를 떠났으며, 신헌과 윤자승은 3월 1일 어전에 복명하였다.

IV. 내용

조일수호조규는 대마주를 매개로 하는 기존의 전통적인 관계에서 벗어나 예조와 외무성의 직접 외교를 이룬 것이었으며, 새로운 조약을 가능하게 만드는 시발점이 되었다. 또한, 메이지 정부가 성립하면서 가지고 있었던 조선을 하위 국가로 자리매김하고자 하였던 의도를 벗어나 기존의 적례(대등지례)를 관철하여 근대 국제법에 따른 국가의 평등권을 인정한 조약이었다. 또 메이지 정부의 잘못된 '구폐개혁' 의도로 어긋났던 한·일간의 외교를 회복시켰다는 의미도 갖는다.

일본의 군사적 행동과 압력, 전쟁 여론과 무력시위 등을 살펴볼 때, 군사적 열세였던 조선이 전쟁을 피하기 위해 맺은 조약으로서는 선방한 내용이 되었음을 지적할 수 있다. 실제로 신헌은 일본이 거창하게 군함을 이끌고 오는 등 일을 벌였지만, 명호(외교 관계)를 따져 조선을 하위 국가로 삼겠다고 고집하지도 않았고, 세견선의 이익보다 더 많은 이익을 요구하지도 않았다고 만족감을 표현하고 있다.

조일수호조규 자체는 양국의 수호를 선언한 것에 불과하지만, 뒤이은 조약들을 통해 조선은 점차 근대적 조약 체계 속으로 편입된다. 조약의 각 조목을 분석해보면 다음과 같다.

전문을 보면,

> 대일본국과 대조선국은 본디 우의를 두텁게 하여 세월을 지냈다. 지금 양국의 정의(情意)가 미흡함을 보게 되었음으로 옛 우호를 다시 닦아 친목을 굳게 다지고자 한다. 이에 일본국 정부는 특명전권변리대신 육군중장 겸 참의개척장관 구로다 기요타카와 특명부전권변리대신 의관 이노우에 가오루를 가려 뽑아 조선국 강화부에 파견하고 조선국 정부는 판중추부사 신헌과 부총관 윤자승을 가려 뽑아 각자 받은 유지(諭旨)를 준수하여 조관을 의논하고 아래에 열거한다.

이 조약의 성격이 '중수구교' 즉 옛 우의를 다시 닦아 친목을 굳게 다지는 것임을 표명한 것에 좀 더 주의할 필요가 있다. 기존의 역사 이해가 조일수호조규를 기점으로 역사적 단절 즉 쇄국과 개국으로의 변화를 강조해왔기 때문이다. 따라서 왜관에서의 접대가 중단된 이후의 갈등을 해소하는 실마리를 마련하였다는 점에서 연속의 측면이 더 중시되어야 할 것이다.

일본이 가져온 전문 초안 원안은, '대일본국 황제 폐하'와 '조선국 국왕 전하'로 표기하였으나, 조선의 요구에 따라서 '대일본국'과 '대조선국'으로 대등하게 바뀌었다. 이 과정이 순탄하였음은 주목된다. 명호의 문제는 왜관에서의 오랜 협상을 통해 합의되지 않았던 쟁점이었고, 반면에 서로의 주장을 잘 알고 있었다. 그리하여 쉽지 않은 문제로 여겨졌으나, 국가의 평등권을 인정하였던 근대 국제법이 순탄한 타협을 가능하게 하였다고 보인다. 조선은 국제적으로 일본과 대등한 교린의 지위를 관철하였고 일본도 상위의 국가임을 조규에 포함하려고 고집하지 않았다. 그동안의 갈등을 파악하고 있었던 신헌은 이를 매우 만족하게 생각하였다.

> 제1관은
>
> 조선국은 자주국이며 일본국과 평등한 권리를 보유한다. 금후 양국이 화친의 실(實)을 표하고자 하면 모름지기 피차 동등한 예의로써 상대하며 추호도 침범하여 넘거나 시기하여 싫어함이 있을 수 없다. 마땅히 먼저 장차 종전에 교정(交情)을 저해한 우환이던 여러 관례와 규칙을 일체 혁제하고 넉넉하고 널리 통하는 법규를 넓히기에 힘써 서로의 영원한 안녕을 기한다.

상대를 자주국이라고 인정하는 것은 일반적인 조약 체결에서는 전제사항이므로 일본이 이를 넣은 것을, '조선에 대한 청국의 종주권을 부인하려는 의도'로 해석하기도 한다. 그러나 1869년의 대수대차사 서계에서 보이듯, 메이지 정부 성립 후 일본은 황제국을 자칭하며 '황''칙'등의 자구를 사용하며 조선을 하위 국가로 대접하고자 한 지난날의 교섭 과정에서 조선이 강하게 반발하여 생긴 갈등을 이해해야 한다. 위 규정은 적례(대등지례)의 상태로 회복한다는 선언으로 이해하였기에 조선은 타당하다고 생각하였고 동의하였다. 적례(대등한 관계)의 명시는 이전의 교섭에서 조선이 꾸준히 요구해 왔던 것임을 중시할 필요가 있다. 일본이 이에 동의한 것은 근대 국제법이 국가의 강함과 약함에 관계없이 국가의 평등권을 인정하고 있었기 때문이며, 전근대적인 명호를 따져 원한을 만드는 것보다는 평등을 표방하여 실리를 찾아야 한다는 외무관료의 의견이 관철된 결과로 파악된다. 하지만 조약 어디에도 조선국왕과 일본천황이 동격이라는 말은 언급되지 않았던 것도 주목된다.

> 제2관은
>
> 일본국 정부는 지금부터 15개월 후 수시로 사신을 조선국 경성에 파견하

여 예조판서와 친히 접하여 교제하는 사무를 상의할 수 있다. 해당 사신이 머물면서 오래 있을지 잠시 있을지는 모두 시의에 맡긴다. 조선국 정부는 또한 수시로 사신을 파견하여 일본국 동경에 이르게 해 외무경과 친히 접하여 교제하는 사무를 상의할 수 있다. 해당 사신이 머물면서 오래 있을지 잠시 있을지는 또한 시의에 맡긴다.

외교사절의 파견에 관련된 규정이다. 즉 일본은 15개월 후에 수시로 사신을 파견하고 경성에서 예조판서의 친접을 받아 교제 사무를 상의하며, 해당 사신은 잠시 머무를 수도 즉시 귀국할 수도 있다. 조선 정부도 언제든지 사신을 도쿄(東京)에 파견하여 외무경의 친접을 받아 교제사무를 상의하며 역시 잠시 머무를 수도 즉시 귀국할 수도 있다고 규정하였다.

그 이전에는 통신사가 일본의 초청을 받아 일본으로 향하여 에도(도쿄)에 도달하였으나 일본의 사절은 왜관을 벗어날 수 없었기 때문에 일본의 고관은 파견되지 않았었다. 일본의 국사를 조선이 받아들이지 않았던 관례를 개정한 것으로 일본이 힘을 기울인 조항이다.

원안에는 "일본측은 15개월 후에 사신을 파견하고 시의에 따라서 경성에서 병권대신에게 친접하고 조선측은 수시로 파견하여 외무성 귀관에게 친접한다"고 되어 있었다. 이 문장에서도 '명호'의 문제가 감지된다. 결국, 평등의 예를 주장하는 조선의 수정안과 전문 및 제1관의 취지에 따라 '예조판서'와 '외무경'으로 정리되었다. 이는 1875년 훈도와 합의한 바가 준수된 것이다. 또한 경성에 공사관을 둘 의도였으나 조선이 반대하였으므로 이는 사신 주류의 기간은 상황에 따르기로 타협하여 상당히 우호적인 내용이 되었다.

제3관은

이후 양국이 왕래하는 공용문은 일본은 그 국문을 사용하되 지금부터 10년간은 별도로 한문으로 번역한 글 한 통을 갖추며 조선은 진문(眞文)을 사용한다.

양국 왕복문서의 언어에 관한 규정이다. 일본은 일본문을 사용하되 앞으로 10년간 한문 번역본을 첨부하고 조선은 진문을 사용한다는 규정이다. 원래는 일본은 일본문을 조선은 한문을 사용하자고 일본이 요청하였으나, 조선측이 한문을 부본으로 첨부할 것을 요구하였기 때문에 일본이 10년의 과도기를 두고 받아들인 것이었다. 한문과 진문이 같은 것일 텐데 외교 문서에서 같은 항목에 다르게 표기된 외교적 의미가 무엇일지 흥미롭다.

> 제4관은
> 조선국 부산의 초량항은 일본 공관이 세워져 있고 오랫동안 이미 양국 인민이 통상하는 구역이 되었다. 지금 마땅히 종전의 관례 및 세견선 등의 일을 혁제하고 새로 세운 조관에 준하여 무역 사무를 처리한다. 또 조선국 정부는 제5관에 기재한 2곳의 항구를 개항해 일본국 인민이 왕래하면서 통상하게 하며, 해당 지역에서 땅을 빌려 집을 짓거나 혹은 인민들이 있는 집에 임시로 살고자 한다면 각각 그 편의를 따라 들어주도록 한다.

부산항 개항에 관한 규정이다. 기존의 왜관 무역의 폐단을 고쳐서 새롭게 조관을 맺어 무역을 한다는 규정이다. 초량 및 5관에 따라 새로 개항할 항구에 일본인의 통상과 토지 임차, 가옥의 축조와 임차를 허용하는 조항이다.

왜관을 당시에 '일본 공관'이라고 표현한 것은 주목된다. 쓰시마와 교역하던 시절에 왜관은 동래부가 관할하는 접대소였으며, 외무성 관원이 도착한 후, 1873년 히로쓰를 관수(공관장)으로 인식하려고 하였던 메이지 외무성의 의도를 받아들여 준 것이다. 조선은 앞으로 일본 공관이 될 것이기 때문에 구태여 따지지 않았던 것 같다. 대신 조선은 세견선과 공무역의 폐지를 명기하도록 요구하여 관철시켰다. 이 4관의 규정으로 오랫동안 동래부를 괴롭힌 접대 문제가 해결되었으며, 반면에 일본은 향후 조선 땅에 조계를 설치할 수 있는 근거를 마련하였다.

제5관은

경기, 충청, 전라, 경상, 함경 5도의 연해 중에서 통상이 편리한 항구 2곳을 선택하여 지명을 지정한다. 항구를 여는 기한은 일본력 명치 9년 2월, 조선력 병자년 2월부터 기산하여 모두 20개월로 한다.

부산 외에 2개 항구를 20개월 후에 개방한다는 내용이다. 원안은 "부산과 영흥, 그리고 다른 한 곳을 개항하라"는 요구였으나 타협의 결과 어느 곳이든 2개 항구를 개항하는 것으로 규정되었다.

제6관은

이후 일본국 선척이 조선국 연해에서 큰 바람을 만나거나 혹은 장작과 식량이 떨어져서 지정한 항구에 도달할 수 없으면 어느 연안이든지 항만에 들어가 위험을 피하고 부족한 것을 보충하고 배를 수선하고 장작과 숯을 구입할 수 있다. 그 지방에서 공급한 비용은 반드시 선주가 배상해야 한다. 무릇 이러한 일들은 지방의 관민이 모름지기 특별히 인휼히 여기고 구원하려는 뜻을 더하여 보급에 감히 인색해서는 안 된다. 또한 양국의 선척이 바다에서 파괴되어 승선원이 어느 지방에든지 표류하면 지방 인민은 즉시 구휼하여 보전하고 지방관에게 알려야 한다. 해당 관원은 그 본국으로 호송하여 돌려보내거나 혹은 그 근방에 주재하고 있는 본국 관원에게 넘겨준다.

표류민 구조에 관한 규정이다. 이는 이미 시행되고 있는 관례를 규정한 것이라 말할 수 있다. 일본은 조선인 표류민을 나가사키로 보내어 조선 왜관으로 송환하고 있으며, 조선은 일본인 표류민을 왜관으로 보내고 있었다. 다만 여기서 비용을 선주가 부담한다는 규정은 새로운 규정이므로 주목된다. 막부 시절에는 대마주가 표류민을 송환해 오면 동래부가 융숭한 접대를 하였고, 가선(표민영래선)으로 송환될 경우에는 비용을 넉넉하게 주었었다. 그 후 표민 영래차왜와 서계가 없어지면서 접대가 없어졌고 송환 비용이 문제가 되었다. 외무성 내에서 무상송환 비용을 문제 삼는 목소리가 있었다. 조선 역시 표민 송환에 대해 넉넉한 보상을 해 온 전통이 있었으므로 이에 반대할 아무런 이유가 없었음은 물론이다. 여기서도 조선의 관원이 아직 일본에 없으므로 일본은 조선 표류민을 조선까지 호송하여 송환하고, 조선은 일본 표류민을 개항장의 일본 관원에게 넘겨주는 것으로 규정되었음은 이전과 변화 없음을 알 수 있다.

　제7관은
　　조선국의 연해의 섬과 암초는 종전에 자세히 조사한 적이 없어 지극히 위험하므로 일본국의 항해자가 수시로 해안을 측량해 그 위치와 깊이를 재고 지도를 편제하여 양국 선객으로 하여금 위험을 피하고 편안할 수 있도록 한다.

　조선 연안의 측량에 관한 규정이다. 양국 선객의 안전한 항해를 위해 연안을 측량하고 圖誌를 작성해야 한다는 것이다. 그런데 일본국 항해자가 측량회사나 일본 상인이 아니라 군함이었다는 사실은 조·일간에 다양한 문제를 야기하였다. 이렇게 작성된 각종 탐사지도가 조선 연근해에서 발생할 수 있는 전투에 활용되는 해도(海圖)가 되었음은 말할 나위가 없다. 일본은 서양 특히 영국의 지원을 얻어 측량술을 발전시키고 해도를 작성하였는데 일본이 조선이 직접 해도를 작성하게 하지 않고 일본이 측량하겠다고 나선 것은 다른 외국과의 조약에는 없는 특이한 점이었다. 따라서 제7관이 어떠한 의도에서 누구의 제안으로 초안이 작성되었는지 초안의 작성 과정을 살펴볼 필요가 있다.

　제8관은
　　금후 日本國 정부는 朝鮮國의 지정 각 항에 시의에 따라 일본상인을 관리하는 관원을 설치할 것이다. 만약 양국이 교섭할 안건이 있을 때에는 해당 관원은 소재 지방장관과 회상하여 처리한다.

일본 관리관의 조선 개항장 주재에 관한 규정으로 조선은 이의 없이 승낙하였다. 이는 왜관에 관수를 두어 일본인들을 관리하고 조선의 훈도와 사안을 협의하도록 하였던 전통과 같다.

제9관은

양국이 이미 우호를 통했으니 피차 인민은 각자 뜻에 따라 무역을 하며, 양국 관리는 추호도 이에 간여하지 않으며 제한을 설정하거나 금지할 수 없다. 만약 양국 상민이 속여서 팔거나 빌려서 갚지 않는 등의 일이 있으면 양국 관리가 엄중히 해당 통상민을 취조하여 빚이나 모자란 것을 갚도록 한다. 단 양국 정부가 이것을 대신 갚을 수는 없다.

양국 상민의 자유거래를 규정한 것인데 조선은 만약 양국의 상민이 속여서 물건을 판 경우에는 관리가 개입할 수 있도록 하였다. 이는 일본이 특히 중점을 두었던 사항이었다. 동래부가 철공철시를 한다는 선입관이 강하게 남아 있었던 것 같다.

제10관은

일본국 인민이 조선국이 지정한 각 항구에 재류하면서 만약 죄를 범해 조선국 인민과 교섭해야 하는 것은 모두 일본 관원에게 귀속시켜 심의하고 처단한다. 만약 조선국 인민이 죄를 범해 일본국 인민과 교섭해야 하는 것은 모두 조선 관원에게 귀속시켜 조사 처리한다. 각자 국법에 의거하여 신문하고 처단하되 추호도 두둔하고 편드는 일 없이 공평하고 사리에 맞음을 보여주도록 힘써야 한다.

개항장에 거주하는 일본인에 대한 영사재판권으로 유명한 조항이다. 여기에 대해 불평등조약이라는 견해가 우세하나, 실증 연구는 영사재판 자체가 가진 불평등성에 대해 의문을 제기하고 있음도 주목된다. 또한 영사재판에서 불평등성의 유무를 논하기보다 "서로 다른 문화를 가진 사람들의 분쟁 해결 수단"으로서의 기능적 측면에 주목해야 할 필요성 또한 지적되고 있다. 또한 조선이 이를 받아들인 것이 오랜 관례와 일치하기 때문이다. 왜 관에서 일본인이 죄를 범한 경우 동래부는 쓰시마에 처벌을 요청하였지 직접 체포하여 처벌하지 않았던 것이다. 영사재판은 일방적으로 자국에 유리하게 행사할 경우 국제사회에서 고립될 가능성이 크고 반발을 초래하기 때문에 오히려 자국민에게 엄격하게 적용되는 경우도 많았다.

> 제11관은
> 양국이 이미 우호를 통했으니 모름지기 따로 통상장정을 설정하여 양국 상민에게 편리하게 해야 한다. 또 아울러 현재 논의해 만든 각 조관 가운데 다시 마땅히 세목을 보완하거나 첨가해 조건에 따라 준수하는 것을 편도록 한다. 지금으로부터 6개월을 넘기지 않고 양국은 따로 위원을 파견하여 조선국 경성 혹은 강화부에서 만나 상의하고 정하도록 한다.

본 조규를 조인한 후 6개월 이내에 양국 위원이 서울 혹은 강화부에서 통상장정을 체결하기로 약정한 것이다. 조선은 바로 심의하여 강정할 것을 요구하였지만 일본이 연기를 요청하여 조선이 동의하였다. 조선은 11관과 관련하여 6개의 부가 조항을 제출하였다. 이는 상평전 사용 금지, 미곡 교역 금지, 외상 선매 금지를 위한 물품 교환, 서양인 혼입 금지, 아편과 서학 엄금, 망명을 위해 고의로 표류한 자의 본국 송환 등이었다. 이 조항들은 서양 세력의 침투를 경계하면서 기존의 왜관 무역의 폐해를 시정하려는 의도였다. 여기에 대해 미야모토는 서양인 혼입 금지와 서학·아편의 금지를 인정하는 증서를 제출하였다. 이 조항은 이 해 7월 미야모토 이사관이 파견되어 「조일수호조규부록」과 「조일무역규칙」을 체결하게 됨으로 구체화 된다.

> 제12관은
> 위의 11관은 논의해 정한 조약이니 이 날을 양국이 믿어 지키고 준행하는

처음으로 삼는다. 양국 정부는 이를 다시 바꿀 수 없으며 영원히 믿고 준수하여 화호를 돈독히 해야 할 것이다. 이를 위해 본 조약서 2통을 작성하여 양국 위임대신이 각각 조인하고 상호 교부하여 믿고 의지할 것을 밝힌다.

조약을 준수할 것에 관한 내용이다. 애초 일본은 최혜국대우조항을 요구하였으나 조선이 일본 이외의 나라와 조약을 체결할 의사가 없다고 거절하여 철회되었다.

V. 맺음말

조일수호조규는 메이지 정부가 성립하면서 어긋난 한·일간의 외교를 일단 회복시켰다는 의미를 가지며, 대마주를 매개로 하는 기존의 전통적인 관계에서 벗어나 국가 간의 직접 외교를 이룬 것이었다. 또 새로운 조약 체결 즉 개항을 가능하게 만드는 시발점이 되었다.

물론 메이지 정부가 성립하면서 국시로 나타난 대외팽창과 국권확장을 이루기 위한 조선침략의 의도는 여전히 유지되었음을 무시해서는 안 된다. 조선이 구로다 사절을 거부하거나 수호조약을 맺지 않았다면 전쟁으로 확대되었을 것임도 예측할 수 있었다. 하지만 일본이 문명주의에 입각하여 근대 국제법적 틀을 가지게 되었고 또 가지려고 노력하였음은 수호조규가 체결될 수 있었던 호조건이었다. 근대 국제법이 국가의 강함과 약함에 관계없이 국가의 평등권을 인정하고 있었기 때문이며, 전근대적인 명호를 따져 원한을 만드는 것보다는 평등을 표방하여 실리를 찾아야 한다는 외무관료의 발언이 관철되었기 때문이다. 국가 상호의 외교 의례도 19세기에 들어서서는 엄격하게 정해지므로 영의정과 태정대신이 동격으로 상정되었다. 물론 일본 내부의 반발을 고려하여 조선국왕과 메이지 천황의 동격이라는 말은 언급되지 않았던 것도 주목된다. 모든 조약이 그렇듯이 조일수호조교 역시 위기임과 동시에 기회이기도 하였다.

조일수호조규는 선언적 성격이 강한 것이었다. 일본 사절은 그렇게 쉽게 조약이 맺어질 것으로 생각하지 못하였던 것 같다. 조선에 대한 의구심과 오해가 존재하였고, 전쟁이냐 평화냐의 선택을 강요하는 행동이었기 때문이다. 따라서 조일수호조규는 훗날의 수호조규부록과 통상장정(무역규칙) 등을 통해 조약으로서의 구체적 모습을 확보하는 과정이 필요하였다.

양국의 국교 정상화로 일본에서는 반한감정이 누그러지고 점차 조선의 부국강병을 도와주어야 한다는 견해가 성장하는 것도 확인된다. 조선에서도 개전론이 약화되고 경계론으로 바뀐다. 일본은 조선 문제를 반정부 세력이 책동의 도구로 이용하는 것을 차단할 수 있었다. 정한론 정변(메이지6년의 정변)에서 물러난 사이고 다카모리등이 이끈 반정부세력이 명분을 잃고 뒤이어 서남전쟁에서 메이지 정부가 승리할 수 있었던 이유 중의 하나가 되었다. 또한, 국제사회에서 일본의 외교 역량이 성장하였음을 보여줄 수 있었다.

조선으로서는 당연히 전쟁을 피할 수 있었음이 가장 큰 성과였다. 아울러 운요호 사건에 대해 사죄와 배상을 요구하는 일본을 논리적으로 배제하여 외교 역량을 보여주었으며, 명호에 얽매여 진전이 없었던 오랜 협상을 단번에 해결하여 적례(대등지례)의 원칙을 확립하였다는 점, 또한 일본이 거창하게 군함을 동원하고 큰 비용을 사용했지만, 경제적인 보상 요구를 피하였다는 점, 세견선 접대보다 저렴하게 무역을 할 수 있고, 표차왜 접대보다 저렴하게 표류민을 송환받을 수 있다는 점 등은 당시 회담에 임하였던 조선측 요인들의 만족한 이유였을 것이다.

청국이 영국에 허용한 난징조약은, 패전조약이므로 홍콩 할양, 5항 개항, 배상금 1200만 달러와 아편 보상금 600만 달러 지불 등 가혹한 내용이었던 것과 비교된다. 전쟁을 일으킨 후 조약을 맺었을 경우와 비교하여 전쟁 없이 조일수호조규를 맺은 의의를 평가할 필요도 있다.

아울러, 조선이 조일수호조규로 개항을 하지 않았다는 것은 수많은 사료를 들 수 있다. 당시 사람들이 이 조약이 개항(개국)을 염두에 둔 조약이 아니었음을 명확히 표현하였기 때문이다. 예를 들어, 조약 체결을 둘러싸고 청나라와 주고받은 외교문서[7]나, 이 조약을 중수구교(重修舊交)를 이룬 것이었다고 축하하였던 것이나, 제1차 수신사의 활약, 조일수호조규 이후에도 조선의 위정자들이 쇄국의 국법을 당연하게 생각하였던 사실은 모든 사료에서 입증된다. 조약 체결당시 12관에 최혜국조항을 설정하려고 하였던 일본에 대해 조선이 다른 나라와 조약을 체결할 의사가 없다고 이 조항의 삭제를 요구하여 관철한 것, 1878년 11월 영국이 테일러호 구조에 대한 감사의 서한을 보내왔을 때 이를 거절한 동래부사의 법 해석, 1879년 8월 청국의 이홍장이 개국을 통해 일본과 러시아를 견제해야 한다고 권유하였을 때에 조선이 거절한 것, 그리고 1880년 5월 미 해군제독 슈펠트가 부산항에 입항하여 수호조약을 요구하였을 때에 동래부사가 거절한 것 등은, 조선이 1876년의 이 조약으로 개항하지 않았음을 명백하게 보여준다. 일본에 밀항하였던 승려 이동인이 영국 외교관 어니스트 샤토우에게 논의한 바도 마찬가지이다. 조선이 개항하지 않았음은 조선 朝野의 생각뿐만 아니라 일본과 청을 비롯한 전 세계의 외교관들도 같은 생각이었다. 그러므로 그들은 1880년 제2차 수신사 김홍집이 일본에 갔을 때, 입을 모아 조선은 개국해야 한다고 충고를 아끼지 않았던 것이다. 이 부분에 대한 앞으로의 연구가 기대된다.

---

7) 『中日韓』제2권, 조선국왕의 咨覆, 예부가 총리아문에 보낸 咨文, 광서2년 3월 27일에 수리된 첨부문서 등, 316-318쪽.

제4장 제1차 수신사행의 외교사적 위치

Ⅰ. 머리말

수신사에 관한 연구는 적지 않다.[1] 그 대부분은 수신사행의 기록류를 분석한 논문이며 일본에 대한 인식을 분석한 것이 많다. 반면에 수신사행의 외교적 목적 혹은 자기인식 그 자체를 외교사적으로 이해하려는 미시적 연구는 보이지 않는다. 수신사행을 외교사적으로 자리매김 하기 위해서는 수신사가 조일수호조규를 어떻게 이해하고 있었는지, 자신의 사명을 무엇이라고 정의하고 있었는지, 일본 내 각 방문지에서의 문답은 어떠하였는지 등

---

1) 田保橋潔, 「丙子修信使の差送」(『近代日鮮關係의 研究』1940, 김종학 옮김, 일조각, 2013, 528-545쪽)
조항래,「丙子修信使 金綺秀 使行考」(『대구사학』1집, 1969년)
하우봉,「개항기 修信使行에 관한 一硏究」, (『한일관계사연구』10집, 한일관계사학회, 1999년 pp139-167)
송 민, 『明治初期における朝鮮修信使の日本見聞』, 國際日本文化研究センター, 2000년
한철호,「제1차 수신사(1876) 김기수의 견문 활동과 그 의의」(『韓國思想史學』27집, 한국사상사학회, 2006년 ,pp283-315)
落合弘樹,「朝鮮修信使と明治政府」, (『駿台史學』第121号, 1-20頁) , 2004年3月
鈴木文,「第一次朝鮮修信使來日時にみる日本人の朝鮮認識と自己認識」(『朝鮮史研究會論文集』45집, 朝鮮史研究會, 2007년, pp63-90)
정훈식,「사행록의 역사적 전개와 『일동기유』」(『열상고전연구』26집, 열상고전연구회,2007, pp255-285)
박탄,「일본 수신사의 사행록 연구」강원대 박사학위논문. 2009년
이효정, 『朝鮮修信使の來日記錄研究』, 2015년, 국제기독교대학 박사학위논문.

을 명확하게 밝힐 필요가 있다.

기존의 연구는 병자수호조규(조일수호조규)를 개국조약으로, 수신사행을 개국에 따른 견문 사절로 이해해 왔다.[2] 이러한 이해는 과연 타당한 것일까. 본 발표는 이에 대한 의문에서 출발한다.

그렇다면 조선 조정은 병자수호조규를 어떻게 자리매김 하였던 것일까. 조약이 신속하게 맺어지게 된 이유는 무엇일까. 수신사가 지참한 예조판서의 서한에

> ⋯갑자기 어떤 사정으로 피차간에 서로 의심하게 되었으나⋯지난번에 귀국 대신이 바다를 건너 ⋯담판한 지 며칠 만에 자세히 판명되어 여러 해 동안 쌓인 것이 하루아침에 풀리게 되었으니 얼마나 쾌활하며 기쁜 일인지요.[3]

라고 그동안의 의심이 풀린 일로 만족을 표현하고 있다. 메이지 일본에 의해 갑자기 등장한 도저히 풀릴 것 같지 않았던 외교적 문제 즉, 조선을 하위의 국가로 간주하려는 메이지 정부의 의도와 이를 침략의도로 간주하고 거부하였던 조선 사이의 외교적 갈등이 단순 오해로 인한 의심이었다고 치부된 것이었다. 이는 메이지 전권사절 구로다가 왔을 때에는 오로지 우호만이 중요한 일로 바뀌어[4], 조선이 받아들일 수 있도록 대등 외교를 언급하였기 때문이다. 그러므로 조선에서 조일수호조규는 '기존의 우호관계의 회복(중수구교)'의 의미를 갖는 것으로, 많은 사람들로 하여금 전쟁 우려를 씻어준 조약이 되었다. 역시 수신사가 지참한 예조참판의 서한에도

---

2) 한 예로 한철호는 제1차 수신사를 우리나라 최초의 근대적 외교 사절단으로 평가하고 있다. (한철호, 전게 논문)

3) 『주석 일동기유 4권』(부산대학교 한일문화연구소 간행, 1962년) 文事, 213쪽. 이하 『일동기유』는 이 책을 지칭한다.

4) 현명철, 「한·일 역사 갈등의 뿌리를 찾아서」(『한일관계사연구40』2011년 3.국제법의 수용과 한일관계사의 왜곡 pp186-191)참고. 조일수호조규의 성격에 관한 재검토가 요청된다.

…바다가 사이에 막혀 멀리 떨어져 있으매 傳聞된 말이 그릇되기가 쉬우
므로 두 나라가 서로 의심하여 이것이 벌써 여러 해 되었으니 인교의 구의를
생각할 적마다 개탄을 금치 못하였습니다. 다행히도 귀국 대신이 우리나라에
와서 본방의 대신과 명백히 담판하여 다시는 장애될 일이 없게 되었으니 마
치 비바람이 지나간 난초 밭에 꽃향기만 여전한 것과 같습니다. 지금부터 구
의를 두텁게 하고 영구적인 우호를 계속한다면 기쁨이 한량없겠습니다.[5]

라고 하여 두 나라 사이의 의심은 대마주와 동래부에서 잘못 전달된 말 때
문이라고 치부하고 있음을 알 수 있다. 조일수호조규는 막부시절의 좋은 관
계를 메이지 정부에서도 유지하자고 양국이 합의한 것이었다. 그리고 이 합
의는 메이지 정부 성립 이후, 대차사·외무성 관리들과 동래부의 임역들 사
이에 행해진 수많은 회합과 갈등의 결과 생겨난 산물이었음은 강조되어야
한다. 또한 일본 외무성의 국제법 인식이 성장한 결과라고 볼 수도 있다. 당
시 일본이 문명주의에 입각하여 근대 국제법적 틀을 가지게 되었고 또 가
지려고 노력하였음은 수호조규가 체결될 수 있었던 호조건이었다. 근대 국
제법이 국가의 강함과 약함에 관계없이 국가의 평등권을 인정하고 있었기
때문이며, 전근대적인 명호를 따져 원한을 만드는 것보다는 평등을 표방하
여 실리를 찾아야 한다는 외무관료의 발언이 관철되었기 때문이다. 국가 상
호의 외교 의례도 19세기에 들어서서는 엄격하게 정해지므로 조선국왕과
일본 태정대신을 동격으로 삼고자 하였던 대국의식이 후퇴하여 조선 영의
정과 태정대신이 동격으로 상정되었던 것이 두 나라의 의심을 해소한 것이
라 이해한다.

본고의 제Ⅱ장에서는 수신사의 파견 과정에 대해 살펴보도록 하겠다. 조
선 정부는 어떤 목적으로 수신사를 파견하였을까. 그리고 수신사는 어떤 마
음가짐으로 일본으로 향하였을까. 이는 조일수호조규를 자리매김하기 위해

---

5) 『일동기유 4권』(전게서) 文事, 214쪽.

서도, 그리고 전통적 사대교린의 외교에서 근대적 외교로 이행하는 첫 걸음으로서의 수신사를 이해하기 위해서도 매우 중요하다.

제Ⅲ장에서는 수신사행의 일정을 구체적으로 복원함으로써 수신사행의 성격을 재확인하고자 한다. 일정은 어떻게 편성되었고 각 방문지에서는 어떠한 대화가 오고 갔는지, 일본의 접대에 수신사는 어떻게 대응하였는지를 시간적 순서에 따라 살펴보고, 수신사가 갖는 외교사적 성격을 자리매김하고자 한다.

Ⅱ. 수신사 파견 과정과 성격

1. 한일 양국의 기본 합의

1876년 2월 26(음력 2월 2)일[6] 미야모토 코이치[宮本小一]가 통사 우라세 사이스케[浦瀬最助][7]를 통해 어영대장 신헌에게

저희가 여기 와서 며칠간 후한 대접을 받았습니다. 그 깊은 은택에 모두 보답할 수는 없겠지만, 땔감과 숯, 방세, 삯군 등으로 끼친 허다한 폐는 값을 치루지 않을 수 없습니다. 이를 통촉하셔서 혹시라도 거절하지 마십시오. ……지금 만약 그 값을 치르지 않고 조정에 돌아간다면 반드시 논책이 있을 것입니다. 부디 귀 대신께서는 이 일을 깊이 양해하시어 절대 물리치지 말아 주십시오.[8]

---

6) 본 논문에서 일자는 양력을 사용하도록 한다. 필요한 경우 음력은 ( )에 삽입한다. 단, 사료는 음력이다.

7) 우라세는 대마주의 通詞로 1869년 메이지 정부가 성립되어 대수대차사가 왜관에 왔을 때부터 훈도 안동준과 회담을 갖는 등 활동하였다. 특히 1874년 6월에는 모리야마[森山]를 수행하여 조선에 건너와 담판하여 9월 신임 훈도 현석운과 양국 국교 교섭 재개 기초안을 합의하는 데에 역할을 담당하였다.

라고 말하면서 새로운 외교 관계는 서로 폐를 끼치지 않는 것임을 언급하였다. 물론 신헌은 폐를 보답하는 길은 우호를 유지하도록 서로 노력하는 일이라고 덕담하면서 물리쳐 받지 않았다.

뒤이어 2월 28일에는 전권 구로다 기요다카[黑田淸隆]가 찾아와 신헌에게 말하기를

> 교린을 하는 방법은 풍속을 상세히 살핀 후에야 의심을 타파할 수 있는 법입니다. 6개월 후에 공무(수호조규 부록의 협상)를 처리하기 위해서 사리를 이해하는 자를 보내어 우리나라의 물정을 살핀다면 …세부 항목을 다룰 때에 다툴 염려가 없을 것입니다. …부산에서 아카마세키[赤間關]의 화륜선을 빌려 타면 6-7일에 도쿄[東京]에 도착할 수 있으며, 예폐를 마련하고 식량을 가지고 다녀야 하는 폐단도 없을 것입니다.[9]

라고 사절의 파견을 제안하였다. 같은 날 미야모토도 같은 제안을 하여 신헌은 자신은 조정에 아뢸 뿐이라고 언급하고 있다. 그러면서도 위와 같이 왕래가 편리·신속해 지고 비용이 절감된다면 반드시 가까운 시일 내에 사절 파견 명령이 내릴 것이라고 예상하고 있다. 일본이 자국의 정세를 상세히 공개하겠다고 초대를 한 것은 우호를 소중히 한다는 표현이므로 조선에서도 만족스러운 제안이었을 것이다.

3월 1일 신헌이 국왕에게 보고하는 중에

> 상 : 이제부터는 국서를 없애는가.
> 대관 : 그렇습니다. 우리나라 의정부와 저들의 태정부, 그리고 우리 예조와 외무성이 상호 왕복하기로 굳게 약정했습니다.
> 상 : 또 아뢸 말이 있는가.

---

8) 신헌, 『심행일기』(김종학옮김, 푸른역사, 2010년) 272-273쪽. (단, 김종학씨는 미야모토 오카즈로 표현하였는데 미야모토 코이치가 일반적이므로 고쳐 쓴다.)
9) 신헌, 『심행일기』, 전게서, 282-283

　　대관 : 6개월 안에 사신을 보내어 회사하고 풍속을 채탐하며 다른 한편으
　　　　　로 유람을 시키는 것이 좋겠다고 했습니다. 부산에서 아카마세키
　　　　　의 화륜선을 빌려 타면 아카마세키에서 도쿄까지는 7-8일 내에 도
　　　　　착할 수 있으니 별반 노고가 없을 것이라고 하였습니다.
　　상 : 통신사를 보내는 것인가.
　　대관 : 품질의 상례에 구애받지 말고 단지 사리를 이해하는 사람을 보내
　　　　　라고 하였습니다. 이제부터는 피차 사행에 예폐를 모두 없애고, 저
　　　　　나라에 가면 방세를 지급하여 체류하고 식대를 지불하면서 밥을
　　　　　먹게 되니 이것이 통신사와 다른 점입니다.10)

라고 하였다.

　위 보고의 내용에서 점차 근대적 외교 사행으로 변화되는 모습도 찾을
수 있다. 밑줄 부분에서 알 수 있듯이 조선 의정부와 일본 태정부가 그리고
조선 예조와 일본 외무성이 동등한 예로 서한을 왕복시킨다는 것11), 일본
의 변화를 이해하기 위해 사절을 파견하며 사절은 화륜선을 임대하고, 숙박
과 음식의 비용은 전부 자체 부담을 한다는 것으로 기본적인 합의가 이루
어졌음을 알 수 있다.

2. 수신사행의 성격

　조선 정부는 3월 18(2월 22)일 홍문관 응교 김기수를 통정대부로 진급시
키고 예조참의를 겸임시켜서 수신사로 임명하였다. 조약 체결 후 20일 만의
일이며 담당자인 신헌의 복명 보고를 받고 17일 만의 일이다. 이렇게 신속

---

10) 신헌, 『심행일기』, 전게서, 308-309
11) 이는 1870년 왜관에서 훈도 안동준과 통사 우라세 사이스케 사이에 논의되어, 1874
　　년 암행어사와 새로운 훈도 현석운과 모리야마가 합의를 이루었으며, 일본 외무성
　　이 이에 따라 서계를 보낸 바가 있다. 이를 확인한 것이다. 일본의 천황과 조선 국
　　왕이 대등하다고 표현하지 않은 것은 흥미롭다.

하게 진행되는 이유는 무엇보다 조일수호조규에 대한 만족감 때문이라 생
각된다. 당시는 조일수호조규에 대해 불평등하거나 불리하다고 생각하지
않았다.[12] 구로다의 파견을 '오로지 우호를 맺기 위한 때문'이라고 이해하
고 있었다. 조일수호조규의 담당자로 국외 사정에 밝았던 강위도

　　한 가지 괴이한 것은 저 나라에서 우리나라와 통상한 후에 무슨 이득이
　　있어서 수고와 비용을 아끼지 않고 이렇게 거창한 일을 시행했는가라는 점
　　이다. 이제 이미 서로가 영구히 우의를 돈독히 하기로 약조하였으니 명호를
　　따지기 위해 침핍한 일은 아니었고, 또 각국의 호시에 이미 완성된 규칙이
　　있으니 상세에 편중된 뜻도 아닐 터이다.[13]

라고 우리로서는 명호(명분)에 있어서나 경제적인 면에서나 손해를 보지 않
았다는 인식을 보이고 있다. 조선으로서는 세견선 무역이 경제적으로 손해
가 더 많았기 때문이다.
　한편, 수신사를 파견하는 정부의 인식은 주목된다. 즉,

　　지난번에 일본 사신의 배가 온 것은 전적으로 우호를 맺기 위한 것이었으
　　니 선린(善隣)하려는 우리의 뜻에서도 마땅히 이제 전권 사신(全權使臣)을
　　파견하여 신의를 강조해야 하겠습니다. 사신의 칭호는 수신사(修信使)라고

---

12) 조일수호조규에 대한 후대의 인식을 분석한 츠키아시 다츠히코(月脚達彦)는 최혜국대우
　　규정과 협정관세 규정이 없는 조일수호조규는 '불완전한 불평등 조약'이며 이 조약을
　　굴욕적인 불평등 조약이라고 보는 인식은 체결당시는 물론 3·1운동 시까지도 일반적이
　　지 않았다고 지적하였다. 月脚達彦, 「近代朝鮮の條約における '平等' と '不平等'
　　― 日朝修好條規と朝米修好通商條約を中心に」(『東アジア近代史』13), 2010.
13) 강위, 「심행잡기」(신헌 『심행일기』, 김종학 옮김, 전게서) 부록, 330쪽.
　　여기서 명호를 따진다는 것은 '천황'이나 '칙' 외교 명분상의 기존의 갈등을 말하
　　는 것이다. 그는 계속해서 "서계의 명호를 분변하는 것보다 막중한 일이 없는데 저
　　들이 이미 폐기하였고, 하납을 들이는 것(세견선)보다 막대한 이익이 없는데 저들
　　이 이미 혁파했으니"(동, 332쪽) 라고 하여 일본에 의심을 갖는 사람들에게 의혹을
　　풀도록 권유하였다.

할 것이며 응교(應教) 김기수(金綺秀)를 특별히 가자(加資)하여 차하(差下)하되 따라가는 인원은 일에 밝은 사람으로 적당히 선택하여 보낼 것입니다. 그런데 이것은 우호를 맺은 뒤 처음 있는 일이니 이번에는 특별히 당상(堂上)[14]이 서계(書契)를 가지고 들어가도록 하고, 이후부터는 서계를 종전대로 동래부(東萊府)에 내려 보내어 에도(江戸)에 전달하게 하는 것이 어떻겠습니까?" 하니, 윤허하였다.[15]

라는 부분은 주목된다. 조선 정부는 메이지 일본 사절의 파견을 전적으로 우호를 맺기 위한 것이었다고 해석하고 있으며, 수신사의 파견은 여기에 화답하기 위함이라고 규정하고 있는 것이다. 게다가 이번만 사절을 파견하고 앞으로는 동래부에서 왜관을 통해 서계를 전달하려는 의도를 갖고 있음은 동상이몽에 가까운 인식[16]이지만, 조일수호조규를 중수구교의 조약 이상으로 생각하고 있지 않음을 명확히 보여준다.

3. 수신사 김기수의 마음가짐

그렇다면, 당사자인 수신사 김기수는 어떠한 마음으로 일본으로 향하였던 것일까. 수신사는 출발에 앞서서 많은 사람을 만났고 많은 이야기를 들었다. 그 중에는 전 영의정 박규수가 있었다. 그는 글을 보내어 "내가 나이만 공연히 이처럼 되어서 壯行을 드디어 자네에게 양보하게 된 것이 유감스럽다"[17]고 하며 새로운 문물에 대한 의욕을 보여주고 있다. 그런가 하면 혹자는 "일본도 자립한 나라이며 힘이 부족하여 서양식을 채택하고 있지만 조선과 중국이 합하여 서양을 방어할 계책을 강구하고 있으므로 이 사실을

---

14) 당상역관 훈도 현석운을 말한다. 항상 서계는 훈도가 전달하였으므로 이때도 특별한 것은 아니다.
15) (『고종실록』개국 485년 2월 22일)
16) 일본은 수도에 공사관을 설치할 계획이었다.
17) 『일동기유』, 전게서, 差遣, 참고로 박규수의 나이는 70이었고 다음해 사거한다.

타진하고 친교를 맺어야 한다."라고도 하였으니, 이들은 일본과 친해야 한다는 입장에 서 있음을 알 수 있다.

그런가 하면 반대로 혹자는 "왜는 서양의 앞잡이이며 …조선의 물산을 크게 욕심내는 자들이고 겉과 속이 다르니 조심하라"고 하여 일본에 대한 경계심을 요구하기도 하였고, 또 혹자는 "일본에서 유람을 일삼지 말라 우리가 유람하면 그들도 여기에 와서 유람을 할 것이다."라고도 하였으니, 이들은 일본을 믿을 수 없는 대상으로 경계해야 한다는 입장에 있음을 알 수 있다.

당연한 일이지만 강화도에서 회담을 반대하는 목소리도 높았음을 되새길 필요가 있다. 회담이 성립된 다음에도 회담의 성공을 축하하는 사람들과 위구심을 갖는 사람들이 있었음은 당연한 일이었다. 그리고 회담의 성공을 축하하는 사람들 중에서도 성리학적 위정척사의 사상에 철저한 사람들이 많았음은 강조할 필요가 있다. 일본과의 우호를 주장한 그들을 모두 개국론자라고 파악하는 것은 타당하지 않다.

많은 사람들의 조언 중에서 "말이 충신하고 행실이 篤敬하면 오랑캐의 나라에 가더라도 일이 잘 이루어질 것이니 행동에 조심하라"는 충고를 받고 김기수는 그 사람에게 절을 하였다고 한다. 그의 마음을 이해할 수 있는 구절이다. 수신사 김기수는

> 수신이란 것은 舊好를 講修하고 신의를 敦申하고 辭命을 서로 통하고 위신으로써 일을 이루어 과격하지도 않고 순종하지도 않으며 자기의 태도 가지기를 장중 근신하여 임금의 명령을 욕되게 하지 않는다면 <국가의 위신을 손상하지 않는 것>이 거의 그 적당할 것이로다.[18)

라고 하였다. 수신사 김기수의 마음가짐은 舊好를 유지하고 국가 위신을 손

---

18) 『일동기유』, 전게서, 商略

상하지 않는 것 - 국체를 보존하는 것 - 을 자신의 가장 중요한 사명으로 인식하였음을 알 수 있다.

> 내가 일본에 가게 되자 전송 나온 사람들이 제각기 한 말씩 일러 주는데 …"이번 그대의 행차는 전번 다른 사람의 행차보다 정세가 달라져 있으니 일언일동 일유일람이 대경대법에 벗어나서는 안 될 일이요. 또한 권도에 어긋나서도 안 될 일이로다. …그대는 수레 탄 사람처럼 앞을 단단히 잡고 뒤로 기대서 굳이 도리에 벗어나는 점이 없는 한 아직은 그들의 호감을 사두어야지 만약 정색하고 핀잔을 준다거나 매몰스럽게 돌아서서는 안 된다. … 또한 도리에 어긋나지 않는 일이라 해도 우리 편에서 먼저 서둘지는 말아야 한다." 나는 그 말에 심히 감복하여 자고 쉬고 할 때면 항상 마음으로 되새겼다.[19]

새로운 문물을 받아들여 국체를 흔드는 일은 수신사 김기수나 조선의 학자들이 원하는 일이 아니었다. 그들로서는 개화문물의 탐색은 절실한 과제가 아니었다.[20] 만일 일본인들이 권한다면 굳이 거절하지는 않겠지만, 먼저 보려하지 않겠다는 기본 마음가짐을 알 수 있다. 후술하겠지만 일본의 거듭된 문물 시찰 요청을 아주 소극적으로 행하거나, 수행원들에게 통행패(목패)를 나누어 주지 않았던 모습, 배에 타고 있었던 서양 기사를 하선시킨 일화, 서구 문물에 대한 부정적인 견해, 그리고 개항에 부정적인 복명보고 등을 종합해 보면, 당시 조선 지식인의 일반적인 경향과 자기 인식을 알 수 있다.

---

19) 『일동기유 권4』, 전게서, 文事, 236-237쪽
20) 여기에 대하여 하우봉은 「개항기 수신사행에 관한 一研究」전게논문, 153쪽에서 "제1차 수신사의 성과를 정리해 보면, 회례와 수신이라는 임무는 이상 없이 수행하였다. 일본 천왕을 접견할 때에도 의례 면에 신경을 써서 조선 국왕에게 하는 방식 그대로 하겠다고 주장하여 관철시켰고, 조선국왕의 수호 의사를 잘 전달하였다. 그러나 일본의 실정 탐색이라는 측면에서는 별로 성공적이지 못하였다. 고종의 간곡한 지시와는 달리 김기수는 일본의 국정 탐색을 그리 절실하게 여기지 않았던 것 같다.…개화문물의 탐색에는 부적절한 인물이었다."고 평가하였다.

 김기수는 당시 개명적 관료 박규수와 조일수호조규의 당사자 신헌의 추천을 받았으며, 또한 보수적인 유생들과도 좋은 교유를 맺고 있었다. 양 극단에서 거부감을 받지 않는 가장 적합한 인선이었음을 이해할 수 있다. 수신사 스스로도 자신은 견문사절로서는 적임자라고 생각하지 않았으며 문물의 정탐에 조심스러웠다. 수신사 김기수는 자신의 사명을 '⋯이번 사행은 왕명으로 양국의 우호를 닦는 것'이라고 규정하였던 것이다.

 이상의 검토를 통해 제1차 수신사행은 개국에 따른 견문사절이라는 관점이 아니라, 에도막부와의 오랜 우호 관계를 메이지 정부와 다시 맺는 사절이라는 관점에서 살펴야 타당하다는 점을 충분히 강조할 수 있었다고 생각한다.

4. 출발 준비 과정

 사절의 명칭을 수신사라 칭하고 통신사라는 표현을 쓰지 않은 것은, 새로운 외교 관계의 성립을 준비하는 의미의 명칭을 찾았기 때문으로 생각된다. 통신사 일행은 수신사 김기수를 제외하면, 부관으로는 훈도 현석운[21]이, 장무관으로는 별차 현제순이 중심이었으니 그야말로 실무진이 파견된 것이었다.

 3월 20일, 의정부는 예조와 호조에 명하여 사절의 예단과 노자를 준비하게 하였다. 3월 27(3월 1)일에는 수신사 파견에 대해 청나라에 알리도록 하였다.

 수신사 일행에 포함된 당상역관 훈도 현석운은 먼저 동래부로 내려와 4월 10(3월 16)일 일본 공관장대리 야마노조 스케나가[山之城祐長]와 회담하여 동래부사 홍우창의 명으로 기선 차용을 의뢰하고 수신사 일행의 명단

---

[21] 고종 친정 이후 훈도 안동준의 후임으로 1874년 9월 동래부의 훈도로 내려와 양국 국교 교섭 재개 기초안을 작성하였고 조일수호조규 체결시에도 활동하였다. 그는 귀국 후, 판찰관으로 일본 사절의 접대에 임하였으며, 1881년 통리기무아문의 參事로 활동하게 된다.

을 알려 주었다.[22] 이날 동래부사 서한의 개략은 다음과 같다.

一, 외무경과 외무대승에게 보낼 예조판서의 서계와 예조참판의 서계를 가져갑니다.

一, 귀 조정에 전하여 화륜선 1척을 임대하고자 합니다. 5월 13(4월 20)일 부산에 도착할 수 있도록 요청합니다.

一, 선척 임대 비용은 귀국의 청구에 따라 은자(銀子)로 계산할 것이니, 오는 화륜선 편에 그 비용을 알려 주십시오.

一, 선척을 임대한 후에 귀국의 선원이 형편상 함께 탑승할 수밖에 없으니, 이들을 감독할 사람이 필요합니다.

一, 귀국의 통역관 몇 사람을 함께 태워서 왕래하고자 합니다.

一, 수신사 일행이 머무를 곳과 노정(路程)을 화륜선 편으로 보내 주십시오.

一, 일행의 식사는 우리가 준비할 것이나 혹시 부족한 물건이 있으면 그 때그때 구입할 수 있도록 조치 바랍니다.[23]

동래부사의 서한을 받은 야마노조는 외무성 7등 서기생 오마 게이지[尾間啓次(治)][24]를 급히 귀국 상경시켜서 이를 보고하게 하였고, 4월 22일, 데라시마 무네노리[寺島宗則] 외무경은 태정대신 산조 사네도미[三條實美]에게 이를 보고하여 수신사의 방일은 일본 전체의 관심을 받게 되었다. 4월 26일에는 강화도에 왔었던 외무대승 미야모토가 구로다와 이노우에에게 접대 방침을 보고[25]하고 수신사 영접을 준비하였다.

---

22) 미리 3월 28(3월 3)일 별차 이준수가 야마노조와 면담하여 수신사를 보내기로 치정되었음을 알렸다. 『大日本外交文書』第九卷, (日本國際聯合協會 發行)「事項三, 朝鮮國修信使來聘一件」pp188-209

23) 『大日本外交文書』전게서, 190쪽, 「大朝鮮國 東萊府使 洪祐昌 條陳」, 여기서 밑줄 부분은 일본 외무성이 부담하였다. 주41) 사료 참고.

24) 오마게이지는 1874년 6월, 동래부사가 박제관으로 교체된 다음에 왜관에 들어와 모리야마를 수행하여 양국 국교 교섭 재개 기초안을 전달한 바가 있어서 현석운, 현제순과는 구면이다.

25) 『大日本外交文書』전게서, 192쪽, 「朝鮮國修信使迎接に關し條陳ノ件」

수신사의 파견 보고를 받은 외무성은 즉시 내무성 역체료의 우편선이었던 고류마루[黃龍丸]를 차출하여 수신사가 탑승할 배로 정하고, 영접관으로 외무소록 미즈노 세이치[水野誠一], 감독관 역체 권대속 고스기마사미[小杉雅三], 통역관으로 나카노교타로[中野許太郎][26], 군의관 시마다 슈카이[島田修海]에게 합류를 명하였다.

Ⅲ. 수신사의 활동

그러면 날짜순으로 수신사 일행의 일정을 검토해 보자.

4월 27(4월 4)일, 수신사 김기수는 국왕을 알현하여 출발인사를 하였으며, 5월 13일 수신사를 태울 기선이 부산항에 도착하였고, 5월 14일, 공관장 대리 야마노조는 훈도 현석운에게 다음과 같은 영접 방침을 서신으로 보내왔다.

　一. 화륜선 黃龍丸을 제공하며, 석탄 등 모든 비용은 일본 정부가 부담하니 수신사가 雇賃할 필요는 없습니다.
　一. 외무소록 水野誠一와 7등 서기관 尾間啓次가 영접을 담당하도록 합니다.
　一. 통역으로 6등 서기생 荒川德滋, 中野許多郎 그 외 생도 11명을 동승시켜 통역과 접대를 맡게 합니다.
　一. 숙소는 小川町 錦小路1번지로 정하고 숙소도를 첨부합니다.
　一. 선내의 음식은 모두 외무성이 공급합니다. 이는 같은 부엌에서 취사를 하기 때문에 주인과 손님이 누가 부담해야 할 지 분간하기 어렵기 때문입니다.
　一. 군의관 1명(시마다슈카이[島田修海])이 선내에 동승합니다.
　一. 배가 馬關, 兵庫에 도착하였을 때 상륙하여 산보, 목욕 이발을 할 수

---

26) 나카노교타로[中野許太郎]는 1870년 5월 독일함 헤르타호를 타고 부산에 입항하여 논란을 불러 일으킨 적이 있었던 인물이다.

있도록 준비합니다.

　一. 요코하마에서는 기차로 동경으로 향할 것이며 외무관원이 영접할 것입니다.[27]

여기서 원래의 계획과는 다른 동양적 정서가 발현됨을 찾을 수 있다. 결국 기선의 임대, 선박 내에서의 식사 모두 일본 외무성이 제공하기로 되어, 결국 수신사는 기선 교류마루[黃龍丸]의 임대주가 아니라 손님이 되고 있음을 이해할 수 있다. 조선이 기선의 임대료를 지불하였는지에 대해서는 확인할 수 없었다.

훈도는 17일 선장과 영접관에게 酒肴를 보내어 수고를 위로하였고 영접관(미즈노)도 답례를 보내었다. 수신사 일행은 19일 부산에 도착하여 즉시 수신사 일행의 화물[28]이 적재되기 시작하였으며, 수신사는 관례에 따라 20일 海神祭를 올리고 21일 동래수사[29] 주최의 연회를 받았다. 같은 날 훈도 현석운과 고영희[30]는 배에 올라 방을 배정하고 명패를 붙였다.

1. 행로

5월 22(4월 29)일 수신사 일행 76인은 기선에 승선하여 영접관(水野誠一)과 선장(鳥谷保)과 인사를 나눈 후, 오후 4시에 부산을 출항하였다. 수신사는 화륜선의 거대한 굴뚝에 큰 호기심을 보인다.

---

27) 이 방침은 지난 4월 26일 미야모토 코이치가 참의 구로다와 의관 이노우에게 보낸 계획안과 대동소이하다.『大日本外交文書』전게서, 193-194쪽, 부속서1「迎接條陳書」 및 『일동기유』, 전게서, 規則, 186-187쪽

28) 대소 616상자였다고 하며, 자세한 것은 掌務官(현제순)의 「사례책자」에 자세히 기록되어 있다고 한다. 하지만 필자는 장무관의 『사례책자』를 찾지 못하였다.

29) 경상좌수영 수군절도사를 '동래수사'로 표현하였다. 참석자는 동래부사, 울산부사, 양산군수, 기장현감, 부산첨사, 다대첨사, 그리고 각 진의 변장 등도 함께 하였다.

30) 고영희는 乾糧官으로 수신사행에 가담하였으며 역시 왜학 훈도였다.

나는 몸가짐을 진중히 하느라고 마음대로 구경하지도 못하였다.[31]

　화륜선에 대해 자세히 기록하고 있으면서도 김기수는 이렇게 회고하고 있다. 처음부터 얼마나 조심스럽게 처신하고 있는지 보여준다.

　5월 23일 오전 7시에 기선은 시모노세키에 도착하였고 수신사 일행은 상륙하여 에이후쿠지[永福寺]에 들어가 휴식을 취하고 숙박하였다. 원래 육상에서 숙박하지 않기로 합의되었으나 '이 때 일본인이 많이 몰려들어 서화(書畫)를 요구하여 팔뚝이 탈락할 정도였다'고 한다. 통신사의 예와 같은 서화의 요구에 수신사는 고무되었고 학문적 자존감을 회복하였으며 기존의 외교 관계의 연장이 가능할 것으로 생각하지는 않았을까.

　5월 24(5월 2)일 오후 4시에 수신사 일행은 시모노세키를 출항하여, 5월 25일 밤 12시에 고베[神戶]에 도착하고 배에서 밤을 보내었다. 다음날 아침 7시 30분, 수신사 일행은 상륙하여 무역회사를 방문하여 시찰하였다. 고베 시민들이 수신사의 무사 도착을 축하하여 과일바구니를 전달하고 효고현 관리가 수신사를 방문하였으며 답례로 현제순이 효고현청을 방문하기도 하였는데 이는 물론 계획에 없던 일이었다. 시모노세키에서의 소식이 신문을 통해 전해져 고베 역시 경쟁적으로 환영행사를 준비하였던 것 같다. 고베시에는 수신사의 방문을 환영하여 낮에는 국기를 달고 밤에는 홍등을 달아 장관을 이루었다고 한다.[32] 수신사 일행은 오후 5시경 귀선하여 배에서 숙박을 하고 5월 27일 아침 6시에 고베를 출발하였다. 내해(內海)를 벗어나

31)『일동기유』, 전게서, 乘船, 28-31쪽,
32)『大日本外交文書』, 전게서, 「修信使迎船乘組水野小祿等ノ復命書」 195-197쪽
　　"晝間は市中一般國旗を揭げ、夜は街頭に紅燈を張り壯觀をなせり。"
　　『일동기유』전게서, 碇泊에는 "시민이 과실 …을 주니 한 짐이나 되었다. 밤에 배에 돌아와서 유숙하니 …현령은 집집에 명령하여 등을 달게 하매 등잔 그림자가 수면에 떨어져 대낮과 같이 밝게 비쳤으니 나에게 보이기 위함이었다." 라고 감동을 억제하는 차가운 마음을 표현하고 있음도 주목된다.

태평양으로 들어갔기 때문에 풍랑이 험하여 일행은 배멀미로 고생하였다.

5월 29일, 오전 4시 수신사 일행은 요코하마[橫濱]에 입항하였다. 8시에 상륙하여 회계소에 들어가 잠시 휴식을 취한 후 10시 45분 특별열차로 도쿄[東京]로 향하였다. 수신사는 열차에 대해 감상을 남기고 있다.[33] 수신사 일행은 12시 넘어 신바시[新橋]역에 도착하였으며 수신사는 가마, 상관 이상은 인력거, 중관 이하는 도보로 의장 기병의 호위를 받으며 1시 30분에 여관으로 들어갔다. 수신사 일행은 일본 조야의 뜨거운 환영을 받았다.

구로다 사절이 조선을 향해 출발하였던 1875년 12월 일본의 여론은 조선과의 전쟁이 불가피하다고 적개심이 넘치는 입장이 우세하였으나 그로부터 6개월 후, 수신사가 도일하였을 때에 이렇게 우호적으로 바뀌고 있음은 정치나 외교가 그리고 민심이 변화무쌍함을 알게 해준다.

2. 도쿄 체제 기간의 활동

영접관 외무소록 미즈노는 여기까지가 자신의 임무였으므로 수신사에게 인사를 하고 떠나 다음날 복명 보고를 하였다.[34] 도쿄 체제 중의 접대는 외무권소승 후루사와 게이한[古澤經範]과 오쿠 기세이[奧義制][35]가 담당하게 되었다. 후루사와는 인사를 마치고 다음날 외무성을 방문해 줄 것을 요청하였다. 또한 통역관은 작은 목패 4-50매를 전해 주면서 이 표찰이 있으면 곤란을 당하지 않을 것이라고 수행원들에게 나누어 주어 마음껏 견학을 하도록 설명하였다. 그러나 수신사 김기수는 정식 행사 이외에는 외출을 엄금하였다. 『일동기유』에

---

33) 『일동기유』, 전게서, 완상, p62-64쪽.

34) 『大日本外交文書』, 전게서, 「修信使迎船乘組水野小祿等ノ復命書」

35) 奧義制는 1872년 하나부사[花房義質]을 따라 왜관에 건너와 감찰로 근무하다가 감찰 겸 1대관, 관수 대리를 겸한 경험이 있다. 74년에 귀국하였다.

　나는 그것을 받아 머리맡에 두었다가 여관을 나오는 날(음력5월 27)일에
돌려주니 먼지가 목패에 끼어 패면의 글씨를 분별할 수 없었다.36)

고 자랑스럽게 회고하고 있다. 목패를 나누어 주어 수행원들이 밖에서 무역
에 종사하거나 사건을 일으켜 국위를 손상시키는 것을 미리 피하기 위한
선택이었을 것이다. 수행원들이 새로운 일본의 발전상에 심취하여 귀국 후
혼란을 초래할 우려를 미연에 방지하려는 의도도 있었을 것으로 생각된다.
여관에서의 접대는 통역 나카노교타로37)와 이시다 나오유키가 접반관으로
종일 관에 머무르면서 접대에 임하였다.
　5월 30(5월 8)일 후루사와와의 일정 조정에 따라 수신사 김기수는 외무
성을 방문하였다. 참의겸 외무경 데라지마 무네노리[寺島宗則], 외무대보
사메지마 나오노부[鮫島尙信] 외에 외무대승 미야모토 코이치, 권대승 모리
야마 시게루38), 권소승 후루사와 게이한등이 수신사를 맞이하였다. 인사를
나눈 후 수신사가 사명인 예조판서와 예조참판의 서한을 전달하였고 아울
러 사예단을 천황에게 진헌해 줄 것을 외무경에게 요청하였다. 김기수는

　　이 사람이 올 때에 다만 명령을 받들어 춘간(春間)에 귀국 사신이 우리나
　라에 온 것에 회사하여 예전 신의를 수호할 뿐이므로 처음부터 국서는 없었

---

36) 『일동기유』, 전게서, 유관, 46쪽.
37) 中野許太郎, 1870년 독일군함 헤르타호에 탑승하여 건너와 조선 조정이 처벌을 요
　　구한 바 있었던 인물이다.
38) 모리야마는 1870년 2월, 처음으로 조선에 건너와서 20여일 근무하여 정한론을 주
　　장하였으며, 1872년에는 요시오카[吉岡]를 필두로 다시 왜관에 건너와 담판하여 폐
　　번치현과 청일수호조규를 알리는 종의달의 서한을 전달하였다. 난출 이후 모두 귀
　　국하였다가 9월 하나부사와 함께 도한하였다. 하나부사의 귀국에 따라 대마도에서
　　활동하였으며, 1874년 6월에는 우라세[浦瀨]와 함께 조선에 건너와 담판하여 9월
　　신임 훈도와 양국 국교 교섭 재개 기초안에 합의하여, 외무성의 서계를 가지고 오
　　기도 하였으며 1876년에는 구로다 사절단의 일원으로 강화도에 건너왔으므로. 훈
　　도 현석운, 장무관 현제순과는 오랜 인연이 있었다.

으니 실로 귀국 황상을 배견할 예는 없습니다. 그러나 이 땅에 와서 보니 우리의 정의(情誼)로 서운한 것이 있어서 변변치 못한 물건이나마 조그만 성의를 표하오니 잘 진헌해 주시겠습니까.[39]

라고 하였다. 아울러 선물 증정이 이루어지고 회견을 마쳤다.

수신사가 회견을 마치고 여관으로 돌아온 후 미야모토 코이치[宮本小一]와 모리야마 시게루[森山茂]가 찾아와 메이지 천황의 특지에 따라 수신사에게 배알의 분부가 내렸다는 말을 전하였다. 이에 김기수가 국서를 가지고 오지 않았으니 예가 아니며 우리 주상의 명을 받지 못하였으니 독단으로 행하는 것이 불가하다고 일단 사양하면서도 기쁘게 받아들이고 다만, 조선 국왕을 근현하는 의례로 할 것을 조건을 내걸고 있다.[40] 이는 수신사 김기수가 힘을 기울였던 부분이었다. 즉 조선과 일본이 대등하기 위해서는 일본의 천황과 조선 국왕이 대등해야하기 때문이다. 이는 명호의 문제를 해결하는 선례라고 수신사는 생각하였음을 알 수 있다. 조건은 쉽게 받아들여졌다.

한편 모리야마는 배견(拜見)의 예가 끝난 다음에 바로 8성의 장관들을 만나보도록 권하였다. 그러나 수신사는

이번 걸음은 우리 주상의 명령을 받들고 귀국 외무성에 나아가 춘간에 귀국 사신이 우리나라에 왔던 예를 회사하고 옛날 신의를 수호할 뿐이며, 다른 성의 장관들을 찾아보라는 명령은 듣지 못하였으니 다른 예를 독단으로 처리할 수는 감히 없는 것입니다.[41]

라고 자신의 사명 밖의 일이라고 거절하고 있다. 대신에 김기수는 장무관 현제순으로 하여금 각 성의 장관과 참의 구로다 및 의관 이노우에를 방문

---

39) 『일동기유』전게서, 문답, 114-115쪽.
40) 『일동기유』전게서, 문답, 118쪽.
41) 『일동기유』, 전게서, 문답, 118-119쪽

하도록 하였다. 이 역시 수신사의 진중한 태도와 외교적 결례를 피하고자 하는 배려를 느끼게 한다. 다음날 장무관 현제순은 궁내성으로 가서 사예단 (진헌물품)을 전달하고, 귀로에 박물관을 견학하였다.

6월 1(5월 10)일 수신사는 아카사카[赤坂]의 황거를 방문하여 천황을 알현하였다. 이날 모리야마가 오찬을 대접하였다. 모리야마는 수신사에게 다시금 군제 개혁과 기계의 도입, 그리고 풍속의 채용을 통해 부국강병을 도모해야 한다고 역설하였으나 수신사는 그저 고맙지만 자신의 임무가 아니라고 사양하고 있다. 수신사 일행은 오후 3시경 여관으로 돌아왔다. 다음날 훈도 현석운은 종중정(종의달)에 대해 오쿠기세이에게 물었다. 기존의 외교 관계의 변모와 폐번치현에 따른 대마주의 정확한 상황을 확인하고 싶었을 것이었다.[42]

6월 3(5월 12)일 태정대신 산조는 칙명에 따라 김기수, 이용숙[43], 현석운을 엔료칸[延遼館][44]으로 초대하여 오찬 모임을 가졌다. 이때 참석한 자들은 사법경 오키 다카토[大木喬任], 공부경 이토 히로부미[伊藤博文], 육군경 야마가타 아리토모[山縣有朋], 의관 이노우에 가오루[井上馨] 그리고 외무경과 외무대보, 외무대소승 등이었다.[45] 이때 사예단에 대한 천황의 하사품[46]이 전달되었다. 그들 3인은 하마리큐[濱離宮]을 견학하고, 미야모토 대승과 함께 박물관을 관람하고 여관으로 돌아왔다. 당일 미야모토는 7일 수

42) 이에 따라 후루사와 오쿠는 은거하고 있었던 종의달에 연락을 넣어 6월 4일 종의달은 수신사를 방문하였고 수신사 역시 6월 10일 종의달의 별장을 방문한다. 이는 일본 외무성이 수신사를 접대하는 데에 조금의 감춤도 없음을 보여주기 위한 배려였다.
43) 별견 한학 당상관으로 훈도 현석운과 함께 사역원에서 파견한 사람이다. 10여 차례 중국을 방문하였으며, 1874-76년간의 『동문휘고』를 속간하였다.
44) 서양식 석조 건축물. 일본 막부 말기에 해군 시설로 만들어진 건물이었으나, 메이지 2(1869)년에 하마리궁(浜離宮) 내의 영빈관으로 정비되어 많은 국민을 맞아들였다.
45) 『일동기유 권2』전게서, 燕飮, 101-102쪽.
46) 하사품은 刀 1구, 칠기 6개, 사쓰마 花瓶 1쌍, 赤地綿 1권, 紅白絹 2필, 甲斐色絹 12필, 越後白縮布 12필, 越後生縮 12필, 奈良曝麻布 15필이었다.

신사를 집으로 초대하고 싶다는 의향을 표현하였고 수신사는 기꺼이 초대에 응하겠다고 화답하였다.

6월 4(5월 13)일에는 종의달과 이노우에가 수신사의 숙소를 방문하였다. 이노우에는 수신사에게

> 러시아가 動兵할 징조가 있음은 내가 강화도에서 이미 말한 바가 있는데 우리나라 사람이 러시아에 가 보면 그들이 날마다 병기를 만들고 흑룡도에 군량을 많이 저장하는 것을 봅니다. 귀국도 마땅히 미리 대비하여 기계를 수선하고 병졸을 훈련시켜서 방어의 계책을 강구하는 것이 좋을 것입니다.[47]

라고 말하자 수신사는 놀라운 대답을 한다. 즉

> 러시아를 막는 방도는 무기를 예리하게 하고 군복을 輕便하게 하는 것입니다.…그러나 우리나라에서는 선왕의 말이 아니면 말하지 아니하고, 선왕의 옷이 아니면 입지 아니합니다. …지금은 비록 죽고 망하는 한이 있어도 기이하고 과도한 기교를 만들어 남과 경쟁하기를 원하지 않습니다. [48]

라고 군비증강에 대한 거부감을 표시하였다. 일본의 침략과 전쟁을 걱정하고 군비를 증강하였던 것이 1년 전의 일이었다. 이 시점에서 수신사가 성리학적 입장에서 물질문명을 거부하고 정신문명을 강조하는 조선 유학자의 정신을 표현한 것은 무엇을 의도한 외교적 언사였을까 흥미롭다.

이노우에는 자신의 건의는 후환을 없애기 위해 한 말이니 귀국 조정에 전달해 주기를 원하였고 수신사는 반드시 보고할 것이라고 약속함으로써 논쟁으로 발전하지는 않았다. 이날 이노우에는 자신의 집으로 초대를 하였고 김기수는 응하였다. 6월 5일 모리야마가 와서 견학을 종용하였으나 수신

---

47) 『일동기유』전게서, 문답, 124쪽
48) 『일동기유』전게서, 문답, 125쪽

사는 고사하였고 그 대신 훈도 현석운 이하 18인이 그를 따라서 우에노 공원, 아사쿠사 혼간지[本願寺], 하나야시키[花屋敷], 자의 전기기계소 등을 순람하였다.

6월 6일 오전 8시 30분, 수신사 일행 66인은 여관을 나와 히비야[日比谷] 육군 연병소로 가서 보병, 기병, 포병의 훈련을 견학하였다. 외무성에서 오찬을 하고 여관으로 돌아왔다. 6월 7일에는 미야모토의 초청을 받아들여 그의 저택(長華園)을 방문하여 저녁 9시에 돌아왔다.[49]

6월 8일, 수신사 일행은 해군성으로 가서 대포공발, 화시, 수뢰포 등의 발사를 견학하고 또 육군성 병학료를 방문하여 제철소의 용광로와 기타 시설들을 시찰하였다. 이날 수신사는 충격을 많이 받았던 것 같다.

기교가 이럴 수가 있는가, 한 개의 화륜으로써 천하의 능사를 다하게 되니… 공자의 말씀하신 바가 아니니 나는 보고 싶지 않도다. 지난번에 나에게 유람을 저지한 사람이 옳았고, 나에게 유람을 권유한 이는 옳지 못하였는데 나는 그 옳은 말들을 쫓지 못하였으니 나의 유람은 옳지 못한 것인가. … 여기에 대해 다음과 같은 답변이 나온다. 저들이 나에게 유람을 권유한 것이 도리에 위반되지 않았고 동시에 나의 유람도 이편에서 먼저 서둘지는 않았을 뿐이라고.[50]

마치 근대 초기 진화론을 접한 크리스트교 신자가 자신의 신앙을 지키기 위해 몸을 움츠리는 모습이 연상된다. 변화에는 저항이 따를 수밖에 없다. 어쩌면 가장 일반적인 성리학자로서 조선 지식인으로서의 김기수가 새로운 근대 문물의 위력을 목격하고 자신과 국가의 체제를 지키기 위한 고민이 깊어지고 있음을 알 수 있다. 그날 수신사는 전날의 초대에 따라 의관 井上

---

49) 이 때의 상황에 대해 김기수는『일동기유』전게서, 燕飮, 103-104쪽에 자세히 기록하였다. 특히 손님을 상석에 모시고 주인이 말석에 앉는 것과, 그 아버지와 어머니가 와서 먼저 절을 하였기 때문에 매우 당황하여 실례를 사과하는 모습이 인상적이다.
50)『일동기유 권4』전게서, 文事, 238-239쪽.

의 저택을 방문하였다[51]. 이노우에의 저택에는 미야모토도 함께 있었다. 이 날 이노우에는 다시금 러시아의 위협을 강조하고 자신의 말을 소홀히 하지 말아달라고 부탁하며 세계지도를 주었다. 수신사는 미야모토에게 가로등에 대해 이야기를 나누었다. 미야모토가 이 법(전기)을 조선에서 도입하도록 권유하자 김기수는

> 우리나라에 기름이 넉넉하고 사람들도 또한 재주가 없으므로 이러한 술 외의 술로써 사람을 놀라게 하고 싶지 않습니다.[52]

고 하며 이것을 사절하였다. 새로운 문물을 도입하여 조선 사회에 변화를 주어서는 안 된다는 김기수의 마음가짐을 잘 알 수 있다. 6월 9일 오전에 사진 촬영이 있었다.[53]

6월 10일에는 종의달의 초대를 받고 그의 별장을[54], 또한 6월 11일에는 모리야마의 초대를 받고 모리야마의 저택을 방문하였다. 6월 12일, 수신사 일행은 근위병 병영을 방문하여 포병본창을 시찰하고 오후에는 해군성 제 작소를 시찰하였으며, 공부성 공학료에서 병기, 농기구, 각종 기계 및 전선 을 관람[55]하였다. 공부경 이토 히로부미가 집으로 초대하여 만찬을 베풀었 다. 오후 8시에 귀관하였다.

6월 13일에는 후루사와가 와서 귀국 날짜를 의논하였으며, 6월 18일로 결정하였다. 또한 외무대승 미야모토가 이사관으로 서울로 파견되어 통상 장정을 논의하게 될 것임이 외무경 서신으로 통고되었고, 수신사는 그 서신

---

51) 『일동기유』전게서, 燕飮, 105쪽. 별로 볼 만한 것이 없었다고 간략하게 기술하고 있다.
52) 『일동기유』전게서, 城郭, 155쪽.
53) 『大日本外交文書』, 전게서, 「明治九年五月朝鮮修信使來聘日表」205-209쪽.
54) 『일동기유』, 전게서, 燕飮, 104-105쪽. 송나라 휘종의 그림 족자가 있었는데 종의달 이 어느 시대의 그림인지 묻기에 자세히 설명해 주니 그때서야 보물인 줄 알았다 고 하였다. 만족스러운 시간이었음을 알 수 있다.
55) 『일동기유 권2』전게서, 완상, 68-70쪽.

을 접수하였다.

6월 14일, 수신사 일행은 문부성 문학료를 방문하여 문부대승 구키 류이치[九鬼隆一]의 간곡한 접대를 받았다. 이 자리에서 구키가 조선의 학문에 대해 묻자 김기수는 다음과 같이 말하였다.

> 우리나라의 학문은 500년 동안 주자만을 숭상하고 이를 어기는 자는 난적이라는 이름으로 처단하였으며 국법이 매우 엄한 까닭으로 상하 귀천이 모두 주자만을 숭상합니다. 그리하여 군주는 군주의 도리대로 하고, …다른 갈림길이 엇갈릴 수 없으며 다른 술수가 현혹시킬 수도 없었습니다.56)

김기수의 확고한 말에 구키는 머리를 끄덕거렸을 뿐이었다. 김기수는 일부러 변화를 거부하는 완고한 성리학자로서의 자신을 표현하려고 의식적으로 노력한 것 같다. 그날 김기수는 문부성 강당에서 만찬을 하고 여자 사범학교와 개성학교를 시찰하였다.

수신사 일행의 출발 일자가 알려지자, 6월 15일에는 산조 태정대신이 다시 엔료칸에서 조찬회를 열었다. 수신사 김기수는 이를 상선연으로 이해하였다.57) 즉 이별의 파티인 것이다. 배빈으로 야마가타 육군경, 이토 공부경, 가와무라 해군대보에 이어 개척장관 구로다, 가나가와 권현령 노무라 야스시, 개척소판관 야스다 사다노리 등도 참석하였다. 이들은 조일수호조규 당시 수행원으로 수신사 일행과 안면이 있었기 때문이었다. 그 후 수신사 일행은 원로원을 방문하여 의사당을 시찰58)하였고 다시 엔료칸에서 중식을 하였다. 이날 미야모토가 다시금 자신이 조선에 조약을 맺기 위해 출발할 것을 알리고 모든 접대 절차는 간략하게 해 달라고 요청을 하였다.

6월 17일 수신사는 외무성을 방문하여 예조의 서계에 대한 회답서계를

56) 『일동기유』전게서, 문답, 118-119쪽.
57) 『일동기유 권2』전게서, 燕飮, 103쪽. 出船宴이라고도 한다.
58) 『일동기유 권2』전게서, 완상, 70-71쪽.

428 근대 변혁기 한일관계사 연구

받고 도쿄에서의 체재 일정을 완수하였다. 외무경은 천황의 고별 예단을 손수 전해 주었다. 그리고는 수신사의 행동이 매우 정중하여 자기들로서는 깊이 감탄하고 있다고 말하고 일본의 성의를 이해하는지 물었다. 그리고는 귀로에 오사카에 있는 조폐료를 견학하도록 권유하여 수신사는 그러겠다고 답하였다. 6월 18일, 수신사일행은 정오에 기차에 탑승하여 요코하마로 가서 기선에 승선하였다.

수신사 김기수는 변화를 거부하는 완고한 성리학자로서의 자신을 표현하고자 노력하였다고 생각된다. 수신사 김기수가 바로 당시 조선의 자화상이라고 생각된다. 그러나 당상역관 현석운과 장무관 현제순은 수신사와는 달랐다. 그들은 새로운 문물에 경탄하였으며 부랑자나 거지가 없는 깨끗한 거리의 모습에 놀라움을 표현하는 등 식견을 넓히고 경험을 쌓아 귀국 후 개화 자강정책을 추진하는 데에 중요한 역할을 하게 된다.

3. 귀로

귀로는 오마게이지가 호송관으로 임무를 담당하였다. 기선은 오후 5시45분 출항하여 1시간 후 요코스가[橫須賀] 해군기지에 도착하였다. 다음날 19일 일본의 권유에도 불구하고 수신사는 시찰을 고사하고, 대신에 당상역관과 장무관를 비롯한 몇 명만이 상륙하여 해군기지를 순시하고 아마기[天城], 진게이[迅鯨] 두 척의 함선 제작을 관람하였다.

그날 오후 5시 15분 黃龍丸은 요코스가 기지를 출항하였으나 풍랑으로 회항하여 근처에 다시 정박하였다가 다음날 아침 다시 출항하여 6월 22(윤5월 1)일 밤 고베에 도착하였다.

6월 23일, 원래는 오사카의 造幣所를 견학할 예정이었으나 수신사는 풍랑으로 건강을 잃어 견학을 사양하겠다고 외무경에게 편지를 보내고 견학을 취소하고 있다. 일행은 상륙하여 무역회사에서 잠시 휴식을 취하고 다시

출항하였다. 이 사이에 김기수는 배 갑판에 외국인 선원이 있음을 발견하였
고 그가 내리지 않았는데 배가 출항하자 호송관 오마[尾間]를 불러

> 이 배가 비록 일본의 배이지만 지금은 우리의 행차를 전송하는 것이라면
> 우리의 배이다. 우리 배에 어찌 양인을 태울 수 있는가, 빨리 이 사람을 배
> 에서 내려 보내고 머물지 못하게 하라.59)

고 강력히 항의하였다. 아직 일본의 항해 기술이 부족하여 항해의 안전을
위하여 서양인 기사를 고용하고 있다고 설명하였지만 김기수는 받아들이지
않았다. 결국 오마가 외무성의 지시를 받고 그 외국인 선원은 시모노세키에
서 하선하였다. 항해의 안전보다 서양인 배척이라는 외교적 명분을 관철한
것이었다. 이는 조일수호조규가 일본과의 관계를 회복하였을 뿐이고 서양
인 배척은 지속되고 있음을 명백하게 보여주는 일화이다. 그리고 그러한 조
선의 의지를 일본에 확인시킨 것이었다.

6월 25일, 시모노세키에 도착하여 永福寺에서 휴식을 취하고 식사를 한
후 출항하였으나 다시 강풍으로 다시 돌아와 정박하였다가 26일 다시 출발
하였다. 기선은 계속되는 강풍으로 인하여 바로 부산으로 향하지 못하고 대
마도 이즈하라[嚴原]에 도착하여 서산사(西山寺-以酊菴)에서 만찬을 받고
숙박하였다. 수신사 일행은 다음날(27일) 종의달의 저택을 방문하여 종의달
의 부친인 宗義和60)의 접대를 받고 종일 환담을 나누고 귀선, 출항하였다.
수신사 일행의 대마도 정박이 수신사의 요청에 따른 것이었는지는 알 수
없으나, 수신사와 훈도 장무관은 대마도의 상황을 확인하고 싶었을 것이며,
이를 통해 한일 양국의 매개를 담당하였던 대마주에 대한 미련을 깨끗이
씻을 수 있었을 것이다.

---

59) 『일동기유』전게서, 정박, 37쪽
60) 1863년 조슈[長州]와 동맹을 맺을 때 아들 종의달에게 자리를 물려주고 은거하였
   다. 이때가 46세의 일이었으니 수신사를 만났을 때 59세가 된다.

6월 28(윤5월 7)일 오전 수신사 일행을 태운 黃龍丸은 무사히 부산항에 입항하였고, 수신사는 즉시 장계를 올렸다.[61] 그리고 상경하여 20여일이 지난 7월 21(6월 1)일에 복명하였다.[62]

IV. 맺음말

이상 수신사 일행의 외교사적 의미를 확인하기 위하여 우리는 수신사의 파견과정과 성격, 그리고 수신사의 활동을 복원하여 보았다. 그 결과 다음과 같은 두 가지 사실을 확인할 수 있었다.

첫째, 수신사는 조일수호조규를 완수하기 위한 사절이었으며, 그들은 조일수호조규를 막부시절의 우호 관계를 메이지 정부에서도 지속하자고 양국이 합의한 조약으로 인식하였다. 둘째, 수신사는 조선이 서양 열강에 대한 쇄국 단행을 지속할 것이며, 또한 서양 문물의 도입에도 큰 관심이 없음을 일본에 어필하려고 노력하였다.

수신사가 사예단을 천황에게 진헌하고, 천황을 알현하면서 전통적 외교 의례를 관철한 것, 근대문물에 충격을 받으면서도 오히려 성리학적 전통의 우수함을 주장하고 근대 문물의 수용에 관심이 없음을 표현한 것, 귀로에 서양인 기사를 하선시키라고 강하게 요구한 것 등을 종합하여 살펴보면, 수신사는 일본과의 우호관계를 회복하고, 한·일간의 전통적 외교 의례에 변

---

61) 『고종실록』윤5월 18일조.
　　수신사(修信使) 김기수(金綺秀)가, '4월 29일 부산포(釜山浦)에서 배를 떠나 5월 7일 동경(東京)에 도착하였으며, 원료관(遠遼館)에 20여 일 동안 머물러 있다가 5월 27일에 동경(東京)을 떠나 윤5월 7일 진시(辰時)에 부산포에 돌아와 숙박하였으며, 일본 외무경(外務卿)의 회답 서계(書契) 및 공문 1통과 한문(漢文)으로 번역한 문서 1통을 해조(該曹)의 당상에게 올려 보냈고, 역관(譯官) 현석운(玄昔運)은 임소에 뒤처져서 있습니다.'라고 아뢰었다.

62) 『승정원일기』6월 1일조

제3부 개국을 향한 길 431

함이 없음을 확인하며, 쇄국과 서양인 배척은 지속될 것이라는 조선의 의지를 명백하게 일본에 전달한 사절이었다고 평가할 수 있다. 여기에 제1차 수신사의 외교사적 위치가 존재한다.

따라서 조일수호조규는 조선이 개국으로 나아가는 데에 중요한 계기가 되었음을 부정할 수 없지만, 조일수호조규 그 자체를 개항조약으로 표현하는 것은 지나친 평가이며, 수신사를 개항에 따른 견문사절로 보는 것은 명백한 오류이다. 수신사는 일본과의 전통적인 우호를 회복하여 쇄국을 유지하고 성리학적 질서를 유지하려는 의도를 사행 중 곳곳에서 드러내고 있기 때문이다. 수신사 김기수가 바로 당시 조선의 자화상이라고 생각된다. 물론, 실무자인 당상역관 현석운과 장무관 현제순은 수신사와는 달랐다. 그들은 새로운 문물에 경탄하였으며 부랑자나 거지가 없는 깨끗한 거리의 모습에 놀라움을 표현하는 등 식견을 넓히고 경험을 쌓아 귀국 후 개화 자강정책을 추진하는 데에 중요한 역할을 하게 됨은 주목해야 한다.

외교 활동은 중요한 것과 합의가 가능한 것들을 먼저 합의하고, 합의가 어려운 문제는 싸우지 않고 뒤로 넘기는 것이다. 조일수호조규에서 중요시된 것은 대등한 외교 관계와 우호에 대한 약속이었고, 수신사는 그에 대한 확인이었다. 앞으로 일본은 이 조약과 세계의 흐름을 앞세워 점차 많은 변화를 조선에 요구·설득할 것이고, 조선은 국교회복에 만족하면서 거부하다가 점차 선택적으로 받아들이면서 변화해 갈 것이다.

남은 문제는 조선 조정이 합의를 통해 개국을 결정하고 개화 자강정책을 추진하게 되는 시점은 언제인지, 그 정책이 성공하지 못한 이유가 무엇인지에 대해 주체적이고 단계적으로 살펴보는 일이다. 주체적인 역사 서술만이 실패를 통해 얻을 수 있는 역사적 소중한 교훈을 얻을 수 있기 때문이다. 앞으로의 연구 과제로 삼고자 한다.

제5장 새로운 관계의 시작
- 조일수호조규부록과 무역규칙 -

Ⅰ. 머리말

1876년 8월 24일, 「조일수호조규」 제11관에 의해 기유약조를 대신하는 통상장정(무역규칙) 협상을 위해 일본에서 파견된 이사관 미야모토 오카즈[宮本小一]와 조선의 강수관 조인희 사이에, 「조일수호조규부록」과 「무역규칙」이 맺어졌다.

앞에서 살펴본 바와 같이 「조일수호조규」는 260여 년의 역사를 가진 대마주를 매개로 하는 한·일간의 국교를 갱신하여 양국정부가 직접 교섭을 한 '정치적 선언'이라는 성격을 가지며, '오랜 우호관계를 회복'한다는 점에 큰 의미를 두었다. 그러나 무역의 방법, 개항장의 선정·왜관의 처리 등 세부적인 사항 일체를 제11관의 규정으로 훗날의 따로 통상장정을 정한다고 넘겼기 때문에 「조일수호조규부록」과 「무역규칙(통상장정)」이 필요하였던 것이며, 이는 「조일수호조규」와 함께 기유약조를 대신하는 새로운 조약으로 분석할 필요가 있다.

본 장에서는 「수호조규부록」과 「무역규칙」을 분석하여 기존의 외교-무역과 어떠한 차이점을 갖는지 분석해보고자 한다.

처음 일본이 가져온 「조일수호조규 부록」에는 제1관 서울에 일본 공사관의 설치, 제2관 공사와 가족들의 국내 여행의 자유, 제5관 개항장에서 100리(약40km)의 유보지역 설정이 포함되어 있었다. 여기에 대해 조선이 강력

히 저항하였으므로 논쟁 끝에 결국 제1관과 제2관은 폐기되어 대체되고 제
5관의 유보지역의 거리는 10리로 결정되어 일본이 요구한 1/10로 축소되었
다. 일반적인 인식과는 달리 일본이 상당한 양보를 한 것이었음은 명확하
다. 미야모토는 교섭 과정에서 조선과 타협하려는 태도를 견지하였다. 따라
서 조선에서 반대하는 공사 주경(公使駐京)과 내지통상(內地通商)을 강요
하지 않고 물러섰던 것이다. 참고로 이때 폐기된 조항은 6년 후, 제물포조
약이 맺어지는 1882년 8월 30일, 「조일수호조규속약」으로 관철된다.

한편 「무역규칙」에는 선박 왕래, 수출입 물품에 대한 관리 규정 등을 설
정하였는데, 관세를 '수년간' 거두지 않기로 합의했던 것이 향후 조일 간 무
역 분쟁으로 발전하게 되는 단초가 되기도 하였다.

Ⅱ. 배경

1876년 조일수호조규 체결 당시, 외무대승 미야모토의 우호적 태도는 신
헌에게 높은 평가를 받았다. 그 후 수신사 김기수가 도쿄에 갔을 때도 접대
책임자로서 수완을 발휘하여 성의를 보였기에 수신사 김기수도 미야모토의
인품을 높이 평가하여 조정에 보고하였다.

조선 조정이 「조일수호조규」를 어떻게 자리매김하였던 것인지는 수신사
를 통해 일본에 보낸 서한의 내용을 통해 알 수 있다. 수신사가 지참한 예조
판서의 서한에는 그동안의 의심이 풀린 일로 만족을 표현하고 있다. 메이지
일본에 의해 등장한 풀릴 것 같지 않았던 외교적 문제 즉, 조선을 하위의
국가로 간주하려는 메이지 정부의 의도1)가 단순 오해로 인한 의심이었다고
합의 치부된 것이었다. 수신사가 지참한 예조참판의 서한에도 두 나라 사이
의 의심은 대마주와 동래부에서 잘못 전달된 말 때문이라고 규정하고 조일

---

1) 이를 당시 조선에서는 명호(名號)의 문제라고 기술하고 있었다.

수호조규로 말미암아 오해가 풀려 우호를 이루게 되었다고 기뻐하고 있다.

전장에서 살펴본 바와 같이 수신사 김기수는 구호(舊好)를 유지하고 국가 위신을 손상하지 않는 것 - 국체를 보존하는 것 - 을 자신의 가장 중요한 사명으로 인식하였다. 새로운 문물을 받아들여 국체를 흔드는 일은 수신사 김기수나 조선의 학자들이 원하는 일이 아니었다. 그들로서는 개화문물의 탐색은 절실한 과제가 아니었다. 만일 일본인들이 권한다면 굳이 거절하지는 않겠지만, 먼저 보려 하지 않겠다는 기본 마음가짐이 곳곳에 나타난다. 일본의 거듭된 문물 시찰 요청을 아주 소극적으로 행하거나, 수행원들에게 통행패(목패)를 나누어 주지 않았던 모습, 배에 타고 있었던 서양 기사를 하선시킨 일화, 서구 문물에 대한 부정적인 견해, 그리고 개항에 부정적인 복명보고 등은 당시 조선 지식인의 일반적인 경향과 자기인식을 알 수 있다.

수신사의 일본 체재 중에 미야모토 이사관이 서울로 파견되어 통상장정을 논의할 것임이 서신으로 수신사에게 전해졌다. 수신사는 6월 28일 부산에 도착하였고, 복명하였다. 수신사가 귀국하고 얼마 되지 않아서 미야모토 이사관이 도착한다.

미야모토는 1876년 7월, 서울에 도착하여 고종을 알현하였고 조선 조정은 그를 환대하였다. 그는 서적을 지참하여 '이 서적들은 경서도 있지만 근래에 저술한 책으로 현재 필요한 서물(書物)이므로 귀 정부에 헌상하고자 한다'라고 예조에 증정하였다. 이는 일본의 무력만을 경계하고 일본의 지성을 무시하고 있었던 조선 지식인들에게 일본의 이미지를 쇄신할 수 있었다고 보인다. 경서 4종 161책, 지도·지리서 12종, 포술서 9종30책, 의서 5종 16책, 자연과학 1종 7책, 신문 6부, 공법서 6책, 역사서 10책, 수호조규 3본 등이었다.

그는 청수관(지금의 금화초등학교 부근)에 머물렀는데 처음 그가 궁궐로 들어갈 때에는 연도의 집집마다 문과 창호를 모두 닫아 경계하는 모습을 보였으나, 며칠 후 그가 고별을 위해 예조에 갈 때에는 구경꾼이 거리에 가득 나와 호의를 보였을 정도로 그는 회담 과정에서 진심으로 조선을 위한 다는 태도를 보여주었으며 많은 부분을 양보하여 두 나라 사이의 의심을 없애기 위해 노력하였음이 인정된다.

Ⅲ. 체결과정

8월 2일 고종을 알현한 미야모토는 8월 5일 강수관 조인희를 만나 「수호 조규부록」의 대강을 보여주고, 8월 7일 「수호조규부록안」[2]을 제출하였다.

---

2) 초안은 다음과 같았다.

제1관 : 이후 양국 수도에 설치할 사신의 관사는 적당히 인민의 집을 빌리거나 땅을 빌려서 관사를 건축할 수 있다.

제2관 : 사신과 권속 수행원 및 각 항구에 재류하는 일본 관리관은 조선 내지를 경과할 수 있다.

제3관 : 사신 및 관리관이 각 지역에 보내는 편지는 자비로 우송하거나 해당 인민을 고용할 수 있다.

제4관 : 의논하여 정해진 조선의 통상장에서 일본 인민이 그 땅을 빌릴 때에는 각 지주와 상의하여 가격을 정한다. 조선 정부에 속한 땅은 조선 인민이 그 땅을 빌렸을 때 납부하는 같은 액수의 세금을 내고 거주할 수 있다. 부산 초량항에는 종래 일본공관 주위에 관문이 있어서 일본인의 출입을 통제하였으나 지금 이를 철폐하는 것을 조선 정부는 허락한다. 그 외 두 항구도 관문을 설치하여 출입을 막아서는 안 된다.

제5관 : 정해진 개항장에 있는 일본 인민은 부근 지방을 여행할 수 있으며 도로의 이정은 그 부두를 기점으로 계산하여 직경 10리(일본리정)로 한다. 이 거리에 도달하는 곳의 지명은 그 지방관과 관리관의 의논하여 정한다. 이 거리 내에서 일본인민은 자유롭게 다니고 여관에 숙박하며 물품을 구입할 수 있다.

제6관 : 정해진 조선 항구에서 일본인민은 조선인민을 고용하거나 조선인민을 일본으로 보낼 수 있으며, 범죄 등 장애가 없으면 조선정부는 이를 억류해서는 안 된다.

제7관 : 정해진 개항장에서 일본인민이 만일 사망하였을 때에는 적당한 토지를 선택하여 매장할 수 있다.

제8관 : 일본국 인민은 일본의 화폐를 활용하여 조선인민의 소유물을 구입할 수 있으며 조선인도 그 화폐를 이용하여 일본인의 화물을 구입할 수 있도록 개항장에서는 각 인민이 서로 통용할 수 있다.

「수호조규부록안」은 13 조관으로 이루어져 있었다. 이 중에서 쟁점이 된 것은 제1관, 제2관, 제5관이었다. 제1관은 서울에 일본 공사관의 설치, 제2관은 공사와 가족들의 국내 여행의 자유, 제5관은 개항장에서 100리(약40km)의 유보지역 설정이 포함되어 있었다. 강수관은 이를 반대하여 치열한 논쟁이 있었다.

8월 10일, 제4차 회담에서 조인희는 '공사관은 서울에 둘 수 없다(公使館不可留住京城事)'. '개항처의 유보 거리는 오직 초량관의 사례에 따라야 한다(開港處行進程限一依草梁館事)'. '여러 곳의 행상은 허락할 수 없다(各處行商不可許施事)' 라는 각서를 제출하여 조선 정부의 의지를 전하였다. 미야모토는 일본의 예를 들어서 각국 공사가 일본 도쿄에 공사관을 설치하고 있다고 설득하였으나, 조인희는 일본 사신은 10-15년에 한 번 서울에 올라오도록 하고 통상 문제는 개항장 지방에서 관리들이 만나서 처리하자고 주장하였다. 미야모토는 8월 13일 안면이 있었던 판중추부사 신헌과 공조판서 윤자승을 만나 협조를 요청하였으나 그들 역시 아직은 시기상조라는

제9관 : 조선국 인민이 일본국 인민으로부터 취득한 제 물품은 마음대로 사용할 수 있다.

제10관 : 개항장에 다른 외국인이 일본인의 적을 빌려서 거주하거나 상행위를 하는 것은 조선정부가 이를 엄하게 금지한다.

제11관 : 수호조규 제7관의 규정에 따라 일본 측량선이 조선 연해를 측량할 때 필요에 따라 조선 인민의 집에 숙박하거나 혹은 배 안에서 필요한 물품을 그 땅에서 매입할 수 있다.

제12관 : 조선국은 제외국과 통신을 하지 않고 일본국은 제외국과 체맹하여 우호가 있으므로 이후 조선국 연안에 외국선이 파선하거나 표류하였을 때에 조선인민이 이를 자비로운 마음으로 구원하고 이들을 일본에서 온 관헌에게 순부하여 표류민들이 본국에 송환되기를 원할 때에는 일본관헌은 이를 승낙하여야 한다.

제13관 : 위 12관은 통상규칙이나 수호조규와 동일한 권한을 갖고 있으므로 양국정부는 이를 준행해야 한다. 각 조관 중 양국 인민이 실제로 교제 무역을 행함에 장애가 있어서 개혁을 필요로 할 때에는 양국정부가 그 대책을 작성하여 1년 전에 알려서 협의하여 결정한다.

입장이었다.

일본과의 국교를 회복한 것에 만족한다는 조선 조정의 분위기를 파악한 미야모토는 더는 강요하지 않고 제1관을 철회하였다. 제1관이 철회됨에 따라서 외교관의 내지 통행권을 요구하는 제2관도 자동으로 철회되었다. 제5관 후반부의 '각처 행상'도 조인희가 수호조규에 규정되지 않았다고 거부하자 철회하였다. 전반부의 유보구역과 관련하여 미야모토가 받은 훈령은 100리로 확대하되 조선이 단축을 요구하면 50리까지 허락하라는 것이었다. 그러나 조선은 그 곳에 사는 인민들의 이산을 고려하여 왜관 내로 한정하고자 하여 대치하게 되었다. 미야모토는 동래부와 마산항까지 왕래를 허용하자고 타협안을 제시하였고, 조인희는 마산 왕래는 불가하다고 하여 결국 10리를 한정하되 왜관에서 동래부 왕래라는 타협안을 도출하였다. 결국 제1관과 제2관은 폐기되어 대체되고 제5관의 유보지역의 거리는 10리로 일본이 요구한 1/10로 결정되었다. 미야모토는 교섭 과정에서 조선과 타협하려는 태도를 견지하였다. 따라서 조선에서 반대하는 공사 주경(公使駐京)과 내지 통상(內地通商)을 강요하지 않고 물러섰던 것이다.

무역규칙 초안은 미야모토가 8월 5일 1차 회담 때 준비해온 초안을 제출했다. 전체 9개로 된 조관이었는데, 이 가운데 제5칙만 조선 현지에서 안건을 제출하면서 수정되었다. 8월 9일 협상에서는 항세(港稅)와 아편무역 금지 조관이 추가되었고, 5일 제출된 초안의 조관 순서가 약간 바뀌었다. 조관은 전체 11개로 확정되었다. 전체 조관 가운데 조일 양국 관리 사이에 입장 차이가 드러난 것은 제6칙으로, 미곡 수출입과 관련된 내용을 담고 있었다. 8월 16일 협상 자리에서 조인희와 미야모토는 조관에 담을 문구를 다듬었다. 수출입이 가능한 조건을 식량 사정이 '절핍(絶乏)'할 때로 제한했던 것은 조선 측 요청으로 삭제되었다. 1주일 후에는 이 조관이 적용되는 주체를 설정하는 문구로 조선의 개항장에 '주류하는 일본 인민(住留日本人民)'이 들어갔다. 단, 한자 표현이 일본어로 작성된 조약문에는 들어가지 않았으나 조인희가 이를 확인하고도 별다른 문제를 제기하지 않아 이후 양측이 달리 해석할 여지를 남겼다. 이리하여 8월 23일 의견의 일치를 보았으며 8월 24일 조인희와 미야모토 사이에 「조일수호조규부록」과 「조일통상장정」이 조인되었다.

이 날 조인희와 미야모토는 조회문을 주고받는 가운데 양국 간 무역의 오래된 폐해를 혁파하고, 수출입 화물에 대해서는 특별히 '수년 간 면세(免稅)'하기로 합의했다. 두 가지 조약문에 들어가 있지는 않은 내용이었지만, 향후 수세 문제와 관련하여 첨예하게 조일 양국이 대립하는 문제의 근거는 여기에 있었다. 이것은 1878년 부산 두모진에서 조선 측이 자국 상인을 대상으로 하여 수세를 시도하다가 일본 측이 여기에 항의하고 군함을 동원한 무력시위까지 전개하면서 크게 문제가 되었다. 이때의 수세 시도는 중단되었으며, 1879년 협상 때부터 의제가 되었다. 이후 세칙 설정을 논의하는 과정을 거쳐 1883년 「조일통상장정」을 체결하면서 '수년간 면세' 하는 관계에서 벗어나게 되었다.

Ⅳ. 내용

1. 조일수호조규 부록

「조일수호조규부록」의 전문은 「조일수호조규」 제11관의 취지에 따라 이사관 외무대승 미야모토가 경성에 도착하여 강수관 조인희와 협상하여 조관을 정한다는 내용이다. 즉

일본국 정부는 이전에 특명전권변리대신 육군중장 겸 참의개척장관 구로다 기요타카와 특명부전권변리대신 의관 이노우에 가오루를 파견해 조선국

에 이르도록 하였고 조선국 정부는 대관 판중추부사 신헌과 부대관 도총부 부총관 윤자승을 파견하여 강화부에서 같이 만나 일본력 명치 9년 2월 26일, 조선력 병자년 2월 2일에 협의하고 타당하게 처리해 상호 조인하였다. 지금 그 수호조규 제11관의 취지에 따라 일본국 정부는 이사관 외무대승 미야모토 오카즈를 위임해 조선국 경성에 이르도록 하고 조선국 정부는 강수관 의정부 당상 조인희를 위임해 같이 만나고 정해 세운 조관을 헤아리고 의논해 아래에 열거한다.

제1관은 각 항구에 주재하는 일본인 관리관이 일본국 선박이 파선하였을 경우, 긴급히 지방관에게 알려 해당 지역(표착지)로 갈 수 있다는 내용이다. 즉

> 각 항구에 주재하는 일본국 인민과 관리관은 조선국 연해 지방에서 일본국의 여러 선박이 파선되어 긴급해지면 지방관에게 알리고 해당 지역의 연로를 거쳐 갈 수 있다.

과거에는 일본국 선박이 파선하게 되면 봉수대에서 이를 파악하고 북으로 표류한 경우에는 부산진에서 별차와 소통사를 파견하여 그 지역 지방관과 문정을 하고 왜관으로 호송하였으며, 남으로 표류한 경우에는 그 지역 지방관이 왜학통사를 통해 문정을 하고 이를 부산진으로 알림과 동시에 왜관으로 호송하는 시스템이었다. 이때는 조선 수군이 일본 표민선을 이끌고 방수범위를 경계로 릴레이 형식으로 왜관에 인계하였었다. 만약 표류선이 수리하여 왜관을 거치지 않고 직접 귀국을 희망하는 경우에는 수리를 도와주고 직접 출항하도록 하였다.

제1관의 조항은 기존의 관례가 새롭게 표현한 것으로 관리관의 역할이 능동적으로 바뀐 것이 주목된다. 관리관이 지방관의 도움을 얻어 직접 표착지로 갈 수 있도록 허락한 것이다. 과거에는 일본 선박이 표착한 사실을 왜관 관수는 조선이 알려주어야 알 수 있었다. 이제는 관리관이 먼저 표착사

실을 파악하고 이를 개항장의 지방관에게 알려 협조를 구하겠다는 것이다. 이는 전신의 발달을 반영한 것으로 표류상황을 눈으로 확인하던 시대에서 전신으로 확인하는 시대로 이동해 가는 것을 보여준다고 할 수 있다. 아울러 관수의 역할보다 관리관의 역할이 더 강화되었다고 볼 수 있으며, 반면에 표류선박을 왜관으로 송환하는 조선 수군의 부담이 감소하였다고도 볼 수 있다.

제2관은 우편에 관한 내용으로 사신 및 관리관이 발송한 공문과 서신을 우편으로 보내는 내용이다. 즉,

> 사신 및 관리관이 발송하는 공문과 서신을 우편으로 보낸 비용은 사후에 변상하거나 인민을 고용하여 보낼 수 있으니 각각 그 편의에 따른다.

이 조항은 새로운 규정이다. 차후 경성을 비롯한 조선 각지에 수신인이 있을 경우를 가정하여 설정된 것이었다. 물론 한동안 개항장 외에 일본인은 들어갈 수 없었으므로 조선으로 전달되는 공문과 서신은 기존의 관례대로 관리관이 임역에게 전하면 임역이 처리하였다.

제3관은 토지의 조차와 경계를 규정한 것이다.

> 논의해 정한 조선국의 통상항구에서 일본국 인민이 땅을 빌려 거주하려면 모름지기 지주와 상의하여 그 금액을 정한다. 관청에 속한 땅은 조선인 인민과 동일한 조세를 납부한다. 부산 초량항의 일본관은 종전에 수문(守門), 설문(設門)을 설치했으나 지금부터 철폐하고 새로 정한 정한(程限)에 따라 경계 위에 표식을 세우며, 다른 두 항구 역시 이러한 예에 따른다.

이는 기존 접대소로서 존재하였던 왜관의 성격이 완전히 바뀌었음을 확인한 조항이라는 점에서 주목된다. 이는 수호조규 제4관의 규정을 구체화한 것이었다. 수문과 설문의 철폐도 일본인의 자유로운 이동을 보장하는 점에

서 또한 과거와는 구별된다. 수문과 설문의 폐지로 기존의 객사나 임소, 복병소, 시탄소 등이 의미를 상실하게 되었으며, 일본인들이 왜관에서 부산진까지 자유로운 활동을 인정받게 되었다. 특히 관청에 속한 땅에 조세를 부담한다는 규정은 그 이전에는 무료로 사용하게 하였던 동래부로서는 새로운 수익이 생겼다는 의미가 된다.

제4관은 부산항에서 일본국 인민이 통행할 수 있는 범위에 관한 규정이다.

> 이후 부산항에서 일본국 인민이 통행할 수 있는 도로의 이정(里程)은 부두(선창)로부터 기산하여 동서남북 직경 10리(조선의 이법(里法))로 정한다. 동래부 중 한 곳만은 특별히 이 이정 내에서 일본국 인민은 뜻에 따라 통행하면서 토산물과 일본국 물산을 매매할 수 있다.

선창으로부터 기산하여 동서남북 각 직경 10리(조선거리 약4km)로 정하며, 이 거리 내에서 일본국 인민은 뜻에 따라 통행하면서 토산물 및 일본국 물산을 매매할 수 있다는 규정이었다. 세견선에 의한 헌상과 증답의 형태로 수행된 공무역이나, 개시일을 정하여 동래상인이 왜관에 입관하여 행하였던 사무역 규정이 변화한 것이었다. 이로 말미암아 일본 상인은 제3관과 아울러 직경 10리의 공간에서 마음대로 상행위를 할 수 있게 되었으며 제한적이지만 동래부에도 출입할 수 있게 되었다. 처음 미야모토가 가져온 초안에는 개항장에서의 거리를 약40km로 정하도록 지시를 받았으며 조선이 단축을 요구하면 20km까지 양보하도록 지시를 받은 바 있었다. 하지만 부산진과 동래부를 정탐할 것을 꺼려한 조선의 강경한 대응과 가능하면 갈등을 피하고자 하였던 미야모토의 양보로 10리(약4km)로 결정되었다. 대신에 제한적이지만 동래부에 들어가 상행위를 할 수 있도록 동래부에 시장을 허용하였다.

기존에 개시대청과 수문에서 겨우 행해졌던 무역이 왜관에서 부산진에 이르는 광범한 지역(초량-두모포-개운포)에서 행할 수 있게 되었고 동래부에도 출입할 수 있게 되었음을 의미한다. 일본이 요구하였던 100리를 1/10인 10리로 축소시킬 수 있었던 점은 개항을 준비할 수 있는 시간을 벌었다는 점에서 주목되며 외교적 협상이 성공적으로 진행되었음을 보여준다. 100리로 확대되는 것은 1882년 임오군란으로 말미암아 속약이 맺어지고 난 다음의 일이다.

제5관은 조선국의 각 항구에서 일본인이 조선인을 고용할 수 있으며, 또 일본에 조선인이 고용되어 들어갈 수 있다는 규정이다. 즉,

> 논의해 정한 조선국의 각 항구에서 일본국 인민은 조선국 인민을 고용할 수 있으며, 조선국 인민은 정부의 허가를 얻으면 일본국에 왕래하더라도 무방하다.

처음에는 조선 인민이 자유롭게 일본에 도항할 수 있도록 의도하였으나 조선의 요청에 따라서 조선 정부의 허가를 요하는 것으로 제약을 가하였다. 부득이한 표류를 제외하고 조선인의 해외 도항을 금지하는 기존의 법은 지켜지고 있었다. 기유약조 체제와 달리 일본인이 조선인을 고용할 수 있다는 규정은 새롭다. 이전에는 관직이가 왜관에 들어가 작업을 하기는 하였지만 동래부 소속 고용이었고 일본인 조선인을 고용할 수 없었다.

제6관은 개항장에서 일본국 인민이 만약 병으로 죽으면 적당한 지역을 선정하여 매장할 수 있다는 규정이다.

> 논의해 정한 조선국의 각 항구(개항장)에서 일본국 인민이 만약 병으로 사망하였을 때는 적당한 지역을 선정하여 매장할 수 있으며 초량 원근의 예에 따른다.

이미 두모포 왜관 시절에도 일본인들은 묘역을 설치한 바가 있었고 왜관

의 일본인들이 1년에 두 번(춘사일, 백중절) 참배를 위해 왜관을 벗어나 두 모포로 향하였음은 알려진 바이며, 반대로 조선인들이 표류하여 사망하였을 경우, 시신이 송환되는 것이 원칙이었지만 일본에서 매장된 경우도 있었다. 따라서 이 조항은 기존의 관례와 일치하므로 쉽게 받아들여졌다.

제7관의 규정은 개항장에서 양국 화폐를 사용하는 규정이다.

> 일본국 인민은 본국의 현행 여러 화폐로 조선국 인민의 소유물과 교환할 수 있고, 조선국 인민은 교환한 일본국의 여러 화폐로 일본국에서 생산한 여러 화물을 살 수 있으니, 이로써 조선국이 지정한 여러 항구에서 양국 인민 상호 간에 통용할 수 있다.
>
> 조선국의 동화를 일본국 인민은 사용하고 운수할 수 있다. 양국 인민이 감히 전화(錢貨)를 사사로이 주조하는 자가 있다면 각각 그 국가의 법률을 적용한다.

이 7관의 규정에서 개항장에서 일본 화폐가 통용된 것을 지적하여 대표적인 불평등 조약으로 규정하는 연구도 있다. 그러나 그 이전에도 개항장에서 조선국 화폐(대전)을 사용하지 않도록 유도한 적이 있었지만 결국 생필품을 구입하는 데에 불편하여 일부를 대전(大錢-상평통보)으로 바꾸어 주었던 경우도 있었다. 일본 상인의 조선 화폐 사용을 추가하여 조선 상인이 일본 상인에게 종속되지 않도록 하였음을 주목할 필요가 있다. 실제 양국 무역에서 결제는 조선 대전(상평통보)이 주로 활용되었다. 조선 국내에서는 일본 화폐가 통용되지 않았기 때문에 상인들은 결제 수단으로 상평통보를 요구하였던 것이다. 이런 구조로 말미암아 일본 상인은 수입한 만큼만 수출할 수 있어서 양국의 무역 수지는 대체로 균형을 유지하였다. 화폐의 사용은 이전과 큰 변화가 없다고 보는 것이 타당하다.

제8관은 조선국 인민이 일본국에서 수입된 물품 사용 자유를 규정한 것이다. 즉,

조선국 인민은 일본국 인민으로부터 구입한 화물이나 증여 받은 물품을 마음대로 사용하여도 무방하다.

이는 혹시라도 일본에서 들어와 조선인에게 전달된 물품이 압류당하는 경우를 방지하고 조선국 소비자들을 보호하여 무역을 확대하려는 조치였다. 제9관은 일본국 측량선에 대한 보호를 규정하고 있다.

수호조규 제7관에 기재된 바에 따라 일본국의 측량선이 작은 배를 보내 조선국 연해를 측량하다가 바람과 비를 만나거나 혹은 썰물이 되어 본선에 돌아갈 수 없으면 해당 장소의 이정(里正)은 근처의 인가에 편안히 머물도록 하며 필요한 물품이 있으면 관청에서 지급하고 추후에 계산하여 상환한다.

이는 원래 초안 10관에서 '본선에 돌아갈 수 없을 때 인가에 수시로 투숙할 수 있다. 그리고 선내에서 필요한 물품을 구매할 수 있다'로 되어있었던 것을 일본인이 측량이나 물품구매를 핑계로 각지를 돌아다니면서 문제를 일으키는 것을 막고자 관아에서 지급하고 계산 조치하는 것으로 수정한 것이다. 제10관은 일본인이 아닌 외국인 표류민에 대한 규정이다.

조선국은 아직 해외 여러 나라와 통신을 하지 않고 있으나 일본국은 이와 달리 수호한지 여러 해 되어 체맹(締盟)한 우의가 있다. 이후 여러 나라의 선박이 풍파로 곤경에 빠져 연해 지방에 표류하게 되면 조선국 인민은 모름지기 이치에 따라 규휼하지 않으면 안 된다. 해당 표류민이 그 본국 송환을 원하면 조선국 정부는 각 항구의 일본국 관리관에게 조치하여 본국으로 송환한다.

외국 선박이 풍파 때문에 조선 연해 지방에 표류하게 되었을 경우에는 개항장의 일본국 관리관에게 넘겨주어 일본국으로 송환하면, 일본이 해당 국의 관원에게 송환하도록 규정하였다. 조선이 개국을 하지 않고 일본을 통한 외국과의 교류가 가능하게 된 것으로 추정할 수 있다.

제11관은 조약의 권리 및 효력에 관한 규정이다.

> 위의 제10관의 장정 및 통상 규칙은 모두 수호조규와 동일한 권리를 가진다. 양국 정부는 이를 준수해야 하며 감히 위반함이 없을 것이다. 그러나 이 각 조관 중에 만약 양국 인민이 교제 무역을 실천함에 있어 장애가 되어 부득이하게 고쳐야 한다는 점이 인정된다면 양국 정부는 신속히 논의할 안건을 작성하여 1년 전에 통지하여 협의하고 개정하도록 한다.

2. 무역규칙

수호조규부록 11관에 더하여 보다 구체적인 무역규칙(통상장정)이 맺어졌다. 무역규칙의 한문본 조약명은「於朝鮮國議定諸港日本人貿易規則」이며, 일본어본 명칭은「朝鮮國議定諸港ニ於テ日本國人民貿易規則」이다. 제목에서도 드러나듯이 조선 개항장에 무역하러 온 일본인을 대상으로 하고 있다. 전체적인 내용은 일본 선박이 조선의 개항장에 입출항하는 절차를 규정한 것이었다. 여기에서 일본 정부가 관할하는 군함과 통신 관련 선박은 제외하였다.

제1칙은 상선의 입항 절차에 관한 규정이다. 즉,

> 일본국 상선이【일본국 정부 소관의 군함 및 통신 전용의 모든 배들은 제외함】조선국에서 무역을 허가한 모든 항구에 입항할 때에는 선주 또는 선장은 일본국 인민관리관이 발급한 증서를 조선국 관청에 제출하되 3일을 넘기지 않아야 한다. 이른바 증서라 함은 선주가 소지한 일본국 선적의 항해를 공중하는 서류로 입항일로부터 출항일까지 관리관에게 교부한다. 관리관은 곧 각 서류를 접수하였다는 증표를 교부한다. 이는 일본국에서 현행하는 상선 규칙이다. 선주가 본 항구에 정박하고 있는 중에 이 증서를 조선국 관청에 제출하여 일본국의 상선임을 증명한다.

이때 선주는 또한 그 기록부를 제출하여야 한다. 이른바 기록이라 함은 선주가 본 선박의 이름, 선박이 출발한 지명, 선박이 적재한 톤수(噸數)와 석수(石數)【모두 선박의 용적을 산정하는 이름】, 선장의 성명, 선박 안의 선원수와 목록, 탑재한 여객의 성명을 상세히 기록하고 선주가 날인한 것이다.

이때 선주는 또한 본 선박에서 적재하여 운송하는 화물의 보단(報單) 및 선내에서 사용하는 잡물의 장부 기록을 제출한다. 이른바 보단이라 함은 화물의 이름, 혹은 그 화물의 실명, 화주의 성명, 기호번호를【기호번호를 쓰지 않는 화물은 이 예에 따르지 않는다】상세히 밝혀 보고하는 것이다. 이 보단 및 여러 서류는 모두 일본국 문자를 사용하고 한문으로 번역하지 않는다.

상선은 일본 관리관에게 항해 증명 서류를 제출하고, 관리관이 접수 증명서를 발급하면 이것을 선주 혹은 선장이 접수 증명서와 기록부(선박의 이름, 출항지, 톤수, 성명, 선원수와 목록, 여객의 성명 등을 기록함)와 화물에 대한 보단(화물명, 화주의 이름 등을 기록함)을 조선 관청에 제출하도록 규정했다. 단, 제출하는 서류는 한문 번역 없이 일본어를 사용하도록 하고 있다.

이전에는 일본 선박이 영해로 들어오면 초탐장(두모포·포이포·개운포 만호, 혹은 부산진 전선장 중)이 전선(戰船)을 이끌고 나아가 대마도주가 발행한 노인(항해증명서류)을 확인하고 예인하여 왜관으로 들어왔다. 그러면 훈도가 문정을 통해서 노인을 받고, 서계를 확인하며 선박의 종류, 승선원 명부 등을 조사하여 동래부를 통해 예조와 의정부에 보고를 하였었다. 그런데 이제는 조선이 준 도서를 날인한 노인이 필요 없게 된 것이다. 일본 선박은 일본국 선적의 항해를 공증하는 서류를 개항장의 관리관(옛날의 관수)에게 제출하는 것으로 규정되었다. 이것이 노인을 대신하게 된 것이다. 이제는 초탐장이 나갈 필요가 없게 되었으며, 입항에 대한 단속권이 개항장의 관리관에게 부여된 감이 있다.

또한, 훈도가 문정을 할 필요도 없게 되었다. 선장은 관리관이 발급한 증서와 기록부(선박의 이름, 출항지, 톤수, 성명, 선원수와 목록, 여객의 성명

등을 기록함)와 화물에 대한 보단(화물명, 화주의 이름 등을 기록함)을 조선
국 관청에 제출하기 때문에 훈도는 이를 검토·확인하면 충분하였다.

또한 물품은 이전에는 관수 휘하의 왜관의 관리(금도왜-濱方橫目)가 확
인하여 이상 유무를 관수에게 보고하였는데, 선장이 직접 부산진에 보고하
게 된 것이 특징이다. 예전에 비해 확실히 더 자유로운 입항 시스템이 갖추
어 지고 있음을 알 수 있다.

제2칙은 화물을 내리거나 올릴 때 관련된 정보를 기재하여 조선 관청에
제출하는 규정이다.

> 일본국 상선이 항구에 들어온 선박의 화물을 내리거나 적재할 때 선주 혹
> 은 화주는 다시 화물의 이름 및 원가, 무게, 수량을 조선국 관청에 보고하여
> 야 하며, 관청은 보고를 받으면 신속히 화물을 내리는 승인서를 발급하여야
> 한다.

이전에는 화물의 하역과 선적 과정을 왜관의 관리 금도왜(濱方)가 이를
감독하였지만, 이제 조선국 관청이 직접 승인을 내주는 시스템으로 바뀌고
있음을 알 수 있다.

3칙은 2칙을 더욱 구체화하여,

> 선주 혹은 화주는 제2칙의 허가를 받은 후 그 화물을 내리거나 적재할 수
> 있다. 조선국 관리가 그것을 검사하고자 할 경우에는 화주는 감히 이를 거부
> 할 수 없다. 관리 또한 주의하여 검사하고 혹시라도 감히 훼손에 이르게 하
> 면 안 된다.

조선관청의 승인 후에, 선주나 화주가 화물을 내리거나 적재할 수 있으
며, 조선 관리가 이를 확인할 수 있도록 규정한 것이다. 이 부분은 관리관의
업무가 관수보다 경감된 것이고, 지방관의 책임과 역할이 더욱 강화된 것으

로 파악된다.

제4칙은 1~3칙과 반대로 출항할 때의 서류 제출과 승인서 발급, 화물 증명과 검사 요구에 응할 의무를 기재했다. 즉

> 출항하는 화물의 화주는 제2칙의 입항한 화물 보단의 양식에 따라 선박의 이름 및 화물의 이름과 수량을 조선국 관청에 보고한다. 관청은 신속히 이를 허가하여 출항하는 화물에 대한 승인서를 발급하여야 한다. 화주는 승인서를 받으면 본 선박에 적재할 수 있다. 관청에서 만약 그 화물을 검사하고자 할 때는 화주는 감히 이를 거부할 수 없다.

역시 기존의 왜관 관리 금도왜(濱方橫目)의 역할이 없어지고, 화주가 직접 조선 관청에 보고하고 관청이 승인하는 시스템이다. 화주가 직접 보고하여 화물이 나갈 수 있도록 허락을 얻는 것이다. 예전에는 금도왜가 확인을 하고 관수에게 보고하면 관수가 임역에게 알리고 별차가 출항인원과 물품을 확인하여 부산진으로 가서 출항증명서(문인)을 받아와서 왜관에 전달하면 배가 출항하는 시스템이었다. 선장과 관청이 직접 해결하는 것으로, 관수와 별차의 역할이 생략된 간편한 시스템으로 변화 된 것을 알 수 있다.

제5칙은

> 일본국 상선이 출항을 필요로 할 때에는 전일 정오 전에 조선국 관청에 보고하여야 한다. 관청은 보고를 받으면 이전에 받아 두었던 증서를 돌려주고 출항 승인서를 발급해야 한다. 일본국 우편선은 규정된 시간에 관계없이 출항할 수 있으며 조선국 관청에 반드시 보고해야 한다.

이는 기존에는 별차가 출항하는 선박의 이름과 승선인원, 화물을 조사하여 부산진으로 보고한 다음 문인(출항증명서)을 받아 건네주면 출항을 하였던 것과 비교된다. 앞으로는 선주가 관청에 보고하고 이전에 받았던 증서를

돌려받음과 동시에 출항 승인서를 발급받고 출항하도록 규정되었다. 과거에는 문인을 받고 출항하였다가 날씨에 따라서 절영도에 배를 정박시켜(島浮) 순풍이 불기를 기다리곤 하였는데 그런 규정이 없어진 것을 보면 이제는 선박의 성능이 좋아져서 날씨의 영향을 덜 받는 시대로 접어들고 있음도 알 수 있다.

제6칙은 개항장에 거류하는 일본인들이 양미와 잡곡을 수출입할 수 있도록 한 규정이다. 즉

　　　이후 조선국 항구에 주류하는 일본 인민은 양미 및 잡곡을 수출입할 수 있다.

이는 흉년에 대비하기 위해 설정한 의미도 있었다. 하지만 조선과 일본의 쌀 가격의 차이 등으로 인하여 나중에 방곡령 등의 문제가 발생하며, 해석의 차이를 노정한다.

제7칙은 돛의 개수에 따라 납부해야 할 항세를 세 종류로 구분하였다. 단, 일본정부 소속 선박은 항세 납부 대상이 아니라고 규정했다.

　　　항세
　　　돛이 여럿인 상선 및 증기 상선의 세금은 5원(圓)이다【부속된 배는 제외한다】.
　　　돛이 하나인 상선의 세금은 2원이다【500석(石) 이상 화물을 실을 수 있다】.
　　　돛이 하나인 상선의 세금은 1원5전이다【500석 이하 화물을 실을 수 있다】.
　　　일본국 정부에 속하는 모든 선박은 항세를 납부하지 않는다.
　　　이는 무역에 관련된 세금이 아니라 항구 이용료의 성격으로 이해된다. 이전에는 선창 수리는 모두 동래부의 예산으로 감당하였고, 각 진의 병사들을 동원하였다. 앞으로는 항세를 모아 인부를 고용하여 수리를 할 수 있게 된 것이다.

제8칙은 일본 상선을 고용하는 규정이다.

조선국 정부 혹은 그 인민은 지정된 무역 항구를 제외하고 각 물건을 다른 항구로 운수하고자 할 때에는 일본국 상선을 고용할 수 있다. 고용주가 만약 인민이라면 조선국 정부의 승인서에 따라 고용하여야 한다.

조선 정부나 조선인이 일본 상선을 고용할 수 있다는 규정이다. 일본 선박이 우수하므로 조선 연안의 해상 수송을 일본 상선이 담당할 수 있는 길을 열었다고 보인다. 물론 고용주가 민간인이면 조선정부의 승인을 얻어야 고용할 수 있다고 규정하여 제한을 가하였다.

제9칙은 일본선박이 개항하지 않은 조선 항구에 가서 몰래 무역을 하다 적발되었을 때의 단속규정이다.

일본국 선척이 만약 통상을 허가하지 않은 조선국의 항구에 도착하여 사사로이 매매하면 해당 장소의 지방관이 조사하여 근처의 관리관에게 교부한다. 관리관은 그 소유한 금전과 물품 일체를 몰수하여 조선국 관청에 교부한다.

조선 지방관이 선박을 조사한 후 인근 일본 관리관에게 인도하도록 했으며, 단속에 걸린 물품과 금전은 관리관이 조선에 넘겨주도록 했다. 조일수호조규에서 규정하였듯이 영사재판과 관련하여 규정을 어긴 일본인을 영사관으로 넘겨주어 몰수한 다음 조선국 관청에 교부하는 절차를 설정한 것이었다.

제10칙은 아편 판매를 금하는 조항이다.

아편 판매는 엄격히 금한다.

조일수호조규를 체결할 때부터 조선 측이 요구했던 사항이다.

마지막으로 제11칙은 무역 상황을 고려하여 향후 양국 관리가 상의하고 개정할 수 있도록 규정하였다. 즉,

양국이 현재 정한 규칙은 이후 양국 상민이 무역하는 상황 여하에 따라 각 위원은 수시로 사정을 헤아려 상의 개정할 수 있다. 이를 위하여 양국 위원이 각각 날인하고 즉일부터 준행한다.

V. 맺음말

이상을 총합해 보면,「조일수호조규」가 양국의 대등한 관계를 정치적으로 선언한 것이라면「조일수호조규부록」과「무역규칙」은 실지로 일본인이 부산에 와서 활동하는 것을 규정하는 내용이 중심이 되어있음을 알 수 있다. 이를『동래부사례』와『동래부계록』그리고『館守每日記』에서 보이는 전근대 왜관으로의 입출항 절차나 왜관에서의 일본인의 활동과 비교해 보면 과거와 연속되는 점과 새롭게 규정된 점을 비교할 수 있어서 매우 흥미롭다.

조선 정부는 개항장에서의 자유로운 무역은 보장하되, 제9칙에서 보이듯 일본인의 내지 진출은 여전히 차단하는 정책을 여전히 시행하고 있다.「조일수호조규 부록」과「무역규칙」은 전통적인 접대소로서의 왜관의 모습이 근대적인 개항장으로 변화하는 내용을 명확하게 보여주는 규정이라 할 수 있다. 특히 조선의 외교적 노력에 의해 서울에 일본공사관이 설치되지 못하였고, 따라서 공사와 가족들이 국내 여행의 자유를 인정하지 않은 점과 개항장 유보 거리를 4km로 설정한 것 등은 당시 조선의 외교가 주체적이었음과 적절히 일본의 양보를 이끌어 내고 있음을 보여준다. 조선은 아직 세계에 문호를 개방할 의도가 없었다. '일본의 협박에 굴복하여 맺어진 불평등한 개항조약'이라는 평가는 학문적으로 재검토될 필요가 있다. 기존의 대마주를 매개로한 일본과의 외교관계가 일본을 매개로 한 세계와의 외교 관계로 점차 바뀌고 있음은 의도 여하를 떠나 점차 현실화하고 있었다.

  조관 가운데 향후 조일 양국에서 논란이 되었던 것은 미곡의 수출입을 규정한 제6칙이었다. 조선 측은 개항장에 거류하는 일본인이 식용으로 하는 선에서 곡물의 거래를 제한적으로 허용한 것이었다. 하지만 일본 측은 조선의 생각과는 달리, 식용과 교역용 어느 쪽이든 곡물을 매입하여 수출입할 수 있다는 데 초점을 맞추었기 때문이다. 이 조항은 결과적으로 전시기에 걸쳐 조선 미곡이 일본으로 대량 수출되는 길을 열게 되는 단초를 제공하였다.

  아울러 조선 측이 단순히 관세에 대하여 '무지(無知)'했기 때문에 허용한 것만은 아니며, 무역에 대한 관심을 갖고 있었기 때문에 무관세 무역이 결정되었다는 견해도 존재한다.

  사료를 통해 살펴보면, 조선이 세계를 향하여 개국을 결정하는 것은 제2차 수신사가 귀국한 이후의 일이었다. 조선 정부의 개국 의도는 조선 조야의 강력한 반발을 불러와 만인소를 비롯한 저항이 발생하고, 이를 극복하면서 통리기무아문이 설치되고 조사시찰단과 영선사의 파견이 이루어진다. 이 과정을 개국의 과정으로 파악하는 것이 중요하다고 생각하지만, 필자의 역량을 벗어나기에 추후의 연구를 기대하고자 한다.

참고문헌

[사료]

『동래부계록』, 『동래부사례』, 『조선외교사무서』, 『관수매일기』, 『대일본외교문서』,
『심행일기』 『일동기유』, 『심행일기』, 『고종실록』, 『大日本外交文書』, 『東萊府啓錄』
『倭使日記』 奎貴16034, v.1-v.14 14권(1875-1880)
신헌지음, 김종학 옮김 『沁行日記』, 푸른역사, 2010년
『大日本外交文書』, 外務省調査部編纂, 日本國際協會發行.
『日韓外交資料集成』 卷1(金正明 編, 巖南堂書店, 1966)

[저서]

田保橋潔, 1940, 『近代日鮮關係の研究』(宗高書房, 1972년 복각판)
井上勝生, 2002, 『開國と幕末変革』(講談社, 日本の歴史18)
현명철, 2003, 『19세기 후반의 대마주와 한일관계』(국학자료원, 한국사연구총서46)
현명철, 2019, 『메이지 유신 초기의 조선 침략론』 동북아역사재단 교양총서13
김흥수, 2009, 『한일관계의 근대적 개편 과정』(서울대 출판문화원)
김용덕(편), 2011, 『일본사의 변혁기를 본다』(지식산업사)
김흥수, 2009, 『한일관계의 근대적 개편 과정』, 서울대 출판문화원,
박한민, 『조일수호조규체제의 성립과 운영 연구』(고려대학교 박사학위 논문), 2017년.
최덕수 외 지음, 2010, 『조약으로 본 한국 근대사』, 열린책들.
崔泰鎬, 1976, 『開港前期의 韓國關稅制度 -1880年代를 中心으로-』, 韓國研究院
酒井裕美, 2016, 『開港期朝鮮の戦略的外交 1882-1884』, 大阪大學出版會
李穂枝, 2016, 『朝鮮の對日外交戰略 : 日淸戰爭前夜 1873-1893』, 法政大學出版局
송 민, 2000, 『明治初期における朝鮮修信使の日本見聞』, 國際日本文化研究
センター

[논문]

제홍일, 1997, 「明治초기 朝日交涉의 放棄와 조선 정책」(『건대사학9』건국대학교 사학회)

정성일, 2002, 「표류민 송환 체제를 통해 본 근현대 한일관계」(『한일관계사연구17집』)

이 훈, 2003, 「'표류'를 통해 본 근대 한일관계」(『한국사연구123』)

윤소영, 2003, 「조일수호조규의 역사적 위치」(『한일관계사연구18집』)

심기재, 2003, 「메이지5년 하나부사[花房] 일행의 조선 파견」(『동양학』34)

이근관, 2004, 「조일수호조규(1876)의 재평가」(『서울 국제법 연구11-1』)

石川寬, 2004, 「明治期の大修參判使と對馬藩」(『歷史學硏究』775, 歷史學硏究會)

정성일, 2010, 「근대 조선과 일본의 해난 구조제도와 국제관계」(『동북아역사논총28』)

김흥수, 2010, 『한일관계의 근대적 개편 과정』, 서울대학교 출판문화원.

김흥수, 2013, 「1875년 조일 교섭의 실패 요인」(『한일관계사연구45』)

김흥수 2017, 「조일수호조규 부속조약의 재검토」 한일관계사연구 57집.

현명철, 2011, 「한·일 역사갈등의 뿌리를 찾아서 – 한일관계의 변화와 총독부 간행 조선사 기술 검토를 중심으로」(『한일관계사연구40집』)

현명철, 2013, 「對馬藩 소멸과정과 한일관계사」, 『동북아역사논총』 41.

현명철, 2015, 「1872년 일본 화륜선의 왜관 입항」(『동북아역사논총 49』동북아역사재단)

현명철, 2015, 「田保橋潔의 『근대일선관계의 연구』 무엇이 잘못되었을까」(『한일관계사연구』51집, 연구노트)

현명철, 2016, 「기유약조체제의 붕괴 과정에 대하여」(『한일관계사연구54집』)

현명철, 2017, 「제1차 수신사행의 외교사적 위치」(『한일관계사연구』56)

현명철, 2015, 「1872년 일본 화륜선의 왜관 입항」, 『동북아역사논총』 49.

현명철, 2019, 「막말 정치사와 한일관계관의 변화」(『한일관계사연구』65)

박한민, 2017, 「조일수호조규 체제의 성립과 운용 연구」(고려대 박사학위 논문)

제홍일, 1997, 「명치초기 조일교섭의 방기와 조선정책」『건대사학』9,

하우봉, 1999, 「개항기 수신사행에 관한 一硏究」『한일관계사연구』10집,

심기재, 2004, 「명치정부의 대조선 외교·무역 일원화 과정의 일고찰 - 대관 처리를 중심으로 -」『일어일문학연구』48-2.

한철호, 2006, 「제1차 수신사(1876) 김기수의 견문 활동과 그 의의」『韓國思想史學』27집.

落合弘樹, 2004,「朝鮮修信使と明治政府」, (『駿台史學』第121号, 1-20頁).

鈴木文、2007,「第一次朝鮮修信使來日時にみる日本人の朝鮮認識と自己認識」(『朝鮮史研究會論文集』45집, 朝鮮史研究會.

정훈식,2007,「사행록의 역사적 전개와『일동기유』」(『열상고전연구』26집, 열상고전연구회,2007.

박탄, 2009,「일본 수신사의 사행록 연구」강원대 박사학위논문.

이효정, 2015,『朝鮮修信使の來日記錄研究』, 국제기독교대학 박사학위논문.

酒井裕美、2016,『開港期朝鮮の戰略的外交 1882-1884』大阪大學出版會.

李穗枝、2016,『朝鮮の對日外交戰略』、 法政大學出版局.

이근관, 2004,「조일수호조규(1876)의 재평가 - 전통적 동아시아 국제질서의 관점으로부터 -」(『서울국제법연구』11-2, 2004년

윤소영, 2003,「조일수호조규의 역사적 위치」(『한일관계사연구』18)

최덕수 외 지음, 2010,『조약으로 본 한국 근대사』, 열린책들.

김경태, 1972,「開港直後의 關稅權 回復問題 -「釜山海關 收稅事件」을 中心으로-」,『韓國史研究』8, 한국사연구회

찾아보기

저자소개

현명철

서울대학교 역사교육과를 졸업하고 일본 홋카이도대학 대학원에서 일본 근세근대사로 박사학위를 취득했다. 경복고, 경기고, 무학여고 등 교사로 재직하였으며, 홍익대 경기대 서울대 등에서 강의를 하였다. 제2기 한일역사공동연구위원회 위원을 역임하였고 현재 한일관계사학회 회장이다. 저서로는 『19세기 후반의 대마주와 한일관계』(국학자료원 2003년), 『메이지 유신 초기의 조선침략론』(동북아역사재단 2019년) 등이 있으며, 역서로는 『전쟁책임』(논형 2005), 『메이지 유신과 서양문명』(소화 2006)등이 있다.

근대 변혁기 한일관계사 연구

2021년 1월 18일 초판 인쇄
2021년 1월 29일 초판 발행

지 은 이   현명철
발 행 인   한정희
발 행 처   경인문화사
편 집 부   박지현 김지선 유지혜 한주연
마 케 팅   전병관 하재일 유인순
출판신고   제406-1973-000003호
주 소   (10881) 파주시 회동길 445-1 경인빌딩 B동 4층
대표전화   031-955-9300   팩 스   031-955-9310
홈페이지   http://www.kyunginp.co.kr
이 메 일   kyungin@kyunginp.co.kr

ISBN 978-89-499-4943-7 93910
값 32,000원